知財法務を知る

重要テーマとその実践

小泉直樹 編

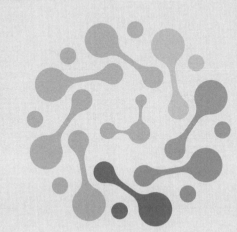

有斐閣

読者のみなさんへ

　この本は，企業の知財法務担当者や弁護士・弁理士といった若手実務家の方を主な読者層として想定しつつ，知財法務に関わるトピックについてなるべくわかりやすく解説するというコンセプトの下，第一線で活躍中の専門家の方々によって執筆され，実用法律雑誌「ジュリスト」誌の2021年11月号（1564号）から2024年2月号（1593号）に掲載された連載「実践 知財法務」の内容を，その後の最新状況をふまえさらにアップデートし，書籍化するものです。書籍化に伴い，表題を『知財法務を知る――重要テーマとその実践』に改めました。

　本連載のねらいは以下のとおりです。

　「近年，『知財経営』の重要性が説かれていることも相まって，企業の知財法務に関する意識はますます高まっている。毎年のように行われる知財法の改正，また，技術の知識等は，知財法務担当者にとって欠かせないが，実際に知財ビジネスを行う上で起こる法律問題に対し，その知識をどう活かし，行動すればよいか戸惑われることはないだろうか。本連載では，企業の知財法務担当者が日常業務でよく直面するような具体的事例を素材として，法的に何が問題か，また，どのように解決すべきかを検討・解説することで，知財法務のポイントをつかめるようにしている。また，テーマによっては，上記『知財経営』の観点からはどのような対応がベストか，企業の知財戦略に役立つ視点も適宜組み込む予定である。」（小泉直樹「連載にあたって」ジュリスト1564号〔2021年11月号〕55頁）

　本書が扱うテーマは以下のように，実に多彩です（いずれもジュリスト連載時の「テーマ」および（執筆者名）。敬称略）。

　「権利制限」（奥邨弘司），「著作権登録制度」（桑野雄一郎），「著作権法における利用権の当然対抗」（澤田将史），「音楽の著作物」（橋本阿友子），「映画の著作物」（内藤篤・伊藤真愛）「スポーツ――放映権に関する契約の最新実務」（小坂準記），「出版」（村瀬拓男），「現代アート・NFTアートと著作権」（島田真琴），「プロバイダ責任制限法」（丸橋透），「ソフトウェア開発委託契約と著作

i

権」(伊藤雅浩),「ソフトウェアライセンス契約と著作権」(町野静),「AIと知的財産権」(福岡真之介)〔以上著作権関係〕

「特許ライセンス契約」(松下外),「共同研究開発契約」(大野聖二),「スタートアップ」(山本飛翔),「職務発明をめぐる諸問題」(松田誠司),「特許権と後発医薬品」(城山康文),「知財訴訟における証拠収集手続」(小林秀之)〔以上特許関係〕

「秘密保持契約における知的財産保護を踏まえた管理条項」(濱野敏彦),「営業秘密の重要論点──『秘密管理性』と『営業秘密の使用』」(末吉亙),「データのライセンス提供と知的財産法」(岡村久道),「不当表示(景表法・不競法)──表示根拠の十分性について」(植村幸也),「ファッションデザインと知的財産権」(海老澤美幸),「商標登録に向けて何を検討すべきか──結合商標の分離観察の基本と応用」(中川隆太郎),「税関での水際措置」(宮川美津子)〔以上不正競争・意匠・商標関係〕

「知財経営」(鮫島正洋),「知財デューデリジェンス」(柴野相雄・山田拓),「知財法務総括」(奥邨弘司)〔以上知財戦略・知財経営関係〕

このように,一言で「知財」と申しましても分野は広く,各分野について,信頼に足る専門家が一冊でコンパクトに解説した書籍は,意外と見当たらないのが実状かと思います。

お時間が許す方は,ざっと通読されれば,知財法務の主要テーマを概観することができるかと存じます。あるいは,各章は一話読み切りとなっておりますので,ご関心に応じ,配属や異動,転職の際にトレンドを学びたい,あるいは,各種研修の素材や教材として使用したい,といった多様なニーズにも応えるものとなっていると自負いたします。

一人でも多くの読者によって活用されることを願いつつ本書を世に送ります。

2024年11月

編者　小泉直樹

目次

第 1 部　著作権　1

第 1 章　権利制限 ———————————————— 奥邨弘司　2

Ⅰ　はじめに　3

Ⅱ　検討の前に　3

1　あらかじめ検討すべき事項　3

2　CASE の場合　4

Ⅲ　47 条の 5　5

1　概要　5

(1)　柔軟性のある権利制限規定…5　　(2)　趣旨と適用場面…5

2　α への適用の可否　6

(1)　適用主体要件・利用目的要件と 1 項 1 号・2 号該当性…6

(2)　著作物の種類要件…7　　(3)　利用限度要件…8　　(4)　利用態様要件…8

(5)　ただし書…9　　(6)　回答に当たって…10

3　β と γ について　11

(1)　β について…11　　(2)　γ について…13　　(3)　回答に当たって…14

第 2 章　著作権登録制度 ———————————— 桑野雄一郎　15

Ⅰ　はじめに　16

Ⅱ　対抗要件としての登録制度　16

1　対抗要件とは　16

2　登録を備えないと対抗できない「第三者」　17

Ⅲ　対抗要件としての登録の手続 (1)　共同申請の原則　19

1　共同申請の原則　19

2　登録義務者が死亡した場合の共同申請手続　19

Ⅳ　対抗要件としての登録の手続 (2)　共同申請の原則の例外　21

1　共同申請の例外 (1)　判決による場合　21

2　共同申請の例外 (2)　承諾書による場合　22

iii

（1）　承諾書の作成…22　　（2）　実務上の対応策①契約締結時の承諾書の作成…23

（3）　実務上の対応策②承諾書に代わる契約書の規定…23

Ⅴ　CASE における担当者からの相談に対する回答　24

　1　担当者からの相談（ア）について　24

　2　担当者からの相談（イ）について　25

Ⅵ　最後に　26

第3章　著作権法における利用権の当然対抗 ──── 澤田将史　28

Ⅰ　はじめに　29

Ⅱ　利用権の当然対抗制度　30

　1　利用権とは　30

　2　利用権の当然対抗　30

　3　利用権の当然対抗の正当化根拠　31

Ⅲ　利用権の対抗に伴う契約の承継　33

（1）　非当然承継説…33　　（2）　当然承継説…34　　（3）　折衷説…35

Ⅳ　CASE における担当者からの相談に対する回答　38

　1　担当者からの相談（ア）について　38

　2　担当者からの相談（イ）について　38

　3　担当者からの相談（ウ）について　39

Ⅴ　利用権の当然対抗制度を踏まえた留意点　40

第4章　音楽の著作物 ─────────── 橋本阿友子　42

Ⅰ　はじめに　43

Ⅱ　前提　43

　1　著作権　43

　2　著作隣接権　44

　3　JASRAC 等の著作権等管理団体　45

（1）　著作権等管理団体…45　　（2）　管理の実態…45　　（3）　利用許諾契約…46

Ⅲ　著作権法上の個別の論点　47

　1　演奏権　47

　2　権利制限規定　48

目次

　　3　利用主体論　49
　　4　考え得る権利者からの請求　50
Ⅳ　CASE について　52
　　1　設問(1)　52
　　2　設問(2)　53
Ⅴ　終わりに　54

第5章　映画の著作物 ──────────── 内藤　篤・伊藤真愛　55
Ⅰ　はじめに　55
Ⅱ　映画の著作物　56
　　1　「映画の著作物」とは　56
　　2　映画の著作物と写真の著作物の境界　57
　　3　CASE の検討　60
Ⅲ　映画の著作物の著作権者　60
　　1　映画の著作権は誰に帰属するか　60
　　(1)　現行著作権法…60　　(2)　旧著作権法…61
　　2　CASE の検討　62
Ⅳ　映画の著作物の著作者　63
　　1　映画の著作者は誰か　63
　　(1)　現行著作権法…63　　(2)　旧著作権法…64
　　2　CASE の検討　65
Ⅴ　映画著作物の保護期間　65
　　1　映画の著作物の保護期間はいつまでか　65
　　2　改正時の経過措置　66
　　3　CASE の検討　68
Ⅵ　本 CASE における回答　68

第6章　スポーツ ──────────────── 小坂準記　70
　　　　──放映権に関する契約の最新実務
Ⅰ　はじめに　70
Ⅱ　放映権とは何か　71

v

1　放映権は実務上，便宜的に用いられている用語であり，契約によって内容が決まる　71

2　放映権の法的根拠は見解の一致をみていない　72

3　実務上，放映権が著作権法の文言に従って契約書で明記されることは多くない　73

Ⅲ　放映権契約における留意点──映像製作から映像販売まで　74

1　試合映像の製作──法務担当者に求められるライツ・マネジメント能力　74

(1)　試合映像の著作権の帰属は製作費の負担によって左右される…74

(2)　試合以外のコンテンツの権利処理が見落としがちとなる…75

2　試合映像の許諾──法務担当者に求められるドラフティング能力　76

(1)　放映権契約でもっとも重要なのは販売対象の範囲である…76　(2)　販売対象は放映媒体別から放映目的別へ──スカウティング・ライツやベッティング・ライツの登場…77　(3)　試合映像の海外販売特有の問題への対応…78

Ⅳ　試合映像の部分利用　80

1　試合映像の一部分を利用したマーケティングが主流となる　80

2　過熱しすぎた NFT の問題点　80

Ⅴ　おわりに　82

第7章　出版 ──────────────── 村瀬拓男　84

Ⅰ　はじめに　85

Ⅱ　前提　85

Ⅲ　出版権について　86

1　出版権制度の沿革　86

2　海賊版対策としての出版権　86

3　出版権の設定範囲　88

4　出版義務と継続出版義務　90

5　その他の規定　92

Ⅳ　CASE について　93

Ⅴ　関連する制度・団体　94

目次

第8章　現代アート・NFT アートと著作権 ————— 島田真琴　97

Ⅰ　CASE 1 現代アートと著作権　98
1　現代アートとは　98
2　現代アートの著作物性　98
3　現代アートの著作権の侵害　99
4　CASE 1 の検討　100

Ⅱ　CASE 2 NFT アート取引と著作権　101
1　NFT アート取引とは　101
2　NFT 購入者は何を買ったのか？　102
3　NFT の転売と著作権譲渡　103
（1）　NFT が転売された場合…104　　（2）　著作権が譲渡された場合…104
4　CASE 2 の検討　107

第9章　プロバイダ責任制限法 ————————— 丸橋　透　109

Ⅰ　はじめに　109
Ⅱ　海賊版閲覧サイトと CDN　111
Ⅲ　CDN に関する著作権法とプロ責法 3 条の適用関係　112
1　CDN 上の行為と権利者の救済　112
2　CDN 事業者の侵害主体性　113
3　権利制限　113
4　プロ責法 3 条 1 項とその作用　115
（1）　プロ責法 3 条 1 項…115　　（2）　関係役務提供者…116
（3）　技術的可能性…116　　（4）　発信者例外…116
5　不作為による著作権侵害　117
6　著作権 GL　118

Ⅳ　開示請求　119
1　プロ責法 5 条以下による開示請求の構造　119
2　開示関係役務提供者　120
3　軽過失免責　120
4　権利侵害の明白性　121
5　正当理由　121

vii

6　開示 GL　122
V　裁判の戦略上の位置づけ　122

第 10 章　ソフトウェア開発委託契約と著作権 —— 伊藤雅浩　124
I　はじめに　125
II　ソフトウェアと著作権　125
III　ユーザに著作権は必要か　127
  1　原則　127
  2　プログラムの実行　128
  3　権利制限規定に基づく利用　129
  4　小括　130
IV　多様な選択肢　130
  1　ベンダに帰属させる場合　131
  2　ユーザに帰属させる場合　132
  3　ユーザ・ベンダの共有とする場合　134
V　その他の著作権が関わる事項　134
  1　権利侵害対応　134
  2　オープンソースソフトウェア（OSS）　135

第 11 章　ソフトウェアライセンス契約と著作権 —— 町野　静　137
I　はじめに　138
II　ソフトウェアライセンス契約とはどのような契約か　139
  1　ソフトウェアライセンス契約の法的性質　139
  2　ソフトウェアライセンス契約と支分権　140
  3　ソフトウェアの「利用」と「使用」　141
  4　ソフトウェアライセンス契約と類似の契約　141
  5　ソフトウェアのリバース・エンジニアリングと著作権法 30 条の 4　142
  6　ソフトウェアライセンス契約における知的財産権の非侵害保証　145
III　法的性質を踏まえたライセンス契約のチェックポイント　145
  1　ライセンス許諾条項　145
  (1)　許諾の対象となる「ソフトウェア」の範囲…146　　(2)　許諾される支分権

viii

の利用行為…146　　(3)　その他の許諾の条件…147

　2　リバース・エンジニアリングの要否　148

　3　知的財産権の非侵害保証の要否　148

第12章　AIと知的財産権 ──────────── 福岡真之介　150

Ⅰ　AI生成物と知的財産権　150

　1　AI生成物と著作権　150

　2　AI生成物と特許　153

Ⅱ　AI生成物による著作権侵害　154

Ⅲ　他人の著作物の学習用データとしての利用　157

　1　「享受」の意味　157

　2　利用方法　158

　3　著作権者の利益を不当に害する場合　158

　4　著作権法オーバーライド問題　161

　5　外国の著作物を利用する場合　162

第2部　特許　165

第13章　特許ライセンス契約 ──────────── 松下　外　166

Ⅰ　はじめに　167

Ⅱ　特許ライセンス契約とは　168

　1　特許権　168

　2　通常実施権　168

　3　特許ライセンス契約の法的性質　169

　4　独占禁止法との関係　170

　5　ノウハウの取扱い　171

Ⅲ　ライセンス契約の定め　172

　1　実施許諾範囲　172

　2　ライセンス料の支払い　173

　3　特許の有効性及び範囲の変動　174

　(1)　無効審決の確定…174　　(2)　訂正審決・訂正請求の確定…175

Ⅳ　CASE の検討　175

　　1　裁判所の判断　176

　　2　X（ライセンサー）の立場に立った検討　177

　　3　Y（ライセンシー）の立場に立った検討　178

　　4　本特許の無効審決が確定した場合　178

第 14 章　共同研究開発契約 ──────────── 大野聖二　180

Ⅰ　はじめに　180

Ⅱ　大学の職務発明規程との関係　181

　　1　基盤技術に関する特許等との関係　181

　　2　共同研究開発契約締結後に新たに生まれる特許発明との関係　183

Ⅲ　FTO 調査　184

Ⅳ　成果に関する取決め　186

　　1　原則的な規定と問題点　186

　　2　D 社の実質的公平への配慮──不実施補償　187

　　3　A 社の事情への配慮　188

Ⅴ　M&A への対処　190

　　1　特許法 94 条 1 項との関係　190

　　2　チェンジオブコントロール条項との関係　191

第 15 章　スタートアップ ──────────── 山本飛翔　194

Ⅰ　はじめに　194

Ⅱ　スタートアップの特殊性　195

　　1　限られた期間内で IPO 又は M&A を目指す必要があること　195

　　(1)　VC からの資金調達の必要性…195　　(2)　VC から資金調達をすることによる留意点（VC の性質）…195

　　2　主として VC からの資金調達によって資金繰りを行うこと　196

Ⅲ　主として事業成長の観点における留意点　197

　　1　スタートアップにとってのオープンクローズ戦略の有用性　197

　　2　オープンクローズ戦略とは　197

　　3　スタートアップによるオープンクローズ戦略の採用例　200

Ⅳ　スタートアップとのオープンイノベーションにおける留意点　201

　1　議論の状況　201

　2　具体的な留意点　202

　(1)　総論…202　　(2)　共同研究開発契約で生まれた成果物の権利帰属…203

　(3)　共同研究開発契約で生まれた成果物の利用関係…204

第16章　職務発明をめぐる諸問題 ──────── 松田誠司　207

Ⅰ　はじめに　207

Ⅱ　職務発明制度の構造　208

　1　職務発明の要件　208

　2　職務発明の効果　209

　3　職務著作との異同　210

Ⅲ　職務発明規程の対象者について　210

　1　派遣労働者等　210

　2　退職者　212

Ⅳ　報奨金について　213

　1　現行法における「相当の利益」の考え方　213

　2　報奨金の対象とすべき職務発明　215

　3　報奨金の算定　217

Ⅴ　職務発明規程改訂の手続　217

　1　手続3要素　217

　2　原始使用者帰属について　218

　3　職務発明についての労働法の適用について　219

第17章　特許権と後発医薬品 ──────── 城山康文　221

Ⅰ　はじめに　222

Ⅱ　制度及び運用の概要　222

　1　特許権の対象　222

　2　特許権の存続期間延長登録　223

　3　先発医薬品の再審査期間と後発医薬品　225

　4　パテント・リンケージ　226

5 薬価収載　228

Ⅲ　CASE の検討　228

1 再審査期間　228
2 特許権の存続期間　229
3 無効審判請求　231

第18章　知財訴訟における証拠収集手続 ──── 小林秀之　232

Ⅰ　知財訴訟と民事訴訟──民事訴訟上の証拠収集手続と知財訴訟における証拠収集制度との関係　233

Ⅱ　民訴法上の証拠収集制度　234

1 提訴前の証拠収集手続　234
2 提訴予告通知制度　234
3 比較法的検討を踏まえて導入された手続　235
4 提訴前の証拠収集手続の周知徹底　236
5 「提訴予告通知」の負担　236
6 制裁がない任意の制度でありながら，提訴予告通知準備の負担を課するアンバランス　237
7 証拠保全の証拠開示的運用　237

Ⅲ　知財訴訟の証拠収集制度　238

1 ドイツの独立証拠調べと査察手続　238
(1) ドイツの独立証拠調べ…238　　(2) ドイツの査察手続…239
2 弁護士会照会の実際の機能と限界　239
(1) 弁護士会照会の利用…239　　(2) 照会先から見た問題点…240
3 わが国の査証制度（特許105条の2以下）　240
4 文書提出命令（民訴220条，特許105条）　241
5 計算鑑定人制度（特許105条の2の12）　242

Ⅳ　まとめと今後の展望，一応の回答　242

1 まとめ　242
2 今後の展望　243
3 回答　243

目次

第3部　不正競争・意匠・商標　245

第19章　秘密保持契約における知的財産保護を踏まえた管理条項 ———————— 濱野敏彦　246

I　はじめに　246

II　秘密保持契約の秘密保持対象と，知的財産　247

　1　特許権，実用新案権，意匠権，商標権　247

　2　著作権　247

　3　営業秘密　247

　4　限定提供データ　247

　5　小括　248

III　営業秘密　248

　1　はじめに　248

　2　有用性　248

　3　非公知性　249

　4　秘密管理性　249

　(1)　全般…249　　(2)　他社に提供された場合の秘密管理性の考え方…249

IV　限定提供データ　251

　1　限定提供性（「業として特定の者に提供」）　251

　2　相当蓄積性（「電磁的方法……により相当量蓄積」）　251

　3　「技術上又は営業上の情報」　252

　4　「（営業秘密を除く。）」　252

　5　電磁的管理性　252

　(1)　全般…252　　(2)　「どこ」で電磁的管理性が必要か…253　　(3)　限定提供データに関する指針の記載…253　　(4)　提供者における電磁的管理の要否…254
　(5)　受領者における電磁的管理の必要性…255　　(6)　提供時の管理措置…256

V　CASE について　257

第20章　営業秘密の重要論点 ———————————— 末吉　亘　259
　　　　　——「秘密管理性」と「営業秘密の使用」

I　問題の所在　260

xiii

Ⅱ　秘密管理性について　260

　1　営業秘密管理指針改訂と東京高裁平成 29 年 3 月 21 日判決　260

　(1)　営業秘密管理指針とその改訂…260　　(2)　東京高裁平成 29 年 3 月 21 日判決とその意義…261

　2　秘密管理に不十分さがあっても秘密管理性を肯定する民事判例　262

　3　CASE【問 1】の検討　263

Ⅲ　営業秘密使用の立証　264

　1　営業秘密取得の立証　264

　2　営業秘密使用の立証　265

　(1)　営業秘密使用の認定事例…265　　(2)　営業秘密の使用を認定したその他の民事判例…268　　(3)　CASE【問 2-1】の検討…269

Ⅳ　転得者の悪意・重過失の立証（CASE【問 2-2】の検討）　269

Ⅴ　営業秘密実務への指針　270

第 21 章　データのライセンス提供と知的財産法 ── 岡村久道　273

Ⅰ　データ保護と知的財産法　273

Ⅱ　契約による保護の意義と限界　275

Ⅲ　特許法との関係　275

Ⅳ　著作権法との関係　276

Ⅴ　不正競争防止法上の営業秘密保護制度による保護　278

Ⅵ　不正競争防止法上の限定提供データ保護制度　279

Ⅶ　限定提供データに関する不正競争行為　282

Ⅷ　結びに代えて　284

第 22 章　不当表示（景表法・不競法）──────── 植村幸也　286
　　　　　　──表示根拠の十分性について

Ⅰ　はじめに　287

Ⅱ　景表法の不実証広告規制について　287

　1　不実証広告規制の概要　287

　2　合理的根拠資料となるための要件　288

　3　合理的根拠資料と認められない理由の開示　288

xiv

Ⅲ　不競法の品質等誤認惹起行為　289
Ⅳ　CASE の検討　290
　1　シーグフィルム事件の概要　290
　2　実験が再現可能であること　290
　3　現場の実測ではなく実験室での実験でなければならないこと　291
　4　類似実験の射程はいくらでも狭く解されてしまうこと　292
　5　査読付き論文より厳しい基準を満たす必要があること　294
　6　第三者による評価であることは重視されないこと　295
　7　資料自体に結論を導く過程をすべて書き込む必要があること　296
　8　合理的根拠資料でない資料が多数あっても無意味であること　296

第 23 章　ファッションデザインと知的財産権 ── 海老澤美幸　299
Ⅰ　はじめに　300
Ⅱ　ファッションデザインをめぐる法システム　300
　1　著作権とファッションデザイン　300
　2　意匠権とファッションデザイン　301
　3　ファッションデザインと不正競争防止法等　302
　(1)　不正競争防止法 2 条 1 項 3 号による保護…303　　(2)　不正競争防止法 2 条
　1 項 1 号・2 号による保護…306　　(3)　商標法による保護…307
Ⅲ　CASE の検討　308
　1　CASE 1 の質問①について　308
　2　CASE 1 の質問②について　309
　3　CASE 2 について　310
　(1)　第三者のデザインや創作物等を参考にする場合は，当該第三者の権利を侵害
　しないよう注意すること…310　　(2)　パロディやオマージュ等は，その呼び方
　にかかわらず権利侵害となり得ること…311　　(3)　アップサイクルにおいては，
　他社の商標権等を侵害しないよう留意すること…311
Ⅳ　むすび　311

第 24 章　商標登録に向けて何を検討すべきか ── 中川隆太郎　312
　　　　　──結合商標の分離観察の基本と応用

Ⅰ　はじめに　312

Ⅱ　前提：商標の本質と適格性　313

Ⅲ　CASE のための検討事項（基本編）　315

　1　商標審査基準を確認する　315

　2　関連する代表的な裁判例を確認する　316

　3　3 つの最高裁判決を整理する　318

Ⅳ　CASE のための検討事項（応用編）　319

　1　令和の知財高裁判決の動向をつかむ　319

　(1)　区別説に立つ裁判例…320　　(2)　例示説に立つ裁判例の登場…320

　(3)　問題に踏み込まない裁判例…322　　(4)　すっきりしない現状の先に…323

　2　事案と結論を整理して相場観をつかむ　323

Ⅴ　CASE への回答　325

第 25 章　税関での水際措置 ──────────────── 宮川美津子　327

Ⅰ　知的財産権を侵害する物品の税関での措置／水際取締りについて　328

Ⅱ　税関による知的財産侵害物品の水際取締制度　328

Ⅲ　水際取締りの実際　329

　1　認定手続　330

　2　輸入差止申立制度　330

　3　認定手続の流れ　333

　(1)　通常の認定手続…333　　(2)　簡素化手続とその対象範囲の拡大について

　　──令和 5 年政令・通達改正…334

Ⅳ　偽造品・模倣品の個人輸入への対応──令和 3 年商標法・意匠法改正及び

　令和 4 年関税法改正　336

Ⅴ　CASE について　339

第4部　特別編　341

第26章　知財経営 ——————————— 鮫島正洋　342

I　新規事業における知財経営　342

1　総論──必須特許を取得することの重要性　342

2　ニッチトップビジネスを構築するための方法論　344

3　知財経営を実現する観点からのマーケティングのあり方　345

4　ニッチトップからの展開──オープン＆クローズ戦略　346

5　イノベーションを興すために　347

II　コモディティ化事業における知財経営　349

III　コーポレートガバナンスコードの改定と知財経営　350

IV　知財経営に関して今後注目すべきポイント　351

1　データ社会，生成 AI の登場　351

2　国際情勢──経済安全保障　352

第27章　知財デューデリジェンス ——— 柴野相雄・山田 拓　353

I　デューデリジェンスと知的財産　353

II　法務 DD の一般的な流れと調査・検討事項　354

III　知財 DD における調査・検討事項　355

1　知財 DD の特徴　355

2　知的財産権の有無等の確認方法　356

IV　法務・知財 DD 実施後の報告書作成の際の留意点　358

V　知財 DD に固有の論点──ビジネス類型ごとの解説　358

1　対象会社が，創薬等のヘルスケアビジネスをしている場合　359

(1)　特許を受ける権利の承継…359　　(2)　共同研究契約及び共同出願契約…360

(3)　特許発明の技術的範囲…360　　(4)　ノウハウ…361

2　対象会社が，映像等のコンテンツビジネスをしている場合　362

(1)　職務著作の成否…362　　(2)　特掲…363　　(3)　著作者人格権の不行使特約…363

3　対象会社が，マーチャンダイジング（商品化），グッズ・ブランド系のビジネスをしている場合　364

xvii

（1）　商標法上のリスク調査…364　　（2）　不正競争防止法上のリスク調査…365
（3）　侵害の判断とその対応…365

第28章　知財法務総括 ———————————— 奥邨弘司　367

I　はじめに　367
II　企業内法務の機能論の視点から　368
1　3つの機能　368
2　臨床機能　369
（1）　侵害を疑われる立場から…369　　（2）　権利者の立場から…370
3　予防機能　371
（1）　侵害することの予防…371　　（2）　侵害されることの予防…373
（3）　広義の活動…373
4　戦略支援機能　374
（1）　経営戦略や事業戦略の支援…374　　（2）　知財関連契約の支援…375
5　小括　376
III　知的財産分野に特有の視点から　378
1　多様性　378
2　変化の速さ　379
IV　おわりに　380

事項索引　382
判例索引　387

執筆者紹介

小泉直樹（こいずみ なおき）——————————————— 全体編者
慶應義塾大学大学院法務研究科教授・TMI 総合法律事務所客員弁護士
［主要著作］
小泉直樹ほか『条解著作権法』（弘文堂，2023 年）〔共著〕，『知的財産法〔第 2 版〕』（弘
文堂，2022 年），中山信弘 = 小泉直樹編『新・注解特許法(上)(中)(下)〔第 2 版〕』（青林
書院，2017 年）〔共編〕

奥邨弘司（おくむら こうじ）——————————————— 第 1 章・第 28 章執筆
慶應義塾大学大学院法務研究科　教授
［主要著作］
小泉直樹ほか『条解著作権法』（弘文堂，2023 年）〔共著〕，上野達弘 = 奥邨弘司編著『AI
と著作権』（勁草書房，2024 年）〔共編著〕，山本隆司 = 奥邨弘司『フェア・ユースの考え
方』（太田出版，2010 年）〔共著〕

桑野雄一郎（くわの ゆういちろう）————————————— 第 2 章執筆
鶴巻町法律事務所　弁護士
［主要著作］
骨董通り法律事務所編『エンタテインメント法実務』（弘文堂，2021 年）〔共著〕，小谷悦
司ほか編『意匠・デザインの法律相談 II』（青林書院，2021 年）〔共著〕，小倉秀夫 = 金井
重彦編著『著作権法コンメンタール I〜III〔改訂版〕』（第一法規，2020 年）〔共著〕

澤田将史（さわだ まさし）—————————————————— 第 3 章執筆
高樹町法律事務所　弁護士
［主要著作］
松田政行編『著作権法コンメンタール別冊 平成 30 年・令和 2 年改正解説』（勁草書房，
2022 年）〔共著〕，池村聡ほか編著『実務者のための著作権ハンドブック』（著作権情報セ
ンター，2022 年）〔共著〕

xix

橋本阿友子（はしもと　あゆこ）──────────── 第4章執筆

骨董通り法律事務所　弁護士

［主要著作］

骨董通り法律事務所編『エンタテインメント法実務』（弘文堂，2021年）〔共著〕，「音楽教室事件・控訴審判決」著作権研究47号（2022年）206頁，福井健策監修『デジタルアーカイブ・ベーシックス(1) 権利処理と法の実務』（勉誠出版，2019年）〔共著〕

内藤　篤（ないとう　あつし）──────────── 第5章執筆

青山綜合法律事務所弁護士・ニューヨーク州弁護士

［主要著作］

福井健策編『映画・ゲームビジネスの著作権〔第2版〕』（著作権情報センター，2015年）〔共著〕，『エンタテインメント契約法〔第3版〕』（商事法務，2012年），内藤篤＝田代貞之『パブリシティ権概説〔第3版〕』（木鐸社，2014年）〔共著〕

伊藤真愛（いとう　まかな）──────────── 第5章執筆

青山綜合法律事務所　弁護士

小坂準記（こさか　じゅんき）──────────── 第6章執筆

TMI総合法律事務所　弁護士

［主要著作］

『ライセンス契約書作成のポイント』（中央経済社，2020年）〔編著〕，池村聡ほか編著『実務者のための著作権ハンドブック〔新版〕』（著作権情報センター，2022年）〔共編著〕，「設計図の著作物性(2)──建築〔メゾンA事件：控訴審〕」著作権判例百選〔第6版〕（有斐閣，2019年）26頁，栗山陽一郎＝小坂準記「サッカービジネスと知的財産」ジュリ1514号（2018年）32頁〔共著〕

村瀬拓男（むらせ　たくお）──────────── 第7章執筆

用賀法律事務所　弁護士

［主要著作］

『電子書籍・出版の契約実務と著作権〔第2版〕』（民事法研究会，2015年），『出版契約ハンドブック〔新版〕』（日本書籍出版協会，2017年）〔編者代表〕

執筆者紹介

島田真琴（しまだ まこと）──────────────── 第 8 章執筆
一橋綜合法律事務所　弁護士
［主要著作］
『アート・ロー入門』（慶應義塾大学出版会，2021 年），『アート・ローの事件簿──美術品取引と権利のドラマ篇』（慶應義塾大学出版会，2023 年），「美術館によるデジタルアート NFT の取得と管理」アートマネジメント研究 24 号（2024 年）20 頁

丸橋 透（まるはし とおる）──────────────── 第 9 章執筆
明治大学法学部　教授
［主要著作］
「媒介者の責任──責任制限法制の変容」ジュリ 1554 号（2021 年）19 頁，「TPP プロバイダ責任制限条項の課題」情報ネットワーク・ローレビュー 15 巻（2017 年）1 頁，「プロバイダの侵害防止技術導入義務──英国＝ECJ 法理の検討」中山信弘編集代表『知的財産・コンピュータと法 野村豊弘先生古稀記念論文集』（商事法務，2016 年）837 頁

伊藤雅浩（いとう まさひろ）──────────────── 第 10 章執筆
シティライツ法律事務所　弁護士
［主要著作］
伊藤雅浩ほか『IT ビジネスの契約実務〔第 2 版〕』（商事法務，2021 年）〔共著〕，松島淳也＝伊藤雅浩『（新版）システム開発紛争ハンドブック──発注から運用までの実務対応〔第 2 訂〕』（第一法規，2023 年）〔共著〕，「プログラムの類似性〔増田足チャート事件〕」著作権判例百選〔第 6 版〕（有斐閣，2019 年）116 頁

町野 静（まちの しず）──────────────── 第 11 章執筆
弁護士法人イノベンティア　弁護士
［主要著作］
弁護士法人イノベンティア＝弁護士法人イノベンティア編著『役員・経営者のための知的財産 Q&A』（中央経済社，2022 年）〔共著〕，弁護士法人イノベンティア編著『英和対訳 ソフトウェアライセンス契約の実務』（商事法務，2021 年）〔共著〕，小倉秀夫＝金井重彦編著『著作権法コンメンタールⅢ〔改訂版〕』（第一法規，2020 年）〔共著〕

福岡真之介（ふくおか しんのすけ）————————————— 第 12 章執筆

西村あさひ法律事務所・外国法共同事業　弁護士

〔主要著作〕

福岡真之介 = 松下外『生成 AI の法的リスクと対策』（日経 BP，2023 年）〔共著〕，福岡真之介 = 松村英寿『データの法律と契約〔第 2 版〕』（商事法務，2021 年）〔共著〕，『AI の法律』（商事法務，2020 年）〔編著〕

松下 外（まつした がい）————————————————— 第 13 章執筆

西村あさひ法律事務所・外国法共同事業　弁護士

〔主要著作〕

福岡真之介 = 松下外『生成 AI の法的リスクと対策』（日経 BP，2023 年）〔共著〕，齊藤友紀ほか『ガイドブック AI・データビジネスの契約実務〔第 2 版〕』（商事法務，2022 年）〔共著〕

大野聖二（おおの せいじ）————————————————— 第 14 章執筆

大野総合法律事務所弁護士・ニューヨーク州弁護士

〔主要著作〕

「特許係争の実務(1)〜(55・完)」知財ぷりずむ 175 号（2017 年）〜 235 号（2022 年），「Universe（宇宙空間）と Metaverse（仮想空間）——特許係争における空間の拡張性」大鷹一郎 = 田村善之編集代表『多様化する知的財産権訴訟の未来へ 清水節先生古稀記念論文集』361 頁

山本飛翔（やまもと つばさ）————————————————— 第 15 章執筆

法律事務所 amaneku　弁護士

〔主要著作〕

『スタートアップの知財戦略』（勁草書房，2020 年），『オープンイノベーションの知財・法務』（勁草書房，2021 年），関口尊成ほか『Q&A CVC によるスタートアップ投資』（商事法務，2024 年）〔共著〕

執筆者紹介

松田誠司（まつだ せいじ）——————————— 第 16 章執筆

三浦法律事務所　弁護士・弁理士

［主要著作］

「平成 16 年改正法 35 条 4 項にいう不合理性〔野村證券事件〕」特許判例百選〔第 5 版〕（有斐閣，2019 年）192 頁，「冒認出願，共同出願違反」小松陽一郎先生古稀記念論文集刊行会編『特許権侵害紛争の実務——裁判例を踏まえた解決手段とその展望』（青林書院，2018 年）588 頁，髙橋淳 = 松田誠司編著『職務発明の実務 Q&A』（勁草書房，2018 年）〔共編著〕

城山康文（しろやま やすふみ）——————————— 第 17 章執筆

アンダーソン・毛利・友常法律事務所　外国法共同事業　弁護士

［主要著作］

城山康文 = 中崎尚「生成 AI の業務利用に関する法律上の注意点」〔共著〕『切り拓く——知財法の未来 三村量一先生古稀記念論集』（日本評論社，2024 年）729 頁，小谷悦司ほか編『意匠・デザインの法律相談 I・II』（青林書院，2021 年）〔共著〕

小林秀之（こばやし ひでゆき）——————————— 第 18 章執筆

一橋大学名誉教授・SBI 大学院大学客員教授

［主要著作］

『法学講義 民事訴訟法〔第 2 版〕』（弘文堂，2024 年）〔編著〕，『民事訴訟法〔第 2 版〕』（新世社，2022 年），『判例講義 民事訴訟法』（弘文堂，2019 年）〔編著〕

濱野敏彦（はまの としひこ）——————————— 第 19 章執筆

西村あさひ法律事務所・外国法共同事業　弁理士・弁護士

［主要著作］

森本大介ほか編著『秘密保持契約の実務——作成・交渉から営業秘密／限定提供データの最新論点まで〔第 2 版〕』（中央経済社，2019 年）〔共編著〕，森本大介 = 濱野敏彦編著『AI・データ関連契約の実務——AI 技術，限定提供データの創設を踏まえて』（中央経済社，2020 年）〔共編著〕，「大規模言語モデル・画像生成 AI と著作権法——ChatGPT，DALL・E2 を中心に」コピライト 63 巻 749 号（2023 年）21 頁

末吉 亙（すえよし わたる）——————————————————— 第 20 章執筆

KTS 法律事務所　弁護士

〔主要著作〕

小泉直樹＝末吉亙編『実務に効く知的財産判例精選』（有斐閣，2014 年）〔共編著〕，門口正人ほか『訴訟の技能——会社訴訟・知財訴訟の現場から』（商事法務，2015 年）〔共著〕，小林十四雄編集代表『商標の法律実務——重要判例分析×ブランド戦略推進』（中央経済社，2023 年）〔共編著〕

岡村久道（おかむら ひさみち）——————————————— 第 21 章執筆

英知法律事務所弁護士・国立情報学研究所客員教授・京都大学大学院医学研究科講師

〔主要著作〕

『個人情報保護法〔第 4 版〕』（商事法務，2022 年），『著作権法〔第 6 版〕』（民事法研究会，2024 年），『情報セキュリティの法律〔改訂版〕』（商事法務，2011 年）

植村幸也（うえむら こうや）——————————————— 第 22 章執筆

日比谷総合法律事務所　弁護士

〔主要著作〕

『製造も広告担当も知っておきたい 景品表示法対応ガイドブック〔改訂版〕』（第一法規，2024 年）

海老澤美幸（えびさわ みゆき）——————————————— 第 23 章執筆

三村小松法律事務所弁護士・ファッションエディター

〔主要著作〕

「〔講演録〕ファッションデザインを保護する法システム」コピライト 63 巻 747 号（2023 年）2 頁，「ファッションデザイン保護に戦略を（弁護士，ファッションエディター・海老澤美幸）」繊研新聞（2023 年 11 月 14 日更新）（https://senken.co.jp/posts/fashion-design-231114）

執筆者紹介

中川隆太郎（なかがわ りゅうたろう）————————— 第 24 章執筆
シティライツ法律事務所　弁護士
［主要著作］
茶園成樹＝上野達弘編著『デザイン保護法』（勁草書房，2022 年）〔共著〕，骨董通り法律
事務所編『エンタテインメント法実務』（弘文堂，2021 年）〔共著〕，田村善之ほか「連載
／ファッション・ローと知的財産」有斐閣 Online ロージャーナル（2022 年〜〔連載中〕）
〔共著〕

宮川美津子（みやがわ みつこ）————————————— 第 25 章執筆
弁護士（執筆当時）
［主要著作］
牧野利秋ほか編『知的財産法の理論と実務(3) 商標法・不正競争防止法』（新日本法規出
版，2007 年）〔共著〕，「新しい商標」ジュリ 1504 号（2017 年）16 頁

鮫島正洋（さめじま まさひろ）————————————— 第 26 章執筆
弁護士法人内田・鮫島法律事務所　代表パートナー弁護士
［主要著作］
鮫島正洋＝小林誠『知財戦略のススメ——コモディティ化する時代に競争優位を築く』
（日経 BP 社，2016 年）〔共著〕，『技術法務のススメ——事業戦略から考える知財・契約
プラクティス〔第 2 版〕』（日本加除出版，2022 年）〔編集代表〕，『オープンイノベーショ
ン時代の技術法務——スタートアップの知財戦略とベストプラクティス』（日本加除出版，
2024 年）〔編集代表〕

柴野相雄（しばの ともお）————————————————— 第 27 章執筆
TMI 総合法律事務所　弁護士
［主要著作］
TMI 総合法律事務所編『IT・インターネットの法律相談〔改訂版〕』（青林書院，2020 年）
〔編著〕，TMI 総合法律事務所編『ヘルスケアビジネスの法律相談』（青林書院，2022 年）
〔編著〕，TMI 総合法律事務所編『個人情報管理ハンドブック〔第 5 版〕』（商事法務，2023
年）〔編集代表〕

山田 拓（やまだ たく）———————————————— 第 27 章執筆
TMI 総合法律事務所　弁理士
［主要著作］
TMI 総合法律事務所編『ヘルスケアビジネスの法律相談』（青林書院，2022 年）〔編著〕，
小川聡＝山田拓「ライフサイエンス関連企業に対する知的財産デューデリジェンスの留意
点」MARR 319 号（2021 年）49 頁〔共著〕

凡例

■裁判例の表示
・本文（地の文）
最高裁昭和 58 年 10 月 7 日大法廷判決（民集 37 巻 8 号 1282 頁）
・本文の括弧内・脚注
最大判昭和 58・10・7 民集 37 巻 8 号 1282 頁
※最高裁の法廷名は，大法廷のみ表示する。引用頁の表示は，判例集の通し頁とする。

■法令名の表示
括弧内における法令名の表記は，原則として小社刊『六法全書』巻末掲載の「法令名略語」を用いる。

■判決文・条文の引用
判決文・条文等を「　」で引用する場合は，以下の点を変更している。
・漢数字は，成句や固有名詞などに使われているものを除き，算用数字に改める。
・漢字の旧字体は新字体に改める。
・促音や拗音を表すひらがなは，小書きとする。
・カタカナ表記で濁点・句読点の用いられていない判決文・条文については，ひらがな表記に改めたり，濁点・句読点を補うことがある。
・注記を付す際は，〔　〕で表記する。
なお，本文中では「　」を用いて判決文・条文の趣旨を書いているものもある。

■判例集・法律雑誌等の略語

民集　　大審院，最高裁判所民事判例集

集民　　最高裁判所裁判集民事

高民集　　高等裁判所民事判例集

行集　　行政事件裁判例集

無体裁集　　無体財産権関係民事・行政裁判例集

税資　　税務訴訟資料

判時　　判例時報

判タ　　判例タイムズ

新聞　　法律新聞

金判　　金融・商事判例

労経速　　労働経済判例速報

ジュリ　　ジュリスト

論ジュリ　　論究ジュリスト

法時　　法律時報

L&T　　Law&Technology

民商　　民商法雑誌

○○百選　　○○判例百選

速判解（法セ増刊）　　速報判例解説（法学セミナー増刊）

■判例データベースについて

裁判所 Web　　裁判所ウェブサイト（裁判所 Web の後に事件番号を表記する）

LEX/DB　　TKC ローライブラリー（LEX/DB の後に LEX/DB 文献番号を表記する）

Westlaw　　Westlaw Japan（判決年月日の後に Westlaw 文献番号を表記する）

xxviii

第1部
著作権

第1章

権利制限

奥邨弘司

CASE

A社は人工知能を用いて，動画中の画像，音声，文章内容を画期的な高精度で認識する基礎技術を保有している。A社は，これらの技術を活用して，[α] 特定のキーワードや特定の商品・人物の影像が，どの動画のどのシーンに，どのように登場するか（例：肯定的扱いか，否定的扱いかなど）を評価分析し，登場シーンを検索した結果を表示するとともに，キーワードなどの登場シーンの前後をユーザーが指定した時間（例：1分を指定すると，前後各1分間の合計2分間）再生する機能を搭載した動画検索サービス（以下，「本サービス」）を計画していた。[β] A社は，本サービスの核となる人工知能の学習データとして使用するために，独自開発した高速大容量動画蓄積装置に，テレビ放送番組やインターネット上の動画など自由に入手できる動画を大量に記録している。[γ] この記録は，人工知能開発に際して機械学習の過程で用いるだけでなく，本サービスの実稼働時に，評価分析や検索などを行う際の動画データベースとしても活用するつもりである。

A社は本サービスを，マーケティングツール（例：商品が，どのインターネット動画やTV番組で取り上げられているか，そしてどのように評価されているかを知る）やタレントの好感度調査ツール（例：CMで起用を考えているタレントがどのTV番組などに出演しているか，そこでの好感度はどの程度かを調査する）などの用途で顧客に売り込もうと考えている。本サービスの顧客は，A社のサーバーにインターネット経由でアクセスして本サービスを利用し，A社に使用料を支払うことになる。

A社の開発部門から，法務部に対して，本サービスに関する上記α・β・γにつき，著作権法上の問題がないかの相談があった。

Ⅰ はじめに

第1章のテーマは，著作権法の「権利制限」規定である。著作物の保護を目的とする著作権法ではあるが，保護一辺倒ではなくて，その公正な利用にも留意することを求めている（著作権法1条。以降「著作権法」は省略する）。そして，著作物の保護と利用のバランスを実現する上で，権利制限規定の果たす役割は大きい。

CASE は，米国で問題となったいわゆる Google Books 事件や TVEyes 事件のサービス[1]を参考にしたものであり，平成 30 年改正で整備された 47 条の 5 の適用が考慮される状況を設定した。本稿では，**CASE** の場合に同規定をどのように解釈するかの検討に主眼を置きつつ，知財の実務担当者が，権利制限規定の解釈に当たる際の視点についても触れたい。

Ⅱ 検討の前に[2]

1 あらかじめ検討すべき事項

権利制限規定の検討に入る前に，あらかじめ考慮しておくべき事項として，①著作物性，②著作権者，③存続期間，④支分権該当性，⑤許諾の有無の 5 つをあげたい。なぜなら，これらの検討結果次第では，権利制限規定の適用を議論するまでもないからである。

もちろん，いきなり権利制限規定について検討するほうが，容易な場合もあるだろう。ただ，一般論で言えば，侵害責任を問われた側にとって，権利制限規定には，必ずしも頼りになる「盾」とは言いがたい側面がある。と言うのも，厳格解釈がなされ[3]，適用場面が極めて狭くなる可能性も懸念されるし[4]，裁判例の少なさから，どうしても予測可能性が低くなってしまうためで

---

1) Authors Guild v. Google, Inc., 804 F.3d 202 (2d Cir. 2015) および Fox News Network, LLC v. TVEyes, Inc., 883 F.3d 169 (2d Cir. 2018) 参照。

2) 紙幅の関係から，著作隣接権についての検討は割愛しているが，47 条の 5 との関係では，基本的に著作権についての検討と同様になるはずである（102 条 1 項）。

3

第 1 部　著作権

ある。

2 CASE の場合

　A 社の利用対象物が著作物か否か（①），A 社による利用を著作権侵害とクレームしてくる者が著作権者か否か（②），A 社の利用対象物の著作権が存続期間を経過していないか否か（③）については，いずれも本当なら個別に判断する必要のある事項である。

　しかしながら，**CASE** における法務部への相談は，既に発生した法的トラブルに関するものではなくて，これから発生するかもしれない法的リスクに関するものである。一般に，前者への対応は臨床法務と呼ばれ，後者は予防法務と呼ばれる[5]。そして予防法務の視点で考える限り，A 社が利用する大量の動画のうち，著作権侵害が問題となるもの全てについて，前記①～③のいずれかが，A 社に都合良く否定されると想定するのは無謀だろう。同様に，A 社が利用許諾を事前事後に必ず得ることができる（⑤）と考えるのも現実的ではない。よって，以上については，まずは，侵害を否定する材料のない状況を想定しなければならない。

　では，④についてはどうだろうか。

　α において支分権に該当する著作物の利用がなされるのは，人工知能が検索などの結果とともに動画を表示する部分である。直感的には，動画の表示＝上映と考えるが，ここではインターネット経由で動画を公衆である顧客のところに送信して表示するので，公衆送信の問題となる。

　β に関しては，動画の記録が，支分権（複製権）該当行為となる。一方，γ に関しては，β で記録したものを用いて機械学習を行う際の複製と，評価分析を行ったり検索を行ったりする際に生じるデータベース内の動画の複製とが共

　3）　斉藤博『概説著作権法〔第 3 版〕』（一粒社，1994 年）14 頁および上野達弘「〔講演録〕著作権法における権利制限規定の再検討──日本版フェアユースの可能性」コピライト 560 号（2007 年）5 頁参照。

　4）　近時は，厳格解釈に疑問を呈する見解も有力である。「文化審議会著作権分科会報告書」（平成 23 年 1 月）30 頁，中山信弘『著作権法〔第 3 版〕』（有斐閣，2020 年）347 頁～348 頁および上野・前掲注 3）19 頁など参照。

　5）　奥邨弘司ほか「〔鼎談〕企業内法務の展望と戦略」ジュリ 1535 号（2019 年）50 頁など参照。

4

第 1 章　権利制限

に，支分権該当行為となる。また，映像データベースとして流用してアクセスすること自体は支分権該当行為ではないが[6]，権利制限規定の適用を受けて作成された複製物を流用すると，当該流用行為自体が複製とみなされる場合があるため，その点も検討する必要がある。

　以上の検討を踏まえて，A 社法務部としては，いよいよ最後の砦とも言える，権利制限規定の適用の有無を検討することになるわけである。

Ⅲ 47 条の 5

1 概要

(1)　柔軟性のある権利制限規定

　平成 30 年改正では，柔軟性のある権利制限規定と呼ばれる 3 つの規定（30 条の 4・47 条の 4・47 条の 5）が整備された。

　従来，日本の権利制限規定のほとんどでは，要件を詳細に定め，特に適用場面を明確にすることを意識した規定ぶりがなされていた。そのため，著作物の利用方法が大きく変化し，保護と利用のリバランスが求められた際に，権利制限規定を柔軟に解釈して対応しようとしても，自ずと限界が存在した。特に，デジタル・インターネット分野で，問題は深刻であった。そこで，要件の規定ぶりに（文字通り）柔軟性を持たせて解釈の余地を広げ，適用場面の拡大も可能にすることで，変化に柔軟に対応できることを意図して，柔軟性のある権利制限規定が整備されることになった[7]。

(2)　趣旨と適用場面

　47 条の 5 は，「電子計算機を用いた情報処理により新たな知見又は情報を創

---

　6)　アクセス自体はいずれの支分権にも関係しないし，その際に人工知能内に動画の（一部の）瞬間的なコピーが物理的に生じたとしても，それは，規範的には複製とは評価されない。「文化審議会著作権分科会報告書」（平成 18 年 1 月）61 頁以下および島並良ほか『著作権法入門〔第 3 版〕』（有斐閣，2021 年）152 頁〜 153 頁［島並］参照。

　7)　文化庁著作権課「デジタル化・ネットワーク化の進展に対応した柔軟な権利制限規定に関する基本的な考え方（著作権法第 30 条の 4，第 47 条の 4 及び第 47 条の 5 関係）」（令和元年 10 月 24 日）（以下，「基本的な考え方」）33 頁〜 34 頁参照。

5

第1部 著作権

出することによって著作物の利用の促進に資する」行為を行う者に対して，一定の範囲で著作物の利用を認める規定である。

前記行為には，多種多様なものが含まれるが，1項の適用場面は，同項に号として列挙された場面に限定される。すなわち，電子計算機による情報検索の場面（1号）と電子計算機による情報解析の場面（2号）である[8)9)]。

そして，情報検索や情報解析の結果提供に付随して行われる著作物の軽微な利用を認めるのが1項であり，同項による軽微な利用の準備のための複製などを認めるのが2項となる。これを本サービスの場合に当てはめると，αについては1項の適用の可否が，αの準備作業に当たるβとγについては2項の適用の可否が焦点となる。

2 αへの適用の可否

権利制限規定について検討する上でポイントとなるのは，（i）適用主体，（ii）著作物の種類，（iii）利用目的，（iv）利用限度，（v）利用態様に関する5つの要件と，（vi）ただし書への該当性如何である。

（1） 適用主体要件・利用目的要件と1項1号・2号該当性

適用主体要件とは，権利制限の適用を受けることができる主体に関する要件である。1項は，適用主体を，同項「各号に掲げる行為を行う者」と定めている[10)11)]。よって，A社が適用主体となるか否かを判断するためには，αの1項1号または2号該当性が問題となる。

1項は，利用目的についても，同項「各号に掲げる行為の目的」と定めているから，この点でも，αの1号または2号該当性が鍵となる。

ここで，1号は「電子計算機を用いて[①]，検索により求める情報（以下この

8） 文化庁著作権課「著作権法の一部を改正する法律（平成30年改正）について」コピライト692号（2018年）（以下，「平成30年改正について」）38頁参照。

9） 47条の5第1項3号により，政令で指定されたものにも本規定が適用されるが，本稿執筆時点で政令指定は行われていない。

10） 1項各号に掲げる行為の「一部」を行う者も適用主体となり得る。そのため，例えば1号に関して──A社の場合とは異なり──情報解析を行う者とその結果を提供する者が別人・別会社であっても構わないことになる。基本的な考え方20頁参照。

11） 実際には，著作権法施行令7条の4第1項が定める基準に従うことも求められている。

6

号において「検索情報」という。）②が記録された著作物の題号又は著作者名，送信可能化された検索情報に係る送信元識別符号……その他の<u>検索情報の特定又は所在に関する情報</u>③を<u>検索し</u>④，<u>及びその結果を提供すること</u>⑤」と定め，2号は「<u>電子計算機による</u>⑥<u>情報解析</u>⑦を行い，<u>及びその結果を提供すること</u>⑧」と定めている（下線と丸数字は筆者）。

a は，人工知能を用いているから①は問題なく満足される。②については，キーワードや商品・人物の影像がこれに当たり，③には，キーワードなどが登場するシーンや動画を特定する情報が該当する。そして，a では，特定する情報を検索し，その結果をユーザーに提供するから，④と⑤も満足する。よって，a の検索機能は，1号に該当すると言える。

a には，キーワードなどの評価を分析する機能もあるが，評価分析は，③・④には当たらない。しかしながら，⑦の情報解析には該当するだろう。なぜなら，情報解析とは「多数の著作物その他の大量の情報から，当該情報を構成する言語，音，影像その他の要素に係る情報を抽出し，比較，分類その他の解析を行うこと」（30条の4第2号）であるところ，a の評価分析機能は，動画という大量の情報から，キーワードなどの登場シーンの要素情報を抽出し，それを解析することで実現されるからである。そして，a の評価分析機能は，⑥と⑧も満たすことも明らかだから，結局，2号に該当すると言うことができる[12]。

まとめると，A社は a を行う者なので，1項の適用主体要件を満足し[13]，またその著作物の利用目的も1項の利用目的要件を満たす。

（2）著作物の種類要件

1項は，その適用対象を，公表された著作物と，送信可能化された著作物に限っている[14]。前者は，著作権者の許諾のもとに，（公衆の要求を満たす相当数が）複製され頒布された著作物（4条・3条），または上演，演奏，上映，公衆

---

12) 結果，a は，1号にも2号にも該当し得るということになる。この点，1つのサービスのある機能が1号に該当し，別の機能が2号に該当するという状況が否定される理由はないので，特に問題はない。

13) 正確には，前掲注11）であげた政令で定められた基準に従っている限りである。

14) 公衆提供等著作物のうち「公表された著作物又は送信可能化された著作物に限る」とされている。

第1部　著作権

送信（送信可能化を含む），口述もしくは展示された著作物を指し（4条），後者は，著作権者の許諾の有無にかかわらず送信可能化された著作物を指す[15]。

よって，放送番組は前者に該当し，インターネット上の動画は，有許諾のものは前者，無許諾のものは後者に該当することになろう。結果，A社が a で利用するものは，いずれも1項の著作物の種類要件を満足することになる。

（3）　利用限度要件

1項は，利用できる限度を，利用目的に「必要と認められる限度」とするから，検索機能や評価分析機能などに照らして，動画表示の必要性と，表示の程度が質的・量的観点から妥当な範囲かどうかを評価する必要がある。

ただ，ここでは，簡単な検討でも十分であろうと思われる。と言うのも，次に見る利用態様要件において，付随的利用と軽微利用という2つの条件が付されており，それらを満たす場合，通常は，利用の程度が，利用目的に照らして質的・量的に妥当な範囲内にあるものと考えられるからである。

a において，検索機能などの結果を提供する際に，対象動画の一定程度の表示が必要であること[16]は肯定できるであろうから，本要件も満足されると言える。

（4）　利用態様要件

1項によって許される著作物の利用態様には限定がないので a の場合の公衆送信も含まれる。ここで注意すべきは，1項では，利用が付随的であることと軽微であること，という2つの条件が付されている点である。

付随的とは，1号または2号に定められた結果の提供行為と，1項によって許される著作物の軽微利用行為とを区分して捉えた上で，前者が主，後者が従の関係にあることを意味するとされる[17][18]。言葉を換えれば，1項によって許

15）　送信可能化されたものについて許諾の有無を問わない理由について，基本的な考え方53頁参照。

16）　ここで「必要」を必須と捉えるべきではない。仮に，「必要」が必須を意味するのであれば，利用が，付随的であることや軽微であることはむしろ当然であり——いや，もっと厳しい内容でなければいけないかもしれない——それらが別途条件付けられる余地はないはずである。なお，平成30年改正について39頁が，「必要と認められる限度」の例としてあげるものも，必須とまで言えるものではない。

17）　基本的な考え方22頁〜23頁参照。

8

される著作物の軽微利用がなくても，1号または2号に基づく結果の提供が成立し得る場合，前記利用行為の付随性は肯定されよう[19]。αの場合，動画の表示がなくても，検索結果や分析結果の提供自体は成立するところ，1項が適用されて動画の表示が可能となることは，独立で存在し得る結果の提供をより便利にするという位置付けにあると言えるから，付随性を肯定できると思われる。

次に，軽微利用であるが，1項は，利用対象著作物の「利用に供される部分の占める割合，その利用に供される部分の量，その利用に供される際の表示の精度その他の要素に照らし軽微なもの」を軽微利用と定義している。具体的な基準は示されていないので「権利者に及び得る不利益が軽微なものに留まることを担保する」[20]という本条件の趣旨を踏まえて「専ら著作物の利用に係る外形的な要素に照らして判断」[21]するほかない。また，規定ぶりから，総合考慮が求められていることが分かるので，各要素を[22]総合的に考慮して，許容される「軽微」を導くべきだろう。

以上を踏まえた軽微性についての考え方は，後掲(6)において触れることとしたい。

(5) ただし書

ただし書に該当する場合，権利制限規定の適用が除外される。1項のただし書には，①利用対象著作物の種類や用途，利用の態様に照らして著作権者の利益を不当に害する場合と，②利用対象著作物の公衆への提供・提示・送信可能化が著作権を侵害するものであることを知りながら当該著作物を利用する場合が規定されている。

---

18) 本文で示した考え方と異なるいわゆる「内側説」も存在する。本文の考え方（外側説）と内側説の詳細および違いについては，加戸守行ほか「〔座談会〕平成30年改正著作権法施行に伴う柔軟な権利制限規定による著作物の利用拡大とこれからの課題(下)」NBL 1145号（2019年）33頁〜35頁を参照されたい。

19) 小倉秀夫＝金井重彦編著『著作権法コンメンタールⅡ〔改訂版〕』（第一法規，2020年）362頁注33〔高瀬亜富〕参照。

20) 基本的な考え方23頁。

21) 同上。

22) 参考として，基本的な考え方23頁。

第1部　著作権

　①については、「著作権者の著作物の利用市場と衝突するか、あるいは将来における著作物の潜在的販路を阻害するかという観点から」判断すべきとされる[23]。もっとも、権利制限規定に基づいて著作物が利用されれば、衝突や阻害が多少なりとも発生するのは常であり、それら全てをただし書に該当するとしてしまうと、権利制限規定が有名無実化する。よって、注目すべきは、衝突や阻害が「不当に」と言えるかどうかであり、規定の趣旨に照らして総合的に判断される必要がある[24]。また、1項の場合は、軽微性要件によって類型的に権利者の不利益を軽微に留める形となっているので、類型的対応から漏れる部分が、主として検討の対象となろう。よって、ただし書該当性は、個別具体の状況を前提として判断されることになる。

　②についても、該当性が問題となるのは、A社が、特定の動画に関する著作権侵害の存在を知った場合であり、それは個別具体の状況を踏まえて検討する必要がある。

　以上を踏まえて、①②についてどう考えるかは、次において触れることとしたい。

（6）　回答に当たって

　まとめると、aについて1項が適用されるか否かは、①動画の表示が軽微であること（前記(4)）、②動画の表示によって、権利者に不当に不利益を与えないこと、③動画について著作権侵害を知りながら表示しないこと（前記(5)）、の3点が鍵になる[25]。もっとも、これをそのまま開発部門に返したのでは、先方はフリーズしてしまう。本来は、具体的な対応まで回答することが求められるが、こちらもクリアカットに回答できるだけの状況にはない。ここからは開発部門と対話をし、ともに知恵を出し合いながら、検討を進めることになろう。

　①については、動画を表示できる時間に制限が必要である点は明らかだが、その基準をどうするのか。厳しくすればするほど、軽微性は確実になって法的

---

23)　基本的な考え方54頁。
24)　参考として、中山・前掲注4)417頁〜418頁参照。
25)　動画の表示に当たっては、著作者人格権への配慮（リツイート事件最高裁判決〔最判令和2・7・21民集74巻4号1407頁〕に照らすと、とりわけ氏名表示）に留意すべきだろう。

10

第1章　権利制限

リスクは減る。しかし，それは実質的に動画を表示できなくするに等しい。α において動画を表示することの意味と，軽微であること（それによってリスクを低減すること）とのバランスを見出す必要がある。

　開発部門は，何分間（または何秒間）の動画表示を必要と考えるのか。仮に絶対値としての表示時間を設定したとしても，全部でその2，3倍程度の長さの動画や，設定以下の長さの動画の場合にどうするのか。割合的な基準を併用するのか，それとも，一定の短い動画は表示の対象外とするのか。また，連続して表示することで，全部を表示しようとする者が出る可能性とその対策は。さらに，画質や表示の大きさはオリジナルのままとするのか，それとも例えば動画の種類によって扱いを変えるのか，などなど。

　②の対応は，①の対応を踏まえて検討することになろう。と言うのも，①の対応によって，類型的に，著作権者の不利益を軽微なものに留めることができれば，②においては，類型的対応では不十分だったところを手当てすることになるからである。よって，想定外も含め，様々な個別具体の状況をあげて，権利者の利益を不当に害することがないか検討する必要があろう。ここでも，開発部門との対話が重要になる。

　③の対応は，割り切りが必要かもしれない。本サービスにおいて，A社が，特定の動画に関する著作権侵害の存在を自発的に知り得る可能性は低い。ほとんどは，権利者から通知があって知ることになろう。だとするならば，例えば，通知を受けて速やかに動画の表示停止措置をとる体制やマニュアルを整備するという対応が，実務上合理的かもしれない。

　①②③のいずれについても，悩みは多い。どこにも明確な基準はなく，今この時点では，誰も正解を断言できない。当然，ゼロ・リスクは無理で，ウィズ・リスクは避けられず，可能な限りリスク低減の努力をするほかない。

3　βとγについて

（1）　βについて

　βにおける著作物の複製について，47条の5第2項の適用可否を検討しよう。

　2項は，適用主体要件を1項「各号に掲げる行為の準備を行う者」と定めている[26]。改めて整理すると，βは，αで用いられる人工知能の学習データを

11

第 1 部　著作権

作成する行為であるから，（1 項 1 号・2 号に該当する）*α* の準備のための行為と言える。よって，*β* を行う A 社は，2 項の適用主体要件を満足する[27][28]。なお，2 項の利用目的要件は 1 項の「軽微利用の準備のため」[29]であるから，A 社はこれも満たす（なお，**CASE** の場合，番組や動画を機械学習するだけでなく，表示する目的もあるので，非享受目的と享受目的が併存しており，結果，30 条の 4 は適用されない）。

　著作物の種類要件に関して，2 項は「公衆提供等著作物」と定める。これは，公衆への提供[30]もしくは提示[31]または送信可能化が行われた著作物のことであり，いずれも許諾の有無は問わない。放送番組やインターネット動画は，どれかに該当するだろう。

　利用限度要件については，2 項は軽微利用の準備のために必要な限度の利用を認めているので，それが質的・量的に妥当なのであれば，全部利用さえ認められる。*β* では，動画をそのままの画質で全部録画するが，それは，本サービスの人工知能に学習させるために必要であり，質的・量的にも妥当であろうから，要件を満足すると言えよう。

　利用態様要件について，2 項は複製による利用を認めており，*β* で行われるのは記録行為であるから，この要件も満足する[32]。

　最後は，ただし書の適用如何である。2 項のただし書は，著作権者の利益を不当に害する場合を，規定の適用対象から除外する[33]。*β* は，2 項が想定して

---

26)　実際には，著作権法施行令 7 条の 4 第 2 項が定める基準に従うことも求められている。

27)　正確には，前掲注 26)であげた政令で定められた基準に従っている限りである。

28)　**CASE** の場合，1 項の適用主体と 2 項の適用主体は，ともに A 社であるが，47 条の 5 の規定は，それぞれ異なる者であることを許容している。澤田将史「著作権法の一部を改正する法律（平成 30 年改正）の概要」知財ぷりずむ 193 号（2018 年）20 頁参照。

29)　1 項の適用主体と 2 項の適用主体が別人も可であること，また物事の順番として，2 項の対象となる行為がまず先にあることを考えると，「軽微利用の準備のため」の軽微利用は，個別具体化したものである必要はなく，一般的抽象的に軽微利用と言えれば良いと思われる。小倉＝金井編著・前掲注 19)360 頁［高瀬］も参照。

30)　有体物として他に示すことを指すので，譲渡または貸与がこれに当たる。

31)　無体的に他に示すことを指すので，上演，演奏，上映，公衆送信，口述，展示がこれに当たる。

32)　2 項には，軽微利用の条件はない。

第1章 権利制限

いる範囲内の典型的行為であるから，仮にそれによって権利者に損害が生じるとしても，「不当」なものとは言えない。また，それに反する特殊な状況も想定し難い。よって，βについてただし書には該当しないと言えよう。

まとめると，A社がβにおいて行う複製行為については，2項が適用される。

（2） γについて

γも，αの準備のための行為であるから，β同様に考えることができる。と言うのも，CASEの場合の軽微利用の準備行為には，機械学習（情報解析）のための複製だけでなく，本サービス稼働時の情報検索や情報解析に伴う複製行為なども含まれるからである。

ところで，βとγはαの準備のための行為として，一連のものであると評価されるが，仮にそれぞれを独立に考えた場合，どうなるだろうか。一般に，権利制限規定の適用を受けて作成された複製物を，前記権利制限規定の定める目的以外に流用した場合，その時点で複製を行ったものとみなす旨が，49条1項に規定されている。これを，47条の5第2項について見ると，その適用を受けて作成された複製物を，同項の目的以外の目的のために用いて，いずれかの方法で著作物を利用[34]した場合に，複製があったとみなされることになる（49条1項6号）。仮に，みなし複製が認められた場合，当該複製について利用の許諾がある，または，権利制限規定に該当する，というのでないと，著作権侵害になってしまう。

もっとも，CASEの場合，βもγも，1項の軽微利用の準備のため，すなわち，αにおける利用の準備のためであるから，βで作成した複製物をγで利用することは，目的外利用とは言えないので，49条1項のみなし複製にはならない。

---

33) 2項のただし書には，利用対象著作物の公衆への提供・提示などが著作権を侵害するものであることを知りながら利用（以下，「知情利用」）する場合についての規定がない。この点，知情利用の場合は，著作権者の利益を不当に害する場合に自動的に当たると解するのは妥当ではない。もしそうだとすると，1項のただし書が，敢えて，知情利用を規定していることの説明がつかない。

34) 著作権法上，「利用」は支分権の対象となる態様で著作物を用いる場合，「使用」はそれ以外，という使い分けも指摘されるが，現在の文化庁の立場は，著作物を無体物としても用いる場合は，支分権の対象となるか否かにかかわらず「利用」を使うとしている。平成30年改正について41頁参照。

第1部　著作権

（3）　回答に当たって

　αの場合と異なり，β・γに関しては，かなり明確に回答可能である。ただ，あくまでも現在の事実関係を踏まえての回答であることは，例を示すなどして[35]注意喚起すべきだろう。

　法務部として心配なのは——αも含めて——開発部門が，著作権法に絞って質問してきているところかもしれない。ざっと考えても，特許権，プライバシー，個人情報の保護など様々な問題が頭に浮かぶが，果たしてそれらについてはどうなっているのか。既に解決済みなのか，思い当たっていないのか，それとも……ここから先は，また別の機会に。

参 考 文 献

●文化庁著作権課「デジタル化・ネットワーク化の進展に対応した柔軟な権利制限規定に関する基本的な考え方（著作権法第30条の4，第47条の4及び第47条の5関係）」（令和元年10月24日）
●上野達弘 = 奥邨弘司編著『AIと著作権』（勁草書房，2024年）
●文化審議会著作権分科会法制度小委員会「AIと著作権に関する考え方について」（令和6年3月15日）

---

35)　例えば，自由に入手できる動画を前提に検討したが，もし，契約者しか入手できないような動画を利用する場合は，著作権法の規定よりも，契約時の条件が優先するので，別途検討が必要であるなど。なお，これは，権利制限規定の契約によるオーバーライドと呼ばれる問題である。当該権利制限規定が強行規定とされ，結果，権利制限規定をオーバーライドする契約（の規定）が無効にされない限り，当事者間では契約（の規定）が優先するので，それに反した場合，契約違反の責任を負う（島並ほか・前掲注6）178頁〜179頁［島並］参照）。もっとも，権利制限規定に該当するような利用はそもそも著作権が及ばないので，前記契約に違反しても，著作権侵害になるわけではない。

14

第**2**章

著作権登録制度

桑野雄一郎

CASE

A社は，作家Bとの間で，Bが執筆した小説（以下「本件小説」という）について，A社に1号出版権を設定する旨の出版権設定契約（以下「本件出版契約」という）を締結した。本件小説はA社から単行本として出版された後，文庫化され，本件出版契約に基づきBに対して印税の支払も行われていた。

その後Bが死亡し，相続人である妻C_1と子C_2が本件小説を含むBの作品の著作権を各1/2の持分割合で共同相続したが，C_1とC_2は，Bの作品を管理するために財団法人Dを設立し，Bが遺した生原稿などの遺品，そして本件小説を含むBの作品の著作権をDに譲渡した。

A社がC_1に対し，Bの逝去を踏まえて本件小説の判型を変えた書籍の刊行の提案をしたところ，C_1よりDが本件小説の新たな単行本と電子書籍を出版するため，既に別の出版社のE社に対して1号出版権及び2号出版権を設定する出版権設定契約を締結したと聞かされた。C_1としては，長年Bが世話になったA社との関係を壊したくないが，C_2の強い意向でそうせざるを得なかったとのことであった。

A社の担当者から，

（ア）　E社による本件小説の出版を止めることはできないのか。またA社としては今後も本件小説の出版を継続できるのか。現状ではできないとすれば，どうすればできるのか。

（イ）　今後このようなことが起こらないよう，どのような対策をすればよいのか。
との相談があった。

15

第1部　著作権

Ⅰ はじめに

　第2章のテーマは，「著作権登録制度」である。著作権法（以下，同法の条文を引用する際は条数のみ示す）は第2章第10節（75条〜78条の2）において著作権に関する登録制度について規定し，さらに出版権（88条）及び著作隣接権（104条）に関する登録制度についても規定している。

　特許権や商標権などにおける登録制度は権利の発生や移転等についての効力要件とされている（特許98条1項1号等）。これに対して著作権等は，登録等の手続は権利発生の要件ではなく（17条・51条1項等），また著作権等の譲渡等も当事者間の合意によって効力が生じ，登録等の手続はその効力要件とはされていない（61条1項等）。したがって，著作権法の登録制度は他の知的財産法における登録制度とは法的意味が異なるものとなっている。

　著作権法における登録制度は，権利変動を公示する対抗要件としての登録とその他の登録の2つに大別することができる。

　対抗要件としての登録は，著作権，出版権及び著作隣接権という著作権法上の財産権の移転等についての第三者対抗要件（77条・88条・104条）であり，その他の登録は著作者であること，最初の発行又は公表の年月日や創作年月日といった一定の事実を推定するという効果を有するもの（75条〜76条の2）である。

　CASE において問題となるのは対抗要件としての登録である。

Ⅱ 対抗要件としての登録制度

1 対抗要件とは

　著作権者は支分権に該当する利用行為を行う権利を，出版権者は著作権（1号出版権では複製権，2号出版権では公衆送信権）のうち出版行為を行う権利をそれぞれ「専有する」とされている（21条等・80条1項）。「専有する」とは第三者に対しても行使することが可能な独占的排他的権利であることを意味している。しかし，**CASE** ではA社はBから1号出版権の設定を受けることにより出版権者となり，Dは相続によりBの地位を承継したC_1及びC_2から著作権

16

第 2 章　著作権登録制度

の譲渡を受けて著作権者となっており，1 号出版権のうち出版行為を行う権利
を A 社及び D の双方が「専有する」状態となっている。また，E 社が D から
出版権の設定を受けたら両社の出版権が重複する範囲内で A 社と E 社が出版
行為を行う権利をそれぞれ「専有する」状態となる。

　このように「専有する」権利が重複することになった場合に，先に登録を備
えた方が優先するというのが対抗要件としての登録制度である。

　すなわち，著作権の譲渡や出版権の設定については，「登録しなければ，第
三者に対抗することができない」とされている（77 条柱書・88 条 1 項柱書）。

　この「対抗することができない」とは，不動産に関する物権の得喪及び変更
について，「登記をしなければ，第三者に対抗することができない」（民 177
条）と定めている民法の規定と同様の趣旨である。不動産所有権登記は，

① 　不動産譲渡により取得した所有権を第三者に対して主張するためには登記
　を備えなければならない。
② 　不動産が二重に譲渡された場合の優劣は登記の先後により，いずれかが先
　に登記を備えるとその者が確定的な所有権者となり，それ以外の譲受人の所
　有権は消滅する。

というものであるから，これを著作権譲渡や出版権設定の登録に置き換えれ
ば，

① 　著作権譲渡や出版権設定により取得した著作権・出版権を第三者に対して
　主張するためには登録を備えなければならない。
② 　著作権や出版権など「専有する」権利が重複する場合の優劣は登録の先後
　により，いずれかが先に登録を備えるとその者が確定的な権利者となり，そ
　れ以外の者の権利は消滅する。

ということになる。

　これが対抗要件としての登録制度である。

2 登録を備えないと対抗できない「第三者」

　以上のように，著作権の譲受人や出版権者が自己の取得した著作権・出版権
を第三者に対して主張する（対抗する）ためには登録が必要ということになる
が，民法では登記をしないと権利主張ができない「第三者」とは，登記の欠缺
を主張するについて正当な利益を有する第三者に限られると解されており[1]，

17

第 1 部　著作権

例えば家屋の不法占拠者については「民法第 177 条にいう『第三者』に該当せ
ず，これに対しては登記がなくても所有権の取得を対抗し得るものである」と
されている[2]。

　この法理は著作権譲渡の対抗要件についても同様と考えられているので[3]，
例えば海賊版を配信，頒布しているなど，著作物を権原もなく使用している者
に対しては，著作権の譲受人や出版権者は登録を備えなくても自己の権利を主
張することが可能ということになる。また，いわゆる背信的悪意者についても
同様である。

　他方，不動産においては，二重譲渡の場合の譲受人が「登記の欠缺を主張す
るについて正当の利益を有する第三者」に該当することに異論はなく[4]，また
抵当権などの制限物権の権利者についても同様である。この法理を前提とすれ
ば，著作権の譲受人や出版権者も「第三者」に該当することとなる。

　なお，著作権者から使用許諾を受けたライセンシーについては，「第三者」
に該当し，著作権の譲受人や出版権者が権利行使をするためには登録が必要で
あるとする見解が判例・学説とも有力であるとされており[5]，令和 2 年著作権
法改正（令和 2 年法律第 48 号）により導入されたいわゆる当然対抗制度の下で
はかかる解釈に異論の余地はないであろう[6]。

　以上のように，著作権譲渡や出版権設定を受けた場合には，第三者に対して
権利行使をするため，また，先に第三者が同様の権利を取得した上で登録を備
えることにより自己の権利が消滅するのを避けるため，速やかに登録まで備え

---

　1)　大判昭和 3・7・2 新聞 2898 号 14 頁，最判昭和 39・2・13 判タ 160 号 71 頁等。

　2)　最判昭和 25・12・19 民集 4 巻 12 号 660 頁。

　3)　「著作権の移転につき，対抗要件の欠缺を主張し得る法律上の利害関係を有する第三者」（知
財高判平成 20・3・27 裁判所 Web〔平成 19 年（ネ）第 10095 号〕），「第三者とは，登録の欠缺を主張
するにつき，正当な利益を有する第三者をいうと解するのが相当である」（東京地判平成 12・6・30
裁判所 Web〔平成 11 年（ワ）第 3101 号〕）など，著作権法上の対抗要件としての登録制度についても
かかる法理が判例上確立されている。

　4)　前掲注 2)最判昭和 25・12・19。

　5)　半田正夫 = 松田政行編『著作権法コンメンタール(2)〔第 2 版〕』（勁草書房，2015 年）922 頁
〔吉羽真一郎〕。同書では加戸守行『著作権法逐条講義〔六訂新版〕』（著作権情報センター，2013 年）
504 頁等が引用されている。

　6)　当然対抗制度は次章のテーマなので，詳細はそちらに譲ることとする。

18

ることが望ましいことは明らかである。しかし，実務上登録制度は活用されているとはいいがたい状況にある[7]。

Ⅲ 対抗要件としての登録の手続（1）共同申請の原則

1 共同申請の原則

著作権譲渡や出版権の登録は，文化庁長官が著作権登録原簿（78条1項），出版権登録原簿（88条2項）に記載し，又は記録して行うことになっており，それは法令に別段の定めがある場合を除き，申請（又は嘱託）に基づき行われることになっている（著作権法施行令〔以下，同施行令引用の際は「令」〕15条1項）。そして，登録申請の手続については，令15条以下及び著作権法施行規則9条以下に規定されている。

まず，登録申請については法令に別段の定めがある場合を除き，登録権利者及び登録義務者による共同申請が原則とされている（令16条）。著作権譲渡についていえば，登録権利者とは著作権の譲受人，登録義務者とは著作権の譲渡人のことであり，出版権設定についていえば，登録権利者とは出版権者，登録義務者とは著作権者のことである。つまり，著作権譲渡契約や出版権設定契約における契約当事者が共同で申請をしなければ原則として登録を備えることはできないわけである。

CASE においても，A社はBの生前であればBと共同で申請することにより出版権についての登録をすることが可能であった。

では，Bの死亡後はどのようにすればよいのであろうか。

2 登録義務者が死亡した場合の共同申請手続

著作権登録手続に関する著作権法施行規則及び施行令の規定は不動産登記手

7）文化庁の著作権等登録状況検索システム（https://pf.bunka.go.jp/chosaku/egenbo4/index.aspx）によると，1971年以降本年までの著作権登録件数は，対抗要件としての登録以外のものを含めても，著作権，出版権及び著作隣接権の合計が3万件強にとどまっている。実務上行われているこれらの権利譲渡の件数を考えれば極めて少ないことは明らかであろう。

第 1 部　著作権

続に関する法令の規定に則しているが，不動産登記手続においては，「譲渡人が不動産を譲渡した後に死亡した場合，相続人全員が譲渡人の登記義務を承継し，譲受人と共同で，譲渡人と譲受人の移転登記の申請をすることを要する」とされている[8]。

　これを踏まえると，登録義務者である著作権の譲渡人，出版権設定者が死亡した場合には，相続人全員がその地位を承継し，著作権の譲受人，出版権者と共同で登録手続の申請をすることが必要と考えられる。

　CASE においては，A 社が B の死亡後に出版権の登録をするためには B の相続人である C_1 及び C_2 と共同で登録申請を行う必要があるということになる。しかし，C_1 の説明を前提とすると，C_1 はともかく，著作権を D に譲渡し，D と契約をした E 社を通じて出版を行おうとしている C_2 が A 社の出版権の登録申請に協力をする可能性は低いであろう。そのため A 社が共同申請により出版権の登録を行うことは事実上不可能といわざるを得ない。

　したがって，A 社としては出版権の登録をするためには，共同申請の原則の例外として設けられている制度を利用する必要があるということになる。

　平成 30 年 12 月 30 日に施行された改正著作権法（平成 28 年法律第 108 号）により，著作権の保護期間が死後 50 年から 70 年に延長された（51 条 2 項）。これに伴い，今後は登録義務者（著作権の譲渡人や出版権設定者）の死亡による相続（**CASE** のように著作権者であった夫が死亡し，妻と子が相続する場合）だけではなく，相続をした相続人が死亡するという数次相続（著作権者であった夫が死亡した後に妻が死亡し，夫との間の子と先夫との間の子が相続する場合など），相続人であるべき者が先に死亡していたという代襲相続（著作権者であった夫が死亡したが，子も既に死亡していたため妻と 2 人の孫が相続する場合など），これらが複合的に生じる等により，登録手続への協力を得なければならない共同相続人の数が増加すること，さらに少子化が進行している我が国においては，子や孫といった直系親族ではなく，兄弟姉妹やその子など，人間関係が希薄な場合も多い傍系親族が共同相続人となる場合が増えてくることは確実である。そしてその結果，相続人の中に連絡先が判明しない者や協力を拒む者が生じることに

8）　法務省民事局昭和 27 年 8 月 23 日民甲第 74 号回答。

より著作権登録の共同申請ができなくなる場合[9]が増えることも予想される。

企業活動に伴い著作権の譲渡を受けること，また出版社において出版契約を締結することは日常茶飯事であろうが，このように，登録義務者である著作権者が死亡した場合，譲渡を受けた著作権，設定を受けた出版権について対抗要件としての登録手続を行うことが煩雑かつ困難になる可能性があることは考慮しておく必要がある。

その対策として考えられるのが共同申請の原則の例外としての，登録権利者による単独申請である。

Ⅳ 対抗要件としての登録の手続(2) 共同申請の原則の例外

1 共同申請の例外(1) 判決による場合

共同申請原則の例外として，以下の場合には登録権利者による単独での登録申請が可能とされている。

① 登録義務者の承諾書がある場合（令17条）

② 判決による場合（令18条）

このうち②については，判決を得るためには著作権の譲渡人の相続人，出版権設定者の相続人を相手に訴訟を提起しなければならないことになる。著作権譲渡についてはまだしも，出版権設定の場合は印税の支払や，出版契約上のいわゆる窓口権[10]に基づく二次利用の処理など，出版権者は著作権，そして出

9）　協力をすることについて相続人にとって特段のメリットもないことからすると，積極的に協力が得られないことは十分に考えられるし，さらに相続人間での他の相続財産を巡る意思の対立や紛争などの影響で協力が得られない場合も考えられる。

10）　例えば一般社団法人日本書籍出版協会が公表している出版権設定契約書ヒナ型1（紙媒体・電子出版一括設定用〔2017年版〕）でも，「本契約の有効期間中に，本著作物が翻訳・ダイジェスト等，演劇・映画・放送・録音・録画等，その他二次的に利用される場合，甲はその利用に関する処理を乙に委任し，乙は具体的条件について甲と協議のうえ決定する」との規定が設けられている（16条）。このように出版物の二次利用についての処理の委任に基づく出版権者の契約上の権利を実務上「窓口権」と称している。

第 1 部　著作権

版契約上の地位を承継した相続人との関係が継続することを考えると，出版権者としては相続人に対して訴訟を提起するのはできれば避けたいところである。また，著作権譲渡の場合も含めて，訴訟継続中に第三者に対して著作権譲渡がなされ，そちらに対して先に登録手続が行われてしまうと，当該第三者がいわゆる背信的悪意者に該当するといった例外的場合を除き，もはや登録申請を行うための判決を得ることもできなくなってしまう。

　このように，実務上は判決による単独の登録申請を行うことは容易ではないといわざるを得ない[11]。とすると単独での登録申請を行う現実的な方法は①の承諾書による場合ということになる。

2　共同申請の例外（2）承諾書による場合

（1）　承諾書の作成

　不動産譲渡に基づく移転登記については，売買代金の支払と引換えに移転登記手続に必要な書類も作成・交付されるのが通常であり，これに基づき登記権利者である譲受人（あるいはその依頼をした司法書士等の代理人）が単独で移転登記手続をする実務上の慣行が確立されている。

　しかし，著作権譲渡契約や出版権設定契約を締結した場合に，著作権譲渡や出版権設定の登録に必要な承諾書などを交わしている例は皆無といってよいであろう。

　したがって，著作権譲渡契約や出版権設定契約を締結した後に登録申請をする場合には，改めて登録義務者である著作権の譲渡人，出版権設定者に単独申請のための承諾書作成への協力を得る必要があることになる。そして，上述のとおり登録義務者が死亡した場合には相続人全員が登録義務を承継すると考えられることからすると，当該相続人全員に承諾書を作成してもらわなければならない。しかし，それが可能であれば上記Ⅲ 2 で述べた共同申請に協力してもらえばよいことである。共同申請が困難な事案では承諾書を作成してもらうのも困難であることは明らかであろう。

　11）　判決による登録を行うとすれば，登録義務者が所在不明である等の理由により公示送達により判決を得るといった場合が考えられる。

第2章　著作権登録制度

（2）　実務上の対応策① 契約締結時の承諾書の作成

以上を踏まえると，実務上の対策としてまず考えられるのは，著作権譲渡契約や出版権設定契約の締結の時点で，登録義務者である著作権の譲渡人や出版権設定者から契約書と併せて承諾書も作成してもらうことである。

CASE においては，Bとの間で出版権設定契約を締結する時点で，Bから単独申請の承諾書を受領しておくことが考えられる。

文化庁著作権課が公表している「登録の手引き——著作権に関する登録をお考えの方へ」[12]には著作権譲渡についての「単独申請承諾書」のひな型が掲載されており，その中では「下記の著作物の著作権に関する令和〇年〇月〇日付譲渡契約に基づく著作権譲渡の登録の申請を貴社が単独で行うことを承諾します」との文言が規定されている（72頁）。この文言を，出版権設定契約については「譲渡契約」を「出版権設定契約」に，「著作権譲渡の登録」を「出版権の登録」と置き換えればよいと考えられる。

このようにして作成した承諾書に基づき直ちに登録申請を行うことはもちろん可能であるが，登録義務者が死亡した場合においても，登録義務者が生前に承諾書において行った承諾の意思表示の効力が死亡により覆るものではないであろうから，登録義務者の死亡後に生前に作成した承諾書に基づいて登録申請を行うことも認められるものと考えられる。

この方法は確実ではあるが，直ちに登録申請を行わない場合は，著作権譲渡契約書や出版権設定契約書とは別に承諾書を保管・管理するという事務負担が発生することになる。登録申請をする必要性が生じた時点で直ちに利用できるよう，契約書に別紙として添付するなどの方法によりまとめて保管・管理することが望ましいが，これをさらに進めて，契約書の中に承諾書に代わる文言を設けることも考えられる。

（3）　実務上の対応策② 承諾書に代わる契約書の規定

登録申請に際しては，著作権譲渡契約書や出版権設定契約書を添付資料の登録の原因を証明する書面（令21条1項3号），いわゆる「原因証書」として提出することになる。この契約書の中に文化庁著作権課の公表しているひな型の

---

12)　文化庁ウェブサイトに掲載（https://www.bunka.go.jp/seisaku/chosakuken/seidokaisetsu/toroku_seido/pdf/r1392469_01.pdf）。

第 1 部 著作権

「単独申請承諾書」の上記文言をそのまま盛り込むことで，承諾書（令 17 条）に代えることが考えられるところである。

　実務上著作権譲渡契約においては，登録手続を想定した条項がない場合も少なくなく，設けられている場合においても「甲（譲渡人）は，乙（譲受人）が本件著作権譲渡についての登録をすることを希望する場合，これに協力をする」といった規定になっていることが多い。また，出版権設定契約に際し実務上よく利用されている，前記一般社団法人日本書籍出版協会の公表しているひな形でも「甲〔出版権設定者＝著作権者〕は，乙〔出版権者〕が本著作物の出版権の設定を登録することを承諾する」と規定されている[13]。

　これらの規定は登録手続を行うことに対する承諾とは認められるが，登録申請という手続行為を相手方が単独で行うことに対する承諾という趣旨に解釈できるか，やや微妙に思われる。

　よって，この点を明確にするため，著作権譲渡契約においては，「甲（譲渡人）は，乙（譲受人）が本契約に基づく著作権譲渡の登録の申請を単独で行うことを承諾する」，出版権設定契約においては，「甲（出版権設定者＝著作権者）は，乙（出版権者）が本契約に基づく出版権設定の登録の申請を単独で行うことを承諾する」といった文言を盛り込むべきであろう。

V CASE における担当者からの相談に対する回答

　以上を踏まえると，担当者からの相談（ア）及び（イ）に対する回答は以下のようになる。

1 担当者からの相談（ア）について

　（1）　まず，A 社の出版権を理由として E 社による出版を止めるためには，生前に B から設定された出版権についての登録を備える必要があり，これを備えない限り E 社による出版を法的に止めることは原則としてできない。

　また，D が C_1 及び C_2 から著作権譲渡を受けたことについて A 社より先に

---

13)　例えば前掲注 10)のヒナ型 1 条(3)。

第2章　著作権登録制度

対抗要件としての登録を備えてしまうと，A社の出版権は消滅する。E社がD
から出版権の設定を受けたことについて先に対抗要件としての登録を備えた場
合も同様である。この場合，D又はE社からA社に対し出版行為の差止めを
請求された場合，法的にはA社が出版行為を継続することは原則としてでき
ない。

　(2)　A社の出版権に基づきE社による出版を止める，またA社が出版行
為を継続するためには以下のいずれかの方法により，Dによる著作権譲渡の
登録又はE社による出版権の登録より前に，出版権の登録をする必要がある。
① C_1及びC_2にA社と共同での出版権の登録申請に協力をしてもらう。
② C_1及びC_2にA社が単独で出版権の登録申請を行うことの承諾書を作成し
　てもらい単独で登録申請をする。
③ C_1及びC_2に対し，A社による出版権の登録申請についての判決を得て単
　独で登録申請をする。
　しかし，いずれも実現することは困難と考えられる。

2 担当者からの相談（イ）について

　今後の対策としては，出版権設定契約の締結に際し，以下のいずれかの対応
策をとり，いつでも単独での登録申請を行えるようにしておくと共に，必要が
あれば出版権の設定後速やかに登録申請を行うことが考えられる。
① 出版権設定契約書の締結の際に，出版権設定者に単独での登録申請につい
　ての承諾書を作成してもらう。
② 出版権設定契約書の中にA社が単独で出版権についての登録申請を行う
　ことについての承諾書に代わる文言を盛り込んでおく。
　費用等の理由により締結する全ての著作権譲渡契約や出版権設定契約につい
て登録まで備えることが困難である場合には，どういう著作物について，どう
いうタイミングで登録をするかのルールを策定しておくことも必要と考えられ
る。例えば著作権の譲渡人や出版権設定者の死亡が迫った時期，出版権につい
ていえば重版にする，文庫化するといった時期などが考えられる[14]。

第1部　著作権

Ⅵ 最後に

本稿は対抗要件が問題となる関係として，出版権者であるA社と著作権の譲受人であるD，そしてDから出版権の設定を受けたE社という事例をCASEとしたが，対抗要件が問題となる場合としては，著作権の二重譲渡が行われた場合や著作権の譲渡人が倒産した場合が考えられる。特に実務上問題となることが多いのは後者の場合である。

破産を例にすると，著作権の譲渡人が破産宣告を受けた場合，指名債権譲渡後に譲受人が破産した場合について，「指名債権の譲渡を受けた者は，譲渡人が破産宣告を受けた場合には，破産宣告前に右譲渡について民法467条2項所定の対抗要件を具備しない限り，右債権の譲受をもって破産管財人に対抗しえないものと解すべきである」とした最高裁判例15)を踏まえると，著作権の譲受人としては，譲渡人に対する破産宣告前に譲渡について対抗要件としての登録を備えておかないと，著作権の譲渡人としての地位を破産管財人に対抗できないことになる。

著作権譲渡や出版権設定といった契約は，著作権や出版権という独占的排他的権利を取得することを目的としているが，本稿で述べたとおり，かかる権利を取得しつつ対抗要件を備えないまま放置しておくことには危険性があることを考慮する必要がある。

他方で，次章に取り上げる当然対抗制度の導入に伴い，債権的権利に過ぎないはずの使用権（ライセンシーとしての権利）が，著作権の譲受人や出版権者といった独占的排他的権利を取得した（さらにはこれらの権利について対抗要件としての登録を備えた）者に対しても対抗することが可能となった。

すなわち，著作権や出版権は独占的排他的権利として第三者に対しても権利行使することが可能である一方，同様の権利を取得した第三者が先に対抗要件としての登録を備えると権利が消滅してしまうのに対し，使用権は債権的権利

---

14)　なお，著作権譲渡人や出版権設定者が経済的に破綻した時点で登録を行った場合には，管財人等からいわゆる対抗要件否認（破産の場合は破164条1項）として否認権を行使される可能性があるので，注意を要する。

15)　最判昭和58・3・22判時1134号75頁。

第 2 章　著作権登録制度

に過ぎないので第三者に対して権利行使することはできない一方で，かかる第三者に対しても対抗することができるわけである。

　著作物についていかなる権利を取得するかについては，このようなメリット・デメリットを考慮して判断をする必要があるといえる。

参 考 文 献
●半田正夫＝松田政行編『著作権法コンメンタール(2)〔第 2 版〕』(勁草書房，2015 年) 909 頁〜947 頁〔吉羽真一郎〕

●小倉秀夫＝金井重彦編『著作権法コンメンタール(2)〔改訂版〕』(第一法規，2020 年) 624 〜 637 頁〔小倉秀夫〕

●桑野雄一郎「著作権の譲渡契約及びライセンス契約と対抗要件制度(上)(下)」特許ニュース 15079 号・15080 号（2019 年）

第**3**章

著作権法における
利用権の当然対抗

澤田将史

CASE

　出版物などのコンテンツを扱うＡ社は，オンラインでのコンテンツの提供を行うために，質の高いユーザーインターフェース（UI）のシステムを作ることで定評のあるベンチャー企業Ｂ社に対して，コンテンツの提供アプリ（以下「本件アプリ」という）の開発を委託した。

　Ａ社とＢ社との間では，Ｂ社主導で条件が決められていき，Ｂ社が本件アプリの著作権の譲渡に応じなかったため，Ｂ社が本件アプリのプログラムの著作権を保有し，Ａ社に対して本件アプリのユーザーへの配信に必要な範囲での利用を独占的に許諾するという内容の開発委託契約（以下「本件契約」という）が締結された。本件契約では，Ａ社はＢ社に対し毎月一定の金額の使用料を支払う旨が規定されていた。

　Ｂ社が開発した本件アプリは，独自の技術を用いたUIで，ユーザーの間で使いやすいと評判になり，本件アプリを用いたＡ社のコンテンツ提供サービスも順調にユーザー数を増やしていった。

　他方で，大手出版社Ｃ社は，オンラインでコンテンツの提供を行っていたが，ユーザーからUIへの不満の声が多く，悩んでいた。そんな中，Ｃ社のところに，Ｂ社が人員・設備を拡大して挑んだ大型のシステム開発案件がとん挫し，資金繰りに窮しているとの情報が入った。Ｃ社は，Ｂ社の窮状を知り，評判の良い本件アプリを改良して自社でも用いたいと考え，Ｂ社に対し，本件アプリの著作権の譲受けを申し入れた。藁にも縋る思いのＢ社は，Ａ社への独占的利用許諾があるにもかかわらず，Ｃ社に対して本件アプリの著作権を譲渡した。

　Ａ社の担当者は，Ｂ社の担当者から「大変申し訳ないが，本件アプリの著作権は

第3章　著作権法における利用権の当然対抗

C社に譲渡してしまったので，今後の取扱いについてはC社と話をしてほしい」
との連絡を受け，著作権譲渡の事実を知った。
　慌てたA社の担当者から，次の相談があった。
（ア）　A社は本件アプリを今後も配信することができるのか。
（イ）　A社としては，C社が同じUIのアプリを配信するのはビジネス上脅威であ
　　　り，B社との独占的利用許諾契約をしていたことを理由として，C社に対して本
　　　件アプリを利用しないように求めることができるか。
（ウ）　A社は本件アプリの使用料をB社とC社のいずれに支払えばよいのか。

I はじめに

　第3章のテーマは「著作権法における利用権の当然対抗」である。
　第2章で，著作権の譲渡や出版権の設定を題材に対抗要件としての登録につ
いて解説があったとおり，著作権の譲渡等については「登録しなければ第三者
に対抗することができない」という「登録対抗」制度が導入されている。
　これに対し，知的財産法の分野では，いわゆるライセンス（実施許諾や利用
許諾）に関して「当然対抗」制度が設けられていることがある。「当然対抗」
とは，読んで字のごとく，ライセンスに係る権利の設定について，登録などの
対抗要件を備える必要がなく，当然に第三者に対して当該権利を対抗すること
ができるという制度である。特許法・実用新案法・意匠法において通常実施権
の当然対抗制度（特許99条，実用新案19条3項，意匠28条3項），著作権法に
おいて利用権の当然対抗制度（63条の2），種苗法において通常利用権の当然
対抗制度（種苗32条の2）が採用されている。これに対し，同じライセンスに
関する権利であっても，商標法の通常使用権については登録対抗制度（商標31
条4項），半導体集積回路の回路配置に関する法律の通常利用権についても登
録対抗制度（半導体21条2項）が採用されている。
　このように，当然対抗制度は複数の知的財産法で採用されているが，近時に
改正がなされ，かつ，幅広い読者に関係があると思われる著作権法における利
用権の当然対抗制度（2020年10月1日から施行）を題材として取り扱う。
　CASEにおいても，プログラムに関する特許の通常実施権やUIの意匠の通
常実施権の当然対抗が同時に問題となることもあるが，本章は著作権法に関す

29

第1部　著作権

る点に絞って検討を行う。なお，筆者としては，以下解説する内容は，他の当然対抗制度が採用されている知的財産法においても基本的に妥当するものと考えている。

Ⅱ 利用権の当然対抗制度

1 利用権とは

著作権法に関する業務を扱っている読者でも「利用権」という用語は耳慣れないかもしれない。この「利用権」という用語は，令和2年法律第48号による著作権法改正で初めて63条3項に設けられたものであり，同改正までは，法令上は単に「許諾に係る著作物を利用する権利」と規定されていた（実務的には「ライセンシーの権利」「ライセンス」などと呼ばれることが多いように思われる）。同改正の前後で（当然対抗の点を除いて）権利の内容が変わったわけではないことから，改正後は「利用権設定契約」「利用権を設定する」といった文言を用いなければ著作権法上の「利用権」を設定したことにならないということはなく，引き続き「著作物利用許諾契約」「利用を許諾する」といった文言を用いても問題はない。

著作権法上の利用権は，63条3項に規定されているとおり，許諾に係る著作物をその許諾に係る利用方法及び条件（自動公衆送信などの支分権に該当する行為の態様，許諾の期間など）の範囲内において利用することができる権利である。その性質は，許諾に係る著作物をその許諾に係る利用方法及び条件の範囲内で利用することを著作権者から妨げられないこと，すなわち，差止請求，損害賠償請求，不当利得返還請求といった著作権に基づく請求を受けないことを内容とする不作為請求権である[1]。

2 利用権の当然対抗

63条の2は，「利用権は，当該利用権に係る著作物の著作権を取得した者そ

1）　文化庁著作権課「著作権法及びプログラムの著作物に係る登録の特例に関する法律の一部を改正する法律（令和2年著作権法改正について）〔後編〕」コピライト717号（2021年）59頁。

第3章　著作権法における利用権の当然対抗

の他の第三者に対抗することができる」と規定している。単に「対抗することができる」と定めていることから，何の対抗要件を備えずとも，当然に「対抗することができる」わけである。

したがって，利用権者は，第三者に対して，著作物をその許諾に係る利用方法及び条件の範囲内で利用することを主張することができる。すなわち，差止請求等を行わないという不作為を請求することができる。これにより，著作権者から著作権侵害を理由とした著作物の利用の差止請求等が行われた場合に，利用権者は当該利用が利用権に基づくものであることを抗弁として主張することができ，その主張が認められれば著作権者の請求は棄却されることになる。実際に63条の2が適用された事案としては，知財高裁令和6年2月7日判決（令和5年(ネ)第10065号）（第一審判決〔東京地判令和5・4・26裁判所Web（令和3年(ワ)第9047号）〕引用部分）が存在し，同判決は，被告は利用権の設定後に著作権を取得した原告に対して著作権法63条の2に基づいて使用権を対抗することができるとして，原告の被告に対する著作権侵害に基づく差止請求を棄却した。

ここで，「第三者」とは，民法177条や著作権法77条といった他の権利等の対抗を規定する条文と同様に，「権利関係を争う正当な利益を有する者」を意味する。具体的に第三者に当たるのは，著作権を取得した者，出版権の設定を受けた者，出版権の譲渡を受けた者などである[2]。もっとも，利用権に関しては，第三者には当然に対抗することができるし，当事者等の第三者ではない者に対しては利用権を主張することができるわけであるから，「第三者」に当たるかどうかが実際に問題となることはないであろう。

3 利用権の当然対抗の正当化根拠

ここで，後の論点にも関係してくることから，どのような理由で利用権の当然対抗制度が認められたのかについて，典型的な著作権譲渡の場面を用いて説明しておきたい。

利用権の対抗制度が採用されると，著作権の譲受人は利用権者に対して差止

---

2)　文化庁著作権課・前掲注1)60頁。

第 1 部 著作権

めを求めることができないという不利益を被ることとなる。

　もっとも，著作権は無体物の利用に関する権利であり，著作権の対象となる著作物には複数の者が同時に利用することが可能であるという性質がある。そのため，仮に譲受人に対して利用権の対抗を認めたとしても，譲受人は譲り受けた著作権に基づき自ら著作物を利用することができるとともに，他者に対して利用許諾を行い著作物を利用させることができる。

　また，利用権者は事前に著作権の移転を知り得ず，リスクを適切に内部化しにくい一方で，譲受人は著作権の譲受け時に当該著作権に関して利用許諾がされているかどうかを知る機会が存在し，リスクを内部化することが可能である。

　以上を踏まえると，利用権の対抗制度の不存在が利用権者に与え得る利用を中止しなければならないという不利益に比して，対抗制度の導入が譲受人に与え得る不利益の程度は小さいと評価することができる。

　そして，利用権の対抗制度の導入に当たっては，取引の安全を保護する観点等から，登録などの公示機能を有する対抗要件を設定することも考えられるところではあるが，上述のとおり，①譲受人に与え得る不利益の程度が大きくないこと，②譲受人は譲渡契約時に利用許諾の存在に関して事前の直接確認等を通じて確認をすることが可能であること，③他の知的財産法で当然対抗制度が採用されている例があること[3]等を踏まえ，登録などの何らの要件を備えなくても当然に対抗することができる当然対抗制度を導入することとされた。

　3）　上記のとおり，商標法に関しては登録対抗制度が採用されている。特許法において当然対抗制度が導入された際に，商標法についても同様に登録対抗制度から当然対抗制度に変更するか否かが議論されたものの，登録対抗制度が維持された。これは，①第三者（譲受人）が，意に反して通常使用権が付いた商標権を取得してしまった場合，譲受人の商品と通常使用権者の商品の両方に同一の商標が付されると，当該商標が付された商品の出所や品質の同一性が確保できなくなり，当該商標がその出所識別機能・品質保証機能を発揮できなくなるおそれがあること，②譲受人（商標権者）のコントロールが及ばない対抗力を有する通常使用権者が存在した場合，不正使用取消審判（商標 53 条）によって商標登録が取り消されるリスクもあり得るし，あるいは商標が普通名称化するリスクもあり得ること，といった商標に特有の事情によるものである。これらの事情は，著作権法には当てはまらない。

第3章　著作権法における利用権の当然対抗

Ⅲ 利用権の対抗に伴う契約の承継

63条の2により，利用権者（ライセンシー）は，利用許諾に係る利用方法及び利用条件に従って著作物を利用することができる，という地位を第三者に対して対抗することができる。

ここで，著作権が譲渡された場合に，利用権の対抗に伴って，利用許諾契約が旧著作権者（譲渡人）から新著作権者（譲受人）に承継されるか，という問題がある。契約の承継（契約上の地位の移転）については，利用許諾契約の対象となっている著作権が譲渡されるケースであれば，民法539条の2により，①旧著作権者と新著作権者との間での契約上の地位を譲渡する旨の合意，②利用権者の承諾があった場合には，合意により契約の承継が可能である。ここでの問題は，これらの要件を充足しない場合であっても，利用権の対抗に伴って当然に利用許諾契約が承継されるか，という点にある。

著作権法上，利用権の対抗に伴う利用許諾契約の承継については何ら法定されておらず，文化庁は，「本規定〔63条の2〕によって利用権が著作権の譲受人に対抗される場合に，利用許諾契約が当該譲受人に承継されるか否かについては何ら法定しておらず，契約承継の有無については個々の事案に応じて判断がなされるべきものと考えられる」と説明している[4]。

この点については，大別すると，以下の3つの考え方がある。なお，ここでは利用権の対抗に伴って利用許諾契約が（契約上の地位の移転の要件を満たしていなくとも）当然に承継されるかを問題としているが，当然承継を認める考え方を採用したとしても，譲渡当事者間で合意することによって利用許諾契約を承継しないようにする（譲渡人に契約上の地位を留保する）ことは可能であると考える[5]。

（1）非当然承継説

非当然承継説は，利用権の対抗に伴う契約の承継について特別の規定がない以上は，民法の一般原則が適用されるべきであるから，利用権の対抗に伴って当然に利用許諾契約が承継されることはないとする考え方である。

4）　文化庁著作権課・前掲注1）60頁。
5）　文化審議会著作権分科会報告書（2019年2月）129頁参照。

第1部　著作権

図1

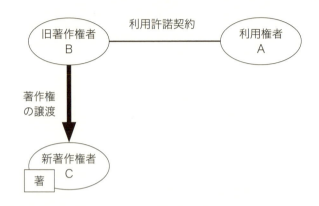

　非当然承継説によれば，著作権の譲渡後の法律関係は，次のとおりとなると考えられる（**図1**参照）。
・利用許諾契約は，当事者を変更することなく存続し，かつ，履行不能とはならない。
・利用権者は，利用許諾契約に基づいて，旧著作権者に使用料を支払う。
・利用権者は，新著作権者からは，利用許諾契約に基づく使用料の請求は受けない。
・新著作権者は，著作権の譲渡契約において使用料の取扱いについての合意がなければ，旧著作権者に対して，使用料相当額を不当利得として返還請求することができる。

(2)　当然承継説

　当然承継説は，著作権が譲渡された場合には，利用権の対抗に伴って当然に契約全体が承継されるとする考え方である。この考え方は，利用権者と新著作権者との関係を，いわゆる賃貸人の地位の移転（不動産賃貸借において，不動産の所有権が譲渡された場合には，譲渡人から譲受人に対し，当然に賃貸人の地位が移転する）の判例法理[6]（債権法改正により民法605条の2として条文化されている）における不動産の賃借人と譲受人の関係と同様に考えるものである。

　当然承継説によれば，著作権の譲渡後の法律関係は，次のとおりとなると考

図2

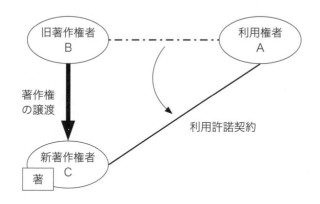

えられる(**図2**参照)。
・利用許諾契約は,新著作権者を当事者として存続する。
・利用権者は,利用許諾契約に基づいて,新著作権者に使用料を支払う。
・利用権者は,旧著作権者からは,利用許諾契約に基づく使用料の請求は受けない。

(3) 折衷説

折衷説としては,ⓐ契約の一部分(例えば,許諾に関する部分とライセンス料の支払に関する部分)については当然承継されるが,それ以外の部分は当然承継されないとする考え方,ⓑ一定の場合(例えば,事業譲渡に伴う譲渡の場合や単純な利用許諾契約の場合)には,契約全体が当然承継されるが,それ以外の場合には契約は当然承継されないとする考え方など様々な考え方があり得る。

この点について,直接参考になる裁判例は見当たらないが,当然対抗制度導入前の契約の承継について判断した裁判例は存在している。まず,大阪地裁平成27年9月24日判決(判時2348号62頁)は,著作権法における利用権の当然対抗制度が導入される前の事案であるが,問題となった使用許諾契約におけ

---

6) 最判昭和39・8・28民集18巻7号1354頁等。

第 1 部　著作権

る許諾者の義務が「許諾者からの権利不行使を主とするものであり，本件ピクトグラムの著作権者が誰であるかによって履行方法が特に変わるものではないこと」を理由として，著作権の譲渡とともに，ライセンシーの承諾なくして，当該使用許諾契約の許諾者たる地位が有効に移転されたと認めるのが相当であると判断している。また，大阪地裁令和 3 年 3 月 11 日判決（判時 2546 号 57 頁）は，特許法における通常実施権の当然対抗制度の導入前に特許権の譲渡がなされた事案であるが，原告が旧特許権者と特許実施許諾契約を締結した後に対象特許権について譲渡を受けた被告が当該許諾契約上の許諾者たる地位を承継するかについて，被告が特許実施許諾契約の締結を認識していたと見られること，譲渡後に許諾者たる地位を承継したことを前提とした対応をしたこと等を「総合的に考慮」して，許諾契約上の許諾者たる地位を承継したと判断している。当然対抗制度の導入前の判決ではあるものの，これらの裁判例は折衷説の⑥と同様の考え方と位置付けられよう。

　以上の点について，どの考え方が適切であるかについて私見を述べると，結論としては，非当然承継説が適切であると考える。

　理由としては，まず，利用権の対抗に伴う契約の承継について特別の規定がない以上は，民法の一般原則が適用されるべきという点にある。特に，民法605 条の 2 において，不動産賃借権の対抗に伴う賃貸人たる地位の移転について明文の規定が置かれた現状を踏まえると，そのような規定がない場合には，民法の一般原則が適用されると考えるのが自然である。

　また，当然承継を認める根拠としては，不動産の賃貸人たる地位の移転と同様の利益状況があることが考えられるところ，利用許諾契約において，定型的に同様の利益状況があるとは考え難い。すなわち，不動産の賃貸人たる地位の移転について，譲渡当事者間の合意が不要とされるのは，目的物の所有者と賃貸人が分離することによって法律関係が複雑化することを避けるためと解され，また，賃借人の承諾が不要とされるのは，賃貸人の債務（使用収益させる債務）は誰でも履行することのできるものであることから，賃借人にとって賃貸人の交替は不利益を生じさせないためと解される[7]。しかし，著作物の利用許諾契約においては，著作者がその義務を負わなければ意味がない著作者人格権不行使特約が定められることは多く，また，誰でも履行することができるわけではない性質の義務（著者が負う校正義務やソフトウェアの保守・サポートの義

36

第3章　著作権法における利用権の当然対抗

務など）が定められる例もしばしば存在する。そのため，少なくとも，賃貸借
契約と異なって，定型的に利用権者にとってライセンサーの交替が不利益を生
じさせないとはいい難い。また，独占条項が定められた利用許諾契約が承継さ
れると，新著作権者は第三者に対して利用許諾を行うことや自ら著作物を利用
することを契約上制限される。これは新著作権者に与える不利益の程度は大き
くないとする当然対抗の正当化根拠と矛盾するものであり，当然対抗に伴う契
約の承継として独占条項が承継されるとは考えられない。したがって，当然承
継説を採用するのは適切ではないと考える。

　折衷説の(a)（契約の一部分については当然承継されるが，それ以外の部分は当然
承継されないとする見解）については，様々な条項がパッケージとなっている
利用許諾契約では，使用料の支払額などは許諾条項だけでなく他の契約条項と
も連動してその額が決まっていることも多く，契約の一部分のみが承継される
こととなると，旧著作権者と新著作権者との間で使用料を按分しなければなら
ないといった複雑な法律関係を生じさせる可能性がある。使用料をどのように
按分するかを判断することは，一般的には困難であるように思われ，当事者間
の紛争を招来するおそれが大きいことから，折衷説の(a)の見解を採用するのは
適切ではないと考える。

　折衷説の(b)（一定の場合には，契約全体が当然承継されるが，それ以外の場合に
は契約は当然承継されないとする見解）については，上述の不動産の賃貸人たる
地位の移転と同様の利益状況となる場合に民法605条の2を類推適用すること
により当然承継させるということはあり得る。しかし，個々の利用許諾契約が
当該場合に当たるかを当事者が判断することは難しく（特に前掲大阪地判令和
3・3・11のような諸事情の総合考慮については，当事者において契約承継がされる
かどうかを判断することは実務的に困難である），その後の使用料の請求の場面な
どにおいて混乱を招く懸念があり，適切ではないと考える。

　以上のとおり，一定の場合や一部分であっても当然承継を認めるのは適切で
はなく，やはり非当然承継説が適切であると考える。

---

　7)　前掲注5)文化審議会著作権分科会報告書124頁～125頁，一般財団法人ソフトウェア情報セ
ンター「著作物等のライセンス契約に係る制度の在り方に関する調査研究　報告書」(2018年3月)
27頁～28頁。

第 1 部　著作権

　非当然承継説については，新著作権者が契約主体とならずに，旧著作権者が契約主体であり続ける点で，特に使用料の支払について，法律関係が複雑になるという問題がある。この問題については，著作権の譲渡に当たって，旧著作権者・新著作権者・利用権者の三者で合意して，複雑な法律関係を適切な形で解消するほかないと考える。実務的には，利用許諾契約又は著作権譲渡契約において，三者での契約の締結が行われるよう働きかける義務を定めることなどが考えられる。

Ⅳ CASE における担当者からの相談に対する回答

1 担当者からの相談（ア）について

　CASE では，A 社は，B 社から，本契約に基づき本件アプリの利用権の設定を受けている。

　その後に，B 社から C 社に対して本件アプリの著作権が譲渡されているが，A 社は 63 条の 2 に基づいて第三者である C 社に対して，利用権を対抗することができる。

　したがって，A 社は，本件契約で許諾された利用方法及び条件の範囲内において本件アプリを利用することができ，その利用について，C 社から差止請求等を受けることはない。

　もっとも，本件契約で許諾された期間を超えて利用を続けることができない。許諾の期間について自動更新が定められる例は多いと思われるが，非当然承継説を前提に考えると，自動更新されたとしても著作権譲渡登録後の更新のタイミングでは B 社は無権利者であるため，その後に B 社からの利用許諾を根拠に C 社との関係で本件アプリを利用することはできないと考えられる。そのため，A 社としては，契約期間後の運用を見据えて，AC 間で利用許諾契約の締結に向けた協議を進める，本件アプリ以外のアプリの採用に向けた検討をするなどしておくべきであろう。

2 担当者からの相談（イ）について

　CASE では，B 社と C 社との間で本件契約上の地位の承継に関する合意はさ

38

れていない。

　そうすると，利用権の対抗に伴って利用許諾契約の承継がされるかが問題となるが，上記のとおり，利用権の当然対抗の正当化根拠からすると，いかなる考え方に立ったとしても，利用権の当然対抗に伴う利用許諾契約の承継として独占の合意が承継されることは考えられない。

　したがって，C社は，A社に対し，本件アプリを独占的に利用させる義務を負わない。

　そのため，A社は，C社から本件アプリの利用を妨げられることはないものの，C社に本件アプリの利用をしないように求めることはできない。C社がAB間の独占の合意を知りながら著作権の譲渡を受け本件アプリを利用する行為について債権侵害として不法行為（民709条）が成立する可能性がないわけではないが，不法行為が成立したとしても損害賠償請求が認められるにとどまり，差止請求は認められない。

　A社は，B社に対し，C社による本件アプリの利用は独占の合意に違反するとして，債務不履行を理由とする損害賠償請求（民415条）を行うことができるにとどまる。

3 担当者からの相談（ウ）について

　上記のとおり，利用権の対抗に伴う利用許諾契約の承継については，様々な考え方があるが，ここでは非当然承継説を前提に考える。

　非当然承継説によれば，著作権譲渡がなされた後も，本件契約は依然としてA社とB社との間で有効に存続している。

　したがって，A社は，本件契約上の義務の履行として，従前と変わらずB社に対し，本件アプリの使用料を支払えばよい。

　それでは，B社が，A社に対し，使用料をC社へ直接支払うように求めてきた場合はどうすればよいであろうか。B社がC社に対して使用料債権を債権譲渡していれば，債権譲渡の事実を書面で確認した上で，C社に対して使用料を支払うという対応をすればよいであろう。債権譲渡が行われていない場合には，B社に対して，弁済の提供を行った上で，受領拒絶されれば，弁済供託（民494条1項1号）を行うことが考えられる。支払先について三者で合意ができるのであれば，もちろん合意をしてもよいであろう。

第 1 部　著作権

Ⅴ 利用権の当然対抗制度を踏まえた留意点

　上記のとおり，**CASE** において，A 社は，自らの本件アプリの利用を C 社から妨げられることはないものの，C 社に本件アプリの利用をしないように求めることはできない。大手出版社の C 社に類似する UI のアプリを提供されるとコンテンツの内容で負けてしまう可能性があり，A 社としては，自らの利用ができるとはいえ，独占的利用ができないというのは大変不満が残る状況であろう。

　A 社は，**CASE** のような事態を防ぐためにどのような契約上の手当てができたであろうか。

　例えば，本件契約において「B 社は，A 社の書面による事前の承諾なく，本件アプリの著作権を第三者に譲渡その他の処分をしてはならない」旨を規定しておけば，B 社の著作権譲渡に対する一定の心理的な抑止にはなったかもしれない。もっとも，このように規定したとしても，これに違反して著作権の譲渡がなされてしまった場合，第三者である C 社との関係では契約は無力であり，契約上の手当てによってこのような事態を完全に防ぐことはできない。

　結局のところ，現行の利用権の当然対抗制度を前提とした場合には，独占的な利用を確実なものとするためには，利用許諾を前提とした契約上の手当てでは不十分であり，著作権の譲渡を受け，かつ，譲渡の登録を行うほかないのである。利用権の当然対抗制度が導入されたことにより，自らの利用の継続という部分については，登録を備えずとも確保されるという点で著作権譲渡を受けるよりも強固な保護が与えられるに至った。そのため，自らの利用の継続を確保するということで十分なのであれば，著作権譲渡よりも利用許諾を選択するということも十分にあり得る。しかし，それはあくまでも自らの利用の継続に限られた話であり，独占状態など利用許諾契約で契約当事者が実現しようとした状態のすべてについて十分な保護が及ぶわけではないことには留意する必要がある。

　このような課題を踏まえ，独占的利用許諾の保護については，文化審議会 著作権分科会 法制度小委員会「著作物等のライセンス契約に係る制度の在り方に関するワーキングチーム」（以下，「WT」という）において法改正に向けた検討が行われてきた[8]。WT においては，独占的ライセンシーへの差止請求

第 3 章　著作権法における利用権の当然対抗

権の付与や独占的地位を第三者に対抗することができる制度の導入について検討が行われたところ[9]，これらの制度が導入された場合には，**CASE** でも要件（WT では一定の対抗要件の具備が必要であるという方向になっている）を満たせば A 社は C 社に対して利用の中止を求めること（差止請求）ができるようになるであろう。

　WT の報告を踏まえた文化審議会著作権分科会の報告書（令和 4 年 3 月 18 日）では，「独占的ライセンスの対抗制度及び独占的ライセンシーに対し差止請求権を付与する制度を導入することが適当」という取りまとめが行われた[10]。しかし，本書執筆時点（2024 年 8 月）ではいまだこれらの制度を導入する法改正は行われておらず，法改正が行われる時期も明らかではない。上記のとおり，独占的利用許諾の法的な保護は十分とはいえない状況であることから，早急な導入に期待したい。

参 考 文 献

●松田政行編『著作権法コンメンタール別冊 平成 30 年・令和 2 年改正解説』（勁草書房，2022 年）233 頁以下［澤田将史］

●松田俊治『ライセンス契約法──取引実務と法的理論の橋渡し』（有斐閣，2020 年）136 頁以下

●齋藤浩貴『ライセンス契約の理論と実務──新時代ビジネスの知財活用戦略』（青林書院，2024 年）21 頁以下

　8）　検討の結果は，「独占的ライセンスの対抗制度及び独占的ライセンシーに対し差止請求権を付与する制度の導入に関する報告書」（URL：https://www.bunka.go.jp/seisaku/bunkashingikai/chosakuken/license_working_team/pdf/93596001_01.pdf）に取りまとめられている。

　9）　これらの論点については，松田俊治「独占的ライセンスの対抗」ジュリ 1565 号（2021 年）34 頁，栗田昌裕「独占的ライセンスと差止請求権」同 40 頁も参照。

　10）　文化審議会著作権分科会「独占的ライセンスの対抗制度及び独占的ライセンシーに対し差止請求権を付与する制度の導入に関する報告書」（令和 4 年 3 月 18 日）（URL：https://www.bunka.go.jp/seisaku/bunkashingikai/chosakuken/pdf/93684001_02.pdf）

第**4**章

音楽の著作物

橋本阿友子

CASE

作曲家 A は，楽曲 α の著作者である。レコード会社 X は，A との間で，期間を 5 年とする α の日本国における利用許諾契約を結び，その後，同契約に基づいて，α の演奏を録音したレコード（以下「レコード X」という）の製造販売を開始した。

下記の各事例において，権利者による考え得る法的請求はどのようなものか。α の著作権が① A に帰属している場合と② JASRAC により管理されている場合で，結論は異なるか。

（1）　医療法人 Y は（医療法人は非営利団体である），施設内でヒーリングコンサート（以下「本件コンサート」という）を企画し，その中で α を披露しようと考えた。Y は α の歌詞を作詞家 B に委嘱し（歌詞 β），Y が施設内に設置していた機器でレコード X を再生し，無報酬での出演を引き受けた歌手 C に α を，β をのせて本件コンサートで歌ってもらった。本件コンサートは，施設の患者及びその家族を対象としたもので，50 名が来聴した。入場は無料だったが，会場ではプログラムと共に，寄附の依頼書が渡され，同書には，電子決済用の二次元バーコードと送金による場合の振込先情報が記載されていた。Y は今後，別の施設においても同じプログラムでヒーリングコンサートを開催する予定がある。

（2）　Z は，患者の家族として本件コンサートを鑑賞し，私的に楽しむ目的で，誰からも許諾を得ずに本件コンサートを録画した（以下「本件録画物」という）。後日，Z は別のコンサートの様子がブログ等で紹介されているのをみて，自分も公開してみようと思い立ち，本件録画物を動画配信サイトにアップロードした。

第4章　音楽の著作物

I はじめに

　第4章のテーマは「音楽」である。著作権法は，「著作物」を「思想又は感情を創作的に表現したものであって，文芸，学術，美術又は音楽の範囲に属するものをいう」と定義しており（2条1項1号），創作性がある限りで音楽は著作物として保護される。音楽の著作物には楽曲と歌詞という別個独立した著作物があり，原則として各著作物の著作者である作曲家，作詞家が著作権を有している。また，音楽は，その流通に伝達者が重要な役割を担っており，歌手や演奏者，レコード会社，放送局等も，音楽の著作物に欠かせない存在である。著作権法は，これらの者に，著作権とは異なる内容の著作隣接権を与え，保護している。

　さらに，音楽の著作物に関して重要な役割を果たしているのが，著作権等管理団体である。著作権等管理団体は複数あるが，圧倒的多数の作品を一般社団法人日本音楽著作権協会（JASRAC）が管理している。そのため，音楽の著作物に関しては，JASRACによる著作物管理の実態を把握しておくことが求められる。

　CASEは，音楽の著作物の利用に関連する著作権法上の論点についての考え方及びJASRACに関する知識を問うものである。

II 前提

1 著作権

　音楽の著作物に関し，著作者の中心に位置するのは，楽曲を創作する作曲家と歌詞を創作する作詞家である。

　作曲家や作詞家は，完成した楽曲の著作者として権利を有する。著作権を自ら管理すれば，許諾を与える相手，許諾をする利用形態，具体的な利用料などを自由に決めることができる。しかし，音楽の利用場面は多種多様であり，著作者自らが管理することには限界がある。そこで音楽の場合は，大多数の権利者が，第三者に管理を委託する道を選んでいる。

　著作権法は，著作物の種類によって付与する著作権を区別していない。した

43

第1部　著作権

がって，複製権や公衆送信権などの支分権は，絵画や彫刻といった著作物と同様に，音楽の著作物の著作権者に等しく帰属する。しかし，著作権法は性質上ある種の著作物の利用にのみ関係する支分権を定めており，演奏権（22条）はその一例である。

2　著作隣接権

　音楽著作物に関連して問題となるのが，著作隣接権である。著作隣接権を付与されているのは，実演家，レコード製作者，放送事業者，有線放送事業者である（89条以下）。

　このうち「実演」は，芸能的な性質を有する実演をいい，著作物を演奏することを含み（2条1項3号），「実演家」とは，俳優や演奏家等の実演を行う者をいう（2条1項4号）。実演には職務著作（15条）に相当する規定がないため実演家は自然人に限られるが，いわゆるアーティストはプロダクションに所属し，著作隣接権をプロダクションに譲渡していることが多い。

　「レコード製作者」は，レコードに固定されている音を最初に固定した者をいう（2条1項6号）。レコード製作者の著作隣接権は，原盤の制作に多額の費用（実演家への報酬，スタジオ使用料等）とリスクが生じることから，これらを負担する見返りの趣旨で付与されている。実務では，レコード製作者の権利を一般的に「原盤権」と呼ぶが，これは法律上の用語ではないため，契約で原盤権の帰属を定める際はその定義規定が設けられることが多く，かつ望ましい。

　これらの者に付与される著作隣接権は，著作権に比べ支分権の内容が限定されており（例えば，実演家には演奏権がない），隣接権者によってその有する支分権が異なる。また，著作権はいずれも排他的権利として定められているが，著作隣接権者の有する権利には金銭的な補償にとどまる権利もある（商業用レコードの二次使用請求権等）。さらに，著作隣接権において最も注意が必要なものとして，ワンチャンス主義がある。排他権を認めつつ権利行使の機会を最初の利用に限定し，その後の二次利用に認めないもので（91条2項・92条2項2号・92条の2第2項・95条の2第2項），例えば，実演家の許諾を得て録音・録画された映画の著作物をDVD化して販売（複製物の譲渡）する際には，改めてその映画の出演者（実演家）の許諾を得る必要はないとされている。

　また，著作隣接権にも，著作権と同様の権利制限や，保護期間，差止請求権

44

が定められている（102 条・30 条以下・101 条・112 条参照）。

3 JASRAC 等の著作権等管理団体

（1） 著作権等管理団体

　上述のとおり，著作権者は自ら著作権を管理せず，第三者に管理を委託することが多い。その第三者の代表は音楽出版社であり，そのほとんどが著作権等管理団体にさらに管理を委託している。

　著作権等管理団体とは，著作権を集中的に管理する団体である。著作権等管理団体は，権利者にかわって著作権を管理し，利用者が求めれば利用を許諾し，使用料を徴収する。その運営は法で規律されており，利用申請があれば，正当な理由がない限り利用の許諾を拒んではならない（著作管理 16 条）。著作権等管理団体は，利用者から徴収した使用料の一部を手数料として取得し，残りを権利者に分配するが，使用料規程は届出の上，その概要は公開されなければならない（同 13 条参照）。著作権等管理団体による管理は，利用者にとっても便利な仕組みといえよう。

（2） 管理の実態

　著作権等管理団体のうち最大の組織が JASRAC である。JASRAC は，国内の作曲家・作詞家・音楽出版社などの権利者から著作権の管理委託を受けると共に，海外の著作権等管理団体と相互にレパートリーを管理し合う契約を結んでいる。著作権者と JASRAC 間で管理委託契約[1]が交わされると，権利者が取得した著作権のうち，管理委託した権利は全て JASRAC に移転する。その結果，JASRAC に管理委託された作品を利用したいと申請した者には，JASRAC が自ら権利者として許諾を行い，使用料を徴収し，権利が侵害された場合には訴訟提起等の法的措置を講じることができる。

　JASRAC 管理作品か否かは，データベース[2]での確認が可能である。ただ

　1） 本稿執筆時現在で最新（2023 年 6 月 29 日変更届出）のものは，「管理委託契約約款」（https://www.jasrac.or.jp/aboutus/public/pdf/contract.pdf）で示されるとおりであるが，2015 年以降毎年変更されているので，随時最新のものを確認されたい。
　2） 本稿執筆時現在では，JASRAC によって J-WID（ジェイウィッド）というデータベース（http://www2.jasrac.or.jp/eJwid/）が公開されている。

第 1 部　著作権

し，JASRAC が管理している作品であっても，あらゆる権利が JASRAC に委託されているわけではない。JASRAC がそもそも管理しない権利（編曲権や同一性保持権は管理していない）や，権利者が JASRAC に管理を委託していない権利もあるので，利用者としては，作品の利用形態ごとにデータベースを確認すべきである。

　JASRAC 以外の管理団体として有力なのは NexTone である。従来 NexTone は演奏権を管理していなかったが，NexTone は 2022 年より「カラオケ演奏」を除く演奏権の管理を開始した。また，NexTone は近年，Spotify, Apple Music など主要音楽配信サービスを提供する団体との提携を開始し，海外で NexTone 管理楽曲が使用された場合にも使用料が権利者に分配されることとなった。そのため，今後 NexTone による管理の拡大が予想される。

（3）　利用許諾契約

　日常的に音楽を利用することが予定されているサービスにおいては，都度利用申請を行うのは負担であり，企業等が JASRAC と包括的に利用許諾契約を締結している場合がある。

　その一例が，動画投稿サイトやブログサービス等の UGC（User-Generated Contents）サービスである。JASRAC は TikTok, Instagram, YouTube といった各動画投稿サイト[3]と利用許諾契約を締結している。これらのサービス利用者は，個別に利用許諾手続を行うことなく，JASRAC 管理楽曲を利用した UGC（動画・歌詞）をアップロードすることが可能となっている。

　ただし，JASRAC が管理している対象はあくまで楽曲の「著作権」である。投稿者自身がピアノの弾き語りなどで演奏・歌唱しているのであれば楽曲の著作権だけの問題だが，CD などの音源をそのまま使う場合には，その音源の著作隣接権を持つレコード会社などから許諾を受ける必要がある。この点に関連して，YouTube には，権利者が，自らが権利を持つ楽曲が許諾なくアップロードされた場合に，当該動画を非公開にする，収益化する（動画に広告を掲載することで収益を受ける），追跡する（動画の再生に関する統計情報を取得する）こと

　3）　本稿執筆時現在において JASRAC が利用許諾契約を締結している UGC サービスの一覧は，「利用許諾契約を締結している UGC サービスの一覧」（https://www.jasrac.or.jp/information/topics/20/ugc.html）で確認できる。

第4章　音楽の著作物

を選択できる仕組み（Content ID）がある。しかし，Content ID は原盤の使用許諾が得られるための仕組みではなく，原盤の使用は基本的にレコード製作者の権利侵害であり，差止めや損害賠償の対象となることには注意が必要である。

Ⅲ 著作権法上の個別の論点

1 演奏権

著作権法 22 条は，「著作者は，その著作物を，公衆に直接見せ又は聞かせることを目的として（以下「公に」という。）上演し，又は演奏する権利を専有する」と規定する。

前提として，「演奏」には歌唱や録音・録画物の再生行為を含む（2 条 1 項 16 号・同条 7 項）。また，演奏権は「公衆に……聞かせる」（公に）ための演奏にのみ及ぶ。著作権法 2 条 5 項は，「この法律にいう『公衆』には，特定かつ多数の者を含むものとする」と規定しており，公衆とは「特定少数者以外すべて」を意味する[4]。つまり，演奏権が及ばないのは，演奏の対象が「特定かつ少数の者」の場合である[5]。

「特定・不特定」とは，事前の人的結合関係の強弱によって区別される。「多数」とは，何人からが多数かという具体的な基準がない，不確定で相対的な概念であり，小説の出版，映画の配給，ライブ演奏，音楽配信といったように，著作物の種類や利用方法によって異なると考えられる。この点に関連して，社交ダンス教室事件[6]では，「著作物の公衆に対する使用行為に当たるか否かは，著作物の種類・性質や利用態様を前提として，著作権者の権利を及ぼすことが

4）　東京地判平成 16・6・18 判時 1881 号 101 頁参照。

5）　音楽教室事件第一審判決（東京地判令和 2・2・28 裁判所 Web（平成 29 年（ワ）第 20502 号・第 25300 号），橋本阿友子〔判批〕ジュリ 1547 号 79 頁）は，著作権法 22 条の立法経緯に照らし，特定かつ少数の者は「公衆」に当たらないと整理されるとしている。なお，控訴審は，知財高判令和 3・3・18 判タ 1497 号 133 頁，小泉直樹〔判批〕ジュリ 1560 号 8 頁。上告審は最判令和 4・10・24 民集 76 巻 6 号 1348 頁。

6）　名古屋地判平成 15・2・7 判時 1840 号 126 頁〔第一審〕，名古屋高判平成 16・3・4 判時 1870 号 123 頁〔控訴審〕。

47

第 1 部　著作権

社会通念上適切か否かという観点をも勘案して判断するのが相当である」とした上で，ダンス教室が，教師の人数及び施設の規模という人的，物的条件が許容する限り，何らの資格や関係を有しない顧客を受講生として迎え入れることができること等から，受講生を公衆と認定している。

　演奏権については「聞かせることを目的」の要件についても論点となるが，この点は音楽教室事件において裁判所の解釈が述べられているので，参照されたい[7]。

2　権利制限規定

　他人の著作物を無断で利用すると，原則として著作権を侵害するが，権利制限規定が適用される場合には，例外として侵害とはならない。

　権利制限規定の1つである著作権法 38 条 1 項は，「公表された著作物は，営利を目的とせず，かつ，聴衆又は観衆から料金……を受けない場合には，公に……演奏……することができる。ただし，当該……演奏……について実演家……に対し報酬が支払われる場合は，この限りでない」と規定している。本条項は，①営利目的でなく，②入場料金等を徴収せず，かつ，③出演者等に報酬を支払わないという 3 つの要件を全て充足する場合には，公表された著作物を著作権者の許諾なく演奏できるとする。

　①営利目的要件は，②料金を徴収しないという要件と独立して求められていることに鑑み，著作物の利用行為それ自体が直接営利目的でなくとも，間接的に営利につながるかどうかの観点から判断されるべきと解されている。無料の演奏会でも宣伝目的があれば営利性があるとされ，営利企業が利用主体の場合のほとんどのケースで営利目的が認められる。営利企業による利用で本条項が適用されるのは，社内職員の親睦的目的による利用の場合などに限定されよう。

　7）　音楽教室事件控訴審判決は，この文言の趣旨を，公衆に対して聞かせる状況でなかったにもかかわらずたまたま公衆に聞かれた状況であっても演奏権の行使としないこと，逆に公衆に向けた演奏をたまたま公衆に聞かれなかった状況であっても演奏権の行使とする趣旨で設けられたものと解し，「『聞かせることを目的』とは，演奏が行われる外形的・客観的な状況に照らし，演奏者に『公衆』に演奏を聞かせる目的意思があったと認められる場合をいい，かつ，それを超える要件を求めるものではない」としている。

第4章　音楽の著作物

②料金とは，著作物を公衆に提示する行為の見返りとして受ける対価をいう。料金に該当するか否かについては，徴収名目を問わない。そのため，経費に充当することを目的として受けるものも含むと解されている。

③報酬とは，実演に対する反対給付としての対価である。実費に充当される程度の金額であれば報酬には当たらないと考えられるが，名義を問わず実費を超える程度の金額であれば報酬に該当すると解されている。報酬は録音・録画の対価と考えられておらず，録音・録画物の再生による場合には③の要件は検討する必要がない[8]。

以上の①〜③全ての要件を満たす場合とは，例えば学芸会での演奏や，アマチュアオーケストラによる無料の野外コンサートなどが考えられる。

3 利用主体論

（1）　音楽に特有ではないが，著作権法の重要な論点として，利用主体は誰かという問題がある。本稿では問題点の指摘と一部の判例の紹介にとどめるが，著作権法における最重要論点の1つである。

利用主体論とは，物理的演奏主体とは別に，利用主体を規範的に捉える考え方によって，誰を主体とするかという問題に関する議論である。例えば，音楽教室事件で問題となった事例を参考にすると，音楽教室のレッスンにおける生徒の演奏につき，物理的に演奏を行う生徒（のみ）を演奏主体とすれば，著作権法38条1項が適用され，演奏権は及ばない。一方，生徒の演奏について，音楽教室事業者を演奏主体と捉えれば，生徒＝音楽教室事業者の演奏に同項は適用されず（音楽教室は営利事業である），演奏権が及び得る。つまり，権利者において，生徒の演奏につき音楽教室事業者に対し請求が可能となる。

利用主体論は，請求の相手方の特定に関連する，非常に重要な問題である。

（2）　この点に関連して，他者による物理的な利用行為を，密接な支配関係によって行わせている場合，この関係に着目して利用主体と評価できるという考え方がある（手足論）。また，密接とまでいえない管理・支配がある場合にも利用主体を広げる理論として，物理的な利用行為主体とはいい難い者を，管

8）　以上の①ないし③の要件に関しては，加戸守行『著作権法逐条講義〔六訂新版〕』（著作権情報センター，2013年）301頁以下参照。

49

第1部　著作権

理（支配）性および営業上の利益という2つの要素に着目して規範的に利用行為の主体と評価する考え方がある（「カラオケ法理」と呼ばれる）。

カラオケ法理は，カラオケスナックでの客の歌唱につき店を歌唱主体と評価したクラブキャッツアイ事件最判[9]を皮切りに，デジタル・ネットワーク技術が問題となる場面においても，広く展開されてきた。音楽教室事件第一審判決でも，このクラブキャッツアイ事件最判が参照されたが，カラオケ法理は事例判決でありその射程を広く及ぼすことには批判も多い[10]。

（3）　利用主体に関する判例として，音楽教室事件の第一審・控訴審双方で言及されているのが，ロクラクⅡ事件最判[11]である。

ロクラクⅡ事件では放送番組の複製を可能とするサービスの複製主体が争われたが，同最判は，物理的に複製を行う視聴者ではなくサービス提供者を複製主体と判断した。複製主体の判断に当たっては，「複製の対象，方法，複製への関与の内容，程度等の諸要素を考慮して，誰が当該著作物の複製をしているといえるかを判断するのが相当」とし，管理・支配や営業上の利益を重視しなかったことから，カラオケ法理とは別の判断枠組みと評価し得る。音楽教室事件控訴審判決においても，第一審判決が参照したクラブキャッツアイ事件最判を参照から外しており，ロクラクⅡ事件最判の判断枠組みを引き継いでいる。最高裁判決でも控訴審判決と同様，カラオケ法理のような2要素ではなく，諸要素の総合考慮による判断が示された。

4 考え得る権利者からの請求

著作権侵害に対する民事上の救済手段としてまず考えられるのが，一般不法行為による損害賠償請求である（民法709条等）。また，著作権法112条は，著作権侵害における救済として，1項で差止めを，2項で専ら侵害行為に供された器具等の廃棄その他の侵害停止や予防に必要な措置を規定している。

9）　最判昭和63・3・15民集42巻3号199頁。

10）　上野達弘「音楽教室と著作権」L&T 88号（2020年）31頁，横山久芳「音楽教室における演奏に対する演奏権の行使」NBL 1200号（2021年）70頁，中山信弘『著作権法〔第4版〕』（有斐閣，2023年）777頁以下参照。

11）　最判平成23・1・20民集65巻1号399頁。

第 4 章　音楽の著作物

　飲食をする客の前で楽曲が演奏される営業形態をとるレストランカフェでの
演奏につき，同店舗に対し演奏権侵害を理由に行為の差止めとピアノなどの楽
器の店舗からの撤去や搬入禁止等を求めたデサフィナード事件控訴審判決[12]
は，クラブキャッツアイ事件最判を引用し，①店舗が企画しスタッフと呼ばれ
る演奏者による店舗に設置されたピアノを使用した演奏，②店舗が客からチ
ャージを徴収して演奏者が店舗から料金を受け行う店舗主催の演奏，③第三者
主催ライブ（店舗は場所と飲食物の提供のみ行う），④第三者貸切ライブのうち，
①②について物理的演奏主体ではない店舗を規範的にみて演奏主体と判断し
（③④については店舗を演奏主体とは認めなかった），原告の請求を一部につき認
めた。本判決は，上述の利用主体論に関しても参考になるが，ピアノの撤去や
搬入禁止を命じた点で注目される。
　デサフィナード事件控訴審判決では，③④については店舗の演奏主体性を
否定しながら，①②での演奏権侵害行為に専ら供されたものであったことを
もってピアノの撤去を認める一方で，ピアノの搬入に関しては，①②の演奏
形態に限って禁止した。同様に著作権法 112 条 2 項に基づく請求がなされた事
例として，社交ダンス教室事件では，CD 再生装置が，演奏権侵害行為につい
ての「専ら侵害の行為に供された機械若しくは器具」に当たらないとして撤去
請求が棄却されている。
　デサフィナード事件の結論については，①②の場合にはピアノの搬入を禁
止し，③④の場合は許すといった，やや非現実的な結果を招来し得る[13]。も
っとも，原告の立場としては，著作権法 112 条 2 項から考え得るあらゆる請求
を検討すべきであろう。

---

　12)　大阪高判平成 20・9・17 判時 2031 号 132 頁。
　13)　高林龍・著作権百選〔第 5 版〕（2015 年）205 頁は，①②の演奏形態で用いる場合に限定し
て楽器の搬入を禁止すると，「③や④の演奏形態で使用するものであるとしてピアノの搬入を許し，
搬入された途端に使用目的を限定することなくピアノの撤去を命ずるといった，いつまでも解決でき
ない状況を招来しかねない」として，「結局，本件のように本件店舗内における演奏行為中，Ｙ〔被
告〕を主体とするものとそうでないものが行われている場合に，そのいずれにも使用されるピアノ
を，『専ら』Ｙによる演奏権侵害の用に供された物とするのには無理があるように思われる」とする。

51

第1部　著作権

Ⅳ CASE について

1 設問(1)

　Yによるαの再生及びCのα及びβの歌唱について，権利者による何らかの請求が可能かという点を簡単に検討する。

　まず，αの再生やα・βの歌唱が演奏権の行使に当たるかについて，限定された50名に対する演奏が「公に」演奏することと評価されるかが問題となる。設問(1)では，対象を患者のみならずその家族にまで範囲を広げており，人的結合関係は強いとはいえず，特定とは認め難い。また，50名という人数は，ライブ演奏という性質上，αやβの演奏による経済的な効用を認めるに足りる程度の人数といえ，少数とは認められないだろう。

　次に，著作権法38条1項の適用可能性については，寄附が同項の「料金」に当たるかが問題になる。たとえ収益を寄附するとしても，一部を本件コンサートの費用に充てたり，寄附をしなければ鑑賞できない仕組みの場合には，「料金」に当たると考えられる。他方，募金箱の設置や寄附への案内が行われるのみで，観客が鑑賞に対して直接の対価を支払う必要がない仕組みであれば，この要件を満たす可能性は十分あるだろう。

　38条1項の適用が認められない場合，AはYによるαの再生行為に対し損害賠償を請求できると考えられる。この点，Aが今後のコンサートの差止めを請求することも考えられる[14]。Yに対し，再生機器の撤去や搬入禁止等を請求することも考えられるが，再生機器を「専ら」本件コンサートのために設置したという事情がなければ，この請求は認められない可能性がある。

　また，本件コンサートの企画，必要な機器の設置，選曲をYが行ったことから，Cの歌唱につきYを演奏主体とする法律構成も考えられ，AはCの歌唱行為につきYに対して上記請求する方法もあり得る。

　αをJASRACが委託を受け管理していたという場合，上記はAの請求では

---

　14)　設問(1)は，平成29年司法試験問題を参考にしているが，同問題では，出題趣旨に「コンサート全体の差止めの請求は過剰であることについて言及があれば，積極的な評価が与えられよう」と記載されている。

なく JASRAC による請求に置き換わることになる。なお，設問(1)では，レコード X の再生が行われているが，レコード製作者の権利には演奏権が含まれていないため，再生（演奏）に対して，X は何らの主張もできないと考えられる。

　補足として，B は Y との契約に基づいて作詞を行っており，本件コンサートで歌唱されることは合意済みであろうことが予測される。しかし，もし β が JASRAC 管理だった場合，当該合意に関しては，委嘱作品には使用料免除の対象となる場合があり（いわゆる委嘱免除），具体的には管理契約約款等で確認されたい。

2 設問(2)

　Z が許諾なく本件コンサートを録画した行為については，A 及び B の複製権（21条），C の録画権（91条1項），X の複製権（96条）侵害に基づく損害賠償請求が考えられる。なお，Z は本件録画物を後にアップロードしていることから，私的複製とはならず複製を行ったものとみなされる（30条1項・49条1項1号・102条1項・9項）。また，録画行為自体は完了してしまっているが，今後アップロードする「おそれ」があるとして，差止め及び録画物の廃棄請求を行うことが考えられる（112条2項）。

　Z によるアップロード行為に関しては，A 及び B による公衆送信権（23条1項）侵害に基づく損害賠償請求や差止請求が考えられる（この場合，アップロードした動画の削除を求めることになろう）。また，C 及び X による送信可能化権（92条の2第1項・96条の2）侵害に基づく損害賠償請求や差止請求も考えられる。

　もっとも，Z がアップロードした動画配信サイトが JASRAC との間で利用許諾契約が締結されているサービスの場合，α や β が JASRAC 管理作品であれば，Z はアップロード行為について，A や B に対して責任を負わない可能性がある。しかし，この場合でも，C や X に対しては依然侵害となり，この点は，α や β が JASARC 管理作品であっても結論は異ならない。JASRAC はあくまで「著作権」の管理のみを行う団体であることに注意が必要である。

　また，アップロードした動画につき A・B・C の氏名の表示がない場合には，著作者又は実演家の人格権（氏名表示権。19条・90条の2）侵害の主張の

第 1 部　著作権

可能性もある。

V 終わりに

　本稿では音楽の著作物を利用する場面で問題となり得る論点を扱った事例を **CASE** として紹介した。音楽は，作曲家や作詞家といった著作者，音楽出版社などの著作権者，JASRAC 等の著作権等管理団体，実演家やレコード製作者といった著作隣接権者など，登場人物が多数にわたる複雑な構造を有することが多い。また，著作権法の解釈にとどまらず JASRAC における運用などの知識も要求される，極めて実務と密接した分野といえるだろう。

参 考 文 献
●骨董通り法律事務所編『エンタテインメント法実務』(弘文堂，2021 年)
●安藤和宏『よくわかる音楽著作権ビジネス 基礎編／実践編〔6th Edition〕』(リットーミュージック，2021 年)
●福井健策編『音楽ビジネスの著作権〔第 2 版〕』(著作権情報センター，2016 年)

第**5**章

映画の著作物

内藤 篤・伊藤真愛

CASE

　書籍出版社のＡ社は，日本のクレイアニメの草分け的存在のＢ監督の作品『鼻づまり』（20分ほどの短編。以下「本作品」）のピクチャーブック（映画の大部分の場面をカラーで場面に沿った順番で収録し，巻末に解説などを配したビジュアル本）を出版したいが，その権利保有関係がよく分からない。本作品は，文献資料によれば，Ｂ監督と助手のＣのみで作られ，企画や脚本作成などクリエイティブ面はほぼＢ監督が行い，Ｃは撮影のみを担当したとされているが，Ｂ監督は1970年に病没，助手のＣは2000年ころを最後に，存命か否かも含めて現在の行方は知れない。本作品は，製薬会社Ｄ社の企業イメージ映画として作られたもので，1952年に公開され注目を集めた。その制作費は全面的にＤ社が負担して作られたものだという。本作品のエンドロールには「制作Ｄ社」，「監督Ｂ」及び「撮影Ｃ」とのクレジットが表示されている。Ａ社の担当編集者は，以上の事情を説明して，どうしたらよいのかを，弁護士のあなたに尋ねてきた。

Ⅰ はじめに

　第5章のテーマは「映画の著作物」である。他人の著作物を利用するにあたっては，まず，各著作物について，いかなる権利が誰に帰属しているのかを確定する必要がある。利用しようとする著作物が「映画の著作物」である場合，著作権法（以下，同法の条文を示す場合には法律名は省略する）16条（映画の著作物の著作者），29条（映画の著作物の著作権の帰属）等，その権利帰属を確定す

55

第1部　著作権

るにあたり通常の著作物とは異なる規定が存在する。また，本作品のように現行著作権法の施行前（1971年1月1日より前）に創作された著作物については，旧著作権法（明治32年法律第39号）における「著作者」又は「著作権者」の解釈を基に，権利帰属関係を検討する必要がある。さらに，旧著作権法下で創作された映画の著作物については，しばしば保護期間の算定方法も問題となり得る。

Ⅱ 映画の著作物

1 「映画の著作物」とは

　著作権法には「映画」自体の定義は存在しないが，これが伝統的な劇場用映画を念頭においたものであることについて異論はない[1]。一方，2条3項では，劇場用映画そのものではなくとも，「映画の効果に類似する視覚的又は視聴覚的効果を生じさせる方法で表現され，かつ，物に固定されている著作物」は映画の著作物に含まれるものと規定されている。このうち「映画の効果に類似する視覚的又は視聴覚的効果を生じさせる方法」が具体的にいかなるものを指すかについては，劇場用映画が有する効果のどの部分に着目するかによって判断が分かれるところである。裁判例では，多数の影像を短い時間の単位で連続的にブラウン管等に投影する方法で，映写される影像が動きをもって見えるという効果を生じるものであればよいとするもの[2]（すなわち，動きのある映像を広く映画の著作物と捉える見解であり，通説的見解であるとされる）[3]，影像のモンタージュやカット等の手法的な観点から劇場用映画との類似性を求めていると解されるもの[4]，影像の選択とそれらの順序・組合せにより思想・感情を表現するものであり，かつ同一の連続影像が常に再現されることを要するもの[5]等

1）　加戸守行『著作権法逐条講義〔七訂新版〕』（著作権情報センター，2021年）74頁。
2）　東京地判昭和59・9・28無体裁集16巻3号676頁（パックマン事件），大阪地判平成11・10・7判時1699号48頁（中古ビデオゲーム事件大阪訴訟・第一審），東京高判平成13・3・27判時1747号60頁（中古ビデオゲーム事件東京訴訟・控訴審）等。
3）　中山信弘『著作権法〔第3版〕』（有斐閣，2020年）119頁。
4）　大阪高判平成13・3・29判時1749号3頁（中古ビデオゲーム事件大阪訴訟・控訴審）。

がみられる。

本作品のようなクレイアニメは，通常，粘土モデルを一コマ毎に少しずつ動かして静止画像を撮影し，その画像を連続的に映写することであたかも粘土モデル自体が動いているように見せる撮影技法が用いられる。このような技法を用いて完成した映像作品は（少なくとも上記の通説的見解に従えば）「映画の効果に類似する視覚的又は視聴覚的効果を生じさせる方法」で表現されたものであり，これが物に固定されかつ著作物性が認められる限りは，映画の著作物に該当することとなる。

2 映画の著作物と写真の著作物の境界

一方，上記のクレイアニメの撮影技法を前提とすると，その撮影過程で一コマ毎に撮影された静止画像自体は，理論的にはそれぞれ写真の著作物とみることができる。写真の著作物は，被写体の選択，構図の組立て，シャッタースピード，アングル，ライティング等において創作性が認められるものが，それに当たると解されているが，クレイアニメの撮影過程においても（画像の連続性やストーリー等の観点から一定の制限が加わるであろうが）上記の創作性が発揮されているとすれば，写真の著作物が発生したといい得る状況である。同様の視点は，セル画の複写物の集積からなる伝統的なアニメーション作品（この場合，セル画は絵画の著作物であるが）や，究極的には1秒当たり24コマの静止画からなるフィルム映画についても当てはまるものであろう。

では，「映画」が「写真」の集合体であるとするならば，映画の著作物と写真の著作物の境界は一体どこにあるのであろうか。

映画の著作物と写真の著作物とでは，著作権法上，著作者，著作権者，保護期間，支分権の内容等，その扱いに大きな差異がある。映画の著作物の中に常に写真の著作物の権利が含まれているとすると，権利関係は非常に複雑になるし，そもそも映画の著作権を映画製作者に集中させ，著作物の円滑な市場流通を図るという16条や29条の立法趣旨に反することとなろう。そのため，少なくとも，映画の著作物を「映画」として利用する場合（すなわち，動きのある

5）　東京地判平成11・5・27判時1679号3頁（中古ビデオゲーム事件東京訴訟・第一審）。

第 1 部　著作権

映像として利用する場合）においては，通常，各コマに関する写真の著作物として
の著作権は考慮されていないといっていいようである[6]。

　これに対して，映画の著作物と写真の著作物の関係性が浮き彫りとなるの
が，**CASE** のように映画の一コマを切り出して静止画像として利用する場合で
ある[7]。この場合，当該静止画像はあくまで写真の著作物として保護されるべ
きとする考え方があるようだが[8]，これは，映画の著作物の権利とともに，各
コマについて写真の著作物としての権利も併存しており，映画を静止画像とし
て利用する場合には後者の権利が機能するとの考えが根底にあるものと推測さ
れる。これを仮に「併存説」と名付けるとすれば，この説を前提とすると，静
止画像の著作者・著作権者や保護期間等が，大元の映画の著作物のそれと異な
る事態が生じ得る。つまり，静止画像を写真の著作物としてみた場合，著作権
法の原則に従えば，その著作者・著作権者はそのコマを創作的に撮影した者で
あり，その著作権は（現行著作権法の下に撮られた映画の一コマであれば）著作
者の死後70年まで存続することとなる（51条2項）。

　しかし，映画の著作物の一コマを静止画像として切り出した途端，上記のよ
うに権利関係や保護期間が変わるという考え方には疑問を呈さざるを得ない。

　6）　この点，旧著作権法に関する夢優美『条解著作権』（港出版社，1961年）176頁では，映画の
著作物全体についての著作権は映画監督，映画構成の各部分についての著作権はその担当者（撮影や
編集を行う技術者も含まれる）が原始的に取得するという立場を前提に，「映画を不法に複製又は上
映することは，映画全体としては，映画監督より承継して有する映画企業者の著作権を侵害し，各部
分については映画製作に関与した者が担当各部分について有する著作権を侵害することになる」と論
じられている。当該見解によれば，映画の著作物を「映画」として利用する場合においても，**CASE**
のようなクレイアニメにおける各コマの静止画像の写真著作権が機能するという帰結になり得る。但
し，一方で，「わが国の通説は，映画フィルムの著作権は，原則としてフィルム製作者，又は映画会
社等の映画企業者に帰属するものとしている」とも述べている（同174頁）。
　7）　この点に触れた論稿として，佐野文一郎＝鈴木敏夫『改訂 新著作権法問答』（出版開発社，
1979年）146頁～149頁，エンターテインメント・ロイヤーズ・ネットワーク編『エンターテインメ
ント法務Q&A〔第3版〕』（民事法研究会，2021年）40頁～42頁［大橋卓生］。また，写真制作の
ために中間成果物として撮影された動画との関係において，この点を論じた論稿として，桑野雄一郎
「中間成果物的著作物をめぐる著作権法上の権利関係（上）」特許ニュース14453号（2017年）。
　8）　佐野＝鈴木・前掲注7）146頁，エンターテインメント・ロイヤーズ・ネットワーク編・前掲
注7）41頁。但し，これら論稿では，静止画像の著作者・著作権者や保護期間についてどのように考
えるべきか（映画の著作物と別途考慮すべきであるか）は明確には論じられていない。

58

第 5 章　映画の著作物

映画流通の過程では，作中シーンの静止画像がポスター，パンフレット，ウェブコンテンツ，関連商品等，様々な用途において利用されるのが通例である。これら静止画像の権利関係が映画のそれと異なるとすると，権利処理は複雑となり，映画の円滑な市場流通を損なうこととなろう。また，併存説によれば，映画の著作物自体の保護期間（公表後 70 年間〔54 条 1 項〕）が満了しているにもかかわらず，静止画像として利用する場面では写真の著作物としての著作権が存続しているという事態があり得る。しかし，実務上，パブリックドメインとなった映画については，その作中シーンの静止画像も自由に利用することができるという扱いであるように思われる（但し，旧著作権法下における写真の著作物の保護期間は非常に短かったため[9]，従前この問題が顕在化しづらかったという可能性はあるかもしれない）。

　上記の点に鑑みると，映画製作のために撮影されたコマの静止画像が連続的に映写されることで動きのある映像として固定され[10]，映画の著作物として成立した段階では，各コマの写真の著作物としての著作権は，映画著作物としての著作権の中に収斂し，一体化したものと考えるべきであろう[11]。こうした考え方によれば，映画の一コマを切り出して静止画像として利用する場合は，あくまで映画の著作物の一部の（複製）利用とみられ，その権利関係及び保護期間は映画の著作物のそれと一致することとなる。

　9）　旧著作権法では，写真の著作物の保護期間は原則として発行後 10 年間と定められていたが，その後の改正により 1967 年に 2 年延長，1969 年にさらに 1 年延長されて，発行後 13 年間となった。

　10）　加えて，東京高判平成 5・9・9 判時 1477 号 27 頁（三沢市勢映画製作事件・控訴審）に照らせば，「映画の著作物」たるには，フィルムの編集等の映画製作過程を経ることを要することになるのかもしれないが，これについては注 11）を参照のこと。

　11）　「映画の著作物として成立した段階では」とは書いたが，前掲注 10）三沢市勢映画製作事件の判決は，未編集の映像素材について，「映画の著作物」とは異なる「映像著作物」が成立しているとし，それが編集をされた結果「映画の著作物」になるとの独自の論を展開しているが，学説上の批判を受けた（田村善之『著作権法概説〔第 2 版〕』〔有斐閣，2001 年〕394 頁）。したがって，通常の映像については，それは撮影されたと同時に，映画の著作物として成立すると解すべきだろう。ただ，クレイアニメなどのショットごとの撮影行為と，それを編集してつないでいくまでの合間の状態については，なお，議論の実益のあるところかもしれない。

第1部　著作権

3 CASE の検討

　上記の考え方を **CASE** に当てはめると，本作品の各コマを静止画像としてピクチャーブックへ収録することは，映画の著作物である本作品の一部の複製利用であると捉えられる。そのため，基本的には，映画の著作物である本作品自体の権利関係及び保護期間について検討が求められることとなる。

　なお，併存説に基づき本作品の各コマを写真の著作物と捉える場合，その著作権者はB監督又は助手Cとなるが，（本作品の公表時に各コマの静止画像も公表されたものとみれば）旧著作権法に従い公表後 10 年間が経過する 1962 年 12 月 31 日をもって各コマの写真の著作物としての保護期間は満了していると考えられる。

Ⅲ 映画の著作物の著作権者

1 映画の著作権は誰に帰属するか

（1）　現行著作権法

　次に「映画の著作物」の権利関係を確定するにあたり，著作権者は誰かを検討することとする。

　現行著作権法では，映画の著作物の著作者が「映画製作者」に対して当該映画の著作物の製作に参加することを約束しているときは，その著作権は映画製作者に帰属すると規定されている（29条1項）。これは，映画の著作物の権利を一元化し，その円滑な市場流通を促進することや，映画会社等の映画製作者に，投下した映画制作費用の回収を図らせること等を目的としたものである。

　「映画製作者」とは，「映画の著作物の製作に発意と責任を有する者をいう」と定義されるが（2条1項10号），これは，映画の著作物を製作する意思を有し，その製作に関する法律上の権利・義務が帰属する主体であって，そのことの反映としてその製作に関する経済的な収入・支出の主体ともなる者のことを指すとするのが判例通説である[12]。具体的にいえば，①映画製作の進行管理と完成に関して最終的な責任を負うこと（必要な資材の調達，制作に従事するスタッフの選定雇用，製作の全過程の指揮を含む。いわゆる完成保証），及び②スタッフ

や資材会社等に対して自ら経費を払っていることが重要な要素となり[13]，出資を行ったに過ぎない者（例えば，制作会社に委託料を支払い映画の製作を発注するに過ぎない者等）は「映画製作者」には当たらないこととなる[14]。下世話な言葉でいえば「現場を仕切っている」のが映画製作者だといえるかもしれない。

これに対して，広告主である家電量販店が映像制作会社に発注した CM 映像の著作権の所在が争われた事件（ケーズデンキ CM 事件）の控訴審[15]では，映画製作者について上記判例通説と同様の基準を立てながらも，広告主が制作費を支払ったこと，CM 映像による広告効果を得られるか否かについてのリスクは広告主が負担していること，及び広告主による著作物の円滑な利用を確保する必要性は高いこと等の理由により，映画製作者は広告主であると判断した。当該裁判例は CM 映像の特殊性（専ら広告主による広告宣伝目的で，広告主のみが利用するために制作される）に着目し，結論としては穏当な判断を下したものであろうが，従前の裁判例における「映画製作者」の解釈とは明らかに外れるものであり[16]，その射程については検討を要すると考えられている[17]。

（2）旧著作権法

旧著作権法下では，現行著作権法 29 条 1 項に対応する規定は存在しない。そのため，原則に立ち返り，映画の著作物の著作権は著作者に原始的に帰属することとなる。

映画の著作物の著作者について見解が分かれていたことは後述のとおりだ

---

12) 東京高判平成 15・9・25 裁判所 Web（平成 15 年（ネ）第 1107 号。超時空要塞マクロス事件・控訴審），知財高判平成 18・9・13 判時 1956 号 148 頁（グッバイキャロル事件・控訴審），東京地判平成 23・12・14 判時 2142 号 111 頁（ケーズデンキ CM 事件・第一審），中山・前掲注 3)282 頁〜283 頁等。

13) 福井健策編，内藤篤 = 升本喜郎著『映画・ゲームビジネスの著作権〔第 2 版〕』（著作権情報センター，2015 年）232 頁。

14) 大阪地判平成 5・3・23 判時 1464 号 139 頁（山口組五代目継承式映像事件）。

15) 知財高判平成 24・10・25 裁判所 Web（平成 24 年（ネ）第 10008 号）。

16) 茶園成樹「我が国法における映画の著作物の著作者・著作権者」著作権研究 41 号（2014 年）17 頁〜19 頁。

17) 橋谷俊・著作権百選〔第 6 版〕62 頁（2019 年）は，ケーズデンキ CM 事件控訴審の判断は，テレビ CM とこれに類する動画に限られるもので，少なくとも一般的な劇場用映画やアニメの製作には及ばないとする。

第1部 著作権

が，学説上は，映画製作者[18]が原始的に著作者ひいては著作権者となるとの見解が通説であったようである[19]。しかし，チャップリン映画事件（後述）の上告審やその他裁判例は当該通説の立場を採用せず，「映画の著作物の全体的形成に創作的に寄与した者」を著作者であると判断したため[20]，これに従えば，映画の著作物の著作権も（映画製作者ではなく）当該著作者に原始的に帰属することとなる[21]。但し，黒澤映画事件（後述）の控訴審や『暁の脱走』DVD事件の控訴審[22]では，著作者と映画製作者との間に著作権譲渡に関する明示又は黙示の合意があったとして，最終的には，映画製作者が映画の著作物の著作権者であると認定されている。

2 CASE の検討

本作品は現行著作権法施行前に創作されたものであるから，29条1項の適用はない（現行著作権法制定時の附則5条1項）。そのため，本作品の著作権は，本作品の著作者であるB監督（及び，創作的寄与の程度によっては助手C）に原始的に帰属することとなるかに見える。

しかし，上記の旧著作権法下の通説からすれば，映画製作者たるD社が著作者ひいては著作権者となるし，そうでないとしても，本作品は劇場用映画と異なり，D社の企業イメージ映画として作られたものであって，D社が広告

---

18) 旧著作権法では「映画製作者」なる言葉は法文には登場せず，解釈論として「映画会社（映画企業者）」が原始的に著作者・著作権者となると論じられていた。以下ではそうした「映画会社（映画企業者）」の意味として，便宜上「映画製作者」を用いることとする。

19) 夢・前掲注6)174頁，半田正夫＝松田政行編『著作権法コンメンタール(2)〔第2版〕』（勁草書房，2015年）115頁〔山元裕子〕。

20) 但し，これら事件における判示は，現行著作権法15条の職務著作の要件を充足する場合に，映画製作者が著作者となることを否定するものではない。

21) しかしながら，経済的権利の一元化のために，映画の「著作者」は比較的広く認める一方で，著作権者は「映画製作者」に集中させた現行法における「著作者」概念を，旧法下の映画に準用するに近い形で当てはめたのは，大いなる矛盾といえよう。それによって経済的権利は少なからぬ数の「著作者」に分散化され，しかもそうした「著作者」が誰なのかが一義的に明確でない状況を生じさせたからである（後述のとおり，現行著作権法においても「映画の著作者」の外延の決定は簡単ではない）。その結果，保護期間がいつ切れるかも定かではない状況を生じさせてしまったことは大きな問題である。

22) 知財高判平成22・6・17裁判所Web（平成21年(ネ)第10050号）。

62

第 5 章　映画の著作物

宣伝目的で自ら利用することが想定されていたことや，D 社が全面的に制作費を負担していたこと等の事情からすれば，D 社と B 監督との間で，本作品の著作権を D 社に譲渡する旨の明示又は黙示の合意があった可能性が高いともいえる（但し，この点については，さらなる事実確認を行うべきであろう）。

Ⅳ 映画の著作物の著作者

1 映画の著作者は誰か

次に「映画の著作物」の著作者について検討しよう。通常，著作者は著作物の創作に実質的に関与した者であるが，映画の著作物は多数の者がその制作に関与し，かつその関与の度合いも様々であるため，このうち誰が著作者となるかについてはしばしば問題となる。

（1） 現行著作権法

現行著作権法において，映画の著作物の著作者とは，職務著作が成立する場合を除き「制作，監督，演出，撮影，美術等を担当してその映画の著作物の全体的形成に創作的に寄与した者」（いわゆるモダン・オーサー）と規定される（16 条）。

具体的には，同条に例示されるような映画監督，演出を統括するディレクター，撮影監督，美術監督等がこれに当たる一方，部分的な寄与をしたにとどまる助監督やカメラ助手等はこれに該当しないとされている[23]。とはいえ，これらはあくまで例示に過ぎず，実際には，個別の事案に応じて創作的活動への関与の内容・程度を考慮して検討する必要がある。

例えば，アニメーション作品「宇宙戦艦ヤマト」シリーズの著作者が誰か争われた事件（宇宙戦艦ヤマト事件）[24]では，裁判所は，作品製作の経緯，企画書の概要，制作体制の確立・スタッフの選定，基本設定書等やシナリオの作成，デザイン・美術，作画，撮影，編集，音楽等の点における関与の態様・度合いを具体的に認定したうえ，プロデューサーであった被告（西崎義展氏）が「本

---

23)　加戸・前掲注 1）158 頁。

24)　東京地判平成 14・3・25 判時 1789 号 141 頁。

第1部　著作権

件企画書の作成から，映画の完成に至るまでの全製作過程に関与し，具体的か
つ詳細な指示をして，最終決定をしているのであって，本件著作物の全体的形
成に創作的に寄与したといえる」とした一方，原告（漫画家として著名な松本零
士氏）については「設定デザイン，美術，キャラクターデザインの一部の作成
に関与したけれども，原告の関与は，被告の製作意図を忠実に反映したもので
あって，本件著作物の製作過程を統轄し，細部に亘って製作スタッフに対し指
示や指導をしたというものではないから，……全体的形成に創作的に寄与した
ということはできない」とし，被告のみを著作者と判断した。

（2）　旧著作権法

　旧著作権法では，映画の著作者が誰を指すかについて明確な定めはなかっ
た。そのため，特に，映画の著作物を1人の著作者の単独の著作物とみるか
（その場合，著作者は映画会社＝映画製作者かそれ以外の者か），それとも映画製作
に創作的に寄与した複数の者の共同著作物であるとみるか（その場合，共同著
作者の範囲はどこまでか）の点について見解が分かれていたが[25]，前述のとお
り学説上は，映画製作者が原始的に著作者ひいては著作権者となるとの見解が
通説であったようである[26]。

　一方，旧著作権法下における映画の著作物の著作者について，チャップリン
監督作品の保護期間が争われた事件（チャップリン映画事件）の上告審[27]では
「旧法の下において，著作物とは，精神的創作活動の所産たる思想感情が外部
に顕出されたものを意味すると解される。そして，映画は，脚本家，監督，演
出者，俳優，撮影や録音等の技術者など多数の者が関与して創り出される総合
著作物であるから，旧法の下における映画の著作物の著作者については，その
全体的形成に創作的に寄与した者がだれであるかを基準として判断すべきであ
って，映画の著作物であるという一事をもって，その著作者が映画製作者のみ
であると解するのは相当ではない」と判示している（下線は引用者による）。こ
のように，裁判所は，旧著作権法下の映画の著作者について，実質的に現行著

---

25)　半田正夫＝松田政行編『著作権法コンメンタール(1)〔第2版〕』（勁草書房，2015年）738頁
〜739頁［小林康恵＝三山峻司］。

26)　夢・前掲注6)176頁，半田＝松田編・前掲注19)115頁［山元裕子］。

27)　最判平成21・10・8集民232号25頁。

64

作権法 16 条と同様の基準に従い[28]著作者性を判断しているようである[29]（但し私見では，前掲注 21)のとおり，こうした判断が適切とは思えない）。

2 CASE の検討

CASE において，本作品の企画や脚本作成など作品全体のクリエイティブ面を担当した B 監督は，まさに本作品の「全体的形成に創作的に寄与した者」であり，前記チャップリン映画事件判決の認定からすれば，著作者とみられる。一方，本作品の撮影を行った助手 C は，その関与の態様・程度によって判断が分かれるところである。構図やアングル等，B 監督の具体的な指示に基づき，その手足として撮影を行ったに過ぎないのであれば，助手 C は本作品の全体的形成に創作的に寄与した者とはいえず，著作者に当たらない可能性が高い。これに対し，旧著作権法下の通説に従えば，本作品の著作者は D 社となろう[30]。

なお，前記Ⅲにて論じたとおり，通常，映画の著作物に関する著作権は（29条 1 項の適用，又は旧著作権法下においては当事者間の合意により）映画製作者に帰属することが多いため，映画の著作物の著作者の認定は，主として著作者人格権の主体の検討や，保護期間の算定の観点において意味を持つこととなる。

Ⅴ 映画著作物の保護期間

1 映画の著作物の保護期間はいつまでか

現行著作権法における映画の著作物の保護期間は公表後 70 年間であるが

---

28) 16 条をさらに拡張して，脚本家や俳優までもが映画の著作者となり得るかのごとき点は，注目されるところである。あまりにも「チャップリン映画」という事案の特異性に引っ張られた判断ではなかろうか。

29) 同様の判断をしたものとして，知財高判平成 20・7・30 判タ 1301 号 280 頁（黒澤映画事件・控訴審），最判平成 24・1・17 集民 239 号 601 頁（『暁の脱走』DVD 事件・上告審）等。

30) 本作品は通常の映画作品とは異なり，宣伝用の映画という点において，D 社を「映画会社（映画企業者）」と位置づけることには，当該映像の利用から直接的なリターンを指向していない点において，やや違和感はあるものの（内藤篤『エンタテインメント契約法〔第 3 版〕』〔商事法務，2012年〕26 頁），前掲ケーズデンキ CM 事件判決などの判旨を加味すれば，ありえない判断ではない。

第1部　著作権

表　映画の著作物の保護期間

旧著作権法（1969 年改正時） 1969 年 12 月 8 日施行	著作者名義（実名）で公表：著作者 　の死後 38 年間 無名・変名で公表：発行・興行後 　38 年間 団体名義で公表：公表後 33 年間 ※ 独創性を有する場合
現行著作権法（制定時） 1971 年 1 月 1 日施行	公表後 50 年間
現行著作権法（2003 年改正時） 2004 年 1 月 1 日施行	公表後 70 年間

（54 条 1 項），これまで旧著作権法及び現行著作権法においては，大要上記の**表**
のとおり保護期間の改正が行われてきた。

2 改正時の経過措置

　著作物の保護期間が改正される場合，附則に従い次の**(1)**及び**(2)**記載の経
過措置が適用される。

　(1)　改正法の施行時に著作権が存する著作物のみが，改正後の保護期間の
適用を受けることができる（つまり，改正法施行時に既に保護期間満了により著
作権が消滅している場合には，改正法の適用はない。現行著作権法制定時の附則 2
条 1 項・2003 年改正時の附則 2 条）。

　映画『シェーン』など 1953（昭和 28）年に団体名義で公表された映画の著
作物に，現行著作権法 2003 年改正後の保護期間が適用されるか争われた事件
（シェーン事件）では，上告審において[31]，「昭和 28 年に団体の著作名義をも
って公表された独創性を有する映画の著作物は，本件改正による保護期間の延
長措置の対象となるものではなく，その著作権は平成 15 年〔2003 年〕12 月 31
日の終了をもって存続期間が満了し消滅した」と判断された。

　(2)　改正法の施行時に著作権が存する著作物であっても，改正後の保護期
間と改正前の保護期間とを比べて後者の方が長い場合は，引き続き改正前の保
護期間が適用される（現行著作権法制定時の附則 7 条・2003 年改正時の附則 3

条)。

旧著作権法では，映画の著作物の公表名義によって保護期間の起算点が変わり，ひいては保護期間の長さに大きな差異が生じる。そのため，特に，公表時に監督等の実名と映画会社等の法人名が併記されている場合に，いずれの公表名義とみるべきかが重要となる。

黒澤明監督作品の保護期間が争われた黒澤映画事件では，公表名義が著作者名義（実名）であれば，旧著作権法に基づき保護期間が著作者（1998〔平成10〕年死亡）の死後 38 年間（2036 年まで）継続するのに対して，団体名義であれば現行著作権法に基づき保護期間が公表後 50 年間（2000 年まで）となるため，その公表名義が争点となった。同事件の控訴審[32]は，著作者が原則として自然人であることを前提に，「旧著作権法は，著作物の存続期間を原則として自然人である著作者の死亡の時を基準とすることを定めている」とし，団体名義の著作物について保護期間を定めた旧著作権法 6 条は「著作者の死亡という事態を想定できない団体名義の著作物」について例外的に公表時を基準として保護期間を起算するものであるとした。そのうえで，同事件の映画作品上では著作者である黒澤明監督の氏名が表示されているのであるから，同作品は著作者名義で公表されたものであると判断した。

その後，チャップリン映画事件の上告審[33]も同様に，著作者の死亡時点を映画の著作物の保護期間の起算点とすることを原則とする立場に立ち，「自然人が著作者である旨がその実名をもって表示され，当該著作物が公表された場合には，それにより当該著作者の死亡の時点を把握することができる以上，仮に団体の著作名義の表示があったとしても」旧著作権法 6 条は適用されないと判断した[34]。

---

31) 最判平成 19・12・18 民集 61 巻 9 号 3460 頁。
32) 前掲注 29）知財高判平成 20・7・30。
33) 前掲注 27）最判平成 21・10・8。
34) なお，シェーン事件は，アメリカ合衆国法人を著作者とし，その著作名義をもって同国において最初に公表された映画である（すなわち団体名義である）ことが前提事実とされていたため，黒澤映画事件及びチャップリン映画事件とは事案を異にするものであるとされている。ハリウッドメジャーとしては，監督をもって映画の著作者＝原始的な著作権者であるとは肯んじ得ない事情があったということである。

第 1 部　著作権

3 CASE の検討

　本作品は旧著作権法下において創作されたものであるから，まずは旧著作権法における保護期間を検討のうえ，経過措置を考慮し，適用される保護期間を算出する必要がある。

　本作品のエンディングにおいては，D 社の商号，並びに B 監督及び助手 C の氏名が表示されている。前述の黒澤映画事件又はチャップリン映画事件の判断に従えば，本作品の著作者である B 監督の実名が表示されている以上，本作品は著作者名義（実名）により公表されたものと考えられる。

　本作品が著作者名義（実名）であるとすれば，旧著作権法 3 条に基づく本作品の保護期間は，著作者である B 監督の死後 38 年間（2008 年 12 月 31 日まで）となる。この場合，本作品の著作権は現行著作権法 2003 年改正の施行時まで存続していることとなるため，同改正による保護期間が適用された結果，本作品の保護期間は公表時から 70 年間（2022 年 12 月 31 日まで）継続することとなる。

　なお，仮に助手 C も著作者に該当すると整理した場合，助手 C は 2000 年まで存命が確認されているので，本作品の保護期間はさらに延びることとなる。

　これに対して，旧著作権法下の通説に従えば，本作品の著作者は D 社ということになるから，団体名義による公表があったことになる。そうなると，1952 年公開の本作品は，2002 年 12 月 31 日をもって保護期間は終了した，という結論になる。

VI 本 CASE における回答

　最後に，これまでの検討を踏まえて，A 社に対してどのようなアドバイスを行うべきか。

　本作品の著作者が B 監督，著作権者が D 社であるとすれば，本作品の著作権の保護期間は，2022 年 12 月 31 日までになる。仮に，このピクチャーブック出版の企画がなされたのが，2021 年だとしたら，A 社としては（D 社が著作権者であれば）D 社の許諾を得てピクチャーブックの出版を行うというのが，一応の正解ということになろう。

第 5 章　映画の著作物

　だが実際には，B 監督・D 社間の著作権譲渡の合意の有無等，本作品の著作権の帰属関係は必ずしも明確ではない。また，本作品製作への関与の態様・程度によっては，助手 C が著作者（場合によっては著作権共有者）に該当する余地もある。一方で，本作品が D 社の企業イメージ映画として制作されている以上，（著作権者であるか否かにかかわらず）D 社がその利用に関してセンシティブな反応を示す可能性も否定はできない。また，本稿では著作権法の適用のみを考察する観点から捨象したが，実際には，本作品がどのように権利運用されてきたか（過去にビデオやテレビ放映などがされた際に，誰が権利者としてふるまってきたか）という点は，実務的には極めて大事な情報である。

　このような状況に鑑みると，本作品の利用にあたっては，まず D 社にその旨の申入れ・相談を行うとともに，同社から情報収集をしつつ，仮に著作権者は B 監督である等の情報を得られれば，適宜，同監督の遺族にコンタクト先を変更するなどのアドバイスを，A 社に行うのが妥当であろう（なお，厳密にいえば，著作者との関係では著作者人格権の問題も生じ得るが，本稿では割愛する）。

参 考 文 献
●内藤篤『エンタテインメント契約法〔第 3 版〕』（商事法務，2012 年）
●福井健策編『映画・ゲームビジネスの著作権〔第 2 版〕』（著作権情報センター，2015 年）
●茶園成樹「我が国法における映画の著作物の著作者・著作権者」著作権研究 41 号（2015 年）
●佐野文一郎 = 鈴木敏夫『改訂　新著作権法問答』（出版開発社，1979 年）

第**6**章

スポーツ

──放映権に関する契約の最新実務

小坂準記

CASE

　プロスポーツ団体である A 協会は，同協会が主催する大会の試合映像の放映権を国内外に販売することで収益を最大化したいと検討している。A 協会の担当者から，
　(1)　そもそも放映権とはどのような権利であるのか。
　(2)　放映権を国内外に販売する上で，どのようなことに気を付けるべきか。スカウティング・ライツやベッティング・ライツなどの新しい販売形態も登場していると聞くが，これらの権利との抵触は，どのように整理すべきか。
　(3)　試合映像の一部を利用した映像を NFT として販売したいという問合せも受けているが，どのようなことに気を付けるべきか。
との相談があった。

I はじめに

　第 6 章のテーマは，「スポーツ」である。スポーツには非常に幅広い競技が存在しており，スポーツ法務と一口にいっても多岐にわたるが，『知財法務を知る』という書籍の章の 1 つである本稿では知財に関連する内容が求められている。スポーツ×知財法務という領域において，もっとも相談の多いのは試合映像の利活用であろう。試合映像の放映権販売の領域が，テレビからネット配信へと主戦場を変えて久しいが，近時では，こうしたテレビやネット配信といった「放映媒体」による線引きではなく，スカウティング，ベッティング（賭

70

第6章　スポーツ——放映権に関する契約の最新実務

博）などの「利用目的」による線引きも登場している。また，静止画を利用したグッズ販売へのライセンスが主流であった商品化領域において，試合映像の一部を利用した商品化も登場し，NFT（Non-Fungible Token：非代替性トークン）のブームと共に，その流れは一気に加速しているように思われる。そこで，本稿では，最新の状況を踏まえ試合映像の利活用の実務について解説を行う[1]。

II 放映権とは何か

1 放映権は実務上，便宜的に用いられている用語であり，契約によって内容が決まる

　放映権は，テレビ放送を念頭に放送を前提とした用語だったが，最近ではネット配信の場合でも放映権という用語を実務上そのまま使うこともあり，「試合映像を放送・配信する権利」という意味で使われている。

　放映権そのものは古くから実務上，定着した言葉ではあるが，放映権という支分権は著作権法には存在しない。また，法律にも放映権を定義する法文は見当たらない。つまり，実務上，便宜的に用いられている用語である。

　結局のところ，放映権は当事者間で内容が確定されるものであるが，著作権法上の支分権で整理すると「著作物である試合映像に関する複製権（著作21条）や公衆送信権（同23条）等に関する権利」ということができる。試合映像が「映画の著作物」（同2条3項）に該当するかはともかく，スポーツ競技の影像を効果的に表現するために，カメラワークの工夫，モンタージュ，カット等の手法又はフィルム編集等が行われたものであるから，かかる影像は「著作物」（同条1項1号）であることには疑いはない[2]。ただ，著作権の保護対象は原則として映像である。映像の客体であるスポーツの試合そのものは，新体操やフィギュアスケートなどの演技を伴うスポーツ以外は，著作物に該当しない

　1）　各プロスポーツ団体による放映権ビジネスやNFTなどの具体的な事例の紹介については，紙幅の都合上，最低限のものとし，本稿の読者層が法務担当者であることを想定して，主に契約や知財経営の観点からどのような対応がベストか，という知財戦略の観点を中心に解説を行う。

第1部　著作権

と解され，また実演家としての権利も選手に発生せず，肖像権，パブリシティ
権の問題のみが生じると解される。

2 放映権の法的根拠は見解の一致をみていない

　では，放映権の法的根拠は何なのだろうか。放映権は明文上，規定された権
利ではないことから，その法的根拠については，①放映権の本質を無断で試合
会場に撮影機材等を持ち込み，撮影を行われない権利と捉え，会場の施設管理
権に法的根拠を求める施設管理権説[3]，②放映権の本質を選手の肖像に求める
肖像権説，③放映権の本質を費用，リスクを負担して，スポーツを実施するこ
とに求める主催者説[4]などがあり，見解の一致をみていない。

　法的根拠を議論する実益は，放映権の帰属主体や無断撮影者への差止請求の
可否に差異が生じるといい得るかもしれない。しかし，放映権の帰属主体は，
プロスポーツ競技団体ごとに誰が管理・保有するのかを規約などによって明確
にしていることが通常であり，実務上問題にならないように思われる。

　無断撮影者への差止請求の可否に関しても，3説の中で，唯一，差止めの可
能性を有するのは肖像権説であるが，選手が差止請求をスポーツ団体に代わっ
て第三者に行うことは現実的ではないし，音声のみの放映権も存在し得ること
から，放映権の法的根拠を選手の肖像権のみに求めることも十分ではない[5]。

　2）　所得税法に関する事案であるが，最判平成15・2・27税資253号順号9294は，「スポーツイ
ベントの各主催団体から配信を受けた影像は，スポーツ競技の影像を効果的に表現するために，カメ
ラワークの工夫，モンタージュ，カット等の手法又はフィルム編集等が行われたものであるというの
であるから，上記影像は著作権法2条1項1号にいう著作物ということができる」と述べる。更に踏
み込んで「映画の著作物」に該当すると判断した事例として東京地判平成25・5・17判タ1395号
319頁がある。この他，スポーツを生中継する場合の映像に関し，生中継の影像が放送と同時に録画
されている場合は固定性の要件を満たすと述べた事例として東京地判平成6・3・30行集45巻3号
931頁及び控訴審である東京高判平成9・9・25行集48巻9号661頁がある。

　3）　金井重彦＝龍村全編著『エンターテインメント法』（学陽書房，2011年）341頁［山崎卓也］
等。池村聡「プロスポーツと放映権」ジュリ1514号（2018年）43頁は，施設管理権説が「現在支配
的見解」と評する。なお池村弁護士自身は，主催者と会場の所有権者が異なるケースが少なくないこ
となどの問題点を指摘し，「スポーツの放映権の法的根拠は，会場の施設管理権のみ求めることは適
当ではな」いと述べている（池村・前掲44頁～45頁参照）。

　4）　エンターテインメント・ロイヤーズ・ネットワーク編『エンターテインメント法務Q&A〔第
4版〕』（民事法研究会，2024年）304頁～308頁［横山経通］，池村・前掲注3）44頁。

72

第6章　スポーツ——放映権に関する契約の最新実務

残された施設管理権説，主催者説では，いずれも損害賠償請求をなし得るのみ
で差止請求が困難であるとすれば，無断撮影者への対応という観点からは差異
は見いだせない。

　私見としては，そもそも放映権は明文規定に根拠のない権利であることに加
え，放映権の内容も契約ごとに外延が多様であるため6)，法的根拠を上記①か
ら③の見解のいずれかに限定する必要性は乏しく，むしろいずれの見解も法的
根拠になり得ると解すべきであろう。

3 実務上，放映権が著作権法の文言に従って 契約書で明記されることは多くない

　放映権を販売するために必要な権利を明確にする観点から，放映権の法的権
利の内容や法的根拠を分析してきたが，実務上，これが契約書において明記さ
れることは稀である。放映権契約書では，どのような媒体，目的等で放送・配
信を行うのか，ということを列挙して許諾を行うことが通常であり，著作権法
上の支分権で必要な権利を列挙したり，その法的根拠を明記して契約書を作成
することは多くない。

　これは，対象地域が日本以外の海外を含む場合，日本著作権法の支分権と日
本以外の著作権法の支分権では用語の文言や内容，解釈において，同一ではな
いということもあるが，もっとも大きな要因はビジネスにおいて実現したいこ
とを明確に記載したほうが，契約当事者双方の理解に資するし，権利処理の
「抜け漏れ」がなくなるためである。このような実務慣行に照らせば，スポー
ツの試合映像のビジネスを担当する法務担当者にとって重要な能力は，放映権

---

　5)　池村・前掲注3)44頁も，ラジオ中継などの選手の肖像を利用しない放映権については説明が
つかないという批判を指摘している。

　6)　用語としては「放送権」ではあるが「放映権」と類似の用語の解釈が問題となった東京高判
平成15・8・7裁判所Web（平成14年(ネ)第5907号〔快傑ライオン丸事件〕）は，「ここにいう『放
送権』を，どのような意味内容を有するものと解釈すべきか，が本件における最大の争点である。／
本件契約書中には，『放送権』の意味についての定義規定はない……。そのため，この解釈に当たっ
ては，著作権法の関連規定の内容，関連する事項についての，本件契約を締結した当事者の意思，本
件契約に至る経緯等を総合的に考慮する必要がある」と判示しており，個々の事案ごとに「放映権」
の内容を判断せざるを得ないことを示唆するものである。

73

第 1 部　著作権

の法的権利の内容や法的根拠を理解した上で，①映像製作時に必要となる放映
権を販売するために必要な権利をすべて販売者が保有・管理している状態にす
るという「ライツ・マネジメント能力」と，②映像販売時に必要となる契約書
の文言で，放映権販売戦略に従った適切な放映権の外延を文言として作成（ド
ラフト）するという「ドラフティング能力」であると考えている。

Ⅲ 放映権契約における留意点
──映像製作から映像販売まで

1 試合映像の製作
──法務担当者に求められるライツ・マネジメント能力

（1）　試合映像の著作権の帰属は製作費の負担によって左右される

　放映権の販売にあたって，そもそも販売するための必要な権利を保有してい
ることが大前提になる。そのため，映像の製作段階から法務担当者は検討に関
与しておく必要がある。スポーツの試合を生中継する場合であっても，生中継
の映像が放送と同時に録画されている場合には，固定性の要件を満たすことか
ら「映画の著作物」に該当する[7]。現在では，生中継であってもそのほとんど
の映像が生中継と同時に録画されていることが通常であることから，スポーツ
の生中継であっても固定性の要件を充足し，「映画の著作物」に該当すると解
釈されるケースが大半であろう。そうであると，スポーツの試合映像の権利帰
属主体は，著作権法上，次のように整理される。すなわち，職務著作（著作 15
条 1 項）の適用がないことを前提にすると，映像の全体的形成に創作的に寄与
した者が著作者となる（同 16 条）。そして，当該著作者が映画製作者に映画の
製作に参加することを約しているときは，当該映画製作者が著作権者となる
（同 29 条 1 項）。

　もっとも，スポーツ団体から映像制作を外部に委託した場合，当該委託先と
の業務委託契約書等に，著作権が誰に帰属しているのかを明記していることが

7）　前掲注 2）東京地判平成 6・3・30 及び控訴審である東京高判平成 9・9・25。

第6章　スポーツ——放映権に関する契約の最新実務

通常であり，上記著作権法上の整理は，契約書が存在しない場合にのみ実益ある議論となる。なお，実務上，どのように著作権の帰属が決められているかというと，例外はあるが，基本的には製作費を負担する者が著作権を保有することが一般的である。最近では，スポーツ団体自らが製作費を負担して試合映像を撮影するケースも増え[8]，スポーツ団体が著作権を保有・管理する事例が多くなってきており，試合映像の著作権を，①スポーツ団体が保有するケースと，②試合映像の撮影も含めて許諾先に依頼し，当該許諾先が保有するケースの2通りがあり得る。試合映像の利活用の観点からは，ケース①が優れていることは一目瞭然である。

(2)　試合以外のコンテンツの権利処理が見落としがちとなる

試合映像の製作段階での権利処理では，試合の前後，ハーフタイムなどの試合の合間に開催されるイベントやショーの権利処理（特に音楽）に留意しなければならない。有名ミュージシャンを招聘して，入場観客者数を増やすためのライブイベントを行った場合，出演料を当該ミュージシャンに支払ったものの放映・配信に関する許諾までは得ていなかったということも少なくない。

このような場合，イベントやショーについて，放映権の許諾の対象に含めるか否かという観点から逆算した権利処理が必要となる。具体的な工夫としては，ハーフタイムショーは許諾の範囲外として，一律に放映・配信の権利処理の対象としないというのも一案であろう。また，ハーフタイムショーについては無音として，スコアやスタッツ（チームや選手個人のプレーの成績に関する統計情報）を画面上に表示し，映像はスタジアム上部からの映像として出演者の肖像が認識できないように背景映像とする等の対応も考えられる。もちろん，出演者等から想定される放映・配信の許諾を得て放映権の一内容として付加価値をつけることもできるだろう。法務担当者としては現場担当者とコミュニ

---

8)　従前のプロスポーツの試合映像の放映はテレビ放映が主流であったことから，テレビ局が撮影機材を持ち込んでテレビ局の費用負担により，撮影や中継を行っていたという事例が多かったため，テレビ局が試合映像の著作権を保有するということが少なくなかった。しかし，ネットで容易に試合映像を配信できるようになったことに加え，多様な撮影機材の登場から，スポーツ団体によっては，コストを抑えるために自ら機材を持ち込んで撮影するという手法の他，自ら製作費を負担して外部の映像制作会社に映像制作を委託する事例も登場しており，テレビ局に映像制作を委託しない映像製作も増えている。

第 1 部　著作権

ケーションをとりながら，どのような映像展開を行うのかを見据えて権利処理
を検討しておく必要がある。各スポーツ競技では，入場者数を増やすためのイ
ベントやショーに工夫を凝らしており，様々な企画が実施されている。こうし
たイベントが放映権販売の足枷にならないように法務担当者は配慮しておかな
ければならない。

2　試合映像の許諾──法務担当者に求められるドラフティング能力

（1）　放映権契約でもっとも重要なのは販売対象の範囲である

　試合映像の許諾は，基本的には一般のライセンス契約において留意すべき事
項と同じである。具体的には独占的許諾であるのか非独占的許諾であるのか，
という許諾の性質から，許諾の対象地域，対象範囲，対価，支払時期などが挙
げられる[9]。このあたりは各スポーツ団体が提供する試合映像のバリュー（価
値）や放映権販売の目的，今後の展開を想定してビジネス判断を行っていくべ
き事項である[10]。

　例えば，許諾の対象地域に関して，日本に対象地域を限定したり，ネット配
信に関してジオ・ブロッキング（Geo-blocking）を技術的措置として講じるよ
う条項を追加していくべきであろう。また，対価の額や支払時期についても，
スポーツの試合映像は，スポーツという人間の活動を価値の源泉としているこ
とから，感染症のパンデミックなど予期せぬ事態によって試合開催が危ぶまれ
た場合の試合数の減少によって生じる販売先との減額交渉を据えた対応の提案
も必要になる。そして，もっとも重要なのは許諾の対象範囲である。スポーツ
団体の使命は，試合映像という資源から得られる利益を最大化することにあ
る。試合映像の販売対象範囲を制限せず，すべて売り渡しては対価の取得機会
はたったの一度となる。このような販売方法は，一度に得られる対価が複数の
販売先から得られる対価の総額よりも上回ることが試算できているのであれば

　9）　一般的なライセンス契約に関する留意点や条項例の詳細については，小坂準記編著『ライセ
ンス契約書作成のポイント』（中央経済社，2020 年）を参考にされたい。
　10）　現場担当者が法務担当者のアドバイスを「受ける」度量と協力・信頼関係が存在しているこ
とが前提ではあるが，法務担当者が，他事例や自社の交渉力を考慮した上で，ビジネスの戦略的アド
バイスまで行うことも必要となる。

第6章　スポーツ——放映権に関する契約の最新実務

問題ないが，そのような試算や戦略なく進めることは愚策である[11]。

（2）　販売対象は放映媒体別から放映目的別へ
——スカウティング・ライツやベッティング・ライツの登場

　これまでのスポーツの試合映像の放映権の販売内容は，テレビ放映が主戦場であり，その他にパブリックビューイングがある程度であった[12]。そこに，劇場用映画の展開では一般的である航空機，ホテルなどでの放映といった放映媒体が少しずつ現れ始め，ネット配信が一気に広がってきた状況である。もっとも，ネット配信は，著作権法上，複製権（著作21条），公衆送信権（同23条1項）等に整理されるものであるが，あらゆるサービスがネットと結合している現代において，ネット配信だけで放映媒体を整理することは困難な状況になっている。

　具体例として，近年，新たに登場した，「スカウティング・ライツ」や「ベッティング・ライツ」と呼ばれる権利が挙げられる[13]。スカウティング・ライツとは，クラブが選手をスカウトするために必要な情報を収集する目的で，個々の選手にフォーカスした映像を編集し，提供するために映像使用する権利のことをいう。また，ベッティング・ライツとは，ベッティング（賭博）を行う目的で，試合映像を使用する権利のことをいう。日本では法律によって認められている場合を除いて，原則として賭博罪との関係で認められていないが，

　11）　「利益の最大化」という判断軸には，「販売時点の利益の最大化」に加えて，「将来の試合映像が獲得することができる利益の最大化」も併せて検討し，当該販売先は試合映像を真に預ける信頼に足りるのか，一緒に試合映像の価値向上のための施策をパートナーとして実行していくことができるのか，ということも考えなければならない。

　12）　日本では，スポーツバー，パブだけを独立した販売対象とするという事例は多くないように思われるが，海外ではスポーツバー，パブでの販売も放映権販売の大きなウェイトを占めている。

　13）　この他，興味深いものとして「ファンタジー・スポーツ」の登場がある。「ファンタジー・スポーツ」とは，実際の試合とリンクするシミュレーションゲームのことをいい，ユーザーは実際の試合と連動した賞金等を獲得できることなどから，米国では非常に盛んに行われており，一層のファン獲得，収益獲得という側面から発展をみせている。ファンタジー・スポーツでは，選手の肖像等を利用したトレーディングカードが利用されることが多く，試合映像まで利用するものは多くないが，試合映像を利用するファンタジー・スポーツではベッティング・ライツと同様の議論が当てはまり得る。なお，知財法務という観点からの本稿の位置づけ上，詳細は割愛するが，日本では，ファンタジー・スポーツのサービスを提供する場合，刑法（賭博罪），景表法の他，金融関連規制法との関係で実施にはち密なスキーム構築が必要となろう。

77

第 1 部　著作権

海外においては，スポーツの試合映像を用いたベッティングが合法的に認められている国（例えば，英国）もあり，こうした国々に試合映像を提供することが行われ始めている。

スカウティング・ライツであれば，クラブの担当者が保有するタブレットに試合映像をネット送信で配信し，クラブ担当者はそれらの映像をスカウト目的で視聴するが，ネット配信された試合映像を視聴するという行為では，一般のスポーツファンがタブレットで試合映像を視聴するという行為と何ら変わらない。差異があるとすれば，スカウト担当者は，試合映像を楽しんでいるわけではなくスカウティングという業務で試合映像を見ていることであろうか（そうはいってもスカウト担当者も選手の素晴らしいプレーを見て，わくわくしているかもしれないし，「楽しんでいるわけではない」という主観的な差異を持ち出してもさほど有益な議論にはなりそうにない）。

ベッティング・ライツであれば，ベッティングに参加しているユーザーは，お金を儲けるために試合映像をみているが，ベッティング会場にあるモニターからネット配信された試合映像を視聴しているという状況は，一般のスポーツファンがスポーツバーでネット配信を受けたモニターで試合映像を視聴しているのと何ら態様としては変わらない。

スカウティング・ライツやベッティング・ライツは，視聴態様だけを切り出してみると，一般のファンがネット配信による試合映像を視聴している態様と何ら異ならないのである。しかし，明らかに視聴の目的は異なる。この視聴目的によって，権利を切り分ける，つまり細分化していくという手法が登場している。問題は，どのように契約書をドラフトしていくかであり，ここは弁護士，社内法務担当者の「秘伝のタレ」ともいうべきノウハウである。どのようなリスクが生じ，どのような手当てを契約書上しておくべきか，ということをしっかりと経験ある弁護士に依頼できるかが肝要になる。いずれにしても，放映権を目的別に販売するという戦略は，今後の放映権販売戦略において必要不可欠になっていくだろう[14]。

（3）　試合映像の海外販売特有の問題への対応

海外への放映権販売についても述べておくと，海外放映権販売も通常の海外ライセンス契約と同様の論点を検討することになる。まずは準拠法，管轄・仲裁条項をこちらに有利な条件で設定できるかどうかから始まり[15]，日本法，

第6章　スポーツ——放映権に関する契約の最新実務

日本の裁判所又は仲裁を選択できるとよいだろう。しかし，交渉力の問題から，相手方の主張に応じなければならない場合もある。そのような場合には，当該契約から生じるリスクを冷静に分析し，他の条項でカバーできるのであれば譲歩することもビジネスを進めるためには選択肢に入ってくる。一例を挙げれば，試合映像を販売する側の場合，こちらの義務は試合映像の提供であり，相手方の義務はライセンス料の支払いである。気を付けるべきは，試合映像を提供したにもかかわらず，ライセンス料が未払いになることである。こうした事態を回避するためにライセンス料を試合映像の提供までに全額支払ってもらうことを不返還条項とセットで規定するといった対応の他，分割払いにするとしても，一定金額のミニマムギャランティの受領後に試合映像の提供を行うといった方法で現実的なリスクを回避する方法もある。支払時期を工夫することでライセンス料の未払いリスクを軽減し，実際に執行しなければならない局面をなくすことができれば契約交渉も相手方の要求を受け入れつつ，真に獲得すべき事項の交渉に注力することができる。

　この他，海外への放映権販売で注意しなければならないのは，試合映像の引渡しである。Amazon Web Services（AWS）などを利用したクラウド上へのアップロードによって対応する方法が増えてきているが，どこまで試合映像の信号を送付することで義務を果たしたことになるのかは契約書において見落とされがちである。放映権料を受領しても，試合映像の信号を引き渡すためのコストが余計にかかってしまい実際にやってみると予想外のコストがかかったということにならないようにしなければならない。また，クラウドを利用する場合であっても，通信回線のトラブルなどについては不可抗力条項と併せて検討すべき事項であろう。

　14）　筆者は，遠くない将来，「リサーチ・ライツ」というものも登場するのではないかと考えている。これは大学や研究機関などがスポーツ競技を研究するために試合映像を利用する権利のことである。また，教育目的で使用される試合映像の権利として「エデュケーショナル・ライツ」というものも登場するかもしれない。

　15）　特に中国などでは執行の問題などから，日本の裁判所を専属合意管轄としても意味が乏しいという問題があり，仲裁条項を定めることが一般的であるが，仲裁地が日本なのか，中国本土なのか，香港なのか，それとも第三国のシンガポールなのか，といったことで交渉を行うことが多い（併せて言語，準拠法についても同様の交渉が生じる）。

79

第1部　著作権

いずれにしても，海外放映権販売の契約は，英文契約で締結することが一般的であり，和文契約よりも一層の契約書の作成に関するノウハウが求められる。放映権販売は，映像の引渡しなど極めて特殊な契約類型であり，どのような条項を入れておくべきか，ということは経験の差によって大きく異なる契約となる。

IV 試合映像の部分利用

1 試合映像の一部分を利用したマーケティングが主流となる

　SNS の発達により，試合映像の一部は，大きなプロモーションツールになっている。特に Facebook，X（旧 Twitter）などでは，試合のハイライト映像が無意識に多く流れることで，ユーザーは，「試合結果どうなったんだろう？」とか「このプレーすごいな」といった感覚から競技への関心を高める効果もある。この試合映像の部分利用は，放映権販売とも抵触する配信であることから，放映権契約において，そもそもスポーツ団体が利用できるようにしておく必要がある。SNS 上では，1 分の動画でも長いといわれ，10 秒から長くて 30 秒といった非常に短い動画に誘引力があることから，こうした試合映像の一部をうまく活用できるようにしておくことが契約交渉において重要となる。

2 過熱しすぎた NFT の問題点

　これまでスポーツに関する商品化の定番は，グッズ販売やトレーディングカードであった。こうした商品には，クラブのロゴや選手の肖像や試合映像の一部を切り出した静止画が利用されることが一般的であり，放映権の対象となる映像の権利と交錯することはなかった。商品化と放映権の抵触といえば，DVD や Blu-ray などの映像をパッケージ販売する場合だけであったように思われる。

　しかしながら，通信技術や商品化展開の進展により，試合映像を商品化するということが可能となった。特にトレーディングカードは，今後，静止画から動画へと切り替わっていくだろう[16]。こうした流れは試合映像の一部を利用したトレーディングカードとブロックチェーン技術を組み合わせることで，

第6章　スポーツ——放映権に関する契約の最新実務

NFT として販売する流れへとつながっていく。これは NBA の Top Shot という取組みが先駆的なものとして至るところで紹介されたこと[17]，NFT が通常では想定し難い金額で取引される事例が現れたことで一気に過熱したといえよう。スポーツ団体も，この機を逃すまいと NFT を利用した取組みを始めている。NFT の詳細な仕組みについては，他稿に譲るが，契約の仕組みとしては，（スポーツ団体自らが NFT の発行体として，ユーザーに提供する場合は別として）試合映像の一部利用のライセンス契約であることが一般的である。したがって，NFT であるからといって特別な契約をゼロから作成しなければならないわけではなく，ライセンス契約の延長線上の問題として整理すれば足りる。

　もっとも，異常な「過熱」をみせた NFT に関して，金融関連規制を含め法規制が導入されるか否か不透明であること，販売対象エリアとして日本のみに限定することも技術上は一定程度でき得るが，海外を含めた全世界に販売され，それが際限なく続いていくという特徴があることから，世界各国の金融関連規制やクレームについて，どのように対応していくかが検討課題であることは留意しておくべきであろう。筆者としては，この過熱ぶりに水を差す最たる存在が「海賊版 NFT」だと考えている。第三者の著作物を無断で NFT として販売することも技術的には可能であり，海賊版 NFT 問題が社会問題となっていくだろう（すでに問題になっているともいえる）。ブロックチェーン技術で担保できるのは，対象コンテンツがブロックチェーンにより，A 氏から販売

16）　これまでのトレーディングカードは劣化という問題があったが，デジタルでは劣化の問題は生じないという利点や，真の権利者から販売された NFT であれば，真正品であることの証明が容易であり，偽造が困難であるという利点がある。更に進めば NFT トレーディングカード保有者向けのイベントや販売などファンとの新たな接点を構築することもできるだろう。筆者としては，追及権として議論されてきた二次販売からの対価還元について技術的な手法により，トレイスすることができ，利用者間の売買から得た手数料の一部をロイヤリティとして権利者に還元する仕組みを構築しやすいという点は注目すべき点と考えている。したがって，筆者は，NFT 自体は，非常に素晴らしい仕組みであり，スポーツ競技のファンを増やし，新たな商品化の可能性を感じさせる極めて優れたものであると考えているが，当時の過熱ぶりは「異常」であり，ブームの揺り戻しなどを経ながら適正値に落ち着いてからが好機であると考えている。

17）　2020 年 10 月に Dapper Labs がサービスを開始したアメリカプロバスケットボールリーグ NBA の映像を利用した NFT トレーディングカード。この他，2021 年 4 月に Topps がサービスを開始したアメリカプロ野球リーグ MLB の NFT トレーディングカードである「2021 Topps Series1 Baseball NFT」などもある。

第1部　著作権

された，そして，B氏に更に販売されたという事実を証明できるだけであって，A氏が真正な権利を保有していることまでは保証されていない。A氏が無断でコンテンツを利用してNFTを発行していた場合には，海賊版NFTを購入した第三者が，仮にA氏が無断で他人の著作物を利用してNFTを販売していたという事実を知らなかったとしても，NFTの価値に対する保証はなく何ら救済されない。法的には，海賊版NFTを購入した第三者が著作権侵害に該当する試合映像の利用されたNFTを更に転売するために公衆に送信していた場合には，故意・過失の有無は別途問題となり得るが，転売者自身も著作権侵害に基づく損害賠償請求の責任を負う可能性がある。ユーザー保護の観点からの対応が急務である。また，権利者保護の観点からも，日本では，現在，文化庁著作権課において，独占的利用許諾権者による差止請求権を付与するための著作権法改正に向けた検討が進められているが，こうした制度に加えて権利者にとって損害の立証が困難な事例も想定されるため，損害賠償制度の見直しも併せて議論していくべきである。

V おわりに

　CASEへの回答としては，これまで述べた内容で尽きていることから，改めて述べることは割愛するが，スポーツの試合映像の利活用に関する契約において，気を付けるべき点として重要なのは，現在だけでなく将来のビジネスを想定しながら契約書をドラフトすることが，他の契約類型以上に求められる点である。

　これは，プロスポーツ競技が，エンタテインメントであり，社会のインフラでもあるからである。

　エンタテインメントであるという側面からは，最新のビジネス動向に則した様々な展開が求められる。その意味で法務担当者は，新しいビジネス動向に常に目を配り，そうした新しいビジネスと接点を持つ者が新たなファン層となることを意識した契約書作成のアドバイスを行うことが求められる。また，社会のインフラであるという側面から，プロスポーツそのものの存続を危うくしてはならない。すなわち，法的には適法である場合であったとしても，レピュテーションリスクにも多大な配慮をしなければならない。

第6章　スポーツ──放映権に関する契約の最新実務

　こうした観点から，契約当事者の選定や新規ビジネスへの参入のタイミング
は十分に考慮していかなければならないだろう。これからプロスポーツの試合
映像は，一層，ネットの世界との接点を深めていき，メタバース（仮想空間）
の中で，五感を使って試合映像を視聴できるようになっていくかもしれない。
また，脳に直接信号を送信して試合映像を視聴できるようになるかもしれな
い。「放映権」という権利は法律上，存在しない。契約によって定義される用
語である。そして，著作権法は対応する支分権や権利制限規定を十分に持ち合
わせておらず，常にビジネスの後追いとなる。
　激変する時代のスポーツ分野における知財法務は，時代のトレンドを機敏に
摑み，クリエイティブな発想力に基づいて権利を自ら創っていくものだと考え
ている。新しいスポーツの未来は，こうしたクリエイティブな思考と的確な契
約書ドラフティングにかかっているのではないだろうか。

参 考 文 献

　●エンターテインメント・ロイヤーズ・ネットワーク編『エンターテインメント法務
Q&A──権利・契約・トラブル対応・関係法律・海外取引〔第4版〕』（民事法研究会，
2024年）
　●小坂準記編著『ライセンス契約書作成のポイント』（中央経済社，2020年）

第**7**章

出版

村瀬拓男

CASE

　出版社 X₁ の編集者 X₂ は，新人発掘作業を進める中，小説投稿サイトで作品を投稿していた A に注目し，連絡をとることとした。X₂ は A の作品傾向から，ふんだんにイラストを組み合わせたいわゆるライトノベルの体裁での出版が適していると考え，新作「α」の創作を依頼した。また，X₂ が A にイラストレーターをどうしようか相談したところ，A はネット上で交流があり，イラスト投稿サイトで活動している B を紹介してきた。X₂ は，B のイラストはたしかに A の作品にあうと判断し，B に，α の表紙，挿絵の依頼を行うこととした。

　A と B は，それぞれ活動の場としていた投稿サイトにおいて人気がある作家ではあったが，これまで商業出版の経験はなかった。このため X₂ は α の出版にあたり，電子出版を先行させ，評判や売行きがよければ紙版の書籍出版を検討することとし，A と B はこの方針に同意した。

　完成した α は電子書籍配信サービスで人気を集めたが，X₂ は紙版の書籍出版企画よりも，コミカライズするほうが面白いのではないかと考え，A と B に相談したところ同意は得られたが，マンガ制作に直接関与することは難しいとのことであった。そこで X₂ はマンガの構成担当者として C，作画担当者として D を選び，A と B の同意を得てマンガ版 α としての作品 β の制作作業を進めることとした。C は映画における脚本と同様のスタイルで作品構成を行い，D はそれに基づいて作画を行うという形で β を創作し，マンガを配信する電子書店での連載配信を開始した。なお β の紙版出版企画は未定であるが，X₂ としてはチャンスがあれば出したいと考えている。

　以上の経緯において，X₁ は，A ないし D とどのような内容の契約をまとめれば

第 7 章　出版

▎よいか。

Ⅰ はじめに

　第 7 章のテーマは「出版」である。第 2 章，第 3 章，第 5 章の **CASE** はいずれも出版に関係したものであったが，本章は「出版行為」そのものに焦点をあてて考えてみることにした。

　CASE は，作品が，ライトノベルの形態で電子出版された後，コミカライズされて，これも電子出版された事例とし，この作品に関与している創作者たちと出版社とが，何に留意して，どのような契約を締結していくことが妥当か，特に出版固有の制度である「出版権」との関係を中心として考えてみるものとしている。

Ⅱ 前提

　CASE では，まず A による小説作品の執筆が行われている。この小説のみの著作物を α_1 としておこう。イラストレーター B が X_2 から依頼されたのは，表紙と挿絵の作画であるから，これらは小説の著作物 α_1 に基づいて創作された美術の著作物となり，α_1 の二次的著作物（以下，「α_2」とする）となる。

　ここまではごくシンプルであるが，マンガ版 α として連載が開始された β については少々複雑になっていく。C は映画における脚本と同様のスタイルで β の構成を担当しているということなので，C の構成案（以下，「β_1」とする）は，小説の著作物 α_1 の「脚色」となり，α_1 の二次的著作物となる。D による作画によって作られたマンガの著作物（以下，「β_2」とする）は，C の構成案 β_1 との関係では，β_1 の二次的著作物と位置付けられると考えられる。では，小説の著作物 α_1 との関係はどうなるのか。D が C の構成案 β_1 のみに依拠して創作したとしても，マンガの著作物 β_2 から α_1 の創作的表現が感得できる，というのであれば，β_2 は α_1 の二次的著作物と評価することができ，同様に α_2 の創作的表現が感得できるというのであれば，α_2 の二次的著作物という評価が可能，ということになろう。

85

第1部　著作権

Ⅲ 出版権について

1 出版権制度の沿革

　物権的効果を有する制度として著作権法に置かれているのは出版権のみである。このような出版者が有する権利が法定されているのは，多分に歴史的要因による。昭和9（1934）年の著作権法改正において，出版契約を規律する規定として，出版権規定が新たに盛り込まれることとなったが，出版者側は従前存在していた出版者固有の権利を要求しており[1]，いわば妥協の産物であったといえる。このときに成立した出版権規定は，昭和46（1971）年に施行された現行著作権法への改正時にも，ほぼそのままで踏襲され[2]，平成26（2014）年に電子出版の分野に出版権設定を可能とする改正が行われるまで，80年間存続してきた規定（紙媒体出版の規定は一部を除き実質的に維持されたので，その部分は90年近く存続していることになる）となる。

　なお，従来の出版権（現在の1号出版権）は，複製権に基づく利用権であるが，あくまでも出版利用を目的とする利用権であり，出版物からコピーをとって利用する場合は，頒布を目的としない限り出版権の侵害とはならない。このため，コピー機が一般に普及してきた1980年代後半に，出版事業者の保護に欠けるのではないかという問題意識からの議論となり，平成2（1990）年の著作権審議会第8小委員会（出版者の保護関係）報告書では，出版者に著作隣接権を認めるべきという答申がなされていた。しかし，権利を新設することに対する反対も多く，結果的に出版物（新聞を含む）からの複製に関しての複製権の集中管理制度が実装されることにより，一定の「解決」を見ている[3]。

2 海賊版対策としての出版権

　本稿では，平成26年改正によって新設された，いわゆる2号出版権を取り

　1）　文化庁監修『著作権法百年史』（著作権情報センター，2000年），作花文雄『詳解著作権法〔第5版〕』（ぎょうせい，2018年）458頁，村瀬拓男『電子書籍・出版の契約実務と著作権〔第2版〕』（民事法研究会，2015年）142頁。
　2）　加戸守行『著作権法逐条講義〔七訂新版〕』（著作権情報センター，2021年）582頁。

第7章 出版

扱うが，これはインターネットにおける出版物の利用においていかに出版事業の保護を図るのか，という問題提起に端を発した議論の末に立法化された制度である。このときも，出版業界は著作隣接権としての出版者の権利新設を主張し，最終的に妥協の産物として2号出版権が新設されることになった。同時期は，出版物の中身が容易に紙からデジタルに移し替えることができる技術的環境が普及し，インターネットを利用した海賊版被害が顕在化してきた時期であるが，本改正では，海賊版被害の増加が立法事実として掲げられており，海賊版への対応として出版権をどう使うのかが，実務上の課題となったのだといえる。

それでは，海賊版対策として，出版権はどのように機能するのか。出版権は物権的効果を有する制度で，権利者は侵害者に対して差止請求をする権利（著作112条，以下，同法の条文を引用する際は条数のみを示す）を有する。著作権者から出版権の二重設定を受けているケースであれば，出版権の登録が対抗要件（88条）となる4)。しかし，海賊版は，登録の欠缺を主張することについて，正当な利益を有する第三者とはならないため5)，差止請求をするにあたって登録は不要である。

もちろん，海賊版に対する差止請求は著作者自身が行うことができる。しかし法的請求を行うためには費用もかかり，自己の名前で訴訟を行うことも，著作者個人にとって精神的にも負担が大きいものであるところから，出版社による権利行使がスムーズに行えることが，海賊版対策の実効性を高めるために必要であると考えられたのである。

2号出版権制度の導入以降，大規模な海賊版事件として話題となったのは，

---

3) 翌平成3（1991）年に日本複写権センター（現公益社団法人日本複製権センター〔JRRC〕）が設立され，出版物からの複写利用許諾の集中管理が開始されたが，許諾方式に関する方針の違い等から，出版社団体を中心に，現在は一般社団法人出版者著作権管理機構（JCOPY）が組織され，それぞれ受託著作物についての複製権の集中管理業務を行っている。この経緯については，JCOPYウェブサイトに詳しい（https://jcopy.or.jp/jcopy/history/）。

4) 昭和9（1934）年の出版権規定新設のときは，二重契約が横行して出版事情が混乱していたという事情があったといわれている。しかし，1971年から2021年までの50年間に出版権の登録が行われたのは337件にすぎず，およそ活用されている制度とは言い難い。文化庁の著作権等管理状況検索システム（https://pf.bunka.go.jp/chosaku/eGenbo4/）。

5) 本書第2章「著作権登録制度」参照。

87

第1部 著作権

平成29（2017）年に閉鎖され運営者が逮捕された「はるか夢の址」事件，続けて摘発された「漫画村」事件だが，「はるか夢の址」事件のころは，まだ2号出版権が設定されている作品がそれほど多くはなかった。このため，告訴は出版社が協力を依頼した作家個人名で行われている。しかし，近年は2号出版権の設定作品数も増加し，刑事告訴や発信者情報開示，また侵害者が特定できた場合の民事訴訟においても積極的に利用されるようになってきている。その点で，海賊版対策を改正目的とした2号出版権は，一定の効果を上げていると評価することになろう。

　なお，出版権設定を行わず，独占的な利用許諾とした場合には上記のような出版社が主体的に行う海賊版対策はある程度制約されることになる。現在の海賊版対策は，基本的に海賊版を展開しているサイト等に対して「削除請求」を送りつけることが基本となっているが，この段階では出版社は著作権者の代理人として振る舞えば足り，出版権者であることが要請されることはない。しかし，裁判手続では，著作権者または出版権者としての地位が必要であり，債権者代位権の転用という構成も考えられるものの，法的明確性，安定性には欠ける。現在独占的ライセンシーに対する差止請求権の付与等が検討されており，その制度設計次第では現行出版権の存否またはその運用に影響が生じる可能性がある[6]。仮に出版権設定を行わず，独占的出版許諾契約を締結している場合でも，上記のような海賊版対策が可能であれば，海賊版対策という観点から出版権設定を選択する意味は薄れることになる。

3 出版権の設定範囲

　CASEは，ライトノベルまたはマンガの出版のケースであり，海賊版の多くがマンガを対象としたものであることを考えると，海賊版対策を意識する必要がある分野の出版であり，出版権の設定は積極的に考えるということになるだろう。では，出版権を設定するとした場合，出版権規定の各条項との関係で留意すべき点を見ていく。

　80条1項には，紙媒体または電子媒体であってもCD-ROMのように有体

　6）　直近の論考として，松田俊治「独占的ライセンスの対抗」ジュリ1565号（2021年）34頁，栗田昌裕「独占的ライセンスと差止請求権」同40頁。

物として頒布することになる出版物についての出版権である1号出版権と，公衆送信によって提供することになる電子出版物についての出版権である2号出版権が規定されている。ここで留意すべきところは「全部又は一部」の意味である。これは，1号と2号の両方，1号のみ，2号のみのほか，各号の権利の一部を占有する余地も認めるものとされている[7]。

　しかしながら，出版権を設定することすなわち独占を求める出版者の通常の意思は，「この著作物はうちの出版物でしか読めません」というものであろう。1号の分割設定を認める立場[8]では，例えば単行本，文庫本に分けて設定することができると考えることになるが，書店店頭であればともかく，ネット書店で検索をかければ，同じ著者，タイトルの出版物が並んで表示されることになり，それを「独占」と評価できるのか，はなはだ疑問である。2号であれば，配信ルートで分けるということが考えられるが，電子出版物は形がないものであるから，より独占と評価することは困難であろう。もちろん権利の専有という概念と独占という概念とは必ずしも同じではないが，出版権を設定する契約における当事者の意思からはやや乖離した解釈といえるのではないだろうか。

　さらに，特に2号出版権において，その立法目的が海賊版対策にあることを考えれば，出版権が分割設定されていた場合，その分割の態様によっては当該海賊版が著作権侵害ではあっても出版権侵害とならない，ということも考えられる。

　出版権は「設定行為」によりその内容を決定するものであり（80条1項柱書），設定行為とは主に著作権者と出版者との間で締結される出版契約での合意ということになる。上記のとおり，出版権の分割設定が可能だと考える立場がある以上，出版者は独占的利用または海賊版対策といった目的を達成できるよう，疑問の余地が生じない契約条項を工夫する必要がある[9]。

---

7)　加戸・前掲注2)588頁。

8)　横山久芳「出版契約の種類」上野達弘＝西口元編著『出版をめぐる法的課題』（日本評論社，2015年）39頁。

9)　一般社団法人日本書籍出版協会が公表している出版契約のひな形においては，出版権の内容として，紙媒体出版，CD-ROM等の有体物電子出版，公衆送信で行う電子出版の3種類を規定し，それ以上の細分化を避けることを推奨している。

第1部　著作権

4 出版義務と継続出版義務

　次に問題となるのは，出版権者の義務を定めた81条である。同条は1号で1号出版権に関する義務，2号で2号出版権に関する義務を定めている。いずれも，原稿等を受領してから6カ月以内に出版行為または公衆送信行為を行う義務と，慣行に従い継続して出版行為または公衆送信行為を行う義務が，出版権者には課せられている。そして，これらに違反している場合は，著作権者は出版権を消滅させることができる（84条1項・2項）と定められている。

　これらの義務については，81条ただし書で「設定行為に別段の定めがある場合は，この限りではない」としており，出版契約の中で期間の定めを緩和するなど，柔軟な設定が可能である。2号出版権の立法時には，1号出版権と2号出版権の双方を設定し，当面紙媒体の出版のみを行うこととして，海賊版に対しては電子出版を行っていないものの，2号出版権者として対応する，という方策が，海賊版対策としては有効な契約パターンとして議論されていた[10]。

　たしかに，2号出版権が議論されていたときは，紙媒体の出版は行うものの，電子出版については行っていないという出版社も多く，上記のような契約パターンは現実的な方策とも考えられたのであるが，この数年で出版環境は大きく変化した。2号出版権新設の改正が行われた平成26（2014）年の出版市場は，紙書籍7544億円，紙雑誌8520億円，電子コミック887億円，電子書籍192億円，電子雑誌65億円とされているが，令和2（2020）年では，紙書籍6661億円，紙雑誌5576億円，電子コミック3420億円，電子書籍401億円，電子雑誌110億円という調査結果が公表されている[11]。電子出版の市場規模，特にマンガの市場規模が大幅に拡大したことに伴い，最初にデジタルで出版するという流れができつつある。このため **CASE** で設定したような，電子書籍として出しておき，紙版の出版は様子を見ながらという実務もよく見られるところであ

　10）　加戸・前掲注2)597頁。

　11）　公益社団法人全国出版協会・出版科学研究所調べ。株式会社インプレス「電子書籍ビジネス調査報告書2021」によれば，2014年の電子コミック1024億円，電子書籍242億円，電子雑誌145億円，2023年の電子コミック5647億円，電子書籍593億円，電子雑誌209億円とされている。またマンガアプリの広告市場は，2014年が14億円であったのに対し，2021年は260億円とされている。

第7章　出版

る。

　そうすると，出版市場全体での独占を確保するために1号出版権及び2号出版権の双方を設定したとすると，1号出版権を設定しておきながら，出版行為を行わないことをどう考えるのか，という問題が生じる。上記の2号出版権制定時の議論においては，2号出版権を設定しながら，公衆送信行為を行わないことの合理性は，海賊版対策というところに見出されていた。しかし，その逆となる**CASE**では，「市場全体での独占の確保」という出版者側のメリットと，著作権者の「出版手段の選択の自由」とが対立しうることになる。海賊版はもっぱら公衆送信行為の侵害として行われており，利用しない1号出版権の確保は出版者側のみのメリットとなるからである。

　出版契約は，出版者と著作権者との信頼関係に基づく継続的な契約であるといえる。したがって，出版者は当面利用しない1号出版権を設定するのであれば，出版者の考え方を十分に説明しておくことはもちろんのこと，著作権者が紙版の出版を希望した場合に，どのような手続であれば出版者として許容しうるのかを検討して，契約内容に盛り込んでおくべきであろう[12]。

　継続出版義務については，1号，2号とも「慣行に従い継続して」と規定されている。紙版の出版物については，一時的な品切れ状態であれば継続出版義務違反とはならないと考えられるが，品切れ重版未定という状態だと継続しているとは言い難く，著作権者が3カ月以上の期間を定めて重版等の要請をしたにもかかわらず出版者が応じない場合は，著作権者からの出版権消滅請求は容認されると考えられる（84条2項）。もっとも，オンデマンド印刷版を提供することができれば，在庫を持たなくても継続出版義務を果たすことは可能である。

　2号出版権の対象である電子出版については，まだ慣行が形成されてきているとは言い難いと思われるが，何らかの形で配信可能な状態を保っていれば継続出版義務は果たしているといえる。

---

　12)　一定期間経過後に著作権者から他社での紙版の出版を希望された場合には，自社での出版の可否を優先的に検討する機会を設け，紙版での出版をしないとした場合に，1号出版権を消滅させる，といった手続条項を入れることなどが考えられる。

第1部　著作権

5 その他の規定

出版権規定には，上記の出版義務等のほか，いくつかの規定が存在している。出版権の存続期間（83条）は，設定行為に定めがないときは，最初の出版から3年で出版権が消滅するとするものであるが，出版契約で期間の合意があれば，その合意が適用される。

修正増減の請求（82条）は，著作者の人格的利益を保障するために積極的な内容変更権ともいえる権利を認めたものである。**CASE**のような小説やマンガの著作物であっても，雑誌等への発表後，書籍化する際，または文庫本等の廉価版発売の際に手を入れることは多い。また，実用書，学術書は，環境等の変化に応じて部分的な改稿を行うことは通常想定される作業である。もちろんこのような作業は出版者に負担をかけることになるため，1号出版権については改めて複製する場合（同条1項1号）に限定したうえで，出版者には修正可能なタイミングを事前に著作者に通知することを義務付けている（同条2項）。改めて複製する場合とは，典型的には増刷のタイミングである。さらに修正増減の請求には「正当な範囲内」という限定があり，出版者側の経済的負担との調整を図っている。

2号出版権についても修正増減の請求が可能であり，「公衆送信を行う場合」（82条1項2号）と規定されている。配信サーバーにアップロードされていれば送信可能なのであるから，公衆送信を行う場合とは，随時と同じ意味となる[13]。電子書籍のデータ修正は，一般に紙版書籍の修正よりも簡易であることが多いが，複数の配信サービスを利用している場合は，配信用のマスターデータもそれぞれのサービスごとに置かれていることになり，修正履歴の管理には注意が必要となる。修正の程度や頻度については事前に説明をして，著作者の理解を得ておくことが求められる。

なお，82条の請求ができるのは「著作権者」ではなく「著作者」であることに注意する必要がある。仮に著作権を譲渡したとしても，この権利は著作者の手許に残るため，本条に関する合意は著作者と出版者との間で行わなければ

---

13)　加戸・前掲注2)603頁。

第 7 章　出版

ならない。

Ⅳ CASE について

CASE の回答を試みてみよう。α_1 は α_2 との関係では「原著作物」ということになり，28 条により，α_1 の著作権者 A は α_2 の利用に関し α_2 の著作権者 B と同一の種類の権利を有することになる。小説版 α の出版利用は，小説の著作物 α_1 と美術の著作物 α_2 の双方を同一の「書籍」に複製して，（紙版の場合）頒布，（電子版の場合）公衆送信する，という形で行われる。したがって，出版社 X_1 は，α_1 について A と，α_2 について A 及び B との間で出版利用に関する許諾を得る，ということになる。

では，マンガ版 α である作品 β の出版利用についてはどうなるのか。β において複製，頒布または公衆送信の対象となる著作物は β_2 である。上述したとおり，β_2 は β_1 との関係だけでなく，α_1，α_2 との関係においても二次的著作物と評価しうる。したがって，X_1 は，A ないし D の全員を相手方として出版利用に関する許諾を得る，ということになろう。

出版利用に関する許諾を得る場合には，海賊版対策として出版権設定契約とすることをまず検討することが妥当であろう。ただし，具体的条項を検討する際には，上記の諸問題に留意することが必要となる。特に出版を留保している紙版の権利設定について出版権設定を含む独占的利用許諾を得る場合には，各権利者に十分な説明をして納得を得る必要があろう。なお B については，従来の挿絵と異なり，ライトノベルにおけるイラストは文章とペアで利用されていくことが想定されるものであり，共同著作物に準じた取決めを検討することが考えられる。また，この企画については映像化，商品化などの出版以外の展開が考えられるところであり，出版契約に付随する条項として取り入れていくことも考えられる。

出版契約については，本稿で取り上げた事項以外にも検討すべきところは多々存在するが，別の機会に論じたい。

第 1 部　著作権

V 関連する制度・団体

　以下，**CASE** に関連する制度・団体をいくつか挙げておく。

　まず，出版社 X_1 がマンガ版 α である β を電子出版する際，他の配信事業者を利用するほか，自社アプリ等のサービスを利用する場合には，そのサービスについて「ABJ マーク」の付与を受けることを検討したい。同マークは，出版社，著作権者団体，配信事業者，通信事業者等によって構成される一般社団法人 ABJ [14] が発行するものであり，正規版電子書籍を配信するサービスであることを示すものである。

　次に，ABJ と連動して活動を行っている出版社団体である，一般社団法人デジタル出版者連盟 [15]（略称「電書連」，令和 4〔2022〕年 2 月に一般社団法人日本電子書籍出版社協会と一般社団法人デジタルコミック協議会とが合併して成立）が，従前から一般社団法人コンテンツ海外流通促進機構（CODA）等と連携して海賊版の大規模削除事業に関与しており，出版物の海賊版に関する情報は，上記の ABJ と電書連に集約されてきている。

　また，DX 時代に対応していくための課題として，著作権情報のデータベース整備が求められてくることになるが，現状で満足に稼働しているのは，音楽の分野のみであろう。出版界において整備しているデータベースには，一般社団法人日本出版インフラセンター（JPO）が運営している出版情報登録センター（JPRO）[16] において提供している出版情報データベースがある。同データベースは出版物の流通情報を中心としているものであるが，出版権の設定情報も登録可能となっている。

　なお，**CASE** では留保されているが，紙版の α や β が刊行された場合，特にマンガ版 α である β についてはレンタル市場へ提供することができる。貸与権（26 条の 3）は，昭和 59（1984）年の改正によって設けられた制度であるが，従前から存在した貸本業に配慮し，附則 4 の 2 によって書籍・雑誌には適用されていなかった。この附則は平成 16（2004）年改正で廃止され，著作権者団体と

---

14)　https://www.abj.or.jp

15)　http://ebpaj.jp/

16)　https://jpro2.jpo.or.jp

第7章　出版

出版者団体で構成される一般社団法人出版物貸与権管理センター（RRAC）[17]
により，貸与権の集中管理が行われている。

　出版業界は，対象とする分野が幅広く事業者数も多いため，映画，放送，レ
コード等の業界と比べると，大多数の事業者が加盟する業界団体が存在しな
い。最大規模の一般社団法人日本書籍出版協会も，会員数は400社弱であり，
雑誌分野における代表的な団体である。一般社団法人日本雑誌協会も，会員数
は80社あまりである。その他，人文科学書，医学書といった出版ジャンルご
との団体が相互に重なるように存在している。一言で「出版」といっても，ジ
ャンルや出版物の形態によって，書店，取次との商習慣も異なり，また著作者
との関係性も様々である。電子出版の領域では，その違いがある程度相対化さ
れ，出版としての共通の利害を語りやすくなってきたと考えられるが，紙版の
出版事業を前提とした既存の出版団体のみでは議論の場を作ることも難しい面
が存在する。

　著作権の分野に限らず，日本の行政は「業界団体」「権利者団体」による意
見の集約を想定して行われている面があると思われる。令和3（2021）年改正
では，権利制限規定として，図書館資料の公衆送信サービスを可能とする制度
が2つ新設された。1つは絶版等により一般に入手困難な資料に限定して，国
立国会図書館からのインターネット送信を可能とするものであり，補償金等を
伴わない権利制限である。もう1つは，一定の図書館等が所蔵する図書館資料
について，補償金の支払を前提として著作物の原則一部分のメール送信を可能
とするものであり，一般に入手可能な資料も対象となるものである。後者につ
いては，法改正以降，そのサービスの具体的な設計について，著作権者団体，
出版者団体，図書館等設置者，図書館団体等によって設立された関係者協議会
において，議論が重ねられ，令和5（2023）年に「図書館等における複製及び
公衆送信ガイドライン」が制定されている。また著作権者団体及び出版者団体
によって，一般社団法人図書館等公衆送信補償金管理協会（SARLIB）[18]が設
立され，この制度による補償金を受ける権利を行使する団体として文化庁長官
による指定を受け，補償金規定を策定し認可されている。平成30（2018）年の

---

17)　http://www.taiyoken.jp/

18)　https://www.sarlib.or.jp

第1部　著作権

35条の改正と似ているが，図書館資料はその大半が出版物であることから，出版業界に及ぶ影響は大きいものであると考えられる。補償金を受領する権利者としても，2号出版権者が加えられている。

　「出版」を理解するためには，このような関連諸団体の働きについても理解する必要がある。

参 考 文 献
出版契約については，脚注に掲げたもののほか，
●『出版契約ハンドブック〔新版〕』（日本書籍出版協会，2017 年）

第8章

現代アート・NFTアートと著作権

島田真琴

CASE 1

A社は，現代美術家Bに，本社ビルの前庭に設置するアート作品の制作を依頼した。Bは，公衆電話ボックス状の造形物にデジタル映像を投影し，電話ボックス内を色とりどりの魚が泳ぎ回っているように見えるインスタレーション（B作品）を制作した。ところが，作品完成後，A社は，芸術家Cが数年前にこれに類似する作品（C作品）を制作・公開していたことを知った。C作品は，電話ボックス様のケースに水を張り，本物の金魚を入れて泳がせるというものだった。Bは，「C作品を参考にしたが，真似たつもりはない」と述べている。たしかに，C作品は電話ボックス内に実際に赤い金魚を泳がせているが，B作品は，魚が回遊する映像を使っている。また，C作品では，ボックス内の電話機の受話器がハンガーから外れてその受話口から気泡が出ているのに対し，B作品の電話ボックスは受話器を掛けた状態である点も異なる。A社は，顧問弁護士に意見を求めた。

CASE 2

A社は，本社ビル1階ロビーのギャラリースペースに大型スクリーンを設置し，アーティストDのデジタルアート作品（D作品）を展示し公開している。この作品は，A社創業者Eが，一昨年のNFTアート取引により著作権者であるDから直接購入したうえ，A社に貸与したものである。Eは，将来これをA社に寄贈すると約束している。ところが，先日，A社は，D作品に関する著作権をDから譲り受けたと主張する，画廊Fから突然の連絡を受け，今後は著作権管理を徹底したいので，A社ロビーにおけるD作品の展示をひとまず中止してほしいと要求され

第 1 部　著作権

▌た。A 社はこの件について顧問弁護士に相談した。

Ⅰ CASE 1　現代アートと著作権

1　現代アートとは

　今世紀のアート市場の主役は，いわゆる現代アートである。「現代アート」を定義するのは難しいが，その中核をなすのは，モダンアート以前の美術概念の否定を出発点として，主に社会問題などに関して鑑賞者と対話することを目的とする，既存の製品，作品などの転用（レディメイド，アプロプリエーションなど）や，伝統的な美術品の形態から逸脱する表現方法（インスタレーション，ハプニング，パフォーマンス，メディアアートなど）を用いた作品群である。現代アートは，造形よりもアイデアやコンセプトを，美しさよりもインパクトを重んずる傾向が強いため，表現の創作性を保護する著作権に馴染みにくいところがある[1]。ここでは，現代アートの著作物性が争われた 2021 年の「金魚電話ボックス事件」判決[2]を参考に，その著作物性と著作権侵害の問題を検討する。

2　現代アートの著作物性

　著作権法上の著作物は，「思想又は感情を創作的に表現したものであって，文芸，学術，美術又は音楽に属するもの」と定義されている（著作 2 条 1 項 1 号）。このうちの美術に属するものには，「絵画，版画，彫刻その他の美術の著作物」が含まれる（同 10 条 1 項 4 号）。インスタレーション（設置された場所・空間全体を作品とするもの）も「その他の美術の著作物」に含まれる。

　著作権は思想及び感情を「創作的に表現したもの」を保護する制度なので，誰でも思いつくようなありふれた表現やアイデアに必然する形状は，たとえアイデアや機能に独創性があったとしても著作物とはいえない[3]。金魚電話ボッ

1）　島田真琴『アート・ロー入門』（慶應義塾大学出版会，2021 年）202 頁以下参照。
2）　大阪高判令和 3・1・14 判時 2522 号 119 頁。評釈として，田中浩之・ジュリ 1556 号（2021 年）8 頁参照。なお，**CASE 1** の C 作品は，この事件における原告作品を想定している。

クス事件では，大阪高裁は，公衆電話ボックス様の水槽に多数の金魚を泳がせた原告作品について，その形態上の特徴は，①電話ボックス様の水槽に50匹から150匹程度の赤色の金魚を泳がせるという状態の下で，②ボックス内の電話機の受話器が外されて水中に浮いた状態で固定され，その受話部から気泡を発生させる点であると認定のうえ，このうち，①の表現部分はアイデアから必然的に生ずる表現に過ぎないが，②はありふれた表現とはいえないので，制作者の個性が発揮されており創作性が認められ，①と②を併せれば，原告作品は1つの美術作品として著作物性があると判示した。しかし，同事件の原判決では，②についても，受話器から気泡を発生させるのは水中に空気を注入するうえで自然な発想であり創作性がないと判示していた[4]。このように，アイデアと表現の区別は判断者の価値観により分かれることがある[5]。なお，同事件の原判決と大阪高裁判決は，①（電話ボックス内に金魚を泳がせている部分）だけでは創作性がないと判断した点では共通している[6]。

3 現代アートの著作権の侵害

　著作権が保護するのは作品における具体的な表現であり，その背後にあるアイデアではないので，アイデアを模倣しただけでは著作権侵害に当たらない。たとえば，2000年の東京高裁判決は，舞台演出家である原告の劇団の舞台演劇「赤穂浪士」の舞台装置が被告（造形美術家）の作品の著作権を侵害するかどうかが争われた事件において，原告の舞台装置は，山形の縦長パネルに円柱模様を描いた造形物に藍色と金色で彩色するという表現手法又はアイデアについて被告作品と共通するが，表現の手法・アイデアは著作権法上の保護の対象ではないので，著作権侵害はないと述べている[7]。また，表現の一部が模倣されたとしても，同じアイデアを持つ人ならば誰でも同様に表すであろうと思わ

　3）　知財高判平成24・2・22判時2149号119頁。
　4）　奈良地判令和元・7・11判時2522号132頁。この判決を支持する評釈として，諏訪野大・発明117巻4号（2020年）42頁がある。
　5）　上野達弘＝前田哲男『著作物の類似性判断』（勁草書房，2021年）144頁［上野］。
　6）　本山雅弘・速判解（法セ増刊）29号（2021年）287頁は，①部分にも創作性が認められる可能性があると示唆している。
　7）　東京高判平成12・9・19判時1745号128頁，上野＝前田・前掲注5)124頁〜125頁［上野］。

第1部 著作権

れる，ありふれた表現部分だけが類似している場合は著作権侵害とはいえない[8]。

造形の個性よりもアイデアに価値を置く現代アートの作品は，著作権侵害の認定を受けにくい特質を持っている。

4 CASE 1 の検討

本件について著作権法上の問題が生ずるのは，Ｃ作品が同法上の著作物に当たり，かつＢがＣ作品に依拠して，Ｃ作品の創作的表現を模倣してＢ作品を作成した場合である。その場合，ＢはＣの著作物を複製又は翻案したと解される。Ａ社は，Ｃ作品の複製物又は二次的著作物であるＢ作品の制作に注文主として関与しているので，これを買い取って屋外に展示する行為は著作権（複製権・翻案権・展示権）や著作者人格権（氏名表示権・同一性保持権）の侵害に当たるおそれがある（著作21条・27条・25条・28条・19条・20条）。

さて，前述のとおり，本件のＣ作品は，上記の金魚電話ボックス事件における原告作品である。金魚電話ボックス事件において，大阪高裁は，原告作品は創作性があり著作物性が認められると判断したうえで，被告作品は，原告作品のうち表現上の創作性のある部分をすべて再製しているので著作権（複製権・翻案権）を侵害すると判示した。この事件で裁判所が「再製している」と認定したのは，原告作品の特徴的な表現のうち，①電話ボックスに水を張り金魚を泳がせた部分，及び②受話器が外れて気泡が出ている部分の両方である。本件において，Ｂは「Ｃ作品を参考にした」と述べているので，「電話ボックス内を魚が回遊する」というアイデアをＣ作品から借用したと考えられる。しかし，Ｂ作品がＣ作品と類似するのは，①の部分（ボックス内を魚が泳いでいる表現部分）だけで，②の表現部分についてはＢ作品に取り入れられていない。大阪高裁は，①の部分単体としてはアイデアから必然的に生ずる表現に過ぎないと判示しているので，この部分だけ類似していても創作的な表現を模倣したとはいえない[9]。よって，金魚電話ボックス事件の判決及び **CASE 1** の事

---

8) 最判平成13・6・28民集55巻4号837頁（江差追分事件），小倉秀夫＝金井重彦編著『著作権法コンメンタール(1)〔改訂版〕』（第一法規，2020年）152頁［小倉］，575頁～580頁［金井］。

9) 本山・前掲注6)286頁。

第8章　現代アート・NFTアートと著作権

実関係を前提とすれば，A社がB作品を展示しても問題はないと考えられる。

　ただし，Bが「C作品を参考にした」ことを認めている以上，A社はBと相談のうえ，B作品の展示に際し，そのキャプション（作者名，タイトルなどを示すプレート）等においてC及びC作品に言及し，Bがそのアイデアを参考にしたことを開示しておいたほうが道義に適い，余計な憶測・誤解を避けるうえで望ましいだろう。

Ⅱ CASE 2 NFT アート取引と著作権

1 NFT アート取引とは

　NFTアートの取引は，2021年以降に急拡大し，今やアート市場の主要な一画を占めている。しかし，この取引は既存の法的な枠組みの中で当然予定されていたものではないため，その法的仕組みや位置付けには不透明な部分がある。ここでは，NFTアート取引に関連する法律問題を著作権法の観点から検討する。

　その前提として，まず「NFT」と「NFTアート取引」の意味を説明する。「NFT」は，非代替性トークン（Non-Fungible Token）の略称で，「ブロックチェーン」によって発行されるトークン（デジタル認証のために必要なインターネット上の証書のようなもの）のうち，それ自体に固有の値や属性があって代替性がないものをいう。「ブロックチェーン」とは，インターネット内にあるデータを，分散した多数のサーバー間で共有しアップデートし続ける方法により管理する仕組みのことで，特定の管理者ではなく不特定多数の者が監視することでデータの改ざんを防いでいる。「NFTアート取引」とは，このブロックチェーンの技術を用いて，デジタルアート作品を創作したアーティスト又はアーティストから委託を受けた事業者が当該作品に紐づけられたNFTを作成したうえで，このNFTを移転する取引，又はNFTを購入して保有する者がこれを他の者に移転する取引を指している[10]。

---

　10)　なお，NFTは，有体物である美術作品に紐づけて発行することもできる。この場合のNFTは，作品の真正や取引来歴の証明手段として利用できる。

第1部　著作権

　コンピューターによって作成されサーバーやクラウドに保存されているデジタルアートには原作品が存在しないため，作品自体を物理的に移転することができない。しかし，作品を唯一無二の NFT と結び付ければ，当該 NFT の保有者は特定されるので，NFT の移転によって作品の売買と同じような状態を作り出すことができる。この仕組みは，2021 年 3 月に老舗オークションハウスであるクリスティーズのオークションにおいて，デジタルアーティスト Beeple の作品を対象とする NFT が約 75 億 3000 万円で落札されたことをきっかけに広く認知され，それ以降，オークションハウスその他多くの事業者が NFT アート取引を行う場（プラットフォーム）を提供する事業に参入している。

2　NFT 購入者は何を買ったのか？

　上記 1 のとおり，NFT アート取引とは，デジタルアート作品に関連するデータが記録されたトークンの取引に過ぎず，作品自体が移転するわけではない。有体物である美術作品の取引では，買主は原作品の所有権を取得するので，作品を専有し，鑑賞して楽しむことや他人に売却して引き渡すことができる（民 206 条・85 条）。さらに，著作権法上，所有者は原作品を展示会などで展示・公開することや美術館や画廊に貸与して展示を許可することもできる（著作 45 条 1 項）。しかし，デジタルアートは原作品が物理的に存在しないため，NFT を購入しても，その対象となる作品自体を専有できないし，これを展示する権利も生じない。購入者は作品の著作権を取得するわけではないので，作品をダウンロード又は印刷すること（複製）や，スクリーンに投影するなどして公開（上映）したり SNS に投稿（公衆送信）したりすることは，著作権者の許諾を得た場合を除き許されない（同 21 条・22 条の 2・23 条 1 項）。しかし，NFT 保有者であることを世間に示せること以外に何ら実質的なメリットがないとすれば，誰もこれを買おうとは思わないだろう。そこで，作品を創作したアーティスト（著作権者）やその許諾を受けて出品する事業者は，NFT 保有者に対し，著作権の一部を一定の条件の下で行使する権利（利用権）を付与している。この利用権は，多くの場合，NFT アート取引の場を提供するプラットフォーム事業者が設ける利用規約（プラットフォーム規約）において，NFT 購入者は対象作品を一定の範囲で利用できる旨を定める方法で付与される。この規約は，定型約款として，プラットフォームを通じた取引に参加する

すべての者（ユーザー）を拘束する（民 548 条の 2 第 1 項）。著作権を有する最初の出品者（アーティスト又はその許諾を受けた事業者）は，プラットフォームのユーザーとしてその規約に合意しているので，NFT 購入者に対して対象作品の利用を許諾したことになる[11]。許諾を受ける利用権の内容はプラットフォームによって大きく異なるが，少なくとも，NFT 保有者がインターネット上に保存されたデジタル作品にアクセスして私的目的で閲覧するために複製すること（複製権）は認められている[12]。一定の制約の下で，スクリーンやディスプレイにより展示公開すること（上映権），インターネット上で公開すること（公衆送信権），複製を販売，商品化すること（譲渡権，翻案権）やこれらを他の者に行わせること（利用権の再許諾権）を認めるものもある。このような仕組みの下における NFT アート取引の実体は，プラットフォーム規約の定めに従って，（最初の出品者の取引の場合は）対象作品の利用権を付与すること，又は（その後の取引の場合は）利用権を譲渡することである。

このように，NFT 対象作品の利用権は，プラットフォーム規約により発生・存続するので，NFT を購入しようとする者は，プラットフォーム規約が認めている利用権の内容，及び出品者が著作権者又はその許諾を受けた者であることを確認しておかなければならない。

3 NFT の転売と著作権譲渡

上記 2 のとおり，NFT アート取引により購入者が取得する著作物の利用権は，その取引を行ったプラットフォーム規約に基づく利用許諾，すなわち著作権者と NFT 購入者の間の契約によって成り立っている。ところで，NFT は交換価値があること，すなわち他人に売却できることを最大の特徴とし，また著作権者は著作権を第三者に譲渡することができる。そこで，NFT の転売や著作権譲渡により NFT 保有者や著作権者が交替した場合でも対象作品の利用権は存続するのかという法律問題が生ずる。

---

11) 天羽健介＝増田雅史編著『新 NFT の教科書』（朝日新聞出版，2024 年）250 頁～271 頁［増田＝門田航希］，島田真琴「美術館によるデジタルアート NFT の取得と管理」アートマネジメント研究 24 号（2024 年）23 頁～25 頁。

12) ただし，著作権法上，私的目的の複製は，NFT 保有者でなくても許されている（30 条）。

第 1 部　著作権

(1)　NFT が転売された場合

　多くのプラットフォーム規約は，NFT 保有者が同じプラットフォームを通じて NFT を譲渡することを認めているので，著作権を有する最初の出品者は，当該プラットフォームの規約に基づいて，直接の購入者だけではなく，その後に転売を受けるプラットフォームのユーザーに対しても，対象作品の利用を包括的に許諾したことになる。

　では，NFT 購入者が他のプラットフォームで NFT を転売した場合はどうなるのか？　最初の取引があったプラットフォームの規約に，当該プラットフォームのユーザーかどうかにかかわらず NFT 保有者は作品を利用できる旨が明記されている場合は，著作権者は，将来の利用権の譲渡及びこれに続く転々譲渡を規約により包括的かつ無条件に承諾したと解されるが，多くの規約はこれを認めていない。当初の規約が定める条件に従わない NFT 譲渡の場合，著作物の利用許諾は転買人には及ばないので，著作物を利用できなくなる（著作 63 条 3 項)[13]。

　NFT 購入者から転売を受けようとする者は，当該 NFT が最初に出品されたプラットフォーム，及びその規約において NFT の譲渡がどのような要件で認められているのかを確認する必要がある。

(2)　著作権が譲渡された場合

　NFT アート取引の対象作品の著作権者が著作権を譲渡した場合，譲受人は NFT アート取引が行われたプラットフォームのユーザーではないので，プラットフォーム規約の拘束を受けない。しかし，著作権譲渡という著作権者の一方的な行為により著作物を利用できなくなるのでは，利用権者の立場があまりに不安定である。そこで，著作権法は，利用権者を保護するため，「利用権の当然対抗」の制度を定め，著作権者が特定の者に著作物の利用を許諾した後に著作権を譲渡したとしても，利用権者は，その著作権の譲受人その他の第三者に対して従前どおりの利用権を対抗できることにしている（著作 63 条の 2)[14]。この制度により，NFT 購入者や著作権譲渡前に購入者から NFT の転売を受

---

　13)　天羽健介 = 増田雅史編著『NFT の教科書』（朝日新聞出版，2021 年）191 頁～ 192 頁［増田 = 古市啓］。

　14)　この制度について本書第 3 章「著作権法における利用権の当然対抗」参照。

104

第8章　現代アート・NFTアートと著作権

けた者は，著作権譲渡後もプラットフォーム規約が定める範囲内で対象作品の利用を続けることができる。著作権者がNFT保有者に再利用許諾の権利を付与している場合は，再利用権者も同様の保護を受けられる[15]。

　しかし，「利用権の当然対抗」は，著作権の利用許諾を受けた者がその後の著作権譲渡によって不利益を受けないようにするための制度なので，著作権譲渡があった後に利用権を取得した者には保護が及ばない[16]。すなわち，著作権譲渡後にNFT保有者がNFTを転売した場合，転買人は，著作権法上の制度に基づく利用権を主張することができない（次頁図）。その場合のNFT転買人が対象作品を利用できるかどうかは，著作権譲渡に伴って，プラットフォーム規約上の著作権者の地位が譲渡人から譲受人に承継されるかどうか（利用許諾契約上の地位の移転の有無）にかかっている[17]。私見としては，NFTアート取引の対象作品の著作権に関しては，譲渡人と譲受人の間に特別な合意がない限り，両者間には著作権譲渡に伴ってプラットフォーム規約上の著作権者の権利義務を譲受人に移転する旨の黙示の合意があると解するのが適切と考える。その理由として，第1に，そう解したほうが著作権譲渡人の通常の意思に適合する。NFTアート取引は，NFTの交換価値を前提としており，著作権譲渡があったときに利用権の移転ができなくなるような不安定なNFTは買い手がつかない。NFT対象作品の著作権者はそのことを承知しているのだから，NFTの交換価値を喪失させるような著作権譲渡をするとは考えられない。第2に，対象作品の著作権を譲り受けようとする者は，当該作品がNFTアート取引の対象であるかどうかを容易に確認できるので，NFT保有者の利用権の存在を織り込んで譲り受けていると解したほうが自然である。第3に，NFTアート取引のプラットフォームには，NFTが転々流通する都度，その譲渡対価の一部がアーティスト（著作権者）に還元されるように設計されているものが少なくない[18]。著作権が譲渡される場合，この権利は著作権を手放した者から新

---

15)　文化審議会著作権分科会報告書（2019年2月）147頁〜149頁，松田政行編『著作権法コンメンタール別冊』（勁草書房，2022年）238頁［澤田将史］。

16)　松田編・前掲注15)242頁［澤田］，天羽＝増田編著・前掲注13)193頁［増田＝古市］。

17)　松田編・前掲注15)246頁〜254頁参照［澤田］。

18)　天羽＝増田編著・前掲注13)198頁［増田＝古市］。

第 1 部　著作権

図　NFT の転売と著作権譲渡における権利関係

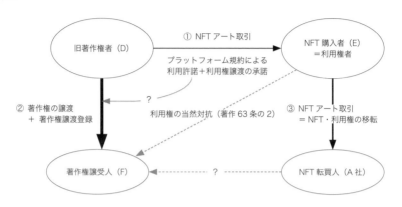

著作権者に移転すると解したほうが合理的である[19]。したがって，NFT アート取引の対象作品の著作権が譲渡されたとき，著作権譲渡人に適用されるプラットフォーム規約上の著作権者の権利義務は，原則として，著作権に付随する「従たる権利義務」として著作権譲受人に移転すると解すべきである（民 87 条 2 項）。この見解によれば，NFT 転買人も，著作権の譲受人に対してプラットフォーム規約に基づく対象作品の利用権を主張することができる。ただし，この考え方をとったとしても，譲渡当事者間で契約上の地位を留保する合意をしたときは，譲受人に対し規約上の権利を主張できなくなる可能性がある[20]。

　NFT の転売を受けようとする者は，対象作品の著作権が譲渡されていないか，及び譲渡があったときは譲受人がプラットフォーム規約を承継しているのかどうかを確認する必要がある。

　19）　プラットフォームのシステム上，著作権者に還元される対価は引き続き譲渡人（旧著作権者）に支払われるが，この清算は譲渡人と譲受人間で処理すべき事項である。
　20）　松田編・前掲注 15)247 頁［澤田］。NFT 保有者がそのような地位留保合意の効力を争う論法としては，不動産の賃貸人の地位移転を規定する民法 605 条の 2 の類推適用や権利濫用法理などが考えられる。

第8章　現代アート・NFTアートと著作権

4 CASE 2 の検討

A社顧問弁護士はまず、EがD作品のNFTを購入したプラットフォームの規約上、NFT保有者はどのような利用権を有するのかを確認する必要がある。当該規約が対象作品の商業目的での利用や再利用権の許諾を禁じている場合は、A社がD作品を展示公開する行為は私的利用の範囲を超えて元々許されていないので、A社はFの要求に従うほかない。

他方、プラットフォーム規約に、NFT購入者は対象作品の複製権、上映権及びそれら利用権を第三者に再利用許諾する権利を有する旨の定めがある場合は、A社がEの許諾の下にD作品を本社ビルロビーで上映することができる。この場合、Eは、利用権の当然対抗制度により、Dから著作権譲渡を受けたと主張するFに対して利用権を対抗できる。Eから再利用許諾を受けたA社も同じ主張をすることができる。

問題は、EがA社へのNFT寄贈（譲渡）を予定している点である。利用権の当然対抗制度は著作権譲渡前からの利用権者を保護する制度なので、著作権譲渡後にA社がEからNFTの寄贈を受けた場合、A社はFに対し利用権の当然対抗を主張できなくなる。A社が作品の展示を続けられるのは、プラットフォーム規約に基づくDによる利用許諾がDからFに承継されている場合だけである。この点を確認するため、A社は、D作品の展示中止を要求するFに対して、どのような経緯でDから著作権を譲り受けたのかについて詳しい説明を求めるべきである。並行して、Dに対しても事情の説明を求めたほうがよい。NFT対象作品を最初に出品した著作権者は、プラットフォーム規約上、対象作品をNFT保有者に利用させる義務を負っているので、Dが利用許諾の承継を伴わない著作権譲渡を行った場合は規約に違反している可能性が高い。NFTの交換価値を奪って保有者に不利益を与える著作権譲渡は不法行為にも当たる。よって、E及びA社は、Dに対して、規約違反又は不法行為による損害賠償請求を検討すべきだろう。

なお、著作権の譲受人が利用権者に対抗するためには、著作権譲渡の登録が必要である（著作77条1号）[21]。この登録は、譲渡人及び譲受人が文化庁長官に共同申請して行う。著作権譲渡登録前に利用権を得た者は、譲渡登録後においても利用権の当然対抗制度による保護を受けられる[22]。A社としては、DF

第1部　著作権

間の著作権譲渡が登録済みかどうかを確認すべきである。まだ登録されていない場合，状況によっては，EからDに対し，著作権譲渡登録手続禁止の仮処分申立てをすることを検討すべきだろう。

参 考 文 献

- ●島田真琴『アート・ロー入門』（慶應義塾大学出版会，2021年）154頁，202頁
- ●上野達弘＝前田哲男『著作物の類似性判断』（勁草書房，2021年）141頁，156頁
- ●天羽健介＝増田雅史編著『NFTの教科書』（朝日新聞出版，2021年）189頁
- ●天羽健介＝増田雅史編著『新NFTの教科書』（朝日新聞出版，2024年）250頁
- ●島田真琴「美術館によるデジタルアートNFTの取得と管理」アートマネジメント研究24号（2024年）20頁

---

21)　小倉秀夫＝金井重彦編著『著作権法コンメンタール(2)〔改訂版〕』（第一法規，2020年）625頁［小倉］，本書第2章「著作権登録制度」**Ⅱ 2**。

22)　松田編・前掲注15)241頁［澤田］，加戸守行『著作権法逐条講義〔七訂新版〕』（著作権情報センター，2021年）511頁。

第**9**章

プロバイダ責任制限法

丸橋 透

CASE

　会社が著作権を有する多数の著作物の海賊版データが海外のいわゆる防弾サーバに置かれ，海賊版閲覧サイトから公開されている。実際には同サイトはグローバルなコンテンツデリバリーネットワーク（以下「CDN」という）を通じて遅延なく効率的に日本国内のエッジサーバから閲覧されている。CDN事業者に対して同サーバに生成（キャッシング）される複製（キャッシュ）の削除を請求しているが，任意では削除に応じない。裁判を通じてキャッシュの削除とキャッシングの中止及び損害賠償を請求するとともに，同サイトの運営者情報の開示請求をするにあたりプロバイダ責任制限法の留意点を知りたいとする相談が法務部員からあった。

I はじめに

　第9章のテーマは「プロバイダ責任制限法」[1]（以下「プロ責法」という）であ

　1）　特定電気通信役務提供者の損害賠償責任の制限及び発信者情報の開示に関する法律（平成13年法律第137号）。本稿では原則として令和3年改正（法律第27号）により2022年10月1日に改正施行後の条文を参照する。改正概要につき「令和3年プロバイダ責任制限法改正の概要」時の法令2142号（2022年）51頁参照。なお，大規模プラットフォーム事業者（PF）による削除対応の迅速化及び有害情報を含むコンテンツモデレーション実務の透明化に関する令和6年改正（法律第25号）は，施行後も本章の内容に直接影響を及ぼすものではない。もちろん，CDN事業者がPFに課された迅速化規律（改正後の23条〜25条）及び透明化規律（同26条〜28条）を自主的に遵守するのであれば，海賊版対策としても有益であろう。

109

第 1 部　著作権

る。

　著作権者による権利行使は，プロ責法上の制約を受ける。プロ責法に基づく後述著作権 GL[2] 及び開示 GL[3] の利用可能性も検討する必要がある。

　本稿では，CDN の事業や技術上の特徴[4] を踏まえた上で，海賊版閲覧サイト（以下「S」という）における複製権及び送信可能化による公衆送信権侵害を主張する著作権者[5] が，CDN 事業者（以下「P」という）に対してキャッシュ削除とキャッシング中止及び損害賠償，そして S 運営者の特定に関する裁判上又は裁判外の請求を行う[6] 際のプロ責法上の留意点を整理した上で戦略法務上の観点も示す。

　最近，CDN を用いた S 運営者に対する刑事事件[7]，P に対するキャッシュ削除及び発信者情報開示を請求する仮処分[8] 及び本案[9] 並びに仮処分段階で和

　2）　プロバイダ責任制限法ガイドライン等検討協議会（以下「協議会」という）著作権関係 WG「プロバイダ責任制限法著作権関係ガイドライン〔第 2 版〕」（2003 年 11 月）。

　3）　協議会「プロバイダ責任制限法発信者情報開示関係ガイドライン〔第 9 版〕」（令和 4 年 9 月）。

　4）　筆者が共著者となった論考（丸田ほか・後掲注 12））においてクラウドフレア社（以下「CF 社」という）についての調査結果及び意見が述べられているが，筆者自身は CF 社に対する具体的な権利行使について利害関係はない。

　5）　出版権者による権利行使も考えられる。

　6）　国際裁判管轄及び準拠法については割愛する。仮処分及び本案事例・後掲注 8），9），10）とその解説によると認められなかったケースはなさそうである。

　7）　福岡地判令和 3・6・2 裁判所 Web（令和元年（わ）第 1181 号・第 1283 号・第 1498 号・令和 2 年（わ）第 41 号）。著作権侵害関連の評釈として田中敦〔判批〕コピライト 729 号（2022 年）33 頁，奥邨弘司〔判批〕発明 119 巻 1 号（2022 年）60 頁。

　8）　人格権（肖像権）侵害を被保全権利とする東京地裁仮処分（平成 30・10・9）について山岡裕明「海賊版サイト対策としての CDN サービスに対する仮処分手続を利用した削除及び開示請求の有効性」法とコンピュータ 37 号（2019 年）45 頁，キャッシュ削除と発信者情報開示に関する 2019 年 1 月 28 日付仮処分につき「クラウドフレアに著作権侵害の『一時ファイル』削除命令…東京地裁」（弁護士ドットコムニュース 2019 年 1 月 28 日）。

　9）　CF 社に対する差止め及び損害賠償請求提訴（東京地裁令和元・12・20）に関するプレスリリース（竹書房，令和 2・1・7）。CF 社に対する開示請求を認容した知財高判令和 4・2・21 裁判所 Web（令和 2 年（ネ）第 10005 号），その第一審東京地判令和 2・1・22 裁判所 Web（平成 30 年（ワ）第 11982 号）につき中島博之「『漫画村』問題の実務——これからの海賊版対策」コピライト 704 号（2019 年）15 頁。出版 4 社の CF 社に対する公衆送信・複製の差止め及び損害賠償請求提訴に関するプレスリリース（集英社，令和 4・2・1）。

110

第 9 章　プロバイダ責任制限法

図　海賊版閲覧サイトのキャッシングと CDN

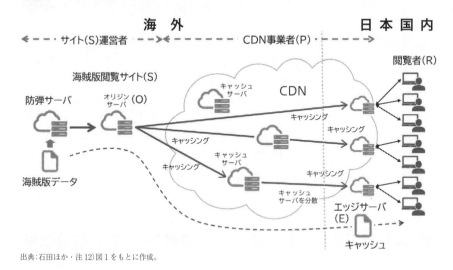

出典：石田ほか・注 12)図 1 をもとに作成。

解[10]した事例が続々と公開又は報道されている[11]が，**CASE** はこれらに取材した架空事例である。

Ⅱ　海賊版閲覧サイトと CDN

　Ｓは広告表示に関する広告収入を主たる収益にする。匿名を許容する[12]無期

---

　10)　CF 社に対する送信差止めを求める仮処分の和解成立（2019 年 6 月）に関するプレスリリース（出版広報センター，令和 2・2・20）。同和解に至る論点も紹介する二関辰郎「海賊版サイト対策——海外関連の法的措置について」コピライト 712 号（2020 年）2 頁。
　11)　八雲法律事務所編『インターネット権利侵害者の調査マニュアル——SNS 投稿者から海賊版サイト管理者の特定まで』（中央経済社，2020 年）は書式も含めて P に対する仮処分を解説する。
　12)　石田慶樹ほか「インターネットにおける CDN の役割に関する考察」情報法制レポート 3 号（2022 年）40 頁、丸田憲和ほか「クラウドフレアのマンガ海賊版サイトに対する寄与に関する検証」情報法制レポート 3 巻（2022 年）37 頁〜38 頁参照。

第 1 部　著作権

限・無料で利用可能なアカウントを含む価格体系[13]により P[14]がシェア獲得
を優先する場合，S 側が複数アカウントを使い分けて支出を無料又は低額に抑
えていると推定されている[15]。

　技術的には，CDN により，オリジン（配信元）サーバ（以下「O」という）
にアクセスしようとする閲覧者（以下「R」という）は，キャッシュがヒットすれ
ば O ではなく R の所在地に地理的に近接したエッジサーバ（以下「E」という）
のキャッシュにアクセスするので低遅延でコンテンツが配信される[16]。E は
O へのアクセス集中による負荷分散のためリバースプロキシ（代理），いわば
O の分身として機能する[17]。R の IP 通信のエンドポイントは E の IP アドレ
スとなり，O の IP アドレスは秘匿される[18]。

　刑事民事の責任追及を困難にするため，S も海賊版データのサーバも海外に
置かれ，S が CDN の O として稼働し，R は E のキャッシュにアクセスする。

Ⅲ CDN に関する著作権法とプロ責法 3 条の適用関係

1 CDN 上の行為と権利者の救済

　著作権法上，O からの配信が送信可能化（2 条 1 項 9 号の 5）による自動公衆

---

　13)　たとえば CF 社の価格表は総務省インターネット上の海賊版サイトへのアクセス抑止方策に
関する検討会（以下「抑止研」という）第 7 回（令和 4 年 3 月 16 日）資料 5「日本における
Cloudflare のコミットメントと著作権保護への取り組み」を参照。

　14)　抑止研第 6 回（令和 4 年 1 月 24 日）の配付資料及び議事概要は，P 特に CF 社のビジネスモ
デル及び技術について詳しい。

　15)　丸田ほか・前掲注 12)41 頁～ 42 頁参照。

　16)　立石聡明「〔基調講演〕防弾ホスティング・CDN・ブロッキング　仕組みと諸課題について」
法とコンピュータ 37 号（2019 年）29 頁～ 31 頁参照。石田ほか・前掲注 12)も参照。キャッシュヒ
ット率が 100% に近いほど O へのアクセスは少なく，CDN は通常 95% 以上のキャッシュヒット率を
達成しているとされる。丸田ほか・前掲注 12)40 頁～ 42 頁参照。

　17)　CDN の E は surrogate host とも呼ばれその効用は O をリバースプロキシ機能により
fronting host とすることと形容されている。EU 委員会からの委嘱研究 S. Schwemer, H. Styri and T.
Mahler, "Legal analysis of the intermediary service providers of non-hosting nature: final report"
(2020), doi: 10.2759/498182, Section 2.2.3 及び 5.3 参照。

　18)　立石・前掲注 16)，石田ほか・前掲注 12)など参照。

112

送信（同項9号の4）に該当する[19]場合，それをCDNにより分散配置されたE経由で中継配信する行為も外形的には自動公衆送信である。

CDNによるSからの中継配信行為が日本国内での効率的で遅延のない配信に必要不可欠である[20]事情において，Pがキャッシュの削除請求を受けS上の侵害行為を認識したにもかかわらずことさらにキャッシュの削除もキャッシングの中止もせず放置する行為（以下「P不作為」という）をどう評価すると著作権法上Pを名宛人とした差止請求ができるか，P不作為が損害賠償責任をPに帰責できる不法行為かどうかが権利行使上の争点となる。プロ責法3条1項は，違反すれば不作為不法行為となる作為義務が発生し得るために不可欠な要件（充足しなければ発生しない要件）を定め，Pの損害賠償責任を制限し得る。

2 CDN事業者の侵害主体性

著作権法の侵害主体論は，著作権侵害の法的責任を負う主体を決定する法理である。同法112条1項による差止めの名宛人の範囲を著作権の支分権該当行為の文言上の主体，すなわち直接侵害者だけではなく，直接侵害の教唆・幇助者及び他人の直接侵害を放置した者など直接侵害に関与（間接侵害）した者にも拡張して差止請求を認めるべきかどうかも侵害主体論に含まれてきた[21]。

P不作為によりPが複製権及び公衆送信権を侵害した直接侵害者と評価し得るが，それが困難であるとしても，不作為構成により差止請求を認めた事例[22]などに見られる直接侵害を放置した間接侵害者として差止めの名宛人[23]となると思われる。

3 権利制限

「自動公衆送信装置を他人の自動公衆送信の用に供することを業として行う

19）　刑事裁判・前掲注7)においては，第三者サーバからの送信をキャッシングしない設定のリバースプロキシとして稼働していた漫画村のサーバにおいて送信可能化（著作2条1項9号の5イ）に該当する「記録媒体を……加え」る行為及び情報を「入力する」行為がなされたとして公衆送信権侵害（同23条1項）を認定した。

20）　丸田ほか・前掲注12)が詳しく分析している。立石・前掲注16)もSにとってCDNが必須であることを強調する。

21）　前田健「侵害主体論」論ジュリ34号（2020年）84頁と同論文引用文献を参照。

第 1 部　著作権

者が，当該他人の自動公衆送信の遅滞……を防止し，又は送信可能化された著
作物の自動公衆送信を中継するための送信を効率的に行うために，これらの自
動公衆送信のために送信可能化された著作物を記録媒体に記録する場合」（著
作 47 条の 4 第 1 項 2 号）又は，これ「と同様に当該著作物の電子計算機におけ
る利用を円滑又は効率的に行うために当該電子計算機における利用に付随する
利用に供することを目的とする場合」（同項柱書）は権利制限される。ただし，
「当該著作物の種類及び用途並びに当該利用の態様に照らし著作権者の利益を
不当に害することとなる場合」（同項柱書ただし書）は著作権侵害になる。

　Ｐが，CDN を S 運営者の自動公衆送信の用に供することを業として行って
おり，S において送信可能化された著作物の自動公衆送信の遅滞防止又は中継
するための送信を効率的に行うため，又は同様に利用を円滑又は効率的にする
ために E において複製していると言えれば，著作権法 47 条の 4 第 1 項 2 号又
は同項柱書のいずれかにより権利制限される[24]。しかし P 不作為の状況[25]で

---

　22)　東京高判平成 17・3・3 判時 1893 号 126 頁〔2 ちゃんねる小学館事件〕。たとえば高瀬亜富
〔判批〕知的財産法政策学研究 17 号（2007 年）160 頁は「利用行為との距離が極めて近いものについ
て適用される限りにおいて，〔同〕判決の採用する不作為構成は妥当」と評価し得るとする。八雲法
律事務所編・前掲注 11)104 頁は P に対する仮処分において不作為構成の「条理上の削除請求権」を
被保全権利とする書式を公開している。商標権事件であるが知財高判平成 24・2・14 判時 2161 号 86
頁〔チュッパチャプス事件〕では楽天市場のようなモール運営者が「出店者による商標権侵害がある
ことを知ったとき又は知ることができたと認めるに足りる相当の理由があるに至ったときは，その後
の合理的期間内に侵害内容のウェブページからの削除がなされない限り，上記期間経過後から商標権
者は〔モール〕運営者に対し，商標権侵害を理由に，出店者に対するのと同様の差止請求と損害賠償
請求をすることができる」とした。
　23)　二関・前掲注 10)7 頁によると仮処分和解事例・前掲注 10)では「CDN に複製・公衆送信の
行為主体性が認められるかが中心的争点」だったとのことであるが，詳細は明らかにされていない。
　24)　加戸守行ほか「〔座談会〕平成 30 年改正著作権法施行に伴う柔軟な権利制限規定による著作
物の利用拡大とこれからの課題（中）」NBL 1144 号（2019 年）38 頁［秋山卓也発言］は，平成 30 年
改正前の 47 条の 5 第 1 項 1 号及び同条 2 項の限定を外し抽象化したので遅滞防止を超えた高速化も
改正後の 47 条の 4 第 1 項 2 号で読めるが，困難だとしても同項柱書で読める，とする。小倉秀夫＝
金井重彦編著『著作権法コンメンタール(2)〔改訂版〕』（第一法規，2020 年）330 頁～ 331 頁［高瀬亜
富］は同項柱書による CDN の権利制限を認める。丸田ほか・前掲注 12)の述べるとおり S 関連の
サーバが海外に置かれ，日本国内からのアクセスが事実上国内の E を経由したアクセスに限定され
ている実態であるとすると，CDN におけるキャッシングは，効率的な中継送信のための記録（同項
2 号）に該当する行為と解するのが素直と思われる。

114

は，Ｐは同項柱書ただし書により権利制限を受けられない直接侵害者[26]であると（上記**2**の侵害主体論による結論と同じく，より直截に）評価できる。

4 プロ責法3条1項とその作用

(1) プロ責法3条1項

プロ責法3条1項は，サーバなどの「特定電気通信設備」（2条2号）を用いて他人の通信を媒介，その他供用するSNS運営者等の「特定電気通信役務提供者」（同条3号＝関係役務提供者）が1対多の電気通信である「特定電気通信」（同条1号）による情報の流通により他人の権利が侵害されたときに放置した不作為の不法行為ほかによる損害賠償責任が発生し得る場合を可能な範囲で明確にし，それ以外の場合に賠償責任が発生しないことを確認的に規定したもの[27]である。

損害賠償責任が発生し得るのは，送信防止の技術的可能性がある場合（3条1項柱書，以下「技術的可能性」という）かつ特定電気通信による情報流通によって他人の権利が侵害されていることを現実に認識していたこと（同項1号）又は情報流通の事実を知り権利侵害の客観的な認知可能性[28]があったこと（同項2号）のいずれか（以下「認識要件」という）の充足並びに特定電気通信役務提供者が情報の「発信者」（2条4号）である場合（3条1項柱書ただし書，

---

25) 平成30年改正前著作権法47条の5第3項1号によると，著作権を侵害する送信可能化状態を知ったとき著作物の複製物の保存が禁止され，改正前49条1項4号によりその違反はみなし複製とされていたが，改正により削除された。「保存禁止義務を課すことによって利用者に対する過度な負担となり，円滑な著作物の利用が阻害されるおそれ」があるためとされる。加戸守行『著作権法逐条講義〔七訂新版〕』（著作権情報センター，2021年）408頁～409頁参照。現行法ではキャッシュ保存禁止義務は当然には発生しないと解されるが，CDNは旧法時から存在しているビジネスモデルであるので，送信可能化による公衆送信権侵害を具体的に通知した場合には削除義務が当然に発生すると主張する根拠にな（り，不作為の不法行為として損害賠償請求が可能にな）る。

26) 仮処分和解事例・前掲注10)7頁に関し，二関・前掲注10)によると，現行著作権法47条の4の要件充足の議論もしたとのこと。抑止研「現状とりまとめ」（令和4年9月）注59（第8回会合田村善之発言）も参照。

27) 総務省総合通信基盤局消費者行政第二課「プロバイダ責任制限法逐条解説（2023年3月）」（以下「逐条」という）12頁以下を参照。

28) 逐条・前掲注27)15頁～16頁は，「認めるに足りる相当の理由」とは，「通常の注意を払っていれば知ることができたと客観的に考えられること」と解する。

115

第1部　著作権

以下「発信者例外」という）である。

（2）　関係役務提供者

CDN の E が R からの通信のエンドポイントとなり，O の分身として機能している[29]ことからすると，P は E を用いて，S からの通信を媒介し，その他 E を S の通信の用に供する関係役務提供者に該当する。

（3）　技術的可能性

送信防止の技術的可能性がなければ，結果回避可能性がないが，違法でない情報まで巻き添えに送信防止せざるを得ない場合（オーバーブロッキング）や，送信のすべてを停止するしかない場合には，技術的可能性がない[30]とされるので P 側が技術上，その旨主張することが想定される[31]。しかし，P はコンテンツをサービス提供の処理単位としており[32]，インターネット接続事業者（以下「IAP」という）がパケット単位で高速なルーティングを実現する場合[33]とは異なり，通常の技術力のある CDN 事業者が措置を講じることが客観的に可能であること[34]を主張立証する余地があると思われる。少なくともキャッシングを全停止することは可能[35]であり，事実上海外にある O へのアクセスは不可能になる。O からの配信対象のほとんどすべてが違法コピーであることを主張立証できるのであれば本要件を満たすのではないか。

（4）　発信者例外

著作権法上，侵害主体論により著作権侵害の主体とされ差止請求が認められても，プロ責法上「発信者」（2条4号）の解釈により発信者例外（3条1項柱書ただし書）が適用されなければ損害賠償責任は制限され得る[36]。CDN は，S 運営者による O における送信を地理的に R から近い E におけるキャッシングにより実現させるものであって，それを情報の記録又は情報の（自動的な）入力と解するとしても，その情報を流通過程に置く意思を有していた者は委託先

---

29)　石田ほか・前掲注 12)41 頁，Schwemer ほか・前掲注 17)52 頁～ 55 頁参照。

30)　逐条・前掲注 27)14 頁参照。

31)　Schwemer ほか・前掲注 17)53 頁によるとドイツコロン地方裁判所事件で CF 社が主張した。

32)　石田ほか・前掲注 12)41 頁参照。

33)　奥邨・前掲注 7)63 頁及び田中・前掲注 7)40 頁は送信可能化の主体拡張の文脈で懸念する。

34)　逐条・前掲注 27)14 頁参照。

35)　仮処分和解事例・前掲注 10)，二関・前掲注 10)8 頁，CF 社資料・前掲注 13)14 頁を参照。

116

第 9 章　プロバイダ責任制限法

であるＰではなく，委託元のＳ運営者である[37]。発信者ではないＰに 3 条 1 項による損害賠償責任制限を適用させないためには，認識要件（同項 1 号・2 号）の充足に求める必要があるだろう[38]。

5 不作為による著作権侵害

　関係役務提供者は，プロ責法 3 条 1 項による損害賠償責任制限が認められない場合でも，不作為不法行為の帰責事由である作為義務違反がなければ損害賠償責任を免れる余地がある。

　2 ちゃんねる小学館事件[39]では，掲示板管理者は，「少なくとも，著作権者等から著作権侵害の事実の指摘を受けた場合には，可能ならば発言者に対してその点に関する照会をし，更には，著作権侵害であることが極めて明白なとき[40]には当該発言を直ちに削除するなど，速やかにこれに対処すべき」作為義務を認定した[41]。

　Ｐに対する著作権侵害事実の通告に十分な証拠を添えることが重要であろう。

　36）　これまで両者の分離が認められた事例がないが，東京地判平成 21・11・13 判時 2076 号 93 頁〔TV ブレイク事件〕は「『侵害主体』であっても『発信者』ではないということはあり得ないではない」とする（結論は侵害主体かつ発信者を認定）。同控訴審である知財高判平成 22・9・8 判時 2115 号 102 頁，東京地判平成 15・1・29 判時 1810 号 29 頁〔ファイルローグ事件中間判決〕も参照。発信者概念の拡張解釈により，侵害主体認定と一致させる手法については有力な批判がある。TV ブレイク事件に関する総務省利用者視点を踏まえた ICT サービスに係る諸問題に関する研究会「プロバイダ責任制限法検証に関する提言」（2011 年 7 月）24 頁〜 25 頁，奥邨弘司「プロバイダー責任制限の諸相（その 3）動画投稿共有サイト管理運営者と著作権侵害（3・完）民事責任に関する日米裁判例の比較検討」知的財産法政策学研究 36 号（2011 年）131 頁〜 135 頁，岡村久道〔判批〕堀部政男監修『プロバイダ責任制限法 実務と理論』（別冊 NBL 141 号，2012 年）119 頁〜 123 頁参照。
　37）　逐条・前掲注 27)8 頁〜 9 頁参照。
　38）　逐条・前掲注 27)15 頁〜 16 頁参照。
　39）　前掲注 22)。
　40）　高瀬・前掲注 22)154 頁は「証拠無き侵害警告通知がなされたが，権利侵害が『極めて明白』とはいえない事案には本判決の射程は及ばない」と解する。
　41）　チュッパチャプス事件・前掲 22)も参照。

117

第 1 部　著作権

6 著作権 GL

　著作権 GL は，プロ責法の施行に間に合うよう準備された。純粋に民間の自主的なルールではなく，プロ責法の枠組みを前提としたソフトロー[42]である。

　プロ責法 3 条 2 項 1 号により，著作権が不当に侵害されていると信じるに足りる相当の理由があったときには，プロバイダが削除しても対発信者の損害賠償責任から免れる。著作権 GL は，その「相当の理由」に該当し速やかに削除できる場合を，デッドコピーと自認[43]の 2 類型に絞って明らかにする。「権利者が〔同 GL〕に従って送信防止措置を求めたにもかかわらず，これを放置した場合には，〔プロ責法〕3 条 1 項 2 号の『相当の理由』があると認められて，プロバイダが〔権利者に対して〕不法行為責任を負う蓋然性が高」くなる[44]ことになる。P に対する同 GL 準拠の削除請求は，P 不作為状況になれば同条 1 項 1 号・2 号の認識要件を同時に満たす構図である。

　著作権 GL は信頼性確認団体を経由した削除請求のスキーム[45]を定めている。特定電気通信が権利者の著作権を侵害していることを信頼性確認団体が保証する場合は，プロバイダは著作権侵害の有無等，削除請求内容の実質的審査をすることなく，迅速に削除することができる。同業他社と信頼性確認団体の認定を受け，P に著作権 GL に準拠した行動をするよう働きかけることが考え

---

　42)　森田宏樹「ソフトローとしてのプロバイダ責任制限法ガイドライン」堀部監修・前掲注 36) 127 頁参照。

　43)　高瀬・前掲注 22)157 頁は，2 ちゃんねる小学館事件は，自認その他の事情からすると権利侵害を知ることができた相当な理由（プロ責法 3 条 2 項 1 号）があると評価しうるとする。

　44)　森田・前掲注 42)129 頁参照。高部眞規子『実務詳説著作権訴訟〔第 2 版〕』（金融財政事情研究会，2019 年）421 頁はプロ責法 3 条 2 項の送信防止措置が著作権法上のネット上の権利侵害事案で，事実上「プロバイダ等に対する当該情報発信の差止請求と同様の機能を営みうる」とする。

　45)　最近注目されている Trusted Flagger あるいは Trusted Notifier の仕組みが当初から組み込まれている。なお，CF 社も児童ポルノについては Trusted Reporter 制度を導入し，契約を解除している。https://blog.cloudflare.com/cloudflares-response-to-csam-online/（2024 年 10 月 16 日確認）参照。また，著作権団体に対しては，O の IP アドレスの開示について Trusted Reporter 制度を提供している。USTR（米国通商代表部）の 2021 Review of Notorious Markets for Counterfeiting and Piracy に応じたコメント〈https://www.regulations.gov/comment/USTR-2021-0013-0065〉（2024 年 10 月 16 日確認）参照。CF 社資料・前掲注 13)15 頁は，日本の出版社がホスティング情報にアクセスしやすくしているとする。

第9章　プロバイダ責任制限法

られる。

Ⅳ 開示請求

1 プロ責法5条以下による開示請求の構造

　プロ責法5条は権利者に特定電気通信役務提供者（開示関係役務提供者〔2条7号〕）に対する実体法上の発信者情報〔同条6号〕[46]の開示請求権を与えている。

　開示請求の要件は，権利侵害の明白性（5条1項1号）及び正当理由（同項2号）である。開示関係役務提供者には，発信者の意見及び開示に反対する場合の理由を聴取する義務が課される（6条1項）。新しく導入された非訟手続（8条以下）である「発信者情報開示命令事件」（2条9号）[47]においては，SNSなど，IAPを特定する情報しか持たない関係役務提供者への開示請求と2段階目のIAPに対する開示請求[48]を一連の手続の中で審理する。「発信者情報開示命令」（同条8号）を受けた開示関係役務提供者は，反対意見を述べた発信者に遅滞なくその旨を通知する義務を負う（6条2項）。開示関係役務提供者は，軽過失により開示請求に応ぜず開示請求者に生じた損害の賠償責任を免除される（同条4項）。権利者は開示を受けた発信者情報の濫用が禁じられている（7条）。

　発信者情報は省令[49]委任され限定列挙されているため，CDNのアカウント

---

　46)　ログイン通信がプロ責法5条3項に「侵害関連通信」，その発信者情報が同条1項に「特定発信者情報」として定義され省令委任されている。本稿では，ログイン通信に関わる新制度の詳細には触れないが，山岡・前掲注8)48頁では，CDNアカウントへのログイン通信について旧総務省令への該当性に仮処分裁判所が難色を示したとする。

　47)　発信者情報開示命令事件の国際裁判管轄は，9条に規定され，基本的に民事訴訟法における規律と同様である。

　48)　S運営者は発信者であるのでPアカウント情報に真の氏名又は名称及び住所並びに電話番号があれば，2段階目のIAPに対する開示請求は不要である。それらが偽装されている場合には，S運営者側の国内IAPからのアップロード等におけるIP通信の痕跡を追跡できる場合に限り2段階目の手続が使える。しかしS運営者はIP通信も偽装するので，2段階目の対IAP開示請求による開示はほぼ望めないと思われる。

119

第1部　著作権

情報[50]のうち，支払関連情報などは開示請求できない。プロ責法範囲外の情報開示も求め，強制力，手続の迅速性などのメリットも享受すべく米国の開示制度を用いたPからの情報開示事例が蓄積されており参考になる[51]。

2 開示関係役務提供者

「最終的に不特定の者によって受信されることを目的とする情報の流通過程の一部を構成する電気通信を電気通信設備を用いて媒介する者」は開示関係役務提供者である（最判平成22・4・8民集64巻3号676頁）[52]。

Pの場合は，SよりもRに地理的に近接した位置にEを置き，最終的にRによって受信されることを目的とするSからの海賊版データ流通過程の川下を担う[53]開示関係役務提供者である。

3 軽過失免責

開示請求を拒んだ開示関係役務提供者が発信者に対して損害賠償責任を負うのはプロ責法5条1項の要件該当性を認識し，又は当該要件のいずれにも該当することが「一見明白であり，その旨認識することができなかったことにつき重大な過失がある場合」のみである（最判平成22・4・13民集64巻3号758頁）[54]。

---

49)　令和4年総務省令第39号。

50)　Pへの開示請求においては，S運営者が発信者として推定され，省令の範囲でCDNアカウント情報も含めて保有するSの発信者情報が開示され得る。Pは開示範囲を選択できない（知財高判令和4・2・21・前掲注9)参照)。

51)　S運営者に対する匿名訴訟のディスカバリーとしてのサピーナ（subpoena)，いわゆるフォーリンサピーナ，そしてDMCAサピーナ（米国著作権法S512(h)）の事例と手法につき二関・前掲注10)5頁〜6頁，山口貴士「米国民事訴訟のディスカバリー制度を活用して海賊版サイト運営者の特定に成功した事例について」法とコンピュータ37号（2019年）41頁，八雲法律事務所編・前掲注11)80頁〜84頁，抑止研第6回資料2・中島博之「海賊版サイト対策の困難さやその実務手続について」4頁〜6頁など参照。

52)　森亮二〔判批〕堀部監修・前掲注36)100頁など参照。

53)　知財高判令和4・2・21・前掲注9)では，旧プロ責法4条1項の「開示関係役務提供者」の該当性については争われたものの，定義を解釈することなく認容されている。

54)　軽過失免責制度そのものへの反対として山本隆司〔判批〕堀部監修・前掲注36)114頁〜115頁。

120

第 9 章　プロバイダ責任制限法

Ｐに対して開示拒否を理由とする損害賠償請求をするためには，任意の開示請求をする際，プロ責法 5 条 1 項の要件該当性を一見して明白であることが認識できるように権利侵害に関する事実関係を隈なく通知する[55]ことが必要である。

4　権利侵害の明白性

プロ責法 5 条 1 項 1 号の「明らか」とは，権利の侵害がなされたことが明白であるという趣旨であり，不法行為等の成立を阻却する事由の存在をうかがわせるような事情が存在しないことまでを意味する[56]，とされ請求者側の負担の重さにつき批判も多い[57]が，ことＳにおける著作権侵害については問題なさそうである[58]。

権利者が，開示 GL が求めているようなレベルの立証をすればＰ側が争う余地はないものと思われる。

5　正当理由

プロ責法 5 条 1 項 2 号の正当理由の存否は，損害賠償請求の予定など開示請求者が発信者情報を入手する合理的な必要性の認定[59]によるが，既に入手済みの情報がある場合などには問題になり得る[60]。Ｐから発信者情報の一部を入手していても，具体的な海賊版アップロードに対応する発信者の氏名又は名称及び住所の開示請求が認められている[61]。

---

[55]　開示 GL で準用している信頼性確認団体による保証の仕組みを用いることも考えられる。

[56]　逐条・前掲注 27)36 頁〜 37 頁参照。

[57]　町村泰貴「発信者情報開示請求権のゆくえ」情報法制研究 9 号（2021 年）52 頁〜 56 頁，山本・前掲注 54)113 頁〜 114 頁など参照。

[58]　開示請求本案事例・前掲注 9)でも特に問題なく認められている。2 つの仮処分事例・前掲注 8)でも争われた旨は明らかになっていない。

[59]　逐条・前掲注 27)37 頁〜 38 頁参照。

[60]　東京地判平成 15・3・31 判時 1817 号 84 頁〔眼科医事件〕，東京地判令和 2・1・22・前掲注 9)を参照。

[61]　知財高判令和 4・2・21・前掲注 9)を参照。CF 社は，開示請求は証拠保全や証拠収集を目的とした手続ではない等と反論したが認められなかった。

121

第 1 部　著作権

6 開示 GL

　開示 GL は著作権 GL と同様にプロ責法の枠組みを前提としたソフトローである。

　発信者情報を任意で開示請求する場合に，プロ責法 5 条の要件を確実に満たす場合について明確化したものであり，著作権に関しては，著作権 GL と同様デッドコピーと自認類型については開示判断が可能とする。プロバイダ側は著作権 GL の信頼性確認団体が侵害事実につき保証した場合，依拠できる。

　権利者側が著作権 GL の信頼性確認団体として認定を得た上で，P に対しては，この枠組みを踏まえた開示請求に応じるよう交渉することが考えられる。

V 裁判の戦略上の位置づけ

　P の海賊版データの国内向け中継配信に関する差止請求，損害賠償請求，発信者情報開示請求個々の考え方とプロ責法上の留意点は上述のとおりである。

　しかし，海賊版データが次々と海外の防弾サーバ[62]にストックされ，手を変え品を変え日本向けに配信されている現状[63]では，個々の裁判上，一定の成果を得たとしてもそれだけでは問題の解決にならない。最終ゴールは P から裁判外で機動的な対処を得られるスキーム作りとそのために必要な海賊版運営者アカウントの本人確認及び関連サーバの同定が可能な仕組みが構築されることだろう。

　逆に言えば，少しでも P にそのような仕組みの構築に向けてのインセンティブ・プレッシャーが働くよう迫る[64]手段の一つが裁判となる。

　また，結果として敗訴する部分があっても，それが著作権法やプロ責法の不合理な限界を示すものであれば，改正に向けての立法事実が得られたことにな

---

　62)　防弾サーバに対する対処も並行して追求していかなければならない。

　63)　抑止研第 6 回資料 5・平井佑希「海賊版サイトに対するアクションの現状と課題（CDN と検索エンジン）」7 頁〜 8 頁が CF 社によるキャッシング停止が実行されてもなお，短時間でキャッシュが復活した実例を紹介している。

　64)　IP アドレスの不保存による匿名性の標榜を非難した東京高判平成 14・12・25 判時 1816 号 52 頁〔2 ちゃんねる動物病院事件〕参照。

122

第9章　プロバイダ責任制限法

る。

　グローバルなプレーヤーであるＰは，各国の法制度対応が異ならざるを得ないことは十分に認識[65]しているはずである。日本での海賊版対応の枠組みがグローバルなCDNサービス運用の体系にもフィットさせることができるとの確信を持たせるよう，同業他社と協調して米国をはじめとする各国対応の情報収集をしながら裁判外でも粘り強く交渉を継続する必要がある。

参 考 文 献

《政府の対策》
- ●内閣府知的財産戦略推進事務局「インターネット上の海賊版に対する総合的な対策メニュー及び工程表」の再更新について（2024年5月28日）
- ●内閣府，警察庁，総務省，法務省，外務省，文部科学省，経済産業省「インターネット上の海賊版に対する総合的な対策メニュー及び工程表（更新版）」（2024年5月28日）
- ●知的財産戦略本部「知的財産推進計画2024」（2024年6月4日）

《技術的対策》
- ● JANOG54「マンガ海賊版サイト動向2024——対策状況アップデート」（https://www.janog.gr.jp/meeting/janog54/piracy/）（2024年10月16日確認）

《海賊版に関する海外の法制度，紛争の最新動向》
- ● TorrentFreak（https://torrentfreak.com/）

65）　CF社CEOがDaily Stormerの解約を含め法制度対応につき語ったインタビューが興味深い。Interview: Matthew Prince with Eric Goldman〈https://knightfoundation.org/interview-matthew-prince-with-eric-goldman/〉（2024年10月16日確認）。

第**10**章

ソフトウェア開発委託契約と著作権

伊藤雅浩

CASE

A社は，ソフトウェア開発業者のB社に対し，ソフトウェアXの開発を委託しようとしている。ソフトウェアXは，A社の社内の業務処理のために利用することを想定している。B社は，短納期，安価で，かつ安定した品質での開発を行うため，自らが有するフレームワーク（骨格となるソフトウェア）をベースに開発するという案を提示してきた。A社は，B社の提案が魅力的であると感じつつも，B社が提示してきた「ソフトウェア開発委託契約書」の「著作権の帰属」条項案は，下記のように著作権がB社（＝乙）に帰属するという内容になっていることが気になっていた。

A社（＝甲）としては，将来，ソフトウェアXのメンテナンスを自社で行う可能性もあると考えているため，B社案をそのまま受け入れることに不安を感じているが，どのような契約条項としていくのがよいだろうか。また，仮にA社が，ソフトウェアXを，社内業務処理の目的に限らず，将来的に改良したり汎用化したりすることで，第三者に提供（ライセンス）して収益をあげたいと考えている場合には，どのようにすればよいだろうか。

《B社が提示した条項案》

第○条　（納入物等の著作権）
1　納入物に関する著作権は，乙または乙に許諾する第三者に帰属するものとする。ただし，甲が本契約締結前から保有していた著作物が納入物に含まれるときは，甲に留保される。

124

2　甲は，納入物に含まれるプログラムの複製物を，著作権法第47条の3に定める限度で複製，同法第47条の6第1項第6号に定める限度で翻案することができる。乙はかかる利用について，著作者人格権を行使しない。

Ⅰ　はじめに

　第10章のテーマは「ソフトウェア開発委託契約と著作権」である。ソフトウェア開発と法務といえば，納期までにソフトウェアが完成しない，あるいは納入されたソフトウェアの品質が悪く，発注者（以下，本稿では「ユーザ」という。また，開発事業者を「ベンダ」という）の求める仕様や性能を具備しないといったトラブルの対応が定番で，契約条件の交渉でも，「検収」「契約不適合」「損害賠償」などの条項が主戦場となる[1]。これらのトラブル対応や契約交渉では，主として民法が登場するが，本書は『知財法務を知る』ということなので，ソフトウェア開発委託契約に含まれる知財，特に著作権に関わる論点を取り上げる。本稿では，テーマの性質上，著作権法の解釈というよりは，実務的な契約条項のドラフティング，レビューにおける注意点を主に取り扱う。

Ⅱ　ソフトウェアと著作権

　ソフトウェア開発委託契約に基づいてベンダからユーザに対して納入されるのはソフトウェアである。このソフトウェアはプログラム（コンピュータに対する命令を羅列したもの。著作権法〔以下条文を指す場合は「法」という〕2条1項10号の2）と同義で使われることもあるが，ソフトウェアにはプログラム本体

---

[1]　ソフトウェア開発委託契約全般についての解説として，伊藤雅浩ほか『ITビジネスの契約実務〔第2版〕』（商事法務，2021年），上村哲史ほか『ソフトウェア開発委託契約』（中央経済社，2021年）などがある。代表的な契約書ひな形とその解説として，独立行政法人情報処理推進機構（IPA）及び経済産業省「～情報システム・モデル取引・契約書～（受託開発（一部企画を含む），保守運用）〔第2版〕」（2020年。以下「IPAモデル契約」という）がある。

第 1 部　著作権

のほか，コンピュータで動作するために必要な電磁的記録（各種の設定情報が記載されたファイルや，画面に表示する画像ファイル，さらにはそれらのコンピュータ内での配置）のすべてを含んだものを指すことが多い。さらには，コンピュータでの動作には直接には必要がないドキュメント類（設計書，操作マニュアル等）も含むことがある。契約法務では定義が重要だということは法務パーソンであれば頭に叩き込まれていると思われるが，契約書中の著作権に関する条項を確認する際には，その対象がプログラムだけを指しているとは限らないことに注意しなければならない。

　プログラムは，著作権法において著作物として例示されているが（法10条1項9号），プログラムであれば当然に著作物になるわけではなく，他の著作物と同様に，創作性（法2条1項1号）が求められる。むしろプログラムの場合は，特定の機能を実現させることを目的として記述されるものであり，事後的に第三者が改良，修正することが予定されていることなどから，わかりやすく記述することが求められる。そのため，制作者の個性が発揮されにくい（むしろ個性を発揮することがマイナスになることがある）傾向にあり，現実の紛争事案では対象となったプログラムの創作性が認められないことも少なくない[2][3]。ただし，プログラムの著作物性が争われた事案は，既存のソフトウェアと競合・類似するソフトウェアを開発・販売したというケースが多く，プログラムのソースコードそのものがデッドコピーされたという事案ではない。また，あくまで当事者が創作的な表現であると主張した部分について，ありふれた表現であるという判断がなされたにすぎず，プログラム全体についての著作

　2）　プログラムの著作物性が争われる事案は少なくない。創作性を肯定した最近の事例として，大阪地判令和3・1・21裁判所Web（平成30年（ワ）第5948号），大阪地判令和6・1・29裁判所Web（令和元年（ワ）第10940号），否定した事例として，東京地判令和2・3・4裁判所Web（平成29年（ワ）第19073号），大阪地判令和元・5・21裁判所Web（平成28年（ワ）第11067号），知財高判平成26・3・12判時2229号85頁，東京地判令和4・8・30裁判所Web（平成30年（ワ）第17968号）などがある。
　3）　プログラムの著作物性については，田村善之「裁判例にみるプログラムの著作物の保護範囲の確定手法——質的な基準と量的な基準（その1）（その2・完）」知財管理778号1305頁，779号1475頁（2015年）で多くの裁判例が紹介されている。また，伊藤雅浩「プログラムの著作物性の判断——東京地裁令和4年8月30日判決ほか近時の裁判例を題材として」SOFTIC LAW NEWS 172号（2023年）。

126

第 10 章　ソフトウェア開発委託契約と著作権

物性が否定されたわけではない。市販ソフトウェアを不正コピーしたというような事案では，著作物性が争われることなく著作権侵害が認められている[4]。

　ソフトウェア開発委託契約の目的物となるプログラムの場合，ある特定の部分だけを取り上げれば，創作性が認められない可能性はあるが，全体としてみた場合，まったく著作物性がないということは考えにくいから[5]，目的物には著作物性があることを前提に，著作権の帰属や利用についての定めをしておく必要がある。

Ⅲ ユーザに著作権は必要か

　ソフトウェア開発委託取引の交渉過程においては，双方が「自分たちに著作権を帰属（留保）させたい」と主張して争点になることがある。ユーザが著作権を自己に帰属させるべきであるとする理由として，成果物に含まれるユーザのノウハウが成果物を流用されることによって流出してしまうことを防止するためであったり，開発費用を負担したのであるからといったりしたことなどが挙げられる。ベンダが自己に帰属させたいとする理由としては，プログラムを再利用することによって生産効率や信頼性を向上させたいといったことなどが挙げられる[6]。しかし，この議論は，しばしば著作権法のルールを意識せずに綱引きを行っていると感じられることが多い。著作権が帰属すること，帰属しないことによる利益，不利益を著作権法に基づいて考えた上で，お互いの利害が一致する点を見出すことが必要である。

1 原則

　著作権は，創作者に原始的に帰属する。ソフトウェア開発委託取引の場合，

　4）　知財高判平成 27・6・18 裁判所 Web（平成 27 年（ネ）第 10039 号），東京地判平成 13・5・16 判時 1749 号 19 頁など。

　5）　東京地判平成 23・1・28 判時 2133 号 114 頁（増田足チャート事件）は膨大な量のソースコードからなるプログラム全体としてみれば，指令の組合せには多様な可能性があり得るから，ありふれたものであると断ずることは困難だとする。前掲大阪地判令和 6・1・29 も，一定の分量があることを理由に挙げて創作性を認めた。

　6）　IPA モデル契約 17 頁〜18 頁。

第 1 部　著作権

ベンダの従業員であるエンジニアがプログラムを書けば，多くの場合，職務著作として法人であるベンダに帰属することになるのであって（法 15 条 2 項[7]），ユーザがベンダに仕様を説明していたり，資料を提供したりしていても，ユーザには帰属しないのが原則である。ましてや報酬を支払っていることが権利の移転を当然のこととするものではない。そのため，著作権の帰属に関する条項を置かなければ，ベンダに権利が帰属する。

2 プログラムの実行

　ベンダに権利が帰属するプログラムを，ユーザは実行することができるだろうか。言い換えると，著作権者の許諾なくしてユーザがプログラムをコンピュータ上で実行すると，著作権侵害になるだろうか。従前から，プログラムを実行すること自体は，法 21 条ないし法 28 条に定める支分権該当行為にはあたらないものと考えられていた[8]。平成 30 年著作権法改正時に，これまでプログラムの著作物について「利用」という用語を用いていた個所が「実行」へと変更されたが（法 2 条 1 項 21 号・20 条 2 項 3 号・47 条の 3 第 1 項など）[9]，例えば，法 47 条の 3 第 1 項が「自ら当該著作物を電子計算機において<u>実行するために</u>必要と認められる限度において，当該著作物を<u>複製することができる</u>」という定め方をしていることに照らせば（下線部筆者），プログラムを実行すること自体は，支分権該当行為にはあたらないといえる。確かに，プログラムを実行する際には，記憶装置に記録されたプログラムが，コンピュータのメモリ上に一時的に蓄積されるが，メモリ上に配置されたプログラムそれ自体は，将来反復して使用される可能性がある再製物ではないことから，著作権法上の「複製」

　7）　プログラムの著作物の場合は，法 15 条 1 項ではなく，同条 2 項が適用されるが，ドキュメント等のプログラム以外の著作物については同条 1 項が適用される（公表に関する要件が異なる）。

　8）　文化庁「第 2 小委員会（コンピューター関係）報告書」（1973 年。https://www.cric.or.jp/db/report/s48_6/s48_6_main.html）の第 2 章・Ⅰ・7(エ)では，プログラムの実施自体は「複製」には該当せず，実施自体を著作権によって直接規制することはできないとする。惣山敬士編著『著作権法実戦問題』（日本加除出版，2015 年）192 頁も，プログラムを実行すること自体は著作権法で制限を受けないとする。

　9）　文化庁「著作権法の一部を改正する法律（平成 30 年改正）について（解説）」64 頁によれば，「実行」とは「プログラムの著作物を電子計算機において動作させることにより演算や画像描写などを行うこと」とされる。

128

第10章　ソフトウェア開発委託契約と著作権

（法21条）にはあたらないとも解される[10]。さらにいえば，メモリ上への配置が「複製」にあたると評価されたとしても，法47条の4（電子計算機における著作物の利用に付随する利用等）に該当し，著作権が及ばないともいえるだろう。

したがって，ユーザは，ソフトウェア開発委託契約の目的物であるソフトウェアをコンピュータ上で実行する限りにおいては，著作権を有している必要はない。

3　権利制限規定に基づく利用

プログラムの実行にとどまらず，プログラムの著作物については一定の行為について著作権者の許諾なく行うことができる。前述のとおり法47条の3第1項本文は，プログラムの記録媒体[11]を所有している者は，「自ら……電子計算機において実行するために必要と認められる限度において」複製を行うことができると定める。さらには，法47条の6第1項6号では，当該プログラムについて翻案することも可能である。

ここでいう「必要と認められる限度」に，どこまでの行為が含まれるかは明らかではないが，例えば「バックアップ用複製，コンピュータを利用する過程において必然的に生ずる複製，記憶媒体の変換のための複製，自己の使用目的に合わせるための複製」等に限られるなどと，比較的限定した解釈をする裁判例もある一方で[12]，使用環境に合わせるための機能拡張，変更も許容されるとする見解も少なくない[13]。また，複製，翻案行為は，複製物の所有者が自ら行わなくとも，自社のエンジニアでは対応できないようなケースでは他社に依頼して行うこともできると解される[14]。なお，本条は任意規定だと解され

---

10)　東京地判平成12・5・16判時1751号128頁。

11)　同項は「複製物の所有者」となっており，記録媒体やコンピュータなどの有体物を所有する者に限定されている。そのため，レンタルサーバやクラウドの環境等に保存してある場合などは文理上は適用されないことになってしまうが，同項が類推適用されると解すべきであろう。

12)　大阪地判平成12・12・26裁判所Web（平成10年（ワ）第10259号）。なお，当時の条文は法47条の2。

13)　例えば中山信弘『著作権法〔第4版〕』（有斐閣，2023年）482頁，小倉秀夫＝金井重彦編著『著作権法コンメンタールⅡ〔改訂版〕』（第一法規，2020年）306頁〔小倉〕。

14)　中山信弘『ソフトウェアの法的保護〔新版〕』（有斐閣，1988年）74頁。

第 1 部　著作権

るため[15]，本条に基づく複製や翻案を制限する規定を設けることも可能である。

　さらには，平成 30 年著作権法改正によって，いわゆるリバースエンジニアリングも権利者の許諾なく行うことができるとされたので[16]，実行可能形式であるオブジェクトコードしか納品されなかった場合に，その構造を解析するための複製なども可能であると解される。

4　小括

　以上より，ベンダから提供されたプログラムを，ユーザが自ら実行するだけであればもちろんのこと，必要最低限の複製，翻案などを行うだけであれば，ユーザはプログラムの著作権を必要とせず，原則どおりベンダに留保しておいても問題がないはずである。**CASE** で B 社（ベンダ）が示してきた条項案は，概ね法律上の原則をそのまま定めたもので，A 社が社内業務で使用する限りにおいては問題なさそうではある。権利者でなければできない行為を挙げるとすれば，第三者による権利侵害行為の差止めがあるが，現実にそのような状況が発生する場面はほとんどないと考えられるから，やはり差止めのために権利の移転が必須であるとは言い難い。

Ⅳ 多様な選択肢

　法律上の原則論は以上のとおりではあるが，ソフトウェア開発委託取引の実務ではユーザに著作権を譲渡しているケースは少なくない。もちろん，契約条件は，相互の交渉力によって決まるものではあるが，やはり譲渡している最大の理由はⅢの冒頭で書いた「開発費を負担しているのだから権利も譲り受けるのが当然だ」という発想が根底にあるためだと考えられる。著作権の帰属のパターンとしては，大きく分けて(1)ベンダ帰属，(2)ユーザ帰属，(3)共有の 3

---

　15)　中山・前掲注 14)80 頁など。なお，小倉＝金井編著・前掲注 13)311 頁［小倉］では半強行法規であって，実質的な交渉に基づいて明確に交渉で排除しない限り適用すべきで，約款等では排除できないとする。

　16)　法 30 条の 4 第 3 号。文化庁・前掲注 9)24 頁。

第 10 章　ソフトウェア開発委託契約と著作権

つがあり，そのいずれも実務で採用されることがあるが，以下では，実務での
交渉時における「引き出し」を少しでも多く持っておけるよう，いくつかの例
と留意点を示しておきたい。

1　ベンダに帰属させる場合

　法律上の原則どおり，開発者であるベンダに留保する場合には **CASE** で B
社が最初に示した案のような定め方で足りる。IPA モデル契約のソフトウェ
ア開発委託基本モデル契約書（以下「IPA モデル契約書」という）45 条では，著
作権の取扱いについて 3 案示されているが，そのうち【A 案】がベンダに帰
属させる案となっている[17]。ベンダにとっては，開発したプログラムを再利
用することが可能になるが，ユーザから開示された秘密情報が含まれる場合に
は，秘密保持条項違反（目的外使用等）にならないよう注意しなければならな
い。

　ユーザは，法 47 条の 3 や法 47 条の 6 によって一定限度で複製，翻案が可能
だとしても（Ⅲ 3），どこまでが「自ら……電子計算機において実行するため
に必要と認められる限度」か明らかでないと実務の判断で迷いが生じるおそれ
がある[18]。その場合には，例えば下記条項例の 2 項のように，法 47 条の 3 や
法 47 条の 6 の解釈に委ねず，想定される範囲での利用が可能になるよう，で
きるだけ具体的に許諾を受けておくように修正することが考えられる。

第○条　（納入物等の著作権）
1　（略）
2　甲は，納入物に含まれるプログラムの複製物を，自社及びそのグルー
プ会社の社内業務で実行するために必要な限度で複製，翻案し，または第
三者に委託して複製，翻案させることができる。乙はかかる利用につい

　17）　IPA モデル契約 129 頁。この条項例では，自己実行目的での翻案の根拠規定が法 47 条の 6
第 1 項 2 号となっているが，令和 2 年著作権法改正（令和 2 年法律第 48 号）によって，同条 6 号へ
と変更されている点が反映されていない点に注意。
　18）　中山・前掲注 14）79 頁も「トラブルを未然に防ぐという観点からは，たとえ本条〔現行法 47
条の 3〕があるとしても契約で明記しておくことが望ましい」とする。

131

第1部　著作権

> て，著作者人格権を行使しない。

　上記条項例の2項は，納入物についてユーザが，ベンダから著作権のライセンスを受けたものである。ただし，CASE のA社の将来的な構想のように，ユーザが，さらに第三者に販売したいという場合には，「社内業務で実行するために必要な限度」といった限定をしないようにする必要がある。

　仮にベンダが，何らかの事情によって納入物であるプログラムに関する著作権を第三者に譲渡してしまった場合，ユーザは上記の条項例に基づいて利用を継続することができるだろうか。この問題については，令和2年10月に施行された改正著作権法によって当然対抗制度が導入されたことで（法63条の2），一応の立法的な解決がなされた（当然対抗制度については，本書第3章で詳しく解説されているので，そちらも参考にしていただきたい）。しかし，当然対抗制度によっても，ライセンスの契約条件がそのまま承継されるものではないと考えられているため，万全というわけではない。

2 ユーザに帰属させる場合

　ベンダに著作権が帰属していたとしても，当該ソフトウェアを自己の社内で使用するなど，多くの場合には支分権該当行為にあたらないか，著作権が及ばないため，基本的にはユーザに支障がないことはすでに述べた。しかし，開発を委託したソフトウェアを，自社のサービスとして第三者に販売したりするなど，CASE でA社が想定している状況においては，ライセンスを受けるという方法もあるが，安定して利用ができるようにするにはユーザに帰属させておく必要がある。また，自社のサービスとして提供する以上は，第三者による権利侵害を検知した場合には，自ら権利者として排除できるようにしておくべきであるから，その観点からもユーザに帰属させることが必要になろう。この場合，次のような条項例が挙げられる。

第○条　（納入物等の著作権）
1　納入物に関する著作権（著作権法第27条及び第28条に掲げる権利

を含む。以下同じ。）は，検収完了時に乙から甲に移転する。かかる著作権移転の対価は，委託報酬に含まれるものとする。ただし，乙または第三者が本契約締結前から権利を保有していた著作物は，乙または当該第三者に留保される。

2　乙は，甲に対し，前項ただし書に掲げる著作物の利用を許諾する。甲は，当該著作物の利用を納入物の利用に必要な限度で第三者に許諾することができる。乙はかかる利用について，著作者人格権を行使しない。

　ユーザに帰属させる場合でも，現実にはすべての著作権を完全に譲渡することは困難である。ベンダは，ソフトウェアをすべてゼロから開発するということはなく，既存の資産を流用したり，後述のように OSS を利用するなど，第三者の提供するものを組み合わせたりして開発するからである。上記条項例の1 項ただし書では，ベンダや第三者が本契約締結前から権利を保有していたものはユーザに権利が移転しない旨を定めているが，IPA モデル契約書の【B案】のように従前から保有されていたもののほか，「汎用的な利用が可能なプログラム」も留保されるという例もある[19]。しかし，提供を受けるユーザは，納入物のうち，どの部分が既存の著作物なのか，汎用的に利用可能なものなのかを判断することができないため，このような定め方では後になって権利の帰属についてトラブルになりやすい。そのため，「本契約締結前から権利を保有していた著作物のうち納入時に乙が指定した部分の著作物は」などのように特定することを条件とすることが考えられる[20]。

　著作権の譲渡には登録手続は必要とされていないが，移転登録した場合には対抗要件になる（法 77 条）。ソフトウェアの著作権登録は，一般財団法人ソフトウェア情報センター（SOFTIC）で行うことができる（法 78 条の 2，プログラムの著作物に係る登録の特例に関する法律）。実務的には著作権の移転に関する登録が行われているケースは多くないが[21]，登録は原則として共同申請になるため，移転登録手続を行う場合の協力や，費用負担についての条項を定めるこ

---

19)　IPA モデル契約 129 頁以下。
20)　伊藤ほか・前掲注 1) 76 頁。

第 1 部　著作権

とも考えられる。

　紙幅の関係から詳細は割愛するが，その他にも，権利を移転させる場合の留
意点としては，①権利移転の時期（上記条項例では検収完了時），②権利移転の
対価が委託報酬に含まれることの確認[22]，③法 61 条 2 項の特掲，④著作者人
格権の取扱い，⑤ベンダへのライセンスバックなどがある。

3 ユーザ・ベンダの共有とする場合

　双方が権利の帰属を主張する際に，妥協案として「共有」とする案が浮上す
ることがある。また，ベンダが開発・保守するソフトウェアを，ユーザが販売
する場合など，両者がソフトウェアを用いて共同で事業を行う場合などは，目
的物たるソフトウェアの権利を共有することもある。IPA モデル契約書の【C
案】も汎用利用可能な部分等を除いて持分を均等に共有することを定めてい
る。著作権を共有する場合，他の共有者の同意がなければ処分することができ
ないのはもちろんのこと（法 65 条 1 項），第三者に利用許諾したり，自ら利用
する場合であっても，他の共有者の合意によらなければならない（同条 2 項）。
共有することで相手方の行為を牽制することは可能になるが，自由に利用する
ことができなくなるなど，使い勝手が悪い面がある。そのため，共有する場合
には，あらかじめ想定された利用行為について，包括的に法 65 条 2 項の合意
をしておくとよいだろう[23]。

V その他の著作権が関わる事項

1 権利侵害対応

　ソフトウェア開発委託契約では，納入物あるいはそれを実行，利用する行為

　21）　SOFTIC のウェブサイトにて登録一覧を閲覧することができるが，そのほとんどは「創作年
月日」の登録である（法 76 条の 2）。
　22）　公正取引委員会「役務の委託取引における優越的地位の濫用に関する独占禁止法上の指針」
（最終改正 2017 年。第 2・7）において，一方的に権利を譲渡させる場合には優越的地位の濫用にあ
たる可能性があることが指摘されている。
　23）　IPA モデル契約 130 頁以下に法 65 条 2 項の合意をする例がある。

134

第 10 章　ソフトウェア開発委託契約と著作権

が第三者の権利を侵害した場合の取扱いについて「知的財産権侵害の責任」などの条項で定めていることが多い。この種の条項は，通常のライセンス契約や，商品供給契約においても定められているものであり，ソフトウェア開発委託取引に固有の問題ではない。ソフトウェア開発委託契約においても第三者の権利侵害によってユーザが被った損害をベンダが賠償するということが定められることが多いが，その賠償の条件，手続や，賠償の範囲を制限したりする内容となっている[24]。

2 オープンソースソフトウェア（OSS）

　オープンソースソフトウェア（OSS）とは，開発者がソースコードを公開し，自由に使用，頒布，修正を可能とするソフトウェアの総称である。有償のソフトウェアと異なり，基本的には開発者によるサポート，保証等はない。ウェブ，モバイルの時代では，OSS をまったく使用せずに開発するということは考えにくく，広く使われるようになっている一方で，OSS にはさまざまなライセンス条件があり，その理解，適用を誤るとライセンス違反になってしまったり，OSS の脆弱性やバグによる障害が発生することもある。ソフトウェア開発委託契約では，OSS の取扱いについて条件が定められることが一般的であるとまではいえないが，IPA モデル契約書では，その選定や権利侵害・契約不適合についての責任の所在についての条項を定めている[25]。

参 考 文 献
●中山信弘『ソフトウェアの法的保護〔新版〕』（有斐閣，1988 年）
プログラムの創作性について，
●田村善之「裁判例に見るプログラムの著作物の保護範囲の確定手法──質的な基準と量的な基準（その 1）（その 2・完）」知財管理 778 号 1305 頁，779 号 1475 頁（2015 年）

---

24)　IPA モデル契約 132 頁以下では【A 案】，【B 案】の両案が併記されており，【A 案】のほうがベンダの責任，負担が重い。

25)　OSS の利用についても，【A 案】，【B 案】の両案が併記されており（136 頁以下），【A 案】はベンダが主体となって選定する案，【B 案】はユーザが主体となって選定する案となっている。

135

第 1 部　著作権

●伊藤雅浩「プログラムの著作物性の判断──東京地裁令和 4 年 8 月 30 日判決ほか近時の裁判例を題材として」SOFTIC LAW NEWS 172 号（2023 年）
OSS について，
●上田理著・岩井久美子監修『OSS ライセンスの教科書』（技術評論社，2018 年）

第11章
ソフトウェアライセンス契約と著作権

町野 静

CASE

B社はシステム開発を行う会社であるが，ソフトウェア会社であるA社の提供するソフトウェア開発ツールを利用して電子機器用向けのアプリケーションを開発し，さらにそれを顧客向けにカスタマイズして販売することを計画している。また，開発に際しては，必要に応じて下請会社を使うことも考えている。

A社からは開発ツールの利用のためには「ソフトウェアライセンス契約書」への署名が必要であるといわれている。A社から提示された契約書には以下のような条項があるが，B社はこの内容で自社が行うビジネスにおいて何らかの不都合が発生することないか不安を覚えている。

> 第○条（定義）
> 　本件ソフトウェアとは，本契約の下でライセンサ　からライセンシ　に対して提供されるソフトウェア・プログラム，ドキュメントその他配布物をいう。

> 第○条（使用許諾）
> 　本契約の条件に従うことを条件として，ライセンサーはライセンシーに対して，ライセンシーの製品への組込み及びテストのみの目的で，本件ソフトウェアを複製，改変する非独占的かつ譲渡不可能な権利を許諾する。

第 1 部　著作権

> 第○条（禁止行為）
> 　ライセンシーは，以下の行為を行ってはならない。
> 　（1）　本件ソフトウェアに関する権利を第三者に対して許諾すること
> 　（2）　本件ソフトウェアをライセンスの目的以外のために使用すること
> 　（3）　本件ソフトウェアをリバース・エンジニアリングすること

> 第○条（非保証）
> 　ライセンサーは，本件ソフトウェアの商品性，品質の十分性，特定目的
> への適合性及び第三者の知的財産権の非侵害につきいかなる保証も行わな
> い。

I　はじめに

　第 11 章のテーマは「ソフトウェアライセンス契約と著作権」である。IT 化
が進み，企業における DX の推進が叫ばれている昨今，ソフトウェアが関係
する契約は IT 企業でなくとも企業法務の現場でもしばしば見られるものと思
われる。ソフトウェアライセンス契約はその中でも代表的な契約の 1 つであ
る。しかしながら，「ソフトウェアライセンス契約」とひと括りにいってもそ
の法的な性質は必ずしも一様ではなく，著作権の利用許諾契約から，特許やノ
ウハウの利用許諾を含むもの，または，実態としてはいかなる知的財産権の許
諾も含まないものもある。

　本稿では，ソフトウェアライセンス契約のうち，著作権の利用許諾の側面に
フォーカスをして，主要条項の法的な考え方を解説した上で，**CASE** の事案に
即して，ソフトウェアライセンス契約のレビューにおいて実務上ポイントとな
る点を紹介する。

第11章　ソフトウェアライセンス契約と著作権

Ⅱ ソフトウェアライセンス契約とは どのような契約か[1]

1 ソフトウェアライセンス契約の法的性質

　ライセンス契約は民法の典型契約ではないが，一般的には知的財産権の権利者（ライセンサー）が相手方（ライセンシー）に対して権利の利用を認める契約を指すものと理解されている。

　それでは，「ソフトウェア」をライセンスするとは法的にどのような意味を持つのか。それを理解するには，まず，「ソフトウェア」にはどのような権利が発生し得るのかを見る必要がある。本書第10章（「ソフトウェア開発委託契約と著作権」）において解説がされているとおり，ソフトウェアにはプログラム本体のほか，コンピュータで動作するために必要な電磁的記録や設計書，操作マニュアル等のドキュメント類を含むものを指すことが多い。そこで発生する知的財産権としてもっとも典型的なものは著作権である。すなわち，コンピュータ・プログラムはプログラムの著作物（著作権法〔以下「法」という〕10条1項9号）として，それに付随するドキュメント類も言語の著作物（同項1号）としてそれぞれ例示されており，創作性が認められれば著作権法上保護される（法2条1項1号）[2]。ソフトウェアライセンス契約の中心となるのはプログラム本体であり，個々のプログラム等に創作性が認められるかという問題はあるものの，ソフトウェアの保有者が有する著作権の利用を相手方に認める契約がソフトウェアライセンス契約の本質であるといえる。

　次に，「ライセンス」あるいは「利用許諾」とは法的にはどのような意味を持つか。ライセンス契約と引合いに出される契約として賃貸借契約がある[3]。賃貸借契約は貸主が借主に対して物の使用・収益をさせることを約し，借主が

　1）　ソフトウェアライセンス契約全般の説明につき，弁護士法人イノベンティア編著『英和対訳 ソフトウェアライセンス契約の実務』（商事法務，2021年）参照。

　2）　なお，TRIPS協定では，コンピュータ・プログラムを著作物として保護するものとしていることから（10条1項），国際的に見ても同協定の加盟国においては同様の法的考え方が採られているといえる。

139

第1部　著作権

これに対して賃料を支払うこと及び引渡しを受けた物を契約が終了したときに
返還することを合意する契約であるところ（民601条），ライセンス契約は無
体物である知的財産権の使用収益に対して対価を支払う契約であるという考え
方である。しかしながら，著作権の権利者が持つ権利は著作物の利用をさせな
いという禁止権であり，ライセンス契約は，その対象を積極的に使用収益させ
るというよりも，ライセンス（利用許諾）をすることによって相手方（ライセ
ンシー）との関係でその禁止権を解除するものと理解される。したがって，そ
の点において有体物を使用収益させるという賃貸借契約とは性質を異にすると
考えられる。

　なお，ソフトウェア・プログラムが特許権で保護されているケースや，それ
自体がノウハウ（営業秘密）である場合もある。その場合，ソフトウェアライ
センス契約は，著作権のみならず特許やノウハウのライセンスを含むことにな
る。

2 ソフトウェアライセンス契約と支分権

　次に，ソフトウェアライセンス契約について考えるに当たっては，著作権の
支分権についての理解が重要である。著作権とは，「支分権」と呼ばれる様々
な権利の束である。支分権の種類については，法第2章第3節第3款（21条～
28条）に著作権に含まれる権利が規定されている。権利者は個々の支分権ごと
に譲渡をしたり，利用を許諾したりすることが可能である。支分権ごとに権利
を保護するという考え方はベルヌ条約において定められており，それに従って
各国が国内法を制定しているため，このような基本的な考え方についてはある
程度国際調和が図られている[4]。

　ソフトウェアライセンス契約における許諾の対象となる支分権としては，複

　3）「民法（債権関係）の改正に関する中間試案」（平成25年2月26日）では，「賃貸借に類似す
る契約」の1つとしてライセンス契約が挙げられ，賃貸借の節にライセンス契約に相当する規定を入
れることが提案されていた（最終的には，債権法改正においてライセンス契約に関する規定の導入は
見送られている）。

　4）　ただし，支分権の整理の全てが国際的に共通であるという訳では必ずしもないことから，外
国の法主体との間の契約書を確認するに当たっては，日本法の枠組みにとらわれることなく，具体的
な契約文言に着目して許諾の範囲を明確にすることは必要である。

140

製権（法21条），公衆送信権（法23条），譲渡権（法26条の2），翻案権（法27条）が挙げられる。例えば，プログラムをコピーする行為は著作物の「複製」に該当し，マニュアルをインターネット上で閲覧可能にする行為は著作物の「公衆送信」に該当する。また，複製したプログラムをDVDなどに保存して販売する行為は著作物の「譲渡」であり，プログラムを改変する行為は著作物の「翻案」に該当することになる。

　そして，例えば，権利者（ライセンサー）が相手方（ライセンシー）に対してあるソフトウェアを複製することにつきライセンスを付与した場合，ライセンシーは，複製をする権利についての禁止が解かれ当該ソフトウェアを自由に複製できることになる。

　ソフトウェアライセンス契約では，法的には，著作権の支分権の行使に関する禁止の解除の規定を中心として，実際の利用目的などに応じた様々な条件が加えられているのが通常である。また，禁止される事項を包括的に記載した規定が置かれているケースも多い。こうした規定は，禁止が解除されるライセンス許諾の条項と表裏であるため，実際に契約書をレビューする場面においては両規定を併せて読んだ上で，「何ができて，何ができないのか」をよく確認する必要がある。

3 ソフトウェアの「利用」と「使用」

　ソフトウェアライセンス契約に該当する契約としては，「ソフトウェアライセンス契約」という名称のもの以外にも「ソフトウェア利用許諾契約」，「ソフトウェア使用許諾契約」といったものを目にすることがある。ここで「利用」と「使用」で法的に意味が違うのかという問題があるが，上記の支分権の利用行為を指す場合は「利用」を使い，単にプログラムを使うような支分権の利用を伴わない場合は「使用」の語を使うとする考え方が比較的一般的である。もっとも，実務で目にする契約書は必ずしもこの点を意識した使い分けをされていない場合も多いため，用語そのものよりも個々の契約書における用法に着目する必要がある。

4 ソフトウェアライセンス契約と類似の契約

　昨今はクラウド上で動くシステムを利用するための契約を目にする機会が増

第 1 部　著作権

えてきている。このような契約におけるサービスは，インターネット経由でソフトウェアのアプリケーションを利用させることを目的とするもので，SaaS（Software as a Service）と呼ばれる。

　この場合にも利用者において「ライセンス契約」や「システム利用許諾契約」といった名称の契約への同意や押印を求められることがある。しかしながら，SaaS 型のクラウドサービスなどの利用においては，利用者はサービス提供者のプログラムをコピー（複製）したり，プログラムをインターネット上で公開（公衆送信）することは一般的にはなく，支分権の利用行為は伴わない。したがって，このような契約は，ソフトウェアライセンス契約と同様の条項が置かれるケースが多いものの，その法的性質は，著作権の利用許諾としてのソフトウェアライセンス契約とは異なるものといえよう[5]。

5　ソフトウェアのリバース・エンジニアリングと著作権法 30 条の 4

　ソフトウェアライセンス契約においてよく見られる条項の 1 つとして，対象となるソフトウェアをリバース・エンジニアリングしてはならない旨の規定がある。秘密保持に関する条項内にこのような規定が置かれることも多い。

　リバース・エンジニアリングとは，既存の工業製品などを解析してそこに用いられている技術を研究することと一般的に定義される。ソフトウェアのリバース・エンジニアリングとは，例えば，オブジェクトコードやバイナリコードの形式のプログラムをソースコードの形式に変換するような行為が挙げられよう。リバース・エンジニアリングは，プログラムの保守管理や，セキュリティ対策などの目的で技術上不可避の場合もある。しかしながら，このような行為は，デコンパイルやディスアセンブルなどの方法次第であるものの，その過程には元のプログラムのデータを複製するプロセスが含まれることから，著作物の複製が生じることになるため，ソフトウェアのリバース・エンジニアリングは著作権侵害に当たるのではないかという点は従前から議論がされてきたと

---

　5)　クラウドサービス契約の法的性質については，民法の典型契約に分類するならば，サービス提供者に「法律行為でない事務」を委託するものとして，準委任契約（民 656 条・643 条）と考える見解がある（伊藤雅浩ほか『IT ビジネスの契約実務〔第 2 版〕』〔商事法務，2021 年〕152 頁）。

第 11 章　ソフトウェアライセンス契約と著作権

ころである。

　この点については，平成 30 年の著作権法改正により立法的解決が図られることになった。同年の改正で新設された著作権法 30 条の 4 は，以下のように定めている。

（著作物に表現された思想又は感情の享受を目的としない利用）
第 30 条の 4　著作物は，次に掲げる場合その他の当該著作物に表現された思想又は感情を自ら享受し又は他人に享受させることを目的としない場合には，その必要と認められる限度において，いずれの方法によるかを問わず，利用することができる。ただし，当該著作物の種類及び用途並びに当該利用の態様に照らし著作権者の利益を不当に害することとなる場合は，この限りでない。
　一　著作物の録音，録画その他の利用に係る技術の開発又は実用化のための試験の用に供する場合
　二　情報解析（多数の著作物その他の大量の情報から，当該情報を構成する言語，音，影像その他の要素に係る情報を抽出し，比較，分類その他の解析を行うことをいう。第 47 条の 5 第 1 項第 2 号において同じ。）の用に供する場合
　三　前 2 号に掲げる場合のほか，著作物の表現についての人の知覚による認識を伴うことなく当該著作物を電子計算機による情報処理の過程における利用その他の利用（プログラムの著作物にあっては，当該著作物の電子計算機における実行を除く。）に供する場合

　本条項は，情報通信技術の進展等における時代の変化に柔軟に対応できるようにするため，著作物等の市場に悪影響を及ぼさない一定の著作物等の利用を可能とするもの[6]であり，権利制限規定の 1 つに位置付けられる。また，本条項は，著作権の本質である著作物に表現された思想や感情の享受を目的としない利用を広く権利制限の対象とするものであるが，対象となる行為の例の 1 つ

　6）　文化庁「著作権法の一部を改正する法律（平成 30 年法律第 30 号）について」https://www.bunka.go.jp/seisaku/chosakuken/hokaisei/h30_hokaisei（2022 年 7 月 12 日閲覧）。

第 1 部　著作権

として，「プログラムの調査解析を目的としてプログラムの著作物を利用する
行為（いわゆる「リバース・エンジニアリング」）」が挙げられている[7]。このよ
うに，現行の著作権法上，プログラムのリバース・エンジニアリングは一般的
には適法と解されているが，一方で，同条但書においては，「著作物の種類及
び用途並びに当該利用の態様に照らし著作権者の利益を不当に害することとな
る場合」においては利用ができないと定めているため，具体的な利用態様によ
っては著作権侵害となるケースもあり得る。

　上記のような著作権法の規定はあるものの，ソフトウェアライセンス契約の
ライセンサーとしては，契約においてリバース・エンジニアリングを禁止する
必要性が存する場合がある。ソフトウェア・プログラムは，他の著作物とは性
質が異なり，そこに表現された思想や感情を享受するものではない。むしろ，
プログラムの権利者は競合他社などに無断でコピーをされて営業秘密が利用さ
れることを懸念するため，たとえ著作権法上リバース・エンジニアリングが許
容されたとしても，著作物の利用とは別の観点からリバース・エンジニアリン
グを禁止しているのである。リバース・エンジニアリングの禁止条項を巡って
はその有効性には争いがあるところであるが[8]，一般的にはこのような条項が
入っているにもかかわらずリバース・エンジニアリングを実施すれば，著作権
侵害にはならなくとも契約違反にはなり得ると考えられる[9]。

　一方，ライセンシーにおいては，前述のとおりリバース・エンジニアリング
を行う必要性がある場合もあることから，個別の事案によっては，リバース・
エンジニアリングの禁止が障害となることもある。

　7）　文化庁・前掲注 6）4. 改正法 Q&A 問 1。
　8）　リバース・エンジニアリングの禁止は実質的にはアイディアの独占を認めることになること
や，試験研究の目的での発明実施を適法とする特許法 69 条との関係で妥当ではないことから，契約
の一般法理により有効・無効が判断されるとの見解がある（作花文雄『詳解著作権法〔第 5 版〕』〔ぎ
ょうせい，2018 年〕809 頁）。
　9）　文化庁著作権課「デジタル化・ネットワーク化の進展に対応した柔軟な権利制限規定に関す
る基本的な考え方（著作権法第 30 条の 4，第 47 条の 4 及び第 47 条の 5 関係）」（令和元年 10 月 24
日）11 頁。

第11章　ソフトウェアライセンス契約と著作権

6 ソフトウェアライセンス契約における知的財産権の非侵害保証

ソフトウェアライセンス契約を含むライセンス契約においては，保証に関する規定が置かれるケースがよくある。「保証」とはもとは英米法上の概念であり，契約締結日以降における事実の約束を意味するが，昨今は日本語かつ日本法を準拠法とする契約書にも一般的に見られる。

知的財産権との関係では，ライセンサーがライセンス対象となるソフトウェアについて第三者の知的財産権を侵害しない旨の条項を入れるかどうかが問題となる。万一対象ソフトウェアが第三者の知的財産権を侵害しているとなるとライセンシーは当該知的財産権の権利者から当該ソフトウェアを組み込んだ製品の販売の差止めを求められたり，損害賠償の請求を受けることになる。知的財産権侵害に係る紛争や訴訟の対応は要するコストも高く，販売中止など事業への影響も大きいケースが多い。ライセンシーがこのようなリスクを回避することが知的財産権の非侵害保証を定める目的である。

もっとも，実務上は，ソフトウェアライセンス契約においては一般的にライセンサーの立場が強く，知的財産権の非侵害を保証することはライセンサーにとってもリスクが大きいことから，ライセンサーが知的財産権の非侵害を保証するケースは非常に少ないと思われる。

Ⅲ 法的性質を踏まえたライセンス契約の チェックポイント

以上を前提にソフトウェアライセンス契約の条項で見ておきたいポイントを紹介する。

1 ライセンス許諾条項

どのソフトウェアライセンス契約においてもライセンス許諾（使用許諾）の条項が置かれているはずである。ライセンス許諾条項はソフトウェアライセンスの権利の範囲やソフトウェアの利用に当たっての制約を定める重要な条項であるため，入念な確認が必要である。

145

第 1 部　著作権

（1）　許諾の対象となる「ソフトウェア」の範囲

　前述のとおり，「ソフトウェア」といってもその中身は様々であるので，まずは，契約において，許諾の対象となるソフトウェアが正確に定義されていることを確認するところがスタートとなる。実務上は，契約書内で具体的に定義がされているか，別紙などの形式で具体的な対象が記載されているのが一般である。

　CASE の条項ではライセンスの対象は「本件ソフトウェア」とされ，その内容も契約書内で定義されているものの，「本契約の下でライセンサーからライセンシーに対して提供されるソフトウェア・プログラム，ドキュメントその他配布物」とやや抽象的な規定となっており，具体的にどのようなプログラムやどのようなドキュメントが含まれるかは必ずしも明確ではないように思われる。したがって，B 社としては，「本件ソフトウェア」の具体的な対象となるコンピュータ・プログラムやマニュアル類の内容を特定した上で，自社の開発においてライセンスを受ける対象として過不足がないかを確認しておくべきであろう。その上で，万一不足や不明瞭な点がある場合には修正を求めるべきである。

　なお，企業において契約書の確認を行う法務部門や知財部門においては実務レベルでどのようなソフトウェアが記述されていれば足りるのかが必ずしも分からないケースも多いと思われるので，適宜，実際にソフトウェアを利用する担当部門に確認することも必要であろう。

（2）　許諾される支分権の利用行為

　次に，許諾をされる支分権の利用行為が適切なものとなっているかの検討が必要となる。前述のとおり，著作権の利用許諾は支分権ごとに行うことができるため，ライセンサーは 1 または複数の支分権の利用を許諾することになる。

　CASE の条項では，A 社は B 社に対し，「本件ソフトウェアを複製，改変する非独占的かつ譲渡不可能な権利を許諾する」ものとされており，B 社は本件ソフトウェアの複製権及び翻案権を許諾されているものと理解される。したがって，B 社はライセンスを受けた開発ツールのソフトウェアをコピーしたり，必要に応じてプログラムを改変したりすることができるので，自社でのアプリケーションの開発という目的は達成できそうである。

　他方，B 社は開発したアプリケーションをさらに顧客向けにカスタマイズし

て販売することを計画しているが，本条項におけるライセンス許諾条項には本件ソフトウェアの販売は含まれていない。本件でライセンスを受けるソフトウェアの中に改変して製品に組み込んだ後にさらに顧客向けにカスタマイズして販売されるものがあり得る場合には，譲渡や頒布が認められない状態で本件ソフトウェアを組み込んだ製品を販売することは，A社の有する著作権の侵害となり得る。したがって，B社は，他の契約条項とも併せて，顧客への販売が許容されているか否かについて確認をする必要がある。

（3）　その他の許諾の条件

　このほかにも **CASE** の条項には，「ライセンシーの製品への組込み及びテストのみの目的で」，「非独占的かつ譲渡不可能」といった制約がついている。

　まず，「ライセンシーの製品への組込み及びテストのみの目的で」との文言に関しては，ソフトウェアライセンス契約にはこのような利用目的による制限が付されていることが多い。この点，特許ライセンスでは，許諾を受けた特許権をどのような形で実施して物の製造等を行うかはライセンシーに委ねられているため，ライセンスの範囲を目的により制限するというケースは少ない。これに対して，ソフトウェアライセンス契約ではライセンサーが作成した商品としてのソフトウェアの利用をある一定の目的のために許諾するのが通常であり，ライセンサー，ライセンシーともにそれ以外の目的での利用を想定していないことから，このように具体的な利用目的を明示することが一般的である。

　次に，「非独占的かつ譲渡不可能」の文言は，ソフトウェアライセンス契約においては，一般的な文言である。ソフトウェアのライセンスにおいては，ライセンサーが製品化したソフトウェアを多数の顧客に利用させて対価を得ることが通常であるから，独占契約となるケースは稀である。本件でもB社の目的は本件ソフトウェアを独占利用することではないため，「非独占」の部分については問題ない。

　また，本件では，「譲渡不可能」との規定になっているが，前述のとおり，B社は本件ソフトウェアを組み込んだ製品の販売を予定しているから，包括的な譲渡禁止の規定は本件では適切ではない。この点は，ライセンス許諾の条項とも併せて検討した上で，組込み販売が必要なプログラムについては譲渡を許諾する旨の規定を設ける必要があると考えられる。

　さらに，B社は開発に際しては，必要に応じて下請会社を使うことも考えて

第 1 部　著作権

いるとのことであるから，再許諾が認められるかどうかも重要である。すなわ
ち，ライセンシーが複製や翻案等を許諾されていたとしても下請会社等の契約
の当事者ではない第三者にこれらの行為を行わせるためには，ライセンシーに
おいて再許諾をする権利の許諾を受けておく必要がある。CASE の条項では，
再許諾についての規定を欠いているため，B 社は A 社に対して，下請会社へ
の再許諾を認める条項を入れるよう要望し，契約書内に文言を追加する必要が
ある。

2 リバース・エンジニアリングの要否

　CASE の条項では，禁止行為の 1 つとしてリバース・エンジニアリングが記
載されている。開発用ツールのソフトウェアライセンス契約においてライセン
シーは提供されたソフトウェアをそのまま用いて開発を行うのが一般的である
から，ライセンシーにおいて提供されたソフトウェアをリバース・エンジニア
リングするニーズがあるケースは少ない。しかしながら，保守などの目的で B
社が本件ソフトウェアのプログラムそのものに手を加える可能性がある場合に
は必要な範囲でのリバース・エンジニアリングを許容する旨の文言を入れてお
くのが安全である。または，必要に応じてソースコードの提供を求める旨の規
定を置くこともあり得る。いずれにしても，B 社における検討に当たっては，
許諾を受けたソフトウェアを具体的にどのように使うのか具体的に確認する必
要があるであろう。

3 知的財産権の非侵害保証の要否

　CASE の条項では，B 社は，本件ソフトウェアの商品性，品質の十分性，特
定目的への適合性のほか，「第三者の知的財産権の非侵害につきいかなる保証
も行わない」とされている。B 社にとっては，万一本件ソフトウェアが第三者
の知的財産権を侵害していた場合には前述のような多大な負担を強いられるこ
とになるが，一方で，A 社においても知的財産権の非侵害を保証することは
極力避けたいことであり，交渉が難航する条項であると思われる。折衷案とし
て，B 社においては，A 社に保証をさせつつ，その場合に A 社が負担する損
害賠償額に上限を設けたり，保証の範囲を日本国内における権利侵害に限るな
どして，一定の範囲内で保証を取り付けることが考えられるであろう。

148

第 11 章　ソフトウェアライセンス契約と著作権

参 考 文 献
●弁護士法人イノベンティア編著『英和対訳 ソフトウェアライセンス契約の実務』（商事法務，2021 年）
●伊藤雅浩ほか『IT ビジネスの契約実務』〔第 2 版〕（商事法務，2021 年）
●齋藤浩貴『ライセンス契約の理論と実務──新時代ビジネスの知財活用戦略』（青林書院，2024 年）

第**12**章

AI と知的財産権

福岡真之介

CASE

法務担当者であるあなたのもとに，事業部から AI に関する以下の法律問題に関する質問があったが，どのように回答すればよいだろうか。

（1） AI を使って画像を生成するソフトウェアを開発し，ユーザに提供することを企画しているが，ユーザがそのソフトウェアを使って生成した画像に知的財産権は発生するか。

（2） AI が第三者の著作物である画像に似ている画像を生成してしまう可能性がある。その場合に著作権侵害となるか。

（3） AI の学習用データとして，インターネット上の画像データを収集して使いたい。画像の中には著作権があるものも含まれているが，著作者に無断で利用することは可能か。

（4） 画像データを収集する対象となるウェブサイトの中には，利用規約の中で「本サイトに掲載した当社の著作物の商業的利用を禁じる」という規定を設けているものもある。このような利用規約があるウェブサイトの画像データを利用することは可能か。

I AI 生成物と知的財産権

1 AI 生成物と著作権

　近時，AI に画像や音楽を読み込ませて学習させ，画像や音楽を生成させる

150

第 12 章　AI と知的財産権

技術が発展している。文章を入力すれば，その文章に沿った画像を生成する AI もある。では，このような AI が作り出した「創作物」の知的財産権は，果たして誰に帰属することになるのであろうか。この AI 創作物については，まず著作権が問題となる。

著作権法は，著作権の対象となる著作物を「思想又は感情を創作的に表現したものであって，文芸，学術，美術又は音楽の範囲に属するもの」とし（著作 2 条 1 項 1 号），著作権を有する主体である著作者については「著作物を創作する者」としている（同項 2 号）。

このように著作権法は，人の思想又は感情の創作的表現を保護するという体系で構築されている。AI は「人」ではないので，AI 自身が「著作者」に該当することはない。そこで，AI が作り出した「創作物」について，AI を利用する人を著作者であると認定することができるのかが問題となる。AI 生成物に関しては以下のパターンがある。

人間が AI を「道具」として利用して創作したといえるのであれば，その人間が「著作者」であり，創作的な表現の結果である「著作物」の著作権はその者に帰属することになる。例えばコンピュータを使用して描かれた CG の著作権が，コンピュータを使用して CG を描いた者に帰属するのと同じである。

どのような場合が道具といえるのかが問題となるが，文化庁「著作権審議会第 9 小委員会（コンピュータ創作物関係）報告書」（平成 5 年 11 月）は，コンピュータ・システムを利用して創作したコンピュータ創作物について，人間による「創作意図」と，創作過程において具体的な結果を得るための「創作的寄与」があればコンピュータを道具として創作したものとして著作物性が肯定されるとする見解を示している（同報告書第 3 章 I）。

それでは，人間が大まかな指示だけをして，具体的な画像や音楽の作成については AI に任せたような場合には，どのように考えるべきであろうか。

著作権法上，著作物は，人間の「思想又は感情」の表現であることが求められているが，AI が人間の指示をトリガーにして自動的に画像を生成しただけのような場合には，人間に創作意図も創作的寄与もないため，AI 生成物に，人間の「思想又は感情」が存在しておらず，著作物として認められないと考えられる。

もっとも，ユーザが，AI が作品を生成するためのデータを工夫して AI に

151

第 1 部　著作権

与えたり，AI を学習させた場合に，人間の「創作的寄与」があるといえるか
が問題となる。

　この点について，知的財産戦略本部「新たな情報財検討委員会報告書」（後
掲注 9)）は，「選択を含めた何らかの関与があれば創作性は認められるとの指
摘があった一方で，単にパラメータの設定を行うだけであれば創作的寄与とは
言えないのでないかという指摘もあり，……現時点で，具体的な方向性を決め
ることは難しいと考えられる」として結論を出していない（同報告書 37 頁）。

　これに対して，文化審議会著作権分科会法制度小委員会作成の「AI と著作
権に関する考え方について」（令和 6 年 3 月 15 日）（以下「AI 考え方」という）
では，AI 生成物の著作物性は，個々の AI 生成物について個別具体的な事例
に応じて判断され，創作的寄与があるといえるものがどの程度積み重なってい
るか等を総合的に考慮して判断されるとしている。そして，著作物性を判断す
るに当たって考慮される要素の例として，①指示・入力（プロンプト等）の分
量・内容，②生成の試行回数，③複数の生成物からの選択という要素を挙げて
いる。

　一般論として，人が入力する文章や画像を試行錯誤して自らが描くイメージ
に沿った AI 生成物を生成する場合には，創作的寄与があるという余地がある
が，人がほとんど何もしない場合は創作的寄与がないといえる。AI 生成物が
著作物でない場合には，契約や他の法律による制約がない限り，誰もが自由に
流通・利用してよいことを意味する。他方で，AI 生成物が著作物となる場合
には，休むことを知らない AI が膨大な著作物を生成し，それらに独占的利用
権が与えられることになる。著作権は相対的な排他権であり，人間が AI 著作
物に依拠（アクセス）せずに独自に作品を作る場合には著作権侵害にならない
ものの，世の中に AI 著作物が溢れた場合に，それらへのアクセスが避けられ
ないことや，著作権侵害を恐れて創作活動に萎縮効果が生じることも考えられ
る。今後 AI による生成物が爆発的に増加するであろうことを踏まえると，AI
生成物に 70 年もの独占的利用権がある著作権を認めることは，他の者による
画像の生成・利用を著しく害することになることも想定される。そのため，
AI 生成物について，70 年もの独占的利用権を与えるに値するだけの創作意図
と創作的寄与があるものに限り，著作権を生じさせる方向で考えるのが適切で
あるように思われる。

152

第 12 章　AI と知的財産権

なお，AI 生成物について，それが AI 生成物であることを秘匿し，自らの著作物であると表明して著作権の保護を受けようとする「僭称コンテンツ問題」については，その問題の重要性や対応の必要性に関しさまざまな見解があるが，「著作者でない者の実名又は周知の変名を著作者名として表示した著作物の複製物……を頒布した者」に対する刑事罰を定めた著作権法 121 条の範囲を拡大して，AI 生成物を人間が創作した著作物と偽って公衆に提供又は提示した者にも刑事罰が科されるように改めるという見解が示されている[1]。

AI 生成物の著作物性と取扱いについては今後の動向も注目される。

2 AI 生成物と特許

AI 生成物と特許について考えると，AI を利用して新たな材料や化合物を発明したような場合に，その発明について特許を受けることはできるのかという問題がある。AI を人間が道具として利用する場合には，発明したのは人間と評価できるので，AI 特有の問題は生じないが，人間がほとんど関与せずに AI が自律的に新たな材料や化合物を発見した場合に問題となる。

特許法における発明者は自然人であることが必要であるとされている（特許 36 条 1 項等参照）。裁判例においても，AI が特許の発明者となり得るかが争われた訴訟において，裁判所は，特許法 29 条 1 項の「発明をした者」とは自然人を意味すると判示し，AI を発明者とした特許を認めなかった[2]。このように現行特許法の下では AI が発明者になることはできない。そのため，発明者となり得るのは AI を利用した自然人である。

特許法における発明者とは，その具体的な技術的手段を完成させた者を指し，単なる補助者，助言者，資金の提供者，あるいは単に命令を下した者は発明者とならないとされている[3]。裁判例でも，実用新案の事案である自動ボイルエビ成型装置事件[4]では，課題と素朴なアイディアを提供した者は考案者と

---

1)　上野達弘「人工知能と機械学習をめぐる著作権法上の課題」知的財産紛争の最前線 3 号（L&T 別冊，2017 年）61 頁。

2)　東京地判令和 6・5・16 判時 2601 号 90 頁（ダバス事件）。

3)　中山信弘『特許法〔第 5 版〕』（弘文堂，2023 年）45 頁。

4)　東京高判平成 3・12・24 判時 1417 号 108 頁。

第1部　著作権

はいえないと判示されている。また，テトラゾリルアルコキシカルボスチリル誘導体事件[5]でも，補助，助言，資金の提供，命令を下すなどの行為をしたのみでは創作行為に加担したとはいえないと判示されている。したがって，AIに指示をした者が単なる課題と素朴なアイディアの提供者，あるいは単に命令をするだけのような関与形態の場合には，発明者としては認められないと考えられる。

　もっとも，特許の外観だけからは，その発明が人間がしたものなのかAIがしたものなのかを判断できないことが多いだろう。しかし，AIによる発明の過剰な保護が起こるかについては，発明の保護価値は課題解決手段としての進歩性にあり，人の創作物であろうとAI生成物であろうと，発明の場合には進歩性の判断が適切になされる限り，保護されるAI生成物が自ずと限定されるため過剰保護の問題は生じにくいとの指摘もされており[6]，無方式で発生する著作権とは状況が異なっているといえる。

Ⅱ AI 生成物による著作権侵害

　AIが生成物を作成する場合，既存の画像や音楽を分析して学習した上で，学習済みモデルが生成物を作成することが現在一般的である。

　そこで，まず，そもそもAIが生成物を作成する過程で著作権侵害が生じないかが問題となる。例えば，既存の画像や音楽のデータが著作物である場合に，それをAIに分析させるためにメモリーやハードディスクに保存することが複製権の侵害になるかが問題となる。

　この点について，AIが既存の画像や音楽のデータを分析するためであれば，後述する著作権法30条の4の「著作物に表現された思想又は感情の享受を目的としない利用」として利用することが基本的に認められている。

　次に，AIが生成した作品が，分析対象となった作品と極めて類似している場合には，著作権侵害となるかが問題となる。例えば，AIにゴジラの映画を

5）　東京地判平成18・9・8判時1988号106頁。
6）　横山久芳「AIに関する著作権法・特許法上の問題」法時91巻8号（2019年）52頁。発明者やその関係者が自ら開示することで判明することは考えられる。

154

第 12 章　AI と知的財産権

分析させた上で，学習済みモデルを作成し，この学習済みモデルに「炎を吐く怪獣」の画像を出力させたところ，ゴジラに似た画像が生成された場合に，ゴジラ画像の複製権あるいは翻案権の侵害となるのかが問題となる。

複製権・翻案権の侵害があったというには，他人の著作物に依拠して，同一又は類似のものが作成されることを要する。つまり，「依拠＋類似性（同一性を含む）」が複製権・翻案権侵害の要件となる。

「依拠」とは，他人の著作物に接し，それを自己の作品の中に用いることをいい[7]，「類似性」とは，原著作物の表現の本質的な特徴を直接感得できることをいう[8]。

そうだとすると，ゴジラの映画にアクセスして，これを分析し，ゴジラに類似した画像が生成された場合には，依拠と類似性の要件を満たすようにも思われる一方で，学習用データセットに元になった著作物が含まれているだけで，著作物がパラメータとして抽象化・断片化されている場合にはアイディアを利用しているにすぎず依拠はないという考え方もある。

この点について，著作物が学習済みモデル内に創作的な表現の形でデータとしてそのまま保持されている場合には依拠を認めるべきであるという見解や，元の著作物が学習用データセットに含まれていることなどによりアクセスがあれば依拠を認めてもよく，侵害の成否は類似性で判断すればよいという見解もある[9]。

また，元の著作物はパラメータに抽象化・断片化されて記録されているが，元の著作物が一群のパラメータの生成に寄与し，かつ，その一群のパラメータに基づいて生成物が制作されている場合には，表現形式が変換されているとはいえ，元の著作物を利用して AI 生成物が制作されているから依拠を肯定すべきであり[10]，他方，元の著作物が学習に利用されていたとしても，一群のパラメータの形成に寄与していない場合には，元の著作物が AI 生成物の制作に

7）　中山信弘『著作権法〔第 4 版〕』（有斐閣，2023 年）737 頁。なお，依拠の意義については被疑侵害者の認識も必要であるとの説もあり，様々な説がある。

8）　中山・前掲注 7)744 頁。

9）　知的財産戦略本部　検証・評価・企画委員会 新たな情報財検討委員会「新たな情報財検討委員会報告書」（平成 29 年 3 月）37 頁。

155

第 1 部　著作権

現に利用されたとはいえないから，依拠を否定すべきであるとする見解もある（パラメータ生成寄与説）[11]。この見解は，学習済みモデルの目的や学習方法，生成物の内容等も考慮して，依拠の認定を行うべきであるとし，元の著作物が創作性の高い作品であるにもかかわらず，AI 生成物が元の著作物と顕著な類似性を有しているときは，元の著作物が一群のパラメータの生成に寄与したものと合理的に推認できるから，依拠を推認することが許されるとする。

　依拠を否定する見解に対しては，学習用データに既存著作物を利用した AI 生成物が著作権の侵害にならないとすると，単に原著作権のデータを切り貼りして画像を生成する「AI もどき」の生成物（これは翻案権の侵害となる）と外形的には区別がつかないので，そのような違法行為を助長することになり，望ましくないという批判もありうる。

　このように AI に取り込まれた学習用データセットへの依拠についての見解には諸説ある。この点，AI 考え方では，AI 利用者が既存の著作物を認識していないとしても，当該生成 AI の開発・学習段階で当該著作物を学習していた場合には，客観的に当該著作物へのアクセスがあったと認められるとして，当該生成 AI を利用し，当該著作物に類似した生成物が生成された場合は，通常，依拠性があったと「推認」されるとしている。なお，著作権侵害になるとしても，差止請求の対象には故意過失は不要であるが，故意過失がなければ損害賠償請求されることはないので（著作権法には故意過失の推定規定はないので立証責任は侵害を主張する者が負う），AI 利用者が既存の著作物が学習用データセットに含まれていることに故意・過失がなければ差止請求は認められうるとしても，損害賠償責任は負わないことになる。

---

　10)　横山・前掲注 6)53 頁。この見解では「これら一群のパラメータは，AI プログラムの処理方法を規定し，AI プログラムが制作する生成物の内容に直接影響を及ぼすものであるから，プログラムの一部とみるべきであり，単なるアイデアと捉えることは適当でない」からであると説明されている。

　11)　横山・前掲注 6)53 頁。

第 12 章　AI と知的財産権

Ⅲ 他人の著作物の学習用データとしての利用

　著作権法 30 条の 4 は，「著作物に表現された思想又は感情の享受を目的としない利用」（非享受目的利用）について，著作権者の許諾なく「いずれの方法によるかを問わず」利用できると規定している[12]。そして，利用できる場合の例示として，①著作物利用に係る技術開発，②情報解析，③人の知覚による認識を伴わない利用を挙げている。

　そのため，AI を使って画像を生成する際に，他人の著作物を学習用データとして利用することが，著作権者の許諾なくできる場合がある。

1 「享受」の意味

　ある行為が「享受」に該当するか否かについては，著作物等の視聴等を通じて，視聴者等の知的又は精神的要求を満たすという効用を得ることに向けられた行為か否かという観点から判断される[13]。このように，著作権法 30 条の 4 における「享受」は，人が主体となることを念頭に置いている。

　AI を学習させるために著作物を含むデータを利用したとしても，コンピュータが著作物を解析するものであることから，一般的には，著作物に表現された思想又は感情を人が享受することにはならない。したがって，他人の著作物を AI の開発のための学習用データとしてサーバ等に保存する行為は，著作権法 30 条の 4 柱書の適用により，原則として著作権者の許諾は不要となる。また，AI を使ってデータを学習させる行為は，通常は，非享受目的の例示として挙げられている同条 2 号の「情報解析」にあたると考えられる。このため

---

　12)　著作権法 30 条の 4 の前身といえる平成 30 年改正前の 47 条の 7 においても「電子計算機による情報解析……を行うことを目的とする場合」には，必要な限度において，著作権者の許諾なしに，著作物を記録媒体に記録することと翻案をすることが許されると規定されていたが，譲渡や公衆送信については認められていなかった。

　13)　国会審議においては，この「享受を目的としない」場合とは，「著作物等の視聴等を通じて視聴者等の知的又は精神的欲求を満たすという効用を得ることに向けられた行為であるか否かという観点から判断されることとなる」，「例えば，主たる目的が享受のほかにあったとしても，同時に享受の目的もあるような場合には同条の適用はない」との発言がなされている（第 196 回参議院文教科学委員会会議録 9 号〔2018 年 5 月 17 日〕2 頁〔中岡司政府参考人発言〕）。

157

第 1 部　著作権

AI を学習させるための著作物を含むデータの利用は，同号により，原則とし
て著作権者の許諾は不要となる。

　この点，AI 考え方は，主たる目的が「享受」ではないとしても，一個の利
用行為には複数の目的が併存する場合もあり得るところ，この複数の目的の内
にひとつでも「享受」の目的が含まれていれば，著作権法 30 条の 4 は適用さ
れないとしている。そして，非享受目的と享受目的が併存する場合の例とし
て，「既存のデータベースやインターネット上に掲載されたデータに含まれる
著作物の創作的表現の全部又は一部を，生成 AI を用いて出力させることを目
的として，これに用いるため著作物の内容をベクトルに変換したデータベース
を作成する等の，著作物の複製等を行う場合」を挙げている。もっとも，この
ような見解に対しては異論もある[14]。

2 利用方法

　著作権法 30 条の 4 は，著作権者の許諾なく利用できる範囲について，「いず
れの方法によるかを問わず」としており，利用方法を限定していない。AI 用
の学習用データセットを第三者に対して提供する行為も，AI の開発という目
的であれば同条が適用され，原則として著作権者の許諾は不要である。したが
って，譲渡や公衆送信等を行うことも可能であり，例えば，学習用データセッ
トについて，第三者に情報解析を目的とする著作物を譲渡や公衆送信等を行う
ことにより，情報解析を委託したり，共同で情報解析したりするようなことが
可能である。

3 著作権者の利益を不当に害する場合

　著作権法 30 条の 4 但書は，「著作権者の利益を不当に害することとなる場
合」には，権利制限規定が適用されないとしているが，具体的にどのような場
合がこれにあたるかについては明示されておらず，解釈に委ねられている。

　この点に関して，AI 考え方は，本但書は，非享受目的で著作物を利用する
場合に適用可否が問題となるとしている[15]。また，本但書の該当性を検討す

---

　14)　愛知靖之「日本法における権利制限——著作権法 30 条の 4 を中心に」上野達弘 = 奥邨弘司編
著『AI と著作権』（勁草書房，2024 年）16 頁以下。

158

るに当たっては，①著作権者の著作物の利用市場と衝突するか，あるいは②将来における著作物の潜在的販路を阻害するかという観点から，技術の進展や，著作物の利用態様の変化といった諸般の事情を総合的に考慮して検討することが必要としている。

「著作権者の利益を不当に害することとなる場合」にあたるものとしては，旧著作権法47条の7でも権利制限規定の例外とされていた「情報解析を行う者の用に供するために作成されたデータベース著作物」（情報解析用データベース著作物）の利用（同条但書）にあたる場合が挙げられる。このようなデータベースについては，それを提供する市場が存在していることから，無許諾での利用は市場と衝突して著作権者の利益を不当に害すると考えられる。

AI考え方は以下の4つの場合における30条の4但書該当性を検討している。
① アイデア等が類似するにとどまるものが大量に生成される場合

AI考え方は，著作権法が保護する利益でないアイデア等が類似するにとどまるものが大量に生成される場合であっても，当該生成物が学習元著作物の創作的表現と共通しない場合には但書該当性を否定している[16]。これは，但書における「著作権者の利益」とは，著作権侵害が生じることによる損害を意味するという前提に立ったうえで，表現アイデア二分論（アイディアのみの類似は著作権では保護されないとの考え方）に基づいているといえる。
② 情報解析に活用できる形で整理したデータベースの場合

情報解析用データベースは，但書が想定する典型例であることにはコンセンサスがあると思われる[17]。AI考え方では，これに加え，「インターネット上のウェブサイトで，ユーザーの閲覧に供するため記事等が提供されているのに

---

15) 換言すれば，享受目的がある場合には本但書の適用は問題とならない。もっとも，享受目的がある場合にはそもそも著作権法30条の4の適用がないことから，著作物の無断利用は，基本的に（他の権利制限規定の適用がない限り），違法となる。

16) なお，AI考え方では，但書に規定する「著作権者の利益」と著作権侵害が生じることによる損害とは必ずしも同一ではなく別個に検討し得るといった見解から，特定のクリエイター又は著作物に対する需要が，AI生成物によって代替されてしまうような事態が生じる場合には，「著作権者の利益を不当に害することとなる場合」に該当し得ると考える余地があるとする意見も紹介されている。

17) もっとも，情報解析用データベースをAI学習用に利用することは，そもそも享受目的利用であり30条の4が適用されないという議論は考えられる。

第 1 部　著作権

加え，データベースの著作物から容易に情報解析に活用できる形で整理された
データを取得できる API が有償で提供されている場合において，当該 API を
有償で利用することなく，当該ウェブサイトに閲覧用に掲載された記事等の
データから，当該データベースの著作物の創作的表現が認められる一定の情報
のまとまりを情報解析目的で複製する行為は，本ただし書に該当し，同条によ
る権利制限の対象とはならない場合があり得ると考えられる」としている。こ
れは，情報解析用データベースそのものを利用しなくても，情報解析用データ
ベースに収録されている／収録される予定がある情報解析用ではない著作物を
データベース著作物に準じる形で利用する場合には，但書に該当する可能性を
認めるものといえる。もっとも，その理論的根拠は，その記載からは明らかで
はなく検討が必要であろう。

③　学習のための複製等を防止する技術的な措置が施されている場合

　AI 考え方は，AI 学習のための著作物の複製等を防止する技術的な措置とし
て robots.txt への記述や ID・パスワードを挙げた上で，「AI 学習のための著作
物の複製等を防止する技術的な措置が講じられており，かつ，このような措置
が講じられていることや，過去の実績（情報解析に活用できる形で整理したデー
タベースの著作物の作成実績や，そのライセンス取引に関する実績等）といった事
実から，当該ウェブサイト内のデータを含み，情報解析に活用できる形で整理
したデータベースの著作物が将来販売される予定があることが推認される場合
には，この措置を回避して，クローラにより当該ウェブサイト内に掲載されて
いる多数のデータを収集することにより，AI 学習のために当該データベース
の著作物の複製等をする行為は，当該データベースの著作物の将来における潜
在的販路を阻害する行為として，当該データベースの著作物との関係で，本た
だし書に該当し，法第 30 条の 4 による権利制限の対象とはならないことが考
えられる」とする。この点，robots.txt や ID・パスワードは AI による学習の
回避のために使われているとは限らないことから（むしろ本来目的は他の目的で
あることが多い），上記の事実から情報解析用データベースが将来販売される予
定があることがどれだけ推認されるのかについての検証が必要であろう。

④　海賊版等の権利侵害複製物を AI 学習のために複製する場合

　AI 考え方は，AI 開発事業者などが，インターネット上のデータが海賊版等
の権利侵害複製物であるか否かの判断が難しいことなどから，海賊版を掲載し

160

第 12 章　AI と知的財産権

ているウェブサイトから学習データを収集したとしても但書には該当しないと受け止め可能な記載がされている。もっとも，AI 開発事業者などが，ウェブサイトが海賊版等の権利侵害複製物を掲載していることを知りながら学習データの収集を行ったという事実は，当該事業者が規範的な著作権侵害の行為主体として侵害の責任を問われる可能性を高めると指摘している。

　なお，AI 考え方では，但書で著作権者が保護されない場合であっても，故意又は過失によって第三者の営業上の利益や人格的利益等を侵害するものである場合は，当該生成行為を行う者が不法行為責任や人格権侵害に伴う責任を負う場合はあり得るとしている。著作権者の権利は著作権法以外の法によって保護されることも考えられるが，北朝鮮映画事件における最高裁判決（最判平成23・12・8 民集 65 巻 9 号 3275 頁）が，著作権法によって保護されない利用行為については，「同法が規律の対象とする著作物の利用による利益とは異なる法的に保護された利益を侵害するなどの特段の事情がない限り，不法行為を構成するものではない」と判示していることについては留意する必要がある。

4 著作権法オーバーライド問題

　このように他人の著作物であっても著作権法 30 条の 4 により著作権者の許諾なくして利用できる場合があるが，ウェブサイトに「本ウェブサイトのデータについては，商業利用は禁止します」と記載されている場合や，著作権者との間でデータベースの利用契約を締結しており，その契約に学習用データセットとしての利用が禁止されている場合に，そのウェブサイトのデータを商業利用目的で利用できるかが問題になる。

　このような問題は，著作権法と当事者間の契約のどちらが優先するのか（著作権法をオーバーライドするような契約条項の有効性の判断）という「著作権法オーバーライド」の問題といわれる。

　この問題については，著作権法上の権利制限規定（の一部）は，任意法規であるからオーバーライドが生じるという見解と，強行規定であるからオーバーライドは生じないという見解がある[18]。また，前提として，ウェブサイトの

---

18)　経済産業省「電子商取引及び情報財取引等に関する準則」（令和 4 年 4 月）（https://www.meti.go.jp/policy/it_policy/ec/20220401-1.pdf）253 頁参照。

第1部 著作権

利用規約のようなものについてそもそも契約としての拘束力があるのか，不当条項などとして無効になるものがあるのではないかという問題もある。

著作権法の中には強行規定と任意規定が混在しており，利用行為の性質・著作物の性質・権利制限規定の趣旨等を考慮し判断するのが妥当であると考えられる。

この点，「令和3年度産業経済研究委託事業（海外におけるデザイン・ブランド保護等新たな知財制度上の課題に関する実態調査）調査報告書」では，著作権法30条の4を強行規定と捉えて同条に反する契約を一律に無効と考えることは困難と整理した上，権利制限規定の趣旨，利用者に与える不利益の程度，著作権者・提供者側の不利益の程度，その他諸般の事情を総合的に考慮し，オーバーライド条項が公序良俗に反するといえるか否かについて検討を行い，「AI学習等のための著作物の利用行為を制限するオーバーライド条項は，その範囲において，公序良俗に反し，無効とされる可能性が相当程度あると考えられる」としている[19]。

なお，AI考え方では著作権法オーバーライド問題については触れられていない。

5 外国の著作物を利用する場合

他人の著作物が外国の著作物である場合もある。ウェブサイト上のデータを収集する場合には，外国のウェブサイトにアクセスすることは珍しいことではない。そのような場合に，日本の著作権法が適用されるのか，あるいは外国法が適用されるのかが問題となる。

この問題については，①訴訟等の法的手続を行う裁判所等の管轄，②管轄裁判所において準拠法を決定するための抵触法（国際私法），③準拠法を検討する必要がある。

①の国際裁判管轄については，日本の裁判所において著作権に関する訴えが提起された場合には，日本国内に普通裁判籍又は特別裁判籍があるか否かによ

---

19) 株式会社エヌ・ティ・ティ・データ経営研究所「令和3年度産業経済研究委託事業（海外におけるデザイン・ブランド保護等新たな知財制度上の課題に関する実態調査）調査報告書」（令和4年2月）別紙2・30頁以下。

第 12 章　AI と知的財産権

り判断されることになる（民訴 3 条の 2 ～ 3 条の 8）。外国で訴訟が提起された場合には，当該外国の法律により管轄の有無が決せられることになる。

　②の抵触法については，日本の抵触法である「法の適用に関する通則法」が適用される場合には，例えば，著作権侵害に基づく損害賠償請求は不法行為に基づく請求として，その準拠法については，「加害行為の結果が発生した地の法による。ただし，その地における結果の発生が通常予見することができないものであったときは，加害行為が行われた地の法による」とされる（法適用 17 条）。

　そこで，結果発生地又は加害行為地がどこかが問題となる。ウェブサイトにアップロードされた著作物をダウンロードした場合，結果発生地としては著作権を侵害するダウンロードが行われた地が，加害行為地としては被告がアップロードの操作をした地が考えられる。

　日本において著作物のダウンロードが行われた場合，上記の法の適用に関する通則法 17 条の規定によれば，準拠法は，外国の著作権者が加害行為の結果発生地が日本であることが通常予見することができたかにより，結果発生地法か加害行為地法のいずれかが決まることになる。この点，世界中からアクセス可能であるインターネット上のウェブサイトにアップすれば日本でダウンロードされることは通常予見可能であるから，ダウンロードという結果が発生した地である日本法を準拠法とすることが考えられる。

　したがって，著作物を日本でダウンロードし，日本の裁判所で訴えが提起された場合には，日本法が準拠法となり，著作権法 30 条の 4 が適用され，情報解析目的の著作物の利用については原則として著作権者の許諾は不要となろう。他方で，外国でダウンロードした場合には，結果発生地である当該国の著作権法により判断されることになろう。もっとも，外国の裁判所で訴えが提起された場合には，どの法が適用されるかの予測可能性は低く，一定程度のリスクをとらざるを得ない。

参 考 文 献
●文化審議会著作権分科会法制度小委員会「AI と著作権に関する考え方について」（令和 6 年 3 月 15 日）

第1部　著作権

●上野達弘＝奥邨弘司編著『AIと著作権』（勁草書房，2024年）
●上野達弘「情報解析と著作権──『機械学習パラダイス』としての日本」人工知能
36巻6号（2021年）745頁〜749頁

第2部
特許

第13章

特許ライセンス契約

松下 外

CASE

　メーカー X は，新型工作機に関する発明（部品を含む）の特許出願をし，後日特許（本特許）が登録された。

　他方，X は，本特許登録前に，メーカー Y に対し，その通常実施権を許諾した場合，関連するデータや特許出願中の部品を有償提供する旨案内したところ，Y はこれに応じた。そこで，下記条項を内容とする契約（本契約）が締結され，Y は X より，その新型工作機の販売開始後約 5 年間，本技術情報の提供を受けた。

　その後，特許期間（20 年間）が満了し，本特許の特許権（本特許権）は消滅した。Y は本契約が特許ライセンス契約であるため，本特許権消滅によりランニングロイヤルティの支払義務も消滅したと考えていた。他方，X は本契約がノウハウライセンス契約であり，Y の支払義務は，本特許権消滅後も継続すると考えている。いずれの考えが適切か。また，契約文言の工夫はできるか。本特許の無効審決確定の場合はどうか。

第 1 条（定義）
　① 「許諾製品」とは●をいう。
　② 「本技術情報」とは X が本契約締結時において所有し，かつ許諾製品の設計・製造に必要と考える技術資料及びデータをいい，●を含む。
第 2 条（実施許諾）
　(1) X は Y に対し，本契約の期間中，本技術情報に基づき許諾製品を製造，販売する非独占的実施権を許諾する。

第13章　特許ライセンス契約

（2）　Yは，上記実施許諾に基づき許諾製品を製造する場合，品質確保のため，指定部品（Xが特許出願中のものに限る。）をXが供給又は指定する者より購入し，許諾製品の製造のために使用する。

第3条（技術援助等）
　Xは，本契約締結日より3か月以内に，本技術情報をYに開示及び提供する。

第4条（対価）
　YはXに対し，第2条の実施許諾及び第3条の技術援助等の対価として次の各対価を支払う。
　①　イニシャルフィー：100万円
　②　ランニングロイヤルティ：許諾製品の販売価格の3％相当額

第5条（特許権の実施許諾）
　XはYに対し，本契約の期間中にXが取得する許諾製品に関する特許権等につき通常実施権（出願中の場合は非独占的実施権）を許諾する。

Ⅰ　はじめに

　本稿の対象は「特許ライセンス契約」である。ライセンス契約は，権限設定，対価獲得，交渉・紛争解決費用低減，ライセンシー制約その他各種機能を有する。特許分野でも，単純なライセンス契約に留まらず，クロスライセンス契約やパテントプール等，様々な種類がある[1]。本稿では，特許権者が日本で登録された特許について日系企業間でライセンス契約を締結する場面を念頭にその基本的な考え方を概説する。

1）　松田俊治『ライセンス契約法』（有斐閣，2020年）106頁～133頁。

第 2 部　特許

Ⅱ 特許ライセンス契約とは

1 特許権

　特許法における「特許（Patent）」とは，国がある「発明」（特許発明）の発明者その他の特許を受ける権利を有する者に対し，特許権を付与する行政行為を意味する。他方，「特許権」は，特許査定（行政処分）を前提とした設定登録により生じる私権であるから（特許 66 条 1 項），特許とは区別される。

　これまでの章で取り扱われた著作権はその発生に特段の方式を要せず，その権利範囲が事後的に変わる事態も消滅の場合を除いて原則としてない。これに対し，特許権は行政処分である特許を踏まえた設定登録を前提とするため，訂正審判請求等による権利範囲の減縮や特許無効審判の確定による無効等，その権利発生後も権利範囲の変動が生じ得る。著作権と比べてその保護期間も短い。そのため，特許ライセンス契約を作成する際には，これら特許権特有の性質に起因する対応が必要な場合がある。

2 通常実施権

　特許権者は，特許発明を業として実施する権利を専有する（特許 68 条本文）。特許法は，「物の発明」，「方法の発明」及び「物を生産する方法の発明」それぞれの実施の範囲を定義している（特許 2 条 3 項各号）。特許権者は，第三者による特許発明の実施に対して，損害賠償請求権，不当利得返還請求又は差止請求権その他の妨害排除請求権等の排他権を有する。

　特許法は，排他権の不作為請求権の 1 つとして通常実施権を定めている[2][3]。その範囲は当事者間の契約（設定行為）により定まり，特許権の全部のみならず，一部に制限して設定できる（特許 78 条 2 項）。通常実施権は同時に複数人に設定でき，特約がない限り，通常実施権設定後の特許権者による実

　2）　約定実施権（ライセンス）の種類としては，通常実施権と，実施権者に特許発明を業として実施する権利を専有させる排他的・準物権的権利である専用実施権（特許 77 条 2 項）もある。なお，専用実施権者も通常実施権を設定できるが，紙幅の都合上，本稿では記載を省略する。
　3）　通常実施権の存在は，特許権侵害訴訟において抗弁に位置付けられる。

168

第 13 章　特許ライセンス契約

施も妨げられない[4]。

3 特許ライセンス契約の法的性質

　特許ライセンス契約を含むライセンス契約は非典型契約であり，当事者の合意がない場合の補充的規定は少ない。そのため，契約による当事者間の債権債務関係の明示が特に重要な契約類型である。特許ライセンス契約の本質的要素は，①通常実施権の許諾（設定）であるが，それ以外にも対価（ライセンス料）の有無及びその額，独占性の有無，原材料の購入先，許諾製品の販路，第三者の知的財産権非侵害や特許有効性等の保証及び補償[5]，競業避止義務等の様々な②付随的合意を含む場合が多い。これら①②の区別が法的分析の出発点になる。

　例えば，ライセンシー以外の者に実施を許諾しない「独占的通常実施権」は，①特許法上の（非独占的）通常実施権と②契約上の義務である独占性[6]を組み合わせたものである。もっとも，独占性はライセンサーの債務を構成するに留まる。ライセンサーが，契約に違反して第三者に通常実施権を許諾しても，ライセンシーの救済手段は債務不履行に基づく損害賠償請求等に留まり，特許法に基づく請求権は生じない[7]。

---

　4 ）　最判昭和 48・4・20 民集 27 巻 3 号 580 頁。
　5 ）　ただし，特許ライセンス契約が有償契約ならば，契約上保証が明示されていない場合であっても，ライセンシーは，民法上の契約不適合責任に基づく損害賠償請求や契約解除等の救済を受けられる可能性がある（民 559 条・562 条～ 564 条）。特に実施許諾の対象特許に無効事由がある場合や，対象発明が技術的に実施不能な場合に，契約不適合責任の有無が問題になり得る。
　6 ）　特許権者自らも実施しない特約を付した独占的通常実施権を「完全独占的通常実施権」という。独占的通常実施権を設定すると，特許権者による実施又は実施許諾が制限されるため，実施義務や売上等に左右されない最低実施料を定めることがある。但し，実施義務を抽象的に定めてもその帰結は明らかではないため，最低実施料の定めを設けるほうがより直接的な救済だろう。
　7 ）　但し，第三者の侵害に対する救済内容は異なる。非独占的通常実施権者は損害賠償請求及び差止請求権を有さないと解されている。これに対して，独占的通常実施権の場合，ライセンシーが特許発明を独占的に実施可能な地位を契約上有すること等を考慮し，①第三者に対する固有の損害賠償請求権及び過失推定（特許 103 条）の類推適用を認める一方，②専用実施権との実質的な差異がなくなるため差止請求権は認められないとする見解が一般的である。特許権者の差止請求権を代位行使できるか否かには学説上争いがあり，裁判例も分かれている。中山信弘『特許法〔第 5 版〕』（弘文堂，2023 年）565 頁～ 571 頁参照。

169

第2部　特許

　なお，特許ライセンス契約（通常実施権許諾契約）と区別される契約類型として，権利不行使（Non-assertion）合意がある。後者は，特許法上の通常実施権を許諾するのではなく，排他権の不行使を契約上合意するものである。通常実施権の主たる性質を，ライセンシーからライセンサーに対する排他権の不作為請求権と捉えるならば，これらの違いはないともいい得る。もっとも，通常実施権は当然対抗（特許99条）の対象になることに照らせば区別の実益は否定できない。実際の区分は難しいところがあるが，例えば，通常実施権の許諾としての取扱いを希望するならば，ライセンス契約上，その旨を明記する対応が考えられる。

4 独占禁止法との関係

　特許ライセンス契約を作成する際には独占禁止法の適用にも留意が必要である。特許権の行使と認められる行為には独占禁止法は適用されないが（同法21条），同法の具体的な適用範囲について「知的財産の利用に関する独占禁止法上の指針[8]」（以下「知財ガイドライン」という）は多くの事例を挙げている。独占禁止法に違反する契約条項が直ちに無効になるわけではないが[9]，無効リスクは相対的に高い。実務で問題になり得る条項として次のものがある。

　第1は，ライセンサーに対し，その開発した改良技術を不相当な対価で譲渡する義務（アサインバック）や独占的ライセンスをする義務（グラントバック）を課す条項である。これら条項は原則として不公正な取引方法にあたり，独占禁止法に違反する[10]（知財ガイドライン第4・5・(8)）。他方，非独占的ライセンスをする義務又は報告義務の設定は，原則として不公正な取引方法に該当しないため（知財ガイドライン第4・5・(9)及び(10)），これら条項を設けるに留める

　8）　公正取引委員会「知的財産の利用に関する独占禁止法上の指針」（平成19年9月28日制定，平成28年1月21日最終改正）。

　9）　最判昭和52・6・20民集31巻4号449頁。なお，東京高判平成9・7・31高民集50巻2号260頁は「独禁法に違反する私法上の行為の効力は，強行法規違反の故に直ちに無効になるとはいえないが，違反行為の目的，その態様，違法性の強弱，その明確性の程度等に照らし，当該行為を有効として独禁法の規定する措置に委ねたのでは，その目的が充分に達せられない場合」に公序良俗違反（民90条）により無効になるとする。

　10）　同様の問題は非係争義務との関連でも生じる（知財ガイドライン第4・5・(6)）。

170

ことも少なくない。

　第2は，ライセンス技術に関する権利の有効性について争わない義務（不争義務）を課す条項である（知財ガイドライン第4・4・(7)）。不争義務を課す条項は，不公正な取引方法に該当する場合があるものの，他方で，ライセンシーが権利の有効性を争った場合にライセンス契約を解除することは「原則として不公正な取引方法に該当しない」ため，解除条項を設けることが一般的である。

5 ノウハウの取扱い

　特許ライセンス契約を締結する際には，特許発明のみならず，その実施に必要なノウハウやデータ等の情報の開示を受ける場合がある。特許公報により開示される情報のみでは特許発明の実施が困難な場合が少なくないからである。このような情報開示に関する契約又は条項を，総体としてノウハウライセンスと呼ぶことがある。

　もっとも，知的財産権その他法令により保護されない情報は，パブリックドメインに属し，自由に利用可能であるのが原則であるから[11]，このような情報の開示に関するノウハウライセンスは，排他権に対する不作為請求権を中核的な内容とする特許ライセンスとは法的性質が異なる。その本質的な要素は一方当事者が事実上独占又は寡占している情報（ノウハウ）の開示を促すためのインセンティブ付与である。その一環として，ライセンサーにより，秘密保持義務を中心とした情報利用を制限するための各種義務が設定される場合が多い[12]。また，技術支援義務として位置付けられる場合もある。

　実務では「ノウハウの利用を許諾する」との慣用的な表現に接する場面もあるが，原則自由利用可能なノウハウについては，確認的意味を有するにすぎず，むしろ具体的な利用禁止範囲の明示が望ましいだろう。

---

　11)　著作権法に関するものであるが，最判昭和59・1・20民集38巻1号1頁。

　12)　金銭的対価は直接的なインセンティブであるが，秘密保持義務等の履践によりノウハウが公になることの価値毀損の防止もインセンティブの一種として捉えられるだろう。

第2部　特許

Ⅲ ライセンス契約の定め

　以下，特許ライセンス契約において特に重要性が高いと思われる事項を説明する。

1 実施許諾範囲

　物の発明の場合，特許権者が専有するのは，①ある特許発明の，②技術的範囲に属する物（許諾製品）の，③実施であるから，①対象発明，②許諾製品及び③許諾行為の組合せにより実施許諾範囲が定まる。

　①対象発明の特定方法としては，特許登録されているならば特許番号，出願中ならば出願番号が考えられる[13]。

　②許諾製品の特定方法として(a)if used 方式と(b)over all 方式がある[14]。(a)if used 方式は，対象発明の技術的範囲に属する製品のみを許諾対象とする方法である。通常実施権が許諾される対象（すなわちライセンス料の支払対象）を正確に表現する反面，許諾製品であるか否かの特定を都度行う必要が生じる。他方，(b)over all 方式は契約上，技術的範囲論とは独立した許諾製品の特定基準を設け，これに該当する製品の実施を許諾するものである。特定基準と対象発明の技術的範囲とが必ずしも一致せず，対象発明の技術的範囲を超える実施の取扱いが問題になる場合がある[15]。

　③許諾行為の範囲につき，通常実施権により許諾されるのは特許法上の実施である[16]。物の発明であれば，その生産，使用，譲渡等，輸出若しくは輸入

　13）　実務では，出願中の発明に関する「ライセンス」が付与されることがあるが，特許法上の各要件を満たすならば，仮専用実施権又は仮通常実施権として設定又は許諾される（特許 34 条の 2・34 条の 3）。特許登録がされた際に特許権の発生前から早期に上記各実施権を確保でき，特許の出願公開による補償金請求（特許 65 条）を避けられる等のメリットがある。

　14）　雨宮正彦「実施契約」牧野利秋編『裁判実務大系(9) 工業所有権訴訟法』（青林書院，1985年）384 頁，385 頁〜 387 頁。実施料の算定，特に出来高払方式による場合の方法として整理されることが多い。

　15）　例えば，技術的範囲を超える発明の実施に関する実施料の支払義務の設定は，独占禁止法上の不公正な取引方法に該当するおそれがある。雨宮・前掲注 14)386 頁。

　16）　外国特許に関連するライセンス契約では日本特許法上の実施相当行為を定めるだけでは足りない場合がある。

172

第 13 章　特許ライセンス契約

又は譲渡等の申出をする行為が実施に該当する（特許 2 条 3 項 1 号）。これらの実施には時間的[17]・場所的・内容的制限（分野による制限を含む）を設定できるほか[18]，上述の独占性の設定や再実施許諾[19]も可能である。

　なお，製造委託（have made）は，第三者に許諾製品の製造を実施させるものであるが，当該第三者がライセンシーの手足（補助者）に留まる場合，ライセンサーの許諾は不要である。共有者の実施に関するものの「自ら特許発明の実施をしているか否かは，実施行為を形式的，物理的に担っている者が誰かではなく，当該実施行為の法的な帰属主体が誰であるかを規範的に判断すべき」，「通常，当該実施行為を自己の名義及び計算により行っていることが必要である」と判示した裁判例がある[20]。また，下請製造ならば，(a)下請製造業者が特許権者から工賃を得ていたこと，(b)下請製造者が特許権者の指揮監督下にあったこと，(c)製造した製品の全量が特許権者に引き渡されたことの 3 要件を満たす場合にライセンシーによる実施が認められうる[21]。もっとも，如何なる場合にライセンシー自らが法的な実施主体と認められるかは個別の事案によるため，製造委託が想定されるならば，許諾範囲に明示的に含めることが望ましい。

2 ライセンス料の支払い

　通常実施権は無償でも許諾できるから，ライセンス料（実施料）の支払いは，実施許諾の要素ではない。しかし，実際に締結されるライセンス契約の多くは有償契約である。ライセンス料の支払手法には①固定額を支払う定額払方式，②実施量に応じて算出された額を支払う出来高払方式及び③これら手法を併用する併用方式等がある[22]。**CASE** の場合は，固定額であるイニシャルフ

---

17)　許諾期間の上限は，対象特許の存続期間と一致すると思われる。他方，許諾期間満了後もライセンス契約の有効期間が継続することに問題はない。例えば，大阪地判令和 3・3・11 裁判所 Web（平成 30 年（ワ）第 6015 号）。

18)　中山信弘編著『注解　特許法（上）〔第 3 版〕』（青林書院，2000 年）813 頁〜 816 頁［中山］。

19)　特許法には，専用実施権の再実施許諾の定めはあるが（特許 77 条 4 項），通常実施権の再実施許諾の定めはない。但し，通説はこれを認めている。中山・前掲注 7)564 頁。

20)　東京地判平成 29・4・27 裁判所 Web（平成 27 年（ワ）第 556 号・第 20109 号）。

21)　大判昭和 13・12・22 民集 17 巻 2700 頁，最判平成 9・10・28 集民 185 号 421 頁。

173

第2部　特許

ィーと実施量に応じたランニングロイヤルティを組み合わせる併用方式である。

　出来高払方式又は併用方式を採用するとき，許諾製品の販売数量や売上等をライセンス料の基礎とする場合，ライセンシーに対し，定期的な報告義務や監査対応義務を課すのが一般的である。

　なお，ライセンス料が通常実施権の許諾の対価である場合，その支払義務は有効な特許権の存在を前提にする。そのため，特許権消滅後はライセンス料の支払義務も消滅する。但し，ライセンス料の分割払い又は延べ払いと認められる範囲内であれば，特許権消滅後の支払いも許容される[23]。また，ライセンス料がノウハウ開示の対価を含む場合，その限りにおいて，特許権消滅後も支払義務が存続することに問題はない[24]（本稿IV参照）。

3　特許の有効性及び範囲の変動

（1）　無効審決の確定

　ある特許の無効審決が確定すると，その特許権は初めから存在しなかったものとみなされる（特許125条）。そのため，ライセンシーが，既払いライセンス料のうち通常実施権の許諾の対価相当額の不当利得返還請求権等を有するか問題になる場合がある。

　もっとも，ライセンス料の不返還特約があるならば，ライセンサーは返還義務を負わないとの理解が一般的である[25]。また，特約がない場合も返還義務がないとする説が有力である。ライセンス料の支払いは通常実施権の許諾に付随する合意であるため，特許権が遡及的に消滅しても契約関係が遡及的に無効にはならず，むしろ，ライセンス契約は継続的な契約であるから，将来に向かってのみ効力を失うとすることが適当であることがその理由である。この立場の下では，既払いライセンス料の受領には法律上の理由があるから不当利得請求

---

22)　雨宮・前掲注14)385頁〜387頁。

23)　知財ガイドライン第4・5・(2)及び(3)。

24)　雨宮・前掲注14)387頁は無効審決確定に関するものであるが「ノウ・ハウ契約との複合形態を採る」場合を実施契約が当然終了しない場合として挙げている。

25)　知財高判平成21・1・28判時2044号130頁。

第13章　特許ライセンス契約

権は発生しない[26]。

　また，錯誤無効や契約不適合責任も問題になり得るが，特許は無効リスクを内包するものであるから，有効性を明示的に保証しているような例外的な場合を除いて，一般的には成り立たないと思われる[27]。

（2）　訂正審決・訂正請求の確定

　特許権者は，訂正審判請求又は無効審判手続内の訂正請求により，対象特許の明細書，特許請求の範囲又は図面を訂正することできる（特許126条1項・134条の2）。例えば，特許権侵害訴訟における無効の抗弁に対し，訂正の再抗弁を提出する際，無効理由を避けるべく特許請求の範囲が減縮されることがある。訂正審決及び訂正請求の確定時には，訂正後の明細書等の状態で出願がなされ，特許査定がなされたものとみなされる遡及効がある（特許128条・120条の5第9項・134条の2第9項）。訂正の場合も，無効審決確定時と同様に，不当利得返還請求は認められないだろう。

　なお，令和4年4月1日施行前の旧特許法の下では，通常実施権者又は専用実施権者がいる場合，その承諾がなければ訂正審判又は訂正請求はできなかった。そのため，ライセンシーは，承諾をする際に減縮の範囲に応じた実施料の減額を求めるなどの条件交渉を行うことができた。しかし，現行特許法では，通常実施権者の承諾は不要とされ（例えば特許127条），そのような機会がなくなった。ライセンシーとしては，契約上，訂正の際の通知，協議及びライセンス料の減額義務等を設けることが重要だろう。

Ⅳ CASE の検討

　CASE は大阪地裁令和元年10月3日判決（判時2470号62頁。以下「本判決」という）を題材とし，事案を単純化したものである[28]。

---

　26)　石村智「実施契約」牧野利秋＝飯村敏明編『新・裁判実務大系(4)　知的財産関係訴訟法』（青林書院，2001年）364頁〜366頁。
　27)　錯誤無効について，雨宮・前掲注14)390頁及び391頁。契約不適合責任について，具体的な事実関係の下，これを認めなかった裁判例として，知財高判平成29・5・17裁判所 Web（平成28年(ネ)第10116号，平成29年(ネ)第10017号）がある。

第 2 部　特許

1　裁判所の判断

　CASE と概ね同様の事案で裁判所は，問題となったランニングロイヤルティの支払義務を特許権の実施許諾の対価と性質決定した上で（なお，**CASE** における契約第 2 条の「実施許諾」に特許権の実施許諾が含まれると判断している），対象となる特許権が特許の存続期間満了により同義務は当然に消滅し，特許権消滅後にこれを義務付けることは「特許権の本質に反する行為」と述べた。主な論拠は次の 4 点である。

　①　本技術情報の開示を受けなければ許諾製品を製造できない事情までは認められず，本情報が許諾製品の製造に必須であることを前提に，本契約の性質を考えることはできない。

　②　許諾製品として定義されたものは，本件各特許権の特許請求の範囲の文言と一致する部分が多く，当初契約の際の X の説明によっても，特許権者の許諾を得ない限り，これを製造，販売することはできない（技術情報やノウハウの提供では足りない）。

　③　契約締結の際，X は特許の実施許諾であることを前提にこれに付随するものについて，情報提供，技術指導を行う旨を案内している。本契約の本質が特許の実施許諾ではなくノウハウライセンス契約であるとの説明が行われた事実は認められない。

　④　情報提供は許諾製品の製造販売が行われた年から 5 年間にされたものが大部分であり，最長 20 年にわたるランニングロイヤルティの支払いと本技術情報の提供ないし本技術情報とが対価関係に立つと解するのは不合理である。

　また，本判決は，具体的事実関係を踏まえて，契約当初に支払ったイニシャルフィーが本技術情報の提供や技術指導の対価であったとも認定している。加えて，裁判所は，許諾製品が市場に出回りリバースエンジニアリングによる計測等が可能となった時点で本技術情報が公知になるとも判示した。

　28）　本判決の原告は，被告との間の契約を承継した者であったり，当初契約と追加契約の 2 つがあることやそもそも被告が複数である等，事実関係は複雑である。また，紙幅の都合上，判決内容の説明の際，用語等は適宜 **CASE** に合わせている。なお，本判決に関する評釈として，平山賢太郎・ジュリ 1564 号（2021 年）111 頁がある。

第 13 章　特許ライセンス契約

2 X（ライセンサー）の立場に立った検討

本判決を前提にする場合，**CASE** の下でも X の請求は認められない可能性が高い。それでは，ドラフティングの工夫により対応できるだろうか。

一案として，一般的にノウハウ提供の対価は特許期間満了後も請求可能であるから，ランニングロイヤルティのうち，実施許諾の対価とノウハウ提供の対価に相当する部分とを明示的に区分し，特許期間満了の際には，後者のみを請求する（減額する）との仕組みの採用が考えられる。但し，本判決がノウハウ提供の対価性を否定したのは，①情報開示が初期に集中していること及び②本技術情報が後に公知化したことの 2 点が大きいと思われ，上記仕組みの下でも対価性が否定されるリスクは払拭しがたい。

また，契約の前文等にランニングロイヤルティの性質を記載する方法も考えられる。しかし，本判決では，ランニングロイヤルティは「技術援助等の対価」と明記されていたにも関わらず（**CASE** における契約第 4 条参照），技術援助との対価性が否定されているため，その有効性は定かではない。

さらに，本判決では，イニシャルフィーがノウハウの提供対価を含むと判断されたため，これを実態と乖離しない程度に高めに設定する方法もあるかもしれない[29]。

このように，幾つかの工夫が考えられるものの，結局は，開示されるノウハウの客観的な価値（契約期間中の初期にしか開示されない場合，長期間の支払いを許容するに足りると評価可能か）やノウハウの開示頻度（契約期間中，継続的に開示しているならば対価性を主張しやすい）等の具体的な事実関係によるところが大きいだろう。そのため，実務では，上記の各対応をしつつも，事案に即して具体的な請求の可否を検討することになるだろう。

---

29)　イニシャルフィーは実施権付与の対価としての側面もあり，後に特許が無効とされても返還を要しないと解されている。吉原省三「無効審決が確定した場合の支払済実施料等の返還の要否」山上和則先生還暦記念論文集『判例ライセンス法』（発明協会，2000 年）35 頁。但し，雨宮・前掲注 14)399 頁も参照。

第 2 部　特許

3 Y（ライセンシー）の立場に立った検討

　Y としては，ランニングロイヤルティを通常実施権許諾の対価と構成した上で，対象発明の特許査定を受けられない場合や，特許権が消滅した際の処理（例えば，当然終了等）を含めておく等，その主張を裏付ける建付けの採用が望ましいだろう。また，事案の性質上可能ならば，**CASE** における契約第 4 条とは異なりランニングロイヤルティが実施許諾の対価であると明示する一方，技術援助の対価を無償とする等，ノウハウ提供に独自の意味がないことを主張しやすくする対応も一案である。

　もっとも，X の場合と同様に，やはり事実関係次第であり，リスクの完全な払拭は難しい。そのため，X から必要以上の情報を取得しない（コンタミネーション防止の観点からも有用である），あるいは情報に客観的な価値がない等継続的なロイヤルティの発生を基礎付ける事実がないとの主張が可能な準備をすることが望ましいだろう。

4 本特許の無効審決が確定した場合

　本契約のライセンス期間中に，本特許の無効審決が確定した場合，X は将来のランニングロイヤルティの支払いを受ける根拠を失う。このことは，既に述べた特許期間満了の場合と変わらない。他方で，特許権の消滅には遡及効があるため（特許 125 条），Y の立場からは，既払いのイニシャルフィーやランニングロイヤルティの返還の可否が問題になり得る。

　もっとも，本判決や学説を前提にすると，イニシャルフィーはノウハウの提供対価あるいは実施権付与の対価として捉えられ得る。また，**CASE** における各条項にはランニングロイヤルティの不返還特約はないが，他方で，特許有効の保証条項もない。Ⅲ **3(1)** で述べたとおり，このような場合，原則，不当利得や錯誤構成を認めないのが多数説である。したがって，一般論としては，Y の返還請求はハードルが高そうではある。

　但し，特許の有効性の錯誤に関しては，特許権者側の説明等により無効となる可能性がまったく想定されていなかったなどの特殊事情や無効可能性を考慮した契約交渉の有無を含め，固有の事情を考慮して判断するとの見解もある[30]。**CASE** の事案でも，例えば，Y が X の有効性の説明を信じ，将来の紛

178

第13章　特許ライセンス契約

争を回避すべく和解的なライセンス契約として本契約を締結した事情等があれば，これら事情を丁寧に分析した上で，返還主張を組み立てることもあり得るだろう。

参 考 文 献

ライセンス契約の法的位置づけ等，全体的に俯瞰するものとして，
　●松田俊治『ライセンス契約法』（有斐閣，2020 年）
和文及び英文の各条項を実務的観点から解説するものとして，
　●伊藤晴國『知的財産ライセンス契約　産業技術（特許・ノウハウ）』（日本加除出版，2019 年）
ライセンス契約に関する重要裁判例を解説するものとして，
　●山上和則先生還暦記念論文集刊行会編『判例ライセンス法──山上和則先生還暦記念』（発明協会，2000 年）

---

30)　松田・前掲注 1) 191 頁～194 頁。

第**14**章

共同研究開発契約

大野聖二

CASE

米国製薬大手のＡ社は，新型コロナウイルス感染症（COVID-19）に対する治療薬の研究（臨床）開発に取り組むことになった。この研究開発では，新型コロナウイルスの変異如何に拘わらず，高い治療効果を有する治療薬を臨床開発することが目的とされた。

Ａ社は，自社の技術では，この研究開発の目的を達成するには不十分であると判断し，世界中のシーズ技術を探索したところ，抗ウイルス療法学の世界的権威である日本のＢ大学のＣ教授の基盤技術を基に開発するのが最も近道であることが判明した。

そこで，Ａ社の開発責任者がＣ教授にコンタクトしたところ，Ｃ教授からは，大学発ベンチャー企業であるＤ社と交渉をして欲しい旨の依頼を受けた。Ｄ社は，Ｃ教授が開発した抗ウイルス療法を基盤技術として，治療薬等の研究臨床開発を目指すベンチャー企業であり，Ｃ教授は，その主要株主であるとともに，CTO（Chief Technology Officer，最高技術責任者）を務めている。

本共同研究開発契約を交渉するにあたって，どのような点に注意すべきか。

Ⅰ はじめに

共同研究開発契約に関しては，実務的な解説書も数多く出版され，契約書の主要な各条項，裁判例，独占禁止法との関係等に関しては，詳細な解説がなされている。

180

しかし，実際に共同研究開発契約を進めるにあたっては，契約書の各条項について交渉する以前の様々な調査が重要な意味を持つことも多い。

本稿では，それらの問題を中心に，共同研究開発契約の最先端の実務上の問題を，事例に即して解説するものとする。

Ⅱ 大学の職務発明規程との関係

1 基盤技術に関する特許等との関係

本 **CASE** は，抗ウイルス療法学の世界的権威である C 教授の基盤技術を基に，共同研究開発契約が計画されているので，まず，C 教授の基盤技術に関する特許権等を本共同研究開発において，自由に使用できるかが問題となる。

特許法 35 条 3 項は，「従業者等がした職務発明については，契約，勤務規則その他の定めにおいてあらかじめ使用者等に特許を受ける権利を取得させることを定めたときは，その特許を受ける権利は，その発生した時から当該使用者等に帰属する」と規定しているので，大学に職務発明規程[1]があれば，特許発明が生まれた段階で，大学が特許を受ける権利を取得し，それを基に成立した特許権は，B 大学が C 教授，ベンチャー企業である D 社等に対して譲渡していない限り，B 大学が特許権者となっていることになる。

現在においては，医理工系の学部を有する大学の殆どにおいて，職務発明規程が制定されている。例えば，東京大学の場合，発明等取扱規則では，「公的研究資金若しくは大学法人が資金その他の支援をして行う研究等，又は大学法人が管理する施設を利用して行った研究等に基づき，教職員等が行った発明等」を「職務関連発明」と定義し，「大学法人は，教職員等の行った職務関連発明の特許等を受ける権利を承継することができる」と規定しており[2]，これとほぼ同様の規定が多くの大学で設けられている。したがって，C 教授の基盤

---

1) 特許法 35 条 3 項に規定している「契約，勤務規則その他の定め」に相当する定めは一般的に「職務発明規程」と呼ばれている。

2) 「東京大学発明等取扱規則」3 条(7)・4 条 1 項（https://www.ducr.u-tokyo.ac.jp/rules_and_forms/patent.html）。

第 2 部　特許

技術に関して，Ｂ大学の職務関連発明となっている可能性があり，Ｂ大学が特許権等を保有しているかどうかを調査する必要が生じる。

また，Ｃ教授がＢ大学に奉職する以前に，他の大学に在籍したことがある場合には，その大学に関しても，Ｃ教授の基盤技術に関する特許権等を保有しているかどうかの調査の必要性が生じる。

更に，Ｃ教授の抗ウイルス療法学という研究内容からして，公的に支給された何らかの研究経費を使用して基盤技術の開発が行われた可能性がある。特に，新型コロナウイルスの治療薬の開発につながる技術となると，それにより生じた特許に関しては，譲渡，使用，実施許諾に関して，例えば，「自ら又は第三者と共同して日本国において実施することを要する」等の一定の制約が課されている可能性が高く，それに関する調査が必要となる。

このような調査の結果，米国製薬大手のＡ社とすると，本共同研究開発契約を遂行するにあたって，必要な特許権等に関して，Ｂ大学，公的機関等から必要な実施許諾を受ける等の措置を採らなければならない。

本来，Ｃ教授が開発した抗ウイルス療法を基盤技術として，治療薬等の研究臨床開発を目指すベンチャー企業を立ち上げる以上，ベンチャー企業のＤ社とすると，共同研究開発契約の相手方の企業と自由に契約を締結できるように，基盤技術に関して，サブライセンスできるようなライセンス権をＢ大学，公的機関等から取得しているのが望ましいのではあるが，日本のベンチャー企業においては，現実には，そこまで整理された知財ポートフォリオを有する企業は殆どなく，上記のような知財処理が必要となる場合が多い。

米国の場合と比較すると，米国特許法には，わが国の特許法 35 条に相当する規定はないが，医理工系の学部を有する殆どの大学において，日本の職務発明規程に相当する "University Patent and Invention Policy" と呼ばれる規則が制定されている。例えば，スタンフォード大学の場合，"Title to all potentially patentable inventions conceived or first reduced to practice in whole or in part by members of the faculty or staff (including student employees) of the University in the course of their University responsibilities or with more than incidental use of University resources, belongs to the University"[3]（和訳：大学の教職員等〔学生の従業員を含む〕が，大学の職務の遂行又は大学の施設を使用して，全部又は一部に関して，着想又は実施化した特許化の可能性のある発

明に関する権原は大学に帰属する）と規定し，教授等の職務発明に関しては，大学に権利が帰属する旨を規定しているが，米国の大学の殆どは，これと同趣旨の規定を有している。

しかし，米国の場合，ベンチャー企業を起こすような有力教授の場合，大学と特別の雇用契約を締結して，このようなPolicyの適用を受けない条件を規定して，自分の特許発明に関しては，自らが権利を取得できるようにしていたり，大学に特許が帰属する場合においても，大学発ベンチャーに対しては，サブライセンスを自由に行える権利が付いている独占的なライセンスを与えたりしており，共同研究開発を行う相手方の企業で上記のような調査を行う必要がない場合が殆どである。

なお，日本においても，有力私大が上記の米国流の雇用条件（大学教員の職務発明に関して，大学帰属とせずに自らの帰属とできるという条件）で，国立大学の有力教授をスカウトするという話を仄聞するが，現時点においては，成功例はないようであるものの，将来的には，成功例が出てくるかもしれない。

2 共同研究開発契約締結後に新たに生まれる特許発明との関係

上記の説明は，C教授の基盤技術に関する特許等に関するものであるが，仮に，A社とD社が共同研究開発契約を締結した場合，その後に生じたC教授の特許発明に関しても，B大学の職務発明規程との関係で問題が生じる。

C教授の場合，B大学の教授とベンチャー企業D社のCTOを兼任しており，同教授が特許発明をした場合，どちらの職務に基づいて発明されたものかは，通常はそれほど明確ではなく，多くの場合，オーバーラップし，少なくとも，大学教授としての職務の範疇であるとして，特許を受ける権利が大学に原始的に帰属してしまう場合も想定される（特許35条3項）。

米国製薬大手のA社とすると，共同研究開発契約に基づいて生じる特許発明に関しては，当該契約に基づいて処理されるものと当然に期待するが，上述したとおり，C教授の発明は，B大学の職務発明として，原始的にB大学に帰属し，A社，D社間の共同研究開発契約の取決めの効力は及ばないという

3）"Stanford Policies" の "Ownership"（https://otl.stanford.edu/intellectual-property/stanford-policies）。

第 2 部　特許

事態が生じ得ることになる。

　そうなると，開発成果に関しては，A 社，D 社，B 大学の 3 者間で契約を締結するということも考えられるが，3 者間契約だと交渉に時間がかかり過ぎる等を理由として，通常は，このスキームは，A 社から拒否されるので，実務的には，別途の方策を採らざるを得ない場合が多い。

　上述した基盤技術に関する知財処理において，ベンチャー企業である D 社が，将来生まれるであろう特許発明等に関してもサブライセンスを自由に与える権利付きの独占的ライセンスを取得するというライセンス処理を行うとすることができれば，この問題はクリアできるが，米国と異なり，日本の場合，大学，具体的には，大学の TLO（技術移転機関）がこのような独占的ライセンスを与えることは稀であり，ベンチャー企業にとっては，悩ましい問題となっている。

　そこで，実務的には，例えば，研究テーマにより，本 CASE に即して具体的に述べれば，治療薬の臨床開発向けの研究開発と大学における基礎研究という形で外形標準的に両者を明確に切り分けようとすることが試みられることになる。

　本 CASE の治療薬の研究開発においては，既に開発された C 教授の基盤技術だけが必要であり，今後大学においてなされるであろう基礎研究により開発される技術は必要でないということであれば，このような解決手法がワークするが，そうではない場合には，このような形で基礎研究と治療薬の臨床開発に向けた研究という形で切り分けること自体，意味がなく隘路にはまってしまうことになり，人的に分ける等の他の代替手段を検討することになる。

Ⅲ FTO 調査

　本 CASE の場合，研究開発に多額な資金が投入されることが予想されるので，研究開発の遂行及び共同研究開発契約締結後は，治療薬の候補化合物等に関して，詳細な FTO 調査が行われるのが一般的である。

　FTO 調査とは，Freedom to Operate 調査の略であり，対象となる技術，製品等が他社の特許等の知的財産権を侵害せずに，自由に実施できるかどうか，知的財産権のクリアランスを採る調査のことを意味する。FTO 調査により，

184

第 14 章　共同研究開発契約

知的財産権のクリアランスをきちんと採らないと，治療薬を上市した途端に，他社から特許権侵害の警告がなされる等のリスクが生じ，多額の研究開発投資が無意味になってしまう可能性が生じてしまうことになる。共同研究開発契約において，FTO 調査を行う主たる目的は，このような契約をすることを無意味ならしめる特許等4)を見出すことにある。

治療薬の候補化合物等に対する FTO 調査は，共同研究開発契約締結後の話であるが，基盤技術に関する FTO 調査は，共同研究開発契約締結前の話であるので，ある程度，短期間で FTO 調査を行う必要がある。

本 **CASE** のように，最先端技術に関する FTO 調査の場合，FTO 調査の対象となる他社特許等は，まだ特許権が成立せず，出願中の場合が多い。出願中の特許の場合は，一般的に，クレームは広く規定されており，クレームだけを見ると，deal killer になってしまうので，将来どのようなクレームが特許権として成立するかという将来予測を基に FTO 調査を行わなければならないが，将来予測は当然のことながら困難を極めることが必定である。

本来，ベンチャー企業の D 社の方で，事前に FTO 調査を行い，A 社の側は，そのレポートをレビューするというのが理想的ではあるが，実務的には，FTO 調査を完了しているベンチャー企業は極めて稀であり，A 社とすると，極めて短期間に，FTO 調査を行う必要がある。

このように短期間で行われる FTO 調査では，クリアランスを十分に採ることができない場合が殆どであり，A 社の方針如何にもよるが，ある程度のリスクは織り込んだ上で，出願中の特許に対する情報提供（特許規則 13 条の 2），特許成立後においては，情報提供（同 13 条の 3），特許異議の申立て（特許 113条），特許無効審判（同 123 条）により，特許をつぶしにかかるか，つぶせない場合には，ライセンス処理をしてリスクをヘッジするという方法が採られる。

---

4)　実務においては，このような特許等は，"deal killer" と呼ばれる。

185

第2部　特許

Ⅳ 成果に関する取決め

1 原則的な規定と問題点

　共同研究開発契約は，当該契約から生じた成果に関する産業財産権等の知的財産権を取得することが契約の主たる目的となっているので，この点をどのように取り決めるかは，重要な論点である。

> （研究成果の帰属）
> 第α条
> 1　A社及びD社は，本研究開発の実施により研究成果が得られた場合には，すみやかに相手方に通知するものとする。
> 2　A社及びD社は，本研究開発の実施により得られた研究成果を原則としてA社，D社共有とし，A社，D社間で特段の合意がない限り，持分は均等とする。
> 3　前項に拘わらず，A社又はD社のいずれかの研究者が相手方からの援助又は協力によることなく単独でなした発明等に関しては，当該発明等をなした者の所属に従い，産業財産権及び産業財産権を受ける権利は，A社又はD社のいずれかの単独保有とする。
> 4　A社又はD社は，前項の産業財産権に関して，本研究開発の成果の自らの実施に関しては，無償の実施権を有するものとする。

　上記の規定は，A社，D社の実質的な状況を考慮することなく，法律的な形式的な公平の観点からの原則的なものである。この規定に示されているとおり，共同研究開発契約においては，共同で研究開発した成果は共有とされ，それぞれ単独で行った成果に関しては，成果を出した側の単独保有とされ，相手方に対して，無償の実施権が付与される。

　特許等の知的財産権に関して，共有とされていれば，各共有権者は，その成果に関して自由に実施できるとされており，単独保有とされている知的財産権に関しても，上記の契約条項の4項にて無償の実施権を与えられているので，

186

第 14 章　共同研究開発契約

A 社, D 社それぞれが共同研究開発契約に基づく成果に関して自由に実施できることになり, 一見すると, 両社は公平になるように見えるが, 両社の状況を考慮すると, 実質的には公平とは言えない場合が生じることになる。

2 D 社の実質的公平への配慮――不実施補償

　本 CASE の場合, A 社は米国の大手製薬会社なので, 共同研究開発の成果を実施して, 新型コロナウイルスの治療薬を創薬し, 販売することにより, 利益を得ることができる立場にある。したがって, その成果に関して, 仮に, 第三者に対して, ライセンスを付与することができなくても, それほど深刻な問題は生じない。

　これに対して, D 社は大学発ベンチャー企業なので, 成果を自ら実施して, 新型コロナウイルスの治療薬を創薬し, 販売することにより, 利益を得る能力を一般的には, 持ち合わせてはいない。その成果から利益を得ようとすると, D 社にとっては, 他の製薬会社とライセンスをすることが実質的に唯一の手段となってしまうが, 日本法の場合, 共有権者は, 共有成果に関して, 相手方の同意なくしてライセンスをすることはできない[5]。

　つまり, 共同研究開発契約において, 成果を互いに共有にするというのは, 法律上は公平な取扱いに見えるが, A 社は, 自ら成果を実施し, 利益を上げることができるのに対して, D 社の場合のように, 成果を自ら実施する能力を有しない場合には, 実際は, 極めて不平等な結果を招いてしまうことなる。なぜなら, 共有権者として, D 社に与えられる成果を実施できる権限というのは, いわば「絵に描いた餅」に過ぎず, 全く実質的な意味を有しておらず, また, 唯一の利益獲得手段であるライセンスは, 日本法の場合は, 特別の合意がない限り, 相手方の承諾がないと行使できないからである。

　そのため, 共同研究開発契約において, 単に, 研究開発の成果を共有とする

---

　5)　日本法の場合, 特許法 73 条 3 項が「特許権が共有に係るときは, 各共有者は, 他の共有者の同意を得なければ, その特許権について専用実施権を設定し, 又は他人に通常実施権を許諾することができない」と規定するとおり, 共有権者は, 相手方の同意を得ない限り, ライセンスができないが, 米国法では, 判例法上, 共有権者は, 相手方の同意を得ないで, ライセンスをすることができるとされている (Schering Corp. v. Roussel-UCLAF SA, 104 F. 3d 341 (Fed. Cir. 1997))。

187

第2部　特許

だけでは，このような実質的な不平等が生じてしまうので，これを是正しよう
とする手段として，実務上，不実施補償が使われている。

　これは，共同研究開発契約における上記のような不平等を是正するために，
成果を自ら実施して利益を得ることができる立場にあるA社から，その得ら
れた利益の一定割合を還元して，D社に分配を認めるものである。この不実
施補償の規定の一例としては，以下のような規定がある。

> （不実施補償）
> 第β条
> 1　D社は，本共同研究開発の成果を自ら実施せず，第三者をして実施さ
> せないことを保証する。
> 2　A社は，前項のD社の保証の対価として本共同研究開発の成果により
> 得られたA社の年間利益の○割をD社に対して，毎年度末から1カ月以
> 内に，その年度の利益分の保証の対価を支払うものとする。但し，A社が
> 本件特許により得た利益は，下記により算定するものとする。
> 　（i）　A社が第三者に対して，本共同研究開発の成果のライセンス供与
> 　をしたことにより得た利益は，その全額。
> 　（ii）　A社自らが本共同研究開発の成果を実施した場合には，当該実施
> 　製品の売上額の×割。

3　A社の事情への配慮

　本**CASE**の新型コロナウイルスの治療薬の開発という共同研究開発テーマか
らすると，A社としては，共同研究開発の成果に関する知的財産権に関して，
共有という合意をすることを否定して，成果に関しては，D社単独で発明し
た成果を含めて，すべての成果の帰属を求めることが一般的である。治療薬の
上市に向けて開発に巨額の資金が必要とされ，それを回収するには，知財成果
を最大限活用することが必要となるからである。

　共同研究開発の成果に関して，A社の単独保有とすることは，「共同研究開
発に関する独占禁止法上の指針」[6)]にも明記されているとおり，独占禁止法上，

第 14 章　共同研究開発契約

問題とされるものではなく，A 社，D 社間で合意すれば可能である。

　場合によって，問題となり得るのは，上述した D 社に対して，既に公的資金が投入され，それに一定の制約が課されている場合である。新型コロナウイルスの治療薬の開発につながる技術となると国策上，例えば，D 社に対して，日本における実施が義務付けられている場合等がある。そのような場合においては，共同研究開発の成果に関して，A 社の単独保有を前提に，D 社に対して，日本における実施権を付与することになる。この場合，D 社は，新型コロナウイルスの治療薬を創薬し，上市に持っていけるだけの能力がない場合があり，そうなると，他社にサブライセンス権付きの実施権を付与することが必要となる。

　A 社の側からすると，D 社が自社と競合する製薬会社 E 社に対して，サブライセンス権を与えてしまうと，何のために巨額な資金を投入して，共同研究開発契約を遂行したか分からなくなるので，D 社がサブライセンス権を付与することに対して，契約上，一定のコントロール権を留保することになる。そのような場合の契約の条項の一例を以下に記載する。

（研究成果の帰属）
第 γ 条
1　本研究開発の実施により得られた研究成果は，D 社単独でなした発明等の成果を含めて，A 社がすべて単独で保有する。
2　A 社は，D 社に対して，前項に規定する研究成果に関して，日本においてのみサブライセンス権付きで実施許諾するものとする。
3　D 社は，第三者に対して，サブライセンス権を与える場合には，事前に A 社の同意を得るものとする。但し，A 社が本項の同意を D 社に対して与えない場合には，当該第三者と同等のサブライセンス先をすみやかに紹介することを要する。

6）　公正取引委員会（https://www.jftc.go.jp/dk/guideline/unyoukijun/kyodokenkyu.html）。

第2部　特許

Ⅴ M&A への対処

1 特許法 94 条 1 項との関係

　上述したとおり，D 社に対して，サブライセンス権付きの実施権を許諾するスキームを採用する場合であっても，A 社の競合企業 E 社がサブライセンス権を取得しないように一定のコントロール権を及ぼすことは，A 社，D 社が合意すれば，契約書的には可能である。

　問題となるのは，A 社の競合企業 E 社が D 社を M&A することにより，本共同研究開発の成果に関する実施権を取得することができるかである[7]。

　ここで問題となるのが，特許法 94 条 1 項という条文である。同項は，「通常実施権は，……実施の事業とともにする場合，……移転することができる」と規定している。この条文は，裁判例も殆どなく，学説上も，あまり議論されていないが，M&A に伴うライセンス権の移転においては，極めて重要な意味を有する条文である。

　ライセンス契約による通常実施権（ライセンス権）は，一般の財産権と異なり，特許法 94 条 1 項所定の場合に限って，移転を認めており，その 1 つとして，実施の事業とともに移転する場合が規定されている。この規定の立法趣旨に関しては，「もしこれを認めないと，事業が移転されて通常実施権が移転されず，その設備を除却しなければならない事態もありうるので，国民経済上の観点から，この場合，特に，通常実施権の移転を認めたものである」と説明されている[8]。

　会社分割，事業譲渡等の M&A の手法により，実施の事業とともに，実施権が移転された場合には，特許法 94 条 1 項の要件が充足されるものである。

　7）　ライセンシーに M&A が生じた場合のライセンス権の帰趨等に関するより一般的な問題に関しては，大野聖二「知財デューディリジェンスの現場から(1)——M&A がライセンシーに生じた場合の問題点」Oslaw News Letter 31 号（2014 年）1 頁（https://www.oslaw.org/newsletter/031.pdf）を参照されたい。

　8）　中山信弘編著『注解 特許法(上)〔第 3 版〕』（青林書院，2000 年）906 頁［中山］。より詳細には，竹内敏夫「『実施の事業とともにする』通常実施権の移転に関する考察」日本大学知財ジャーナル 15 号（2022 年）5 頁を参照されたい。

したがって，D社の事業に対して，競合企業であるE社によりM&Aが行われ，本共同研究開発の成果に関する実施権が承継される財産として合意されているのであれば，E社はこれを承継すると解釈することになる。

ここで注意すべきなのは，特許法94条1項は，あくまで通常実施権の移転を規定しているだけであり，ライセンス契約上の地位の移転を規定しているものではないということである。

2 チェンジオブコントロール条項との関係

この場合，A社，D社間のライセンス契約において，チェンジオブコントロール条項により，会社分割，事業譲渡が契約解除事由として規定されている場合には，どのような影響を受けるであろうか。

チェンジオブコントロール条項とは，資本拘束条項とも呼ばれており，経営権の移動（M&A）があった場合において発動される条項をいう。条項の内容は，多種多様であるが，問題となるのは，当該契約の即時解除権が規定されている場合である。

> 第δ条　D社に，合併，会社分割，事業譲渡があった場合には，A社は，何らの催告をすることなく，相手方に対する書面による通知により，本契約第γ条2項を解除することができ，その場合には，D社が本研究開発の実施により得られた研究成果に関して保有する実施権はすべて失効するものとする。

このような条項が規定されていれば，D社に対して，M&Aが行われれば，上記条項が発動し，かかる解除権の行使が有効であると解釈すると，競合企業であるE社のM&Aのスキームが瓦解してしまうことになる。

これは，特許権者，ライセンシー間の合意により，特許法94条1項の効力が否定されることを意味しており，法律的には，同項は，任意規定か強行規定かという論点に帰着する。

特許法94条1項が任意規定であると解釈されるのであれば，契約当事者間

第2部　特許

がこれと異なる結論を招来する合意をすることは許容されているので，チェンジオブコントロール条項に基づいて契約解除権が発動されると，E社は，新型コロナウイルスの治療薬に関するライセンス権を取得できなくなる。

これに対して，特許法94条1項が強行規定であると解釈されるのであれば，契約当事者間でこれと異なる結論を招来する合意をしたとしても，そのような合意の効力は認められず，チェンジオブコントロール条項に基づいて契約解除権が発動されたとしても，そのような解除権の行使は無効であり，E社は，新型コロナウイルスの治療薬に関するライセンス権を取得することができる。

学説上は，特許法94条1項を任意規定と解する見解[9]と強行規定と解する見解[10]が対立しており，裁判例はいまだ存在しておらず，実務的には，不安定な状況にある。

実務家の中には，「実務上は，予めライセンス契約ドラフトにおいて，合併や営業譲渡の場合を含めて，契約当事者の経営形態に変更がある場合を想定した契約解除事由を設ける等の手当てをしている」[11]として，この問題に関して，チェンジオブコントロール条項により対応可能であるかのような見解もあるが，上述したとおり，特許法94条1項を強行規定と解すれば，当事者間の合意条項であるチェンジオブコントロール条項では対応はできないと理解すべきである。

筆者は，特許法94条1項は，任意規定であると理解すべきであると考えているが，裁判例もない状態では実務的に極めて不安定であり，米国には，これに相当するような条項は存在せず，早急に立法による削除等を検討すべきではないかと思われる。

---

9)　野口良光『国内実施契約の実務——理論と作成』（発明協会，1979年）250頁。

10)　光石士郎『特許法詳説〔新版〕』（ぎょうせい，1976年）308頁。

11)　中山信弘＝小泉直樹編『新・注解 特許法(中)〔第2版〕』（青林書院，2017年）1566頁〔林いづみ〕。

第 14 章　共同研究開発契約

参 考 文 献

共同研究開発契約の条項例，条項の解説としては，

●重冨貴光ほか『共同研究開発契約の法務〔第 2 版〕』（中央経済社，2022 年）

●オープン・イノベーション・ロー・ネットワーク編『共同研究開発契約ハンドブック
　──実務と和英条項例』（別冊 NBL 149 号）（商事法務，2015 年）

が有益であり，独禁法との関係は，

●平林英勝編著『共同研究開発に関する独占禁止法ガイドライン』（商事法務，1993
　年）

が有益である。

第15章

スタートアップ

山本飛翔

CASE

A社は，スタートアップへの投資や協業を検討している大手事業会社であり，スタートアップからの協業や出資の依頼を受けることも増えてきた。もっとも，A社は，スタートアップとの取組みを検討し始めた段階であり，投資先又は協業相手としてスタートアップを評価する上で，スタートアップとしての知財法務における留意点が十分に理解できていない。

そこで，A社は，まずは投資先・協業相手先として魅力的な企業であるか否かを検討する際の助けにするべく，主として以下の観点から，スタートアップにとっての知財法務における留意点を調査・検討することとした。

(1) 各種検討の前提としての，スタートアップの特殊性

(2) 主として事業成長の観点から，スタートアップとしての知財活用法

また，A社が実際にスタートアップとの協業に着手する際，従前の契約交渉の手法では交渉が難航することが多く，協業自体が取りやめになるか，協業が開始してもうまくいかない場合が多かった。そこで，スタートアップとの具体的な契約交渉においていかなる事項に留意すべきか，という点も併せて調査・検討することとした。

I はじめに

第15章のテーマは，「スタートアップ」である。スタートアップに関する知財・法務の問題は多岐にわたるが，本書が『知財法務を知る』ということもあ

り，知財を中心に必要に応じて法務問題を取り上げる。また，本書の読者は，スタートアップ関係者というよりは，協業又は投資の観点でスタートアップと関わる事業会社又は同社をサポートする方が多いと考えられるため，大手事業会社の目線で，スタートアップの知財法務の留意点のうち重要と思われるいくつかの点を概観する。

　なお，議論の前提を共有するという観点から，他の事業会社と比較した場合におけるスタートアップの特殊性を冒頭で確認する。

Ⅱ スタートアップの特殊性

　他の事業会社と比較した場合におけるスタートアップの特殊性は様々考えられるが，ここでは，多くのスタートアップが共通して有する特徴として，投資家である Venture Capital（VC）から出資を（通常複数回）受けることを挙げる。このことにより，以下の点に留意する必要がある。

1 限られた期間内で IPO 又は M&A を目指す必要があること

(1) VC からの資金調達の必要性

　スタートアップは，多くの場合，新たな市場を創出し（最初はニッチマーケットであり規模が小さいことも少なくないため），**同市場を成長させつつ，同市場における自社のシェアを守っていく**，といった戦略をとることが多い。それゆえ，市場の創出段階では，開発等のコストに比して十分な収益を得られないことが多く，また，その将来における収益確保の見込みも確実なものとはいえない。

　そのため，中小・中堅企業が売上や金融機関からの融資を中心に資金繰りを行うことが可能であるのに対し，スタートアップは，十分な売上が立つまでは時間を要し，また，特にリスクの高い初期フェーズにおいて，金融機関から開発等に要する資金を全て賄うだけの多額の融資を受け続けることは困難であり，同手法による資金繰りは困難である。そこで，スタートアップとしては，リスクマネーの供給主体である VC からの出資を受けることになるのである。

(2) VC から資金調達をすることによる留意点（VC の性質）

　VC は，多くの場合，投資事業有限責任組合（ファンド）を組成し[1]，有限

第 2 部　特許

責任組合員である投資家から資金を集め，無限責任組合員となる VC がそのファンドマネージャーとして，ファンドに集まった資金を用いて，スタートアップに投資することとなる。そして，日本においては，かかるファンドの償還期限が 10 年前後の期間に設定されることが多い[2]。そのため，未上場企業であるスタートアップが，VC，ひいては出資元ファンドに対し，自社への出資に対するリターンを提供するためには，その 10 年前後の期限までに，IPO[3] 又は M&A[4]（これらを総称して「EXIT」と称することがある）によって自社株を出資時よりも高く売却する機会を提供する必要がある。したがって，スタートアップは，短期間で，大きく（例えば時価総額数百億円等の規模まで）事業を成長させるというミッションを背負うこととなるのである。

2 主として VC からの資金調達によって資金繰りを行うこと

　上述のように，スタートアップは VC から資金調達をすることとなるが，売上が十分な規模に成長するまでに時間を要することが多いことから，通常は，（特に IPO を目指す場合に）その調達回数が 1 回で EXIT まで到達することはなく，複数回の資金調達を繰り返していくこととなる。それゆえ，スタートアップとしては，各資金調達間で，赤字の状態で，数億～数十億円等といった金額の出資を受ける必要があり，そのために実績や成長可能性を投資家に説得的に示していくことが求められる。したがって，例えば大手企業との各協業案件を

　1）　ファンド組成に際して締結する投資事業有限責任組合契約については，経済産業省「投資事業有限責任組合契約（例）及びその解説」（平成 30 年 3 月）（https://www.meti.go.jp/policy/new business/data/20180402006-2.pdf）を参照されたい。

　2）　公正取引委員会「スタートアップの取引慣行に関する実態調査報告書」（令和 2 年 11 月）（https://www.jftc.go.jp/houdou/pressrelease/2020/nov/201127pressrelease_2.pdf）4 頁注 6 参照。

　3）　Initial Public Offering. いわゆる新規上場。

　4）　近時では，これらを組み合わせたスイングバイ IPO なる手法も注目されている。すなわち，M&A の場合に，M&A 実行後にスタートアップの経営陣のモチベーションが低下し，PMI（ポスト・マージャー・インテグレーション）がうまくできないリスクを軽減し，むしろ更なる成長を目指していくため，当初の M&A では過半数の株式取得に留め，その後 IPO を目指すことにより，スタートアップの経営陣の経済的なアップサイドの余地を残す，というものである。実例として，KDDI とソラコムの例が挙げられる（https://mugenlabo-magazine.kddi.com/list/kddimugenlabo-startups2_1/）。

スピーディーに進める必要性が高いのである。

　以上で紹介した特殊性を踏まえ，Ⅲ以下において具体的な留意点を検討する。

Ⅲ 主として事業成長の観点における留意点[5]

1 スタートアップにとってのオープンクローズ戦略の有用性

　上述のように，スタートアップは，自社のみならず，自社の創り出した市場をも成長させつつ，同市場に対する自社の支配力を一定程度維持していかなければならない。他方，大手事業会社との比較において，各種リソースが不足するスタートアップが，市場を大きくするべく，同市場にプレイヤーを招きつつ，同市場への支配力を一定程度維持することは容易ではない。そこで，同課題に対しては，知財の観点からは，オープンクローズ戦略を活用することが考えられる。

2 オープンクローズ戦略とは

　オープンクローズ戦略とは，製品やサービスについて，コア領域を特定した上で，市場拡大のためのオープンな領域と，自社の利益を確保するためのクローズな領域を構築する戦略をいう。上図で示すように，クローズ化する領域においては，自社の強み（独自技術等）を秘匿化したり（ブラックボックス化），情報そのものは特許出願等により公開するものの，特許権等の知的財産権に基づき自社の独占権を確保等することとなる。また，オープン化領域においては，自社技術を標準化，規格化等し，他社に自社技術の使用を積極的に許していくものの，自社の影響力を残しつつ使用させるべく，特許権等の知的財産権を無償又は安価であるものの，一定の条件下でライセンスする場合が多い（次頁図1参照）。

　以上のように，コア領域を特定し，クローズ化する領域とオープン化する領

　5）　スタートアップの知財・法務に関するフェーズ別・業種別のその他の留意点については，山本飛翔『スタートアップの知財戦略』（勁草書房，2020年）を参照されたい。

第 2 部　特許

図 1　オープン・クローズ戦略の基本フレーム

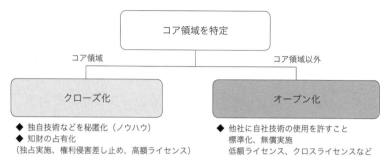

出所：経済産業省「2013 年度版ものづくり白書」107 頁図 132-4
　　　（https://www.meti.go.jp/report/whitepaper/mono/2013/pdf/honbun01_03_03.pdf）より引用

域を区分することが基本となるが，オープンクローズ戦略では，自社のコア領域をクローズ化するのみならず，クローズ化した領域から，オープン領域に強い影響力を持たせる仕組みも同時に構築する必要がある。この点については，『オープン＆クローズ戦略〔増補改訂版〕』の著者である小川紘一氏の提唱する「毒まんじゅうモデル」が参考になる[6]（次頁**図 2**参照）。すなわち，オープン領域で市場のプレイヤーを増やし，クローズ化した領域から，オープン領域に強い影響力を持たせる仕組みを十分に構築し，コア領域の技術の利用者を増やすと，当該技術をベースに技術革新が次々と起こるようになり，業界の方向性を常に主導するようになれば，各プレイヤーは他の類似技術に乗り換える気が起きなくなり，自社の技術を使用し続けることとなる（このいわば「中毒性」を起こすモデル，ということで「毒まんじゅうモデル」と命名されたものと思われる）。

　上記のように，オープンクローズ戦略においては，まず，「自社が強い技術を持つ領域」と「エコシステムのパートナーが強い技術を持つ領域」に分類した上で，クローズ領域及びオープン領域を設定する。このうち，自社が強い技

---

6) 小川紘一『オープン＆クローズ戦略〔増補改訂版〕』（翔泳社，2015 年）360 頁。

第15章 スタートアップ

図2 オープンクローズ戦略における「毒まんじゅう」モデル

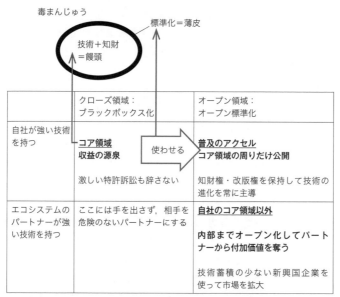

出所:小川・前掲360頁より引用

術を持つ領域に関しては,クローズ領域として,自社の収益源をコア領域として確保しつつ,他方,オープン領域において標準化等を行い,マーケットの拡大を図ることとなる。そして,クローズ領域とオープン領域の境界線にあたる「薄皮部分」において,各種知財を獲得・保持し,マーケットを拡大しつつ,自社が収益をとれる構造を確保していくこととなる。

また,「エコシステムのパートナーが強い技術を持つ領域」については,完成品メーカーを例にとれば,当該完成品メーカーが,当該完成品に組み込む部品の仕様をオープンにして標準化・規格化を行えば(「内部までオープン化」),基本的にどの企業も部品を製造できることとなり(「パートナーから付加価値を奪う」),各部品メーカーは価格競争にさらされることとなる。その結果,完成品メーカーとしては,安く安定的に部品供給をしやすい環境が整えられることとなる。

第2部　特許

3 スタートアップによるオープンクローズ戦略の採用例

　スタートアップが，特許権を活用し，自社のマーケットを拡大させつつ，その拡大したマーケットにおいて競合他社に対する自社の支配力を一定程度維持していく手法を採用していると考えられる例として，Spiber 株式会社の取組みが挙げられる。

　Spiber 株式会社は，慶應義塾大学発のスタートアップで，デザインされた遺伝子を埋め込まれた微生物が発酵することにより人工クモ糸の原料となるタンパク質を生成する方法を確立し，2013 年，世界に先駆けて人工クモ糸の量産化に成功したと発表しており，2015 年に約 105 億円，2017 年には約 16 億円，2018 年に約 62 億円，2019 年 4 月には 65 億円，2020 年には事業価値の証券化スキームによって総額 250 億円を調達する等，最も勢いのある未上場の大学発スタートアップのうちの 1 社といえる。

　Spiber 株式会社は，素材分野におけるリーディングカンパニーとしての位置を確立するためには，まず必要十分な出願件数を確保することが重要と考え，量を重視した知財戦略を展開している。また，同社は，素材メーカーであるため，模倣品排除には標準化が最も有効と考え，同社でしか実現できない厳しい技術要件やスペックに基づいて「人工的なクモの糸はこうあるべき」という標準化を目指している[7]。具体的には，知財化の段階から製造方法の標準必須特許化を意識して活動するのみならず，構造タンパク質素材の普及を加速させるために，関連する知財の集積・共有・ライセンシングを進めるなどの役割を担う知財コンソーシアム（CASPI：一般社団法人構造タンパク質素材産業推進協会）を設立し，業界を主導している。なお，オープンクローズ戦略との関係では，繊維等の新素材の製法は原則ノウハウとして秘匿し，新素材を用いた生地等の二次素材や衣服等の製品の開発はオープン領域と位置付け，そして他メーカーを広く巻き込んでオープンイノベーションを推進しながら積極的に特許出願し，保護しているとのことである[8]。

　これらの戦略をとることのメリットとしては，次のようなものがあると推察

7）　https://ipbase.go.jp/learn/example/page06.php
8）　https://spiber.inc/news/detail/id=449

第15章　スタートアップ

される。すなわち，構造タンパク質素材に関するマーケットは，少なくとも当初はニッチマーケットであったといえるところ，ニッチマーケットのままでは，以下のデメリットがある。

①　同素材の製造等に関わるプレイヤーは当初少なく，同領域のマーケットをSpiber株式会社が独占できたとしても，そもそもの市場規模が小さいがゆえに同社が得られる売上・利益が小さい。

②　（特に序盤の）Spiber株式会社は各種リソースが不足しがちであり，また，仮にリソースが相当程度整ったとしても，1社だけでは製造できる量に限界があるため，多くのプレイヤーが参入してこなければ，成長の上限が見えてしまい，市場も育たない。

かかるデメリットを解消するための手法の1つとして，一定の技術等を開示することで，同市場に参入する事業者を増やすことが考えられる。もっとも，全くのルールなしに参入されてしまうと，Spiber株式会社と各プレイヤーとの間の競争が激化し，価格競争に巻き込まれる等して，各種リソースが豊富な大手企業に売上・利益を奪われてしまうリスクがある。そこで，参入するプレイヤーを増やすことで市場を育てつつ，同市場に対する自社の影響力・支配力を保持するために，Spiber株式会社は，開示する技術を標準規格としつつ，同規格を実施するためには同社（及び／又はCASPI）から知的財産権のライセンスを受けなければならず，同ライセンスには一定の条件が付されている，というスキームを採用しているものと推察される。

Ⅳ スタートアップとのオープンイノベーションにおける留意点

1 議論の状況

スタートアップとのオープンイノベーションについては，近年，一般社団法人日本経済団体連合会から，日本経済の活性化のために起業を促す提言がなされる[9]等，日本経済の成長の鍵の1つとして，スタートアップへの関心が高まっている。このような中で，大手企業から見れば，スタートアップへの投資や協業という形で，スタートアップとの連携への関心は高まってきている。さら

201

第2部　特許

に，国の施策という観点においても，例えば，筆者が関与するモデル契約事業等，事業会社・スタートアップの連携に関して様々な施策がなされている。

1.　事業会社とスタートアップとの連携に関するもの[10]
（1）　スタートアップとの事業連携及びスタートアップへの出資に関する指針（公正取引委員会・経済産業省）
（2）　研究開発型スタートアップ支援事業と事業会社とのオープンイノベーション促進のためのモデル契約書（経済産業省・特許庁）
（3）　事業会社と研究開発型ベンチャー企業の連携のための手引き（経済産業省）
2.　スタートアップへの投資に関するもの
（1）　「コンバーティブル投資手段」活用ガイドライン（経済産業省）[11]
（2）　我が国における健全なベンチャー投資に係る契約の主たる留意事項（経済産業省）[12]
（3）　スタートアップとの事業連携及びスタートアップへの出資に関する指針（公正取引委員会・経済産業省）[13]

---

2 具体的な留意点

（1）　総論

　以上で挙げたものだけでも，数多くの留意点に関する議論がなされているが，本稿では，本書のテーマに鑑み，知財との関係性が深いいくつかの留意点を紹介する[14]。なお，検討にあたっては，上記 1.(1) 及び 2.(3) に挙げた令和4年3月31日付「スタートアップとの事業連携及びスタートアップへの出

9）　https://www.jiji.com/jc/article?k=2022031100969&g=eco

10）　https://www.meti.go.jp/policy/tech_promotion/business_partnership_contracts.html

11）　https://www.meti.go.jp/policy/economy/keiei_innovation/open_innovation/convertible_guideline/convertible_guideline.html

12）　https://www.meti.go.jp/policy/newbusiness/ventureinvestnotice.html

13）　https://www.meti.go.jp/press/2021/03/20220331010/20220331010.html

資に関する指針」（以下「事業連携指針」という）に留意する必要がある。同指針は，前掲注2)「スタートアップの取引慣行に関する実態調査報告書」に基づく事例及び独占禁止法上の考え方を示すとともに，各契約段階における取引上の課題と解決方針を「スタートアップと連携事業者の連携を通じ，知財等から生み出される事業価値の総和を最大化すること」（2頁）等のオープンイノベーション促進の基本的な考え方に基づき示したものである（この考え方は，モデル契約においても立脚すべきものとされている）。なお，事業連携指針においては，随所において上記 **1.**(2)のモデル契約書が参照されており，事業連携指針を理解するにあたっては，モデル契約書と合わせて理解することが望ましいといえよう。

(2) 共同研究開発契約で生まれた成果物の権利帰属

　事業会社とスタートアップとの共同研究開発においては，事業会社のみに成果物に係る知的財産権が帰属すると定められる例も少なくない。しかし，スタートアップは，上述のように，短期間で大きく成長しなければいけない中で，自社の市場を育てつつ，同市場における自社の売上・利益を守っていく必要がある。他方，限られた時間・リソースの中から捻出した自社の技術・アイディアを注いだ共同研究開発の成果物の知的財産権について，特定の事業会社への単独での帰属を認めてしまうと，同市場の少なくとも一部については同事業会社に奪われてしまうことになりかねず，スタートアップとしては市場を大きくする別途の手法によらない限り，自社の成長戦略に大きな影響を与えることになりかねない（なお，時間的制約から新たな施策を打つことが困難な場合も珍しくない）。また，特定の事業会社への共有を認める場合においても，市場のプレイヤーを増やしつつ迅速に市場を育てていくことが困難となりかねない15)。

　したがって，共同研究開発の結果生じた成果物に関する知的財産権（特に特許権)16)については，できる限りスタートアップに単独帰属させることが，事業会社のよりよいパートナーとして成長してもらい，ひいてはオープンイノ

---

14)　本章で取り扱えなかった各留意点についてのより詳細な検討及びスタートアップへの投資時・M&A等他の場面の留意点を含む紹介については，山本飛翔『オープンイノベーションの知財・法務』（勁草書房，2021年）を参照されたい。

第 2 部　特許

ベーションを成功させて事業会社の利益を増大させるにあたっても重要となる[17]。

　他方，以下の(3)で述べるように，当該特許発明について適切なライセンスを設定すれば，スタートアップに特許権を単独帰属させても，事業会社による成果物の使用は確保できる以上，事業会社に特段の不利益はないものと考えられる。

　なお，スタートアップに権利を単独で帰属させる以上は，スタートアップの事業がうまくいかず，一定時期までに予定された資金調達が実行できなかった等，一定のメルクマールが発生した場合には当該特許権を事業会社に譲渡させるといった条項を用意しておくことは必要であろう。以上の点について，経済産業省・特許庁より公開された前掲モデル契約書 ver 2.0（新素材編）[18]の共同研究開発契約書 ver 2.0（新素材編）7 条 8 項，同 17 条 1 項 2 号・3 号も参照されたい[19]。

(3)　共同研究開発契約で生まれた成果物の利用関係

　スタートアップに単独で特許権を帰属させる場合には，共同研究開発の成果物が両者の寄与の下生まれたということに鑑みれば，事業会社には無償の通常

---

　15)　日本の特許法では，特許権が共有となっている場合，同特許発明のライセンスを行うにあたっては，他の共有持分権者の同意が必要となる（特許 73 条 3 項）。また，事実上の影響として，特定の事業会社と特許権等の知的財産権を共有していることが明らかになると，当該事業会社との関係の深さを間接的に示すことにつながり，同社の競合会社との取引が敬遠されやすくなるといったこともある。

　16)　他方，例えば成果物に関する報告書等についての著作権や協業に用いる商標権については，事業の遂行上，スタートアップに単独帰属させる必要性が低いケースが多いと思われるため，必ずしもスタートアップに単独で保有させる必要はないものと考えられる。ここで重要なのは，「知的財産権」とひとくくりにせず，知的財産権の種別に応じた取扱いを検討する必要があるということである。

　17)　例えば，米国において，クレジットカード会社の VISA が，クレジットカードの利用環境を整える製品・サービスを取り扱うスタートアップである Square に出資した際の両者の関係が好例として挙げられる。この場合，VISA にとっては，Square が成長すればするほど，VISA の売上の基盤が広がっていくという意味で，スタートアップの成長が事業会社の製品・サービスの売上拡大に寄与するスキームが構築できていたといえる。かかる場合には，徒にスタートアップに制限を課すよりは，ある程度の事業の自由度を認めた方が，事業会社にとっての利益も大きいと考えられる。

　18)　https://www.jpo.go.jp/support/general/open-innovation-portal/document/index/ma-v2-kyoudou_chikujouari.pdf

第 15 章　スタートアップ

実施権を設定する必要性が高いといえるだろう。しかし，この実施権を，専用実施権や独占的通常実施権等の独占的なものとしてしまうことは，スタートアップの事業展開の可能性を狭めることとなってしまう。すなわち，上述のように，短期間で大きく成長しなければいけない中で，自社の市場を育てつつ，同市場における自社の売上・利益を守っていく必要があるスタートアップとしては，市場拡大のため，同市場のプレイヤーを増やすべく他社と連携して事業を進める必要性が高く，その際に連携先企業が当該特許発明を実施する必要がある場合があり，その場合に連携先企業に実施許諾（ライセンス）ができないとすると（特許 73 条 3 項参照），スタートアップは窮地に立たされることになりかねない。

　他方，スタートアップが第三者に自由にライセンスや販売等ができるとすると，事業会社も一定のリソースを費やして成果物の創出に寄与してきたにもかかわらず，事業会社のコンペティターに成果物を使用されてしまうリスクもあり，一定の制限を設ける必要があるといえる。

　これらを踏まえれば，事業会社には，特定領域において，一定期間の独占的通常実施権[20]を設定し，スタートアップには，当該領域以外において自由に実施させるという形が 1 つの解決策になると考えられる。

　なお，上記の解決策について，スタートアップは，事業会社が損益分岐点や法的リスク等の観点から参入できない市場にも積極的に参入するのであって，事業会社が自社で扱えない領域も多く，当該領域については，事業会社にとっての機会損失が観念できない場合も多い。そのため，上記の条件でも，事業会社に実質的なデメリットがないといえる場合も少なくないといえるだろう。以

---

　19)　なお，事業連携指針において，取引上の地位がスタートアップに優越している連携事業者が，正当な理由がないのに，取引の相手方であるスタートアップに対し，共同研究の成果に基づく知的財産権の無償提供等を要請する場合であって，当該スタートアップが，共同研究契約が打ち切られるなどの今後の取引に与える影響等を懸念してそれを受け入れざるを得ない場合には，正常な商慣習に照らして不当に不利益を与えることとなるおそれがあり，優越的地位の濫用（独禁 2 条 9 項 5 号）として問題となるおそれがあるとの指摘がなされていることには留意されたい。また，この点と関連して，事業会社側が研究開発の経費の多くを負担する場合に，実質的には共同研究契約ではなく，研究委託契約であるとの理解の下，研究の結果創出された全ての知的財産権は研究開発経費の負担側に帰属すべきという主張がなされることもあるものの，事業連携指針においては，経費負担のみでは「正当な理由」があるとは認められないおそれがある旨の記載があるため，留意されたい（22 頁）。

205

第 2 部　特許

上の点について，例えば，前掲モデル契約書 ver 2.0（新素材編）の共同研究開発契約書 ver 2.0（新素材編）7 条 9 項，同 14 条も参照されたい。

参 考 文 献

スタートアップの知財戦略については，
　●山本飛翔『スタートアップの知財戦略』（勁草書房，2020 年）
スタートアップとのオープンイノベーションにおける知財・法務の留意点については，
　●山本飛翔『オープンイノベーションの知財・法務』（勁草書房，2021 年）
スタートアップの法務・知財に関する諸問題については，
　●山本飛翔ほか編著『スタートアップの法律相談』（青林書院，2023 年）
CVC からスタートアップへの投資については，
　●関口尊成ほか『Q&A　CVC によるスタートアップ投資』（商事法務，2024 年）

---

20)　この点と関連して，事業連携指針によれば，連携事業者が，共同研究の成果であるノウハウ等の秘密性を保持するために必要な場合に，取引の相手方であるスタートアップに対し，合理的期間に限り，成果に基づく商品・役務の販売先を特定の事業者に制限することは，原則として独占禁止法上問題とならないとの指摘がある（20 頁）。ただし，事業連携指針には，「市場における有力な事業者である連携事業者が，取引の相手方であるスタートアップに対し，例えば，合理的な期間に限らず，共同研究の成果に基づく商品・役務の販売先を制限したり，共同研究の経験を活かして新たに開発した成果に基づく商品・役務の販売先を制限したりすることは，それによって市場閉鎖効果が生じるおそれがある場合には，排他条件付取引（一般指定第 11 項）又は拘束条件付取引（一般指定第 12 項）として問題となるおそれがある」との指摘もあるため（同頁），制限する期間や範囲について，慎重に検討することが求められる。

第**16**章

職務発明をめぐる諸問題

松田誠司

CASE

　A社はゲームタイトルの開発及び配信等を主な事業とする企業であるが，今般，平成27年特許法改正を踏まえて，職務発明について特許を受ける権利の帰属及び報奨金制度を整備すべく，社内の職務発明規程の改訂を検討することになった。知財部において，検討の前提として社内でヒアリング調査等を行ったところ，A社における開発の現場では，いわゆる正社員のみならず，派遣労働者やA社グループ内から出向している社員がおり，今後はフリーランスを活用することも想定されているとのことであった。また，これまでの報奨金算定及び支払の実務について課題の洗出しを行ったところ，実績報奨金の算定に膨大な工数を要すること及び退職者への報奨金の支払がスムーズに進まないケースがあること等が判明した。

　さらに，A社は，スタートアップ企業であるB社との間で，新規ゲームタイトルの共同開発を企図しているところ，共同開発契約書において職務発明との関係で手当てしておくべきポイントを検討することとなった。

Ⅰ はじめに

　平成27年に特許法35条が改正され，原始使用者帰属制度の導入，「相当の対価」から「相当の利益」への変更及び職務発明ガイドライン（後掲注4)) の公表を柱とする職務発明制度の見直しがなされた[1]。わが国においては，社内の勤務規則等において相当の対価に関する条項があっても，これによって算定される報奨金の額が特許法の規定に従って定められる対価の額に満たない場合

207

第 2 部　特許

には従業者はその不足額の支払を求めることができる旨判示したオリンパスピックアップ装置事件最高裁判決（最判平成 15・4・22 民集 57 巻 4 号 477 頁）や相当の対価として 200 億円の支払を認めた日亜化学青色発光ダイオード事件第 1 審判決（東京地判平成 16・1・30 判時 1852 号 36 頁）を契機として，職務発明制度の在り方及び運用等について活発な議論が交わされ，多数の職務発明相当対価請求訴訟が提起される状況にあったものの，平成 27 年特許法改正により，職務発明をめぐる法律関係は一定程度安定化しているように思われる。

　もっとも，産業構造の変化等に伴い，これまで注目されていなかった論点を含め議論は深化しているところ，本稿では，近年の議論状況及び裁判例を確認しつつ，実務におけるポイントを紹介することとする。

Ⅱ 職務発明制度の構造

1 職務発明の要件

　職務発明制度とは，企業において創出された発明に関する権利の取扱いと当該発明に関する報奨等について規定するものであるが，**CASE** の A 社において職務発明規程を策定し，又は改訂する前提として，いかなる発明が「職務発明」に該当するのかを確認しておく必要がある。この点に関し，特許法 35 条 1 項は，「使用者，法人，国又は地方公共団体（以下「使用者等」という。）は，従業者，法人の役員，国家公務員又は地方公務員（以下「従業者等」という。）がその性質上当該使用者等の業務範囲に属し，かつ，その発明をするに至った行為がその使用者等における従業者等の現在又は過去の職務に属する発明（以下「職務発明」という。）について特許を受けたとき」と規定しており，「職務発明」に該当するためには，①従業者等がした発明であること，②その

　1）　平成 27 年特許法改正における職務発明制度の見直しについては，特許庁総務部総務課制度審議室編『平成 27 年特許法等の一部改正　産業財産権法の解説』（発明推進協会，2016 年），深津拓寛・松田誠司ほか『実務解説　職務発明』（商事法務，2016 年），経団連産業技術本部編著『職務発明制度 Q&A——平成 27 年改正特許法・ガイドライン実務対応ポイント』（経団連出版，2016 年），髙橋淳 = 松田誠司編著『職務発明の実務 Q&A』（勁草書房，2018 年）等参照。

208

第 16 章　職務発明をめぐる諸問題

発明が性質上当該使用者等の業務範囲に属すること及び③その発明をするに至った行為がその使用者等における従業者等の現在又は過去の職務に属することが要件となる。

①について，一般に，発明者と使用者等との雇用関係が必要とされるが，ここにいう雇用関係とは法律上の雇用契約（民 623 条以下）が締結されていることを要求するものではなく，委任関係にある役員や，嘱託，臨時雇い，パートタイマーも含まれ，常勤・非常勤も問わないものと解されている[2]。また，②について，使用者等とは必ずしも雇用契約上の使用者でなくともよい。

2　職務発明の効果

まず，創出された発明が「職務発明」に該当する場合，使用者等は当該発明に係る特許権について無償の通常実施権を取得する（特許 35 条 1 項）。

次に，職務発明について特許を受ける権利の帰属については，平成 27 年特許法改正前においては，発明者である従業者等が原始的に当該権利を取得することとされ（特許 29 条 1 項柱書），これを使用者等に予約承継させることが可能であると解されていたが（特許 35 条 2 項反対解釈），平成 27 年改正後は使用者等が原始的に職務発明について特許を受ける権利を取得することも可能とされている（特許 35 条 3 項）。

また，職務発明について特許を受ける権利を使用者等に取得させる等した場合には，従業者等は相当の金銭その他の経済上の利益（以下「相当の利益」[3]という）を受ける権利を有することとなる。そして，平成 27 年特許法改正により，相当の利益の決定に関する手続について，経済産業大臣は指針を定め，これを公表することとされた[4]（特許 35 条 6 項）。

2）　中山信弘＝小泉直樹編『新・注解　特許法〔第 2 版〕（上）』（青林書院，2017 年）578 頁［飯塚卓也＝田中浩之］。

3）　平成 27 年改正前の特許法 35 条においては「相当の対価」と規定されていた。

4）　特許法第 35 条第 6 項に基づく発明を奨励するための相当の金銭その他の経済上の利益について定める場合に考慮すべき使用者等と従業者等との間で行われる協議の状況等に関する指針（平成 28 年 4 月 22 日経済産業省告示第 131 号，以下「職務発明ガイドライン」という）。

第 2 部　特許

3 職務著作との異同

　職務著作（著作 15 条）との異同について触れておくと，その成立要件のうち，「法人等……の発意に基づきその法人等の業務に従事する者が職務上作成する[5]著作物」という点については，職務発明の成立要件とおおよそ重なると考えてよい。もっとも，職務著作については職務発明における「相当の利益」に相当する報酬について規定がない点で異なる。

Ⅲ 職務発明規程の対象者について

1 派遣労働者等

　職務発明をめぐる法律関係に関し，従来は主としていわゆる正社員を想定して議論がなされていたところ，近時は派遣労働者も研究開発に従事し，発明者となりうるという状況にある[6]。労働者派遣とは，「自己の雇用する労働者を，当該雇用関係の下に，かつ，他人の指揮命令を受けて，当該他人のために労働に従事させること」（労働者派遣事業の適正な運営の確保及び派遣労働者の保護等に関する法律〔以下「労働者派遣法」という〕2 条 1 号）をいい，労働者は派遣元との間で雇用契約を締結し，派遣元から給与の支払を受けるものの，派遣先の指揮命令を受けて派遣先のために労働する形態である。
　このような労働者派遣の対象となる派遣労働者がした発明が「職務発明」となりうるとしても，その場合の「使用者等」は派遣元であるのか派遣先であるのかが問題となる。そもそも職務発明制度は，使用者等が従業者等たる発明者に対して給与を支払って雇用し，発明創出について研究設備や経費を含む人的物的資源（いわゆるヒト・モノ・カネ）を提供し，事業上のリスクを負担すると

　5）　この点に関し，RGB アドベンチャー事件（最判平成 15・4・11 集民 209 号 469 頁）がある。また，近時の裁判例としてゼンリン住宅地図事件（東京地判令和 4・5・27 裁判所 Web〔令和元年（ワ）第 26366 号〕。小林利明〔判批〕ジュリ 1578 号〔2022 年〕8 頁）がある。
　6）　派遣労働者による職務発明について考察したものとして髙橋淳「派遣社員による職務発明についての一考察」知財管理 848 号（2021 年）1035 頁がある。

第 16 章　職務発明をめぐる諸問題

いう構造を前提として，使用者等に特許を受ける権利を取得することを認め，従業者等に対しては，インセンティブとしての相当の利益を与える制度である。したがって，「使用者等」を決定するにあたっては給与の支出元，指揮命令関係及び人的物的資源の提供等といった事情を総合的に考慮すべきである[7]。このような理解に基づけば，派遣労働者であってもほとんどの場合には正社員と同様に人的物的資源の提供を受けて研究開発に従事しており，形式的には給与は派遣元から支給されているものの，派遣先が支出する派遣料金を原資としてその給与の額もおおよそ決定されるものと思われること等からすれば，派遣先が「使用者等」に該当する事例がほとんどといってよいように思われる[8]。なお，公表されている裁判例による限り，派遣労働者と職務発明の問題について正面から判断した事例は見当たらない。

　以上のように，職務発明との関係で派遣労働者が「従業者等」に，派遣先が「使用者等」にあたるとしても，派遣先の社内規程である職務発明規程が派遣労働者との関係で適用されるか否かは別途問題となりうることに留意する必要がある。なぜなら，派遣労働者には派遣先の社内規程は適用されないと解されていることに加え，法律上，派遣期間は原則として 3 年以内と短期間に限定されている[9]ため，職務発明規程に含まれている相当の利益についての「定め」の策定又は改訂に際し，派遣労働者は「協議」に参加できないことが多いと思われるためである。そこで，派遣先において，社内の職務発明規程を派遣労働者にも適用したいと考えるのであれば，派遣先，派遣元及び派遣労働者の三者間か，少なくとも派遣先と派遣労働者との間でその旨の契約を締結することが

　7）　中山信弘『特許法〔第 5 版〕』（弘文堂，2023 年）62 頁は，「給与の支給者は誰かという点は最大のメルクマールになろうが，それだけではなく投資リスクの負担，研究施設の提供，研究補助者の提供，指揮命令関係等を総合的に勘案し，誰に通常実施権を認めるのが妥当か，あるいは誰に承継の権利を認めるのが妥当かという観点，裏から見れば，誰に発明への投資についてのインセンティヴを与えることが最も発明の奨励になるのかという観点から使用者を決定すべきである」と述べており，参考になる。

　8）　「人材派遣の場合には，被派遣会社を使用者等とみるべき場合が多いであろうし，出向の場合には，出向先が使用者等とされる場合が多いであろう」との指摘がある（美勢克彦「職務発明の要件と効果について」牧野利秋ほか編『知的財産法の理論と実務(1) 特許法[I]』〔新日本法規出版，2007 年〕318 頁）。

　9）　労働者派遣法 35 条の 3。

第2部　特許

望ましい[10]。

　派遣労働者のほか出向者についても同様の問題があるが,「使用者等」該当性の判断及び職務発明規程の適用に関しては,派遣労働者に関する検討と同じ枠組みで考えてよい。

　また,近年,主に競争法領域においてフリーランス[11]の保護に関する議論がなされている[12]ところ,フリーランスがした職務発明の取扱いという問題も指摘されている[13]。

2 退職者

　職務発明規程改訂の検討作業において,筆者の経験上,論点に挙げられることが多いのは相当の利益の算定方法と並んで,退職者に対する支払である。

　従前の職務発明における実務では,出願時報奨金,登録時報奨金及び実績報奨金の3段階による報奨金制度を設け,1年又は数年に1回の頻度で実績報奨金を算定し,これを発明者に支払うことが多かった。特許権の存続期間は原則として出願から20年（特許67条1項）という長期に及ぶため,実績報奨金は退職者に対して支払われることも多かったのが実情である。

　しかしながら,職務発明における相当の利益は,従業者等に対するインセンティブとしてより大きな効果を発揮するように設計することが望まれるところ,退職者に対する相当の利益の支払は,発明に対するインセンティブとして機能しないことが懸念される。また,使用者等において限られた原資からイン

---

　10)　職務発明ガイドラインには,「派遣労働者については,職務発明の取扱いを明確化する観点から,派遣元企業,派遣先企業,派遣労働者といった関係当事者間で職務発明の取扱いについて契約等の取決めを定めておくことが望ましい」と記載されている（第三,三6)。

　11)　フリーランスについて法令等で定義されていないものの,内閣官房・公正取引委員会・中小企業庁・厚生労働省が公表した「フリーランスとして安心して働ける環境を整備するためのガイドライン」（令和3年3月26日）2頁によれば,「実店舗がなく,雇人もいない自営業主や一人社長であって,自身の経験や知識,スキルを活用して収入を得る者を指す」とされている。

　12)　令和6年11月1日から,「特定受託事業者に係る取引の適正化等に関する法律」（以下「フリーランス法」という）が施行される。

　13)　長澤哲也 = 牟礼大介「フリーランスに対する搾取的行為をめぐる労働法制と競争法制」NBL 1194号（2021年）40頁。なお,フリーランス法には,フリーランスがした職務発明に関する取扱いは規定されていない。

センティブの効果を極大化するとすれば，在籍者に対してより多くの支払を行うべきであろう。また，実務の観点からは，使用者等において退職者の住所及び振込先口座の追跡を行う必要があるだけでなく，結果的に支払ができない報奨金の処理を強いられる等，過大な事務負担が生じていることも無視できない[14]。職務発明ガイドラインにおいても，「基準に定める相当の利益の内容が特定の方式で決定されなければならないという制約がないことに鑑みると，退職者に対して相当の利益を退職後も与え続ける方法だけでなく，特許登録時や退職時に相当の利益を一括して与える方法も可能である」（第三，四 1）と明記されており，現行法下において，退職者に対して報奨金を支払い続けることは必須ではない。

発明の技術分野や業界ごとに特許実施製品のライフサイクルは大きく異なるうえに，企業文化によってもいかなるインセンティブ施策が適切かは一概に言い切れないものの，職務発明規程の改訂に際しては，退職者に対する継続的な支払を廃止することも積極的に検討すべきではないかと思われる[15]。

IV 報奨金について

1 現行法における「相当の利益」の考え方

職務発明規程の改訂において，実務担当者が最も頭を悩ませるのが報奨金の算定に関する制度設計であろう。この点に関連して，冒頭に触れたオリンパスピックアップ装置事件最高裁判決は以下のように判示している。

……勤務規則等に定められた対価は，これが同条〔平成 16 年改正前特許法 35 条[16]〕3 項，4 項所定の相当の対価の一部に当たると解し得ることは格別，それが直ちに相当の対価の全部に当たるとみることはできないの

---

14) 退職者に対する報奨金支払の問題点を指摘したものとして，深津・松田ほか・前掲注 1)197 頁以下。

15) 具体的な規定例としては，深津・松田ほか・前掲注 1)224 頁が参考になる。

第 2 部　特許

> であり，その対価の額が同条 4 項の趣旨・内容に合致して初めて同条 3
> 項，4 項所定の相当の対価に当たると解することができるのである。した
> がって，勤務規則等により職務発明について特許を受ける権利等を使用者
> 等に承継させた従業者等は，当該勤務規則等に，使用者等が従業者等に対
> して支払うべき対価に関する条項がある場合においても，これによる対価
> の額が同条 4 項の規定に従って定められる対価の額に満たないときは，
> 同条 3 項の規定に基づき，その不足する額に相当する対価の支払を求め
> ることができると解するのが相当である。

　上記最高裁判決は，裁判所が対価の相当性を決定するといういわば全面的司
法審査の姿勢（適正額基準説）を明らかにしたものである。上記最高裁判決を
前提とする限り，勤務規則の 1 つである職務発明規程を策定する使用者等とし
ては，裁判所が認定するであろう「対価」の額に不足することがないよう，各
裁判例を参考に報奨金の算定規定を定める必要があり，各報奨金支払について
緻密な算定を強いられることになる。しかしながら，上記最高裁判決の後にな
された平成 16 年改正は，「相当の対価」という枠組みは維持しつつ，対価決定
のプロセスという手続面を重視するものと評価されている[17]。したがって，

---

16)　平成 16 年改正前特許法 35 条
「使用者，法人，国又は地方公共団体（以下「使用者等」という。）は，従業者，法人の役員，国家
公務員又は地方公務員（以下「従業者等」という。）がその性質上当該使用者等の業務範囲に属し，
かつ，その発明をするに至った行為がその使用者等における従業者等の現在又は過去の職務に属する
発明（以下「職務発明」という。）について特許を受けたとき，又は職務発明について特許を受ける
権利を承継した者がその発明について特許を受けたときは，その特許権について通常実施権を有す
る。
　2　従業者等がした発明については，その発明が職務発明である場合を除き，あらかじめ使用者等
に特許を受ける権利若しくは特許権を承継させ又は使用者等のため専用実施権を設定することを定め
た契約，勤務規則その他の定の条項は，無効とする。
　3　従業者等は，契約，勤務規則その他の定により，職務発明について使用者等に特許を受ける権
利若しくは特許権を承継させ，又は使用者等のため専用実施権を設定したときは，相当の対価の支払
を受ける権利を有する。
　4　前項の対価の額は，その発明により使用者等が受けるべき利益の額及びその発明がされるにつ
いて使用者等が貢献した程度を考慮して定めなければならない。」

214

平成 16 年改正以降の事案については，上記最高裁判決は適用されないと解すべきである。現行法の考え方は，職務発明ガイドラインの以下の記載に表れている（第二，一 3(一)）。

> 基準には，ある特定の具体的内容が定められている必要があるわけではない。基準の内容は，使用者等の利益に対する発明の貢献度や発明による利益に対する発明者である従業者等の貢献度を考慮して相当の利益の内容を決定するというものにも，これらを考慮することなく相当の利益の内容を決定するというものにもでき，また，職務発明に係る相当の対価の内容をめぐる訴訟の裁判例を参考にして定めることも，これを参考にすることなく定めることもできる。

　もっとも，平成 16 年改正以降であっても，職務発明規程の策定に際しての協議が不十分であったり，開示又は意見聴取が適正になされていない等の事情があった場合には，当該職務発明規程に基づく報奨金の支払が不合理であるとして，各裁判例の枠組みに基づいて相当の利益が算定されることになる。

　実務担当者としては，このような特許法の解釈を正確に理解し，適正な協議を経て策定された職務発明規程における報奨金の算定は基本的に自由に設計できることを前提として検討を行うべきである。

2 報奨金の対象とすべき職務発明

　一般に，「相当の利益」付与の対象となるのは，特許発明を実施することにより得られた利益のすべてを指すのではなく，独占的利益が生じている場合であると解されている。そして，職務発明規程における報奨金の対象として，自社が独占的に実施している発明や他社に実施許諾した発明又はこれらが併用実施されている発明を挙げるのが通常である。

　このほか，職務発明を均等実施[18]した場合に相当の利益の対象とすべきか

---

17)　土田道夫ほか「職務発明と労働法」ジュリ 1302 号（2005 年）96 頁。

第 2 部　特許

という論点があり，対象となりうることを前提とした裁判例も見られる[19]。もっとも，個別の事案において対象製品又はサービス（以下「対象製品等」という）について均等論が適用されるか否かを判断することは容易ではなく，あらゆる職務発明及び対象製品等についてこれを検討することはあまりに非現実的である。したがって，職務発明規程策定の実務においては，報奨金の対象を自社実施，他社実施及び併用実施並びに職務発明に係る特許権の売却等と規定したうえで，これらのほかに使用者等に独占的利益をもたらした職務発明については，別途，従業者等と協議し，報奨金の有無及び内容を決定する旨規定することが現実的ではないかと思われる。

　また，自社は実施しないものの，他社の参入を妨げる発明（防衛特許と呼ばれることがある）についても，一般論としては，相当の利益の対象となりうるものと思われる[20]。もっとも，防衛特許それ自体について独占的利益を認めるのは困難なケースが多いものと思われるし，仮に独占的利益があったとしてもその算定は極めて困難であろう[21]。したがって，実務的には均等実施と同様に取り扱うことでよいように思われる。

---

　18)　均等論とは，特許権侵害の充足論において，被疑侵害製品（対象製品等）について文言侵害が成立しない場合であっても技術的範囲に属することを認める理論である。その成立要件は，「特許請求の範囲に記載された構成中に対象製品等と異なる部分が存する場合であっても，(1)右部分が特許発明の本質的部分ではなく，(2)右部分を対象製品等におけるものと置き換えても，特許発明の目的を達することができ，同一の作用効果を奏するものであって，(3)右のように置き換えることに，当該発明の属する技術の分野における通常の知識を有する者（以下「当業者」という。）が，対象製品等の製造等の時点において容易に想到することができたものであり，(4)対象製品等が，特許発明の特許出願時における公知技術と同一又は当業者がこれから右出願時に容易に推考できたものではなく，かつ，(5)対象製品等が特許発明の特許出願手続において特許請求の範囲から意識的に除外されたものに当たるなどの特段の事情もないときは，右対象製品等は，特許請求の範囲に記載された構成と均等なものとして，特許発明の技術的範囲に属する」とされている（ボールスプライン事件〔最判平成 10・2・24 民集 52 巻 1 号 113 頁〕）。

　19)　ソニー損害保険事件（東京地判平成 28・12・26 裁判所 Web〔平成 27 年（ワ）第 6627 号〕）等。

　20)　アステラス製薬事件（知財高判平成 25・1・31 判時 2180 号 104 頁）。

　21)　中山・前掲注 7)75 頁以下，知的財産裁判実務研究会編『知的財産訴訟の実務〔改訂版〕』（法曹会，2014 年）109 頁以下。

3 報奨金の算定

　特許庁が平成29年に公表した調査研究結果[22]によれば，相当の利益の付与時期として「自社による特許発明の実施時」を挙げる企業が69.9%，「実施許諾（ライセンス・アウト）時」を挙げる企業が79.7%に上っており，実績報奨金制度を置いている企業が多数であることが分かる。

　もっとも，実績報奨金の算定には膨大な工数を要し，企業にとっては過大とも思われる負担となっていることはかねてから指摘されているところである。また，理論的には，相当の利益は，使用者等が職務発明について特許を受ける権利を取得した時点で発生することからしても，恒常的な制度として実績報奨金を設けることは必須とは思われない。したがって，特許登録時等における期待利益又は発明の価値のランク付け等により評価し，その時点で一定額を報奨金として払切りとする制度等も検討に値する。

V 職務発明規程改訂の手続

1 手続3要素

　CASEにおけるA社では職務発明規程の改訂を検討しているとのことであるが，使用者等であるA社において改訂案が固まった場合，従業者等との「協議」を行うことになる（特許35条5項）。そして，改訂された職務発明規程を施行するにあたっては対象となる従業者等に対する「開示」を行い，さらに，特定の職務発明について相当の利益を付与するにあたっては，当該特定の職務発明の発明者から「意見の聴取」を行うこととなる（同項）。このような「協議」「開示」及び「意見の聴取」は手続3要素と呼ばれることがある。

　平成27年改正後の特許法35条及びこれに基づく職務発明ガイドラインの下では，使用者等は，手続3要素を適切に履践することにより，自社の職務発明

---

　22)　一般財団法人知的財産研究教育財団知的財産研究所「平成28年度 特許庁産業財産権制度問題調査研究報告書 企業等における新たな職務発明制度への対応状況に関する調査研究報告書」（平成29年3月）62頁。

第 2 部　特許

規程に基づく報奨金の支払について，その内容に立ち入ることなく免責されるという大きなメリットを得られる。したがって，使用者等としては，職務発明ガイドラインの内容を正確に理解し，これに基づいて「協議」「開示」及び「意見の聴取」を行うことが極めて重要である[23]。

2　原始使用者帰属について

　特許法 35 条 3 項は平成 27 年の特許法改正により新設された規定であり，原始的に使用者等に職務発明に係る特許を受ける権利を帰属させることを可能とするものである。そのための要件として，「契約，勤務規則その他の定めにおいてあらかじめ使用者等に特許を受ける権利を取得させることを定め」ることが必要である。同項の要件を充足しない場合には，職務発明に係る特許を受ける権利は従業者等に帰属することになる。

　「あらかじめ」の意義について，改正法案立案担当者は，「『あらかじめ使用者等に特許を受ける権利を取得させることを定めたとき』とは，職務発明が完成する前に，使用者等に職務発明を取得させることを定めた場合を意味する」と説明している[24]。この点に関連して，知財高裁令和 5 年 6 月 22 日判決（裁判所 Web〔令和 5 年 (ネ) 第 10030 号〕）[25]は，上記説明と同旨の見解を採用したうえで，使用者において，従前，職務発明について，当該使用者の要求があるときに，当該使用者が発明者である従業員に対し，協議して定めた額の金員を支払うことにより，特許を受ける権利が発明者から当該使用者に移転する旨就業規則において規定していた事案において，当該使用者が新たに定めた職務発明規程において，原始使用者帰属規定を含め遡及適用する旨規定していたとしても，当該職務発明規程は当該事案において問題となった発明の完成日よりも後に制定されたものであるから，既に発生している特許を受ける権利の帰属を原始的に変更することができるものではないとの判断を示した。

---

　23)　平成 16 年改正法下の事案ではあるが，手続の適正性について認定判断したものとして野村證券事件判決（知財高判平成 27・7・30 裁判所 Web〔平成 26 年 (ネ) 第 10126 号〕）がある。また，松田誠司・特許百選〔第 5 版〕（2019 年）192 頁。

　24)　深津・松田ほか・前掲注 1) 31 頁。

　25)　松田誠司〔判批〕ジュリ 1590 号（2023 年）8 頁。

218

第 16 章　職務発明をめぐる諸問題

　上記と異なり，A 社としては，今般の職務発明規程改訂において，将来発生する特許を受ける権利について原始使用者帰属制を導入するものと思われるが，他社と共同開発を行う場合には，当該他社において特許を受ける権利が確実に取得されていることを含め，事実上の確認を行うだけでなく，契約書上も手当てをしておくべきである。具体的には，共同開発契約書において，自社の従業員等がした職務発明について特許を受ける権利は自社が取得していること，相当の利益付与について適正な手続を履践しており，自社の責任で処理すること等を規定することが考えられる。

3　職務発明についての労働法の適用について

　職務発明とは使用者等と雇用関係にある従業者等がした発明であるから，その事象に労働の側面があることは否定できない。もっとも，職務発明について特許を受ける権利の帰属及び「相当の利益」に関する問題は，労働条件としての賃金の支払とは異なり，あくまで発明者たる地位に起因するものであるから，本来的に特許法で規律すべきものである。また，実質的に見ても，特許法 35 条自体が従業者等の保護を図っているため，ことさら労働法を適用する実益もないように思われる。したがって，私見としては，職務発明について労働契約法その他の労働法令は適用されず，不利益変更禁止原則（労契 9 条）の適用等の問題は生じないものと考えている[26]。

　もっとも，特許を受ける権利の帰属及び「相当の利益」について，就業規則や労働協約等で規定した場合には，労働法令の適用を受けるリスクがあるため[27]，使用者等としては契約又は職務発明規程によるべきであろう。

　26）　適用肯定説として，田村善之＝山本敬三編『職務発明』（有斐閣，2005 年）152 頁以下［土田道夫］等，適用否定説として深津・松田ほか・前掲注 1）212 頁，木村陽一「新たな職務発明制度」L&T 24 号（2004 年）17 頁等。

　27）　前掲注 25）は，従前，就業規則において，職務発明の取扱いについて規定されていた事案において，職務発明に係る特許を受ける権利を使用者に原始取得させることは，従業員にとって，就業規則を不利益に変更するものであると指摘している。

219

第 2 部　特許

参 考 文 献

●髙橋淳＝松田誠司編著『職務発明の実務 Q&A』（勁草書房，2018 年）

●深津拓寛・松田誠司ほか『実務解説　職務発明──平成 27 年特許法改正対応』（商事法務，2016 年）

●経団連産業技術本部編著『職務発明制度 Q&A──平成 27 年改正特許法・ガイドライン実務対応ポイント』（経団連出版，2016 年）

第**17**章

特許権と後発医薬品

城山康文

CASE

　医薬品メーカー X は，疾患 α 治療用の新たな医療用医薬品として注射剤 A（有効成分：A-API）を開発し，2015 年 3 月 30 日に注射剤 A の製造販売承認（以下，「承認 1」という）を受けた（再審査期間は 8 年間）。また，X は，有効成分 A-API が疾患 β の治療にも有効であることを見出し，注射剤 A につき，2020 年 5 月 30 日に効能・効果に疾患 β の治療を追加する製造販売承認の一部変更承認（以下，「承認 2」という）を得た（再審査期間は 4 年間）。

　X は，次の特許権 P1 乃至 P4 を有している。

- 有効成分 A-API を含む医薬組成物に係る特許権 P1（出願日 1999 年 9 月 30 日，登録日 2006 年 10 月 1 日）〔承認 1 及び承認 2 に基づく 5 年の期間延長登録〕。
- 注射剤 A の用法・用量に係る特許権 P2（出願日 2003 年 5 月 30 日，登録日 2011 年 7 月 29 日）〔承認 1 に基づく 3 年 8 月の期間延長登録及び承認 2 に基づく 5 年の期間延長登録〕。
- 注射剤 A の副成分を含む製剤に係る特許権 P3（出願日 2009 年 5 月 30 日，登録日 2014 年 3 月 29 日）〔承認 1 に基づく 1 年及び承認 2 に基づく 5 年の期間延長登録〕。
- 有効成分 A-API の疾患 β の治療に係る特許権 P4（出願日 2004 年 4 月 30 日，登録日 2011 年 6 月 1 日）〔承認 2 に基づく 5 年の期間延長登録〕。

注射剤 A の後発医薬品（ジェネリック医薬品）は，どのタイミングで市場参入を試みることが考えられるか。

221

第 2 部　特許

I はじめに

　医薬品は，特許権による市場独占が比較的容易な分野である。特に医薬品の分野において特許権が強力である理由の一つは，医薬品の成分のみならず，用途や用法・用量など医薬品の使用を含めた多様な特徴に関して，特許権が取得可能なことにある。また，特許権の存続期間延長登録が認められていることも，医薬品分野における特許権の強さに寄与している。ただ，医薬品と他の技術分野との違いが最も大きいのは，医薬品の製造販売を行うためには「医薬品，医療機器等の品質，有効性及び安全性の確保等に関する法律」（以下，「薬機法」という）に基づく製造販売承認を受けることが必須とされることにある。特許権の存在を理由として後発医薬品の製造販売承認がなされないことは，民事訴訟よりも強力な特許権のエンフォースメントと言えるし，また，特許権を回避するための仕様変更が容易ではないのも，製造販売承認が必須とされ，その一部変更にも承認が必要とされるためである。

　これらに係る制度及び運用は，正直なところ，非常に複雑でわかりにくい。本稿では，制度及び運用の大筋を概観したのち，**CASE** を例にとり，具体的に説明をしてみたい。

II 制度及び運用の概要

1 特許権の対象

　特許権 P1 は，医薬品の有効成分に関する特許であり，物質特許とも呼ばれる。実施可能要件（特許 36 条 4 項 1 号）を充足するためには，通常，明細書において，マウスへの投与実験等に基づく薬理データを示すことが必要とされる。サポート要件（同条 6 項 1 号）との関係で，当業者が明細書の記載及び技術常識に基づき特許請求の範囲の全範囲にわたって発明の課題を解決できると認識できるか否か，が問題とされることも多い。

　有効成分に関しては，物質そのものではなく，不純物の混入が少ない，或いは収率が高い製法や，相乗効果を有する複数の公知の有効成分の組合せ等について，特許が取得されることもある。また，有効成分に係る物質が結晶多形

222

第 17 章　特許権と後発医薬品

（同じ化学式で結晶構造の異なる物質）を有する場合，X 線回折測定のピーク等により結晶構造を特定し，安定性等の面において顕著又は特異な効果を示すことで，結晶形に係る発明について特許権を得ることもある。

　特許権 P2 は，医薬品の用法・用量に係る特許である。例えば，「1 日●回●mg 皮下注射により投与される抗●●薬」と表現される。公知の有効成分及び効能・効果に関しても，公知の用法・用量と比較して顕著又は特異な効果を奏することを明細書においてデータに基づいて示すことにより，新たな用法・用量の医薬品として特許を取得することができる。後発医薬品の製造販売承認を受けるためには，医薬品の有効成分及び効能・効果のみならず，その添付文書に記載する用法・用量についても先発医薬品の用法・用量に完全に揃えることが通常要求される。そのため，一見したところ特殊な用法・用量を対象とする特許権であっても，それが先発医薬品の添付文書に記載される用法・用量であれば，後発医薬品が当該特許権を回避することは容易ではない。

　特許権 P3 は，医薬品の副成分を含む組成に係る特許であり，製剤特許と呼ばれることがある。有効成分の体内吸収性や保存安定性等に関する課題を解決する発明を対象とするものであるが，後述するパテント・リンケージとの関係では，製剤特許（P3）は，物質特許（P1），用法・用量に係る特許（P2）や用途（効能・効果）に係る特許（P4）とは，意味合いが異なる。

　特許権 P4 は，医薬品の用途（効能・効果）に係る特許である。医薬品の有効成分としては公知の物質であっても，当該物質が別の疾患の治療にも効果を有することを見出し，明細書でその薬理データを示すことができれば，「当該疾患の治療に用いる医薬品」として特許権を得ることが可能である。同一の物質について，第 2，第 3 の医薬用途に係る特許権が成立していることも珍しくない。

　その他，医薬品に関しては，注射シリンジ，輸液バッグや粉末吸入器等の構造・形状や，場合によっては錠剤の構造・形状等について，特許権や意匠権が取得されることがある。

2　特許権の存続期間延長登録

　特許権の存続期間は，出願日から 20 年間である（特許 67 条 1 項）。しかし，医薬品に関しては，5 年間を限度として，存続期間延長登録を受けることが可能である（同条 4 項）。その制度趣旨は，医薬品は薬機法に基づく製造販売承

223

第 2 部　特許

認を受けなければ製造販売が許されないため，特許権の取得後，直ちに当該特許権に係る発明を実施できない場合があり，そのような場合には特許権の存続期間が事実上侵食されることになるので，当該不利益を補償するためである，とされる。

　特許権の存続期間延長登録を受けたい特許権者は，当該特許権に係る発明を実施する医薬品について製造販売承認を受けてから 3 カ月以内に，延長登録出願をする（特許 67 条 4 項・67 条の 5，特許令 2 条 2 号イ・3 条）。延長登録出願がなされれば，特許庁審査官は，延長登録拒絶理由を発見しない限り（特許 67 条の 7 第 1 項），延長登録をすべき旨の査定をしなければならず（同条 2 項），当該査定があったときは，特許権の存続期間を延長する旨の登録がなされる（同条 3 項）。延長できる期間は，「特許発明の実施をすることができない期間」（ただし，5 年以内）であり，通常は，臨床試験開始日（ただし，特許権設定登録日のほうが臨床試験開始日よりも遅ければ特許権設定登録日）から，製造販売承認日の前日までの期間とされる。

　製造販売承認の対象である医薬品が特許権に係る発明の技術的範囲に含まれないのであれば，延長登録拒絶理由となるが，含まれるのであれば，特許権に係る発明が有効成分に係る発明ではないことや，同一の有効成分に係る別の医薬品について先行する製造販売承認が存在することは，登録拒絶理由とはならない。かつての特許庁の運用では，有効成分に関する特許権についてのみ，また当該有効成分及び特定の用途（効能・効果）に係る医薬品について最初の製造販売承認がなされた場合に限って，延長登録が認められていたが，最高裁平成 23 年 4 月 28 日判決（民集 65 巻 3 号 1654 頁）において当該運用が否定され，改められた。また，最高裁平成 27 年 11 月 17 日判決（民集 69 巻 7 号 1912 頁）は，類似する医薬品について先行する製造販売承認があったとしても，医薬品の成分，分量，用法，用量，効能及び効果のいずれかの点において異なる医薬品について新たに製造販売承認がなされた場合には，後行の製造販売承認に基づく延長登録が認められるとした。そのため，現在では，1 件の特許について，複数の製造販売承認に基づきそれぞれ延長登録がなされることが通常である。また，1 件の製造販売承認に関して延長登録を受けることができる特許権の数にも，制限はない。

　特許権の存続期間の延長登録がなされると，その延長期間中は，当該特許権

第17章　特許権と後発医薬品

の効力は，延長登録の理由である製造販売承認の対象となった医薬品と実質同一と認められる医薬品（その均等物を含む）についてのみに及ぶ。そして，製造販売承認の対象となった医薬品と実質同一の医薬品であるか否かについては，成分，分量，用法・用量，効能・効果の異同に照らして判断される。製造販売承認の対象となった医薬品の均等物の範囲は必ずしも明確ではないが，知財高裁平成29年1月20日判決（判時2361号73頁）は次のように述べている。「①医薬品の有効成分のみを特徴とする特許発明に関する延長登録された特許発明において，有効成分ではない『成分』に関して，対象製品が，〔製造販売承認〕申請時における周知・慣用技術に基づき，一部において異なる成分を付加，転換等しているような場合，②公知の有効成分に係る医薬品の安定性ないし剤型等に関する特許発明において，対象製品が〔製造販売承認〕申請時における周知・慣用技術に基づき，一部において異なる成分を付加，転換等しているような場合で，特許発明の内容に照らして，両者の間で，その技術的特徴及び作用効果の同一性があると認められるとき，③〔製造販売承認〕で特定された『分量』ないし『用法，用量』に関し，数量的に意味のない程度の差異しかない場合，④〔製造販売承認〕で特定された『分量』は異なるけれども，『用法，用量』も併せてみれば，同一であると認められる場合……は，これらの差異は上記にいう僅かな差異又は全体的にみて形式的な差異に当たり，対象製品は，医薬品として〔製造販売承認〕の対象となった物と実質同一なものに含まれるというべきである」。

3　先発医薬品の再審査期間と後発医薬品

　後発医薬品は，先発医薬品との生物学的同等性を示すことができれば，独自の臨床試験を改めて行うことなく，製造販売承認を受けることができる。しかし，先発医薬品の再審査期間中は，別の先発医薬品として改めて臨床試験を行う場合は格別，そうでなければ，後発医薬品としての製造販売承認申請をすることができない。再審査期間とは，先発医薬品メーカーに対し，製造販売承認後の使用実績を調査し，効能・効果及び安全性についての報告をすることを義務付ける期間であるが，事実上，後発医薬品の製造販売申請を妨げ，先発医薬品に係る市場の独占を認める枠組みとしても機能している。

　再審査期間は，現在の運用では，希少疾患用医薬品は10年，新有効成分医

225

第2部　特許

薬品は8年，新医療用配合剤は6年（新規性により4年の場合もある），新投与経路医薬品は6年，新効能・効果医薬品は4年，新用法・用量医薬品は4年とされている。したがって，例えば，新有効成分医薬品であれば，当該医薬品を保護する特許権が一切存在しない場合であっても，原則8年間は，後発医薬品の市場参入は妨げられることになる。

4 パテント・リンケージ

　パテント・リンケージとは，後発医薬品の製造販売承認にあたり，当該後発医薬品の供給（製造・販売）を妨げる特許権が存在しないことを承認の条件とする運用のことである。そのような運用を行う根拠としては，製造販売承認に基づき製造販売が開始された以上は継続供給がなされるべきであり，継続供給に不安がある場合には製造販売承認をすべきではない，ということが挙げられる。これにより，先発医薬品に係る特許権の実効性が非常に高められている。

　後発医薬品の製造販売承認を受けるに際して障害となるのは，有効成分，用途（効能・効果）又は用法・用量に関する特許権である。例えば，或る有効成分を対象とする物質特許が存続していれば，当該有効成分を含有する後発医薬品の製造販売承認は受けられない。また，有効成分を対象とする物質特許が期間満了により消滅していたとしても，例えば，先発医薬品が適用対象とする疾患について，用途特許が存在している場合も同様である。ただ，例えば，先発医薬品が適用対象（効能・効果）とする2つの疾患のうち，1つの疾患（効能・効果）のみについて用途特許が存続している場合には，後発医薬品は，用途特許が存在しないもう1つの疾患（効能・効果）のみを適用対象として限定することにより，製造販売承認を受けることができる。このような，先発医薬品が対象とする複数の疾患（効能・効果）のうち一部のみを対象としてなされる後発医薬品の製造販売承認申請は，「虫食い申請」（英語では "skinny label"）と呼ばれている。後発医薬品の製造販売承認申請に際しては，原則として効能揃え，すなわち後発医薬品の効能・効果を先発医薬品の効能・効果と同じとすることが求められているが，先発医薬品の効能・効果のうち一部について用途特許が存在する場合には，このように「虫食い申請」をすることが認められている。また，現在の運用では，特許庁の無効審決や地方裁判所の一審判決において，特許権が無効であるとの判断が下されていれば，たとえ審決取消訴訟や控

第 17 章　特許権と後発医薬品

訴審が係属中であって無効が未だ確定していない場合であっても，通常であれ
ば後発医薬品は製造販売承認を受けることができる。

　我が国の上記運用によるパテント・リンケージの問題点は，存続している特
許権（有効成分，効能・効果又は用法・用量に係る発明に関するもの）の権利範囲
に対象医薬品が含まれるか否かの判断において，司法判断又は専門家による判
断を求めることができず，特許権者や製造販売承認申請者による主張立証の機
会も制度的に確保されていないことにある。有効成分に係る特許権の権利範囲
であれば比較的明白だが，一部の効能・効果や用法・用量に係る特許や延長に
係る特許権の権利範囲には，議論の余地が大きいものもある。にもかかわら
ず，後発医薬品の製造販売承認の可否の判断に際して，存続する特許権の権利
範囲に含まれるものであるか否かについて特許法の専門家の意見が聴かれるこ
とはなく，特許権者及び製造販売承認申請者が主張を行う機会が制度として設
けられていることもない。また，意に反して後発医薬品の製造販売承認がなさ
れた場合の特許権者（先発医薬品メーカー），又は後発医薬品の製造販売承認を
受けられなかった場合の申請者（後発医薬品メーカー）が，厚生労働大臣の処
分の適法性を行政訴訟で争うには，相当な覚悟が必要であり，現実的ではない
（これは，外国依頼者からその可能性についてよく質問される点であるが，日本では
そのような事例を聞いたことはない）。それでも特許権者（先発医薬品メーカー）
の場合には，後発医薬品が発売されてから特許侵害訴訟を提起すればよいので
あるが，申請者（後発医薬品メーカー）の場合には，製造販売承認がなされな
ければ発売することもできず，製造販売承認申請をしただけの段階で債務不存
在確認訴訟を提起しても訴えの利益が否定されるおそれが高い。実際，知財高
裁令和 5 年 5 月 10 日判決（LEX/DB 25572851）は，製造販売承認がなされな
ければ当該後発医薬品が製造販売されることはないので特許権侵害を理由とす
る差止請求権の存否について即時確定の利益がない，として，訴えを却下した
原判決（東京地判令和 4・8・30〔LEX/DB 25572360〕）を維持した。

　他方，先発医薬品の副成分を含む組成を対象とする製剤特許が存続していた
としても，後発医薬品の製造販売承認を受ける際の障害とはならない。後発医
薬品メーカーは，製造販売承認を受けて，後発医薬品の製造販売を開始するこ
とができる。しかし，もし仮に，後発医薬品が当該製剤特許を侵害していると
すると，その後特許権者から裁判所において提訴され，いったん上市した後発

227

第2部　特許

医薬品について製造販売差止命令を受けるおそれがある。そうなると，後発医薬品の安定供給義務を果たせないこととなる。また，特許権侵害に基づく損害賠償義務として，先発医薬品の薬価下落分についても賠償を命じられ，賠償額が巨額となるおそれもある（東京地判平成29・7・27判時2359号84頁）。そのため，製造販売承認を受けることへの障害とはならないとしても，後発医薬品メーカーは，当然，副成分を対象とする製剤特許についても，回避又は無効化のために慎重に検討する必要がある。

5 薬価収載

国民健康保険制度の下では，後発医薬品について製造販売承認がなされたとしても，薬価収載（厚生労働省が定める薬価基準に収載されること）がなされなければ，医師による処方はなされない。そして，薬価収載は随時なされるわけではなく，後発医薬品の薬価収載は年2回の機会に限られている。そのため，後発医薬品の製造販売承認が或る薬価収載の機会に間に合うのか，その次の機会（半年後）になるのかによって，先発医薬品に係る市場の独占期間は無視できない影響を受けることになる。

Ⅲ CASE の検討

1 再審査期間

注射剤Aの疾患αに関する再審査期間が終了するのは，承認1（2015年3月30日）から8年が経過した2023年3月末であり，疾患βに関する再審査期間が終了するのは，承認2（2020年5月30日）から4年が経過した2024年5月末である。そのため，注射剤Aの後発医薬品について製造販売承認申請が可能になるのは，疾患αのみを効能・効果に記載（虫食い申請）するのであれば2023年4月以降，疾患α及び疾患βを共に効能・効果に記載するのであれば2024年6月以降である。

あとは，特許権P1乃至P4及びそれらの存続期間延長登録との関係で，製造販売承認が得られるのか，そのままでは得られないのであればどうすれば可能になるのか，製造販売承認が得られるとしても発売にはどのようなリスクが

あるのか，という問題となる。以下，各特許権につき，出願日から20年間の存続期間を「当初期間」と呼び，存続期間延長登録により延長された期間を「延長期間」と呼ぶこととする。

2 特許権の存続期間

はじめに，注射剤Aの後発医薬品であって，疾患aのみを効能・効果に記載する場合を検討する。

この場合，当該医薬品は特許権P1（有効成分）及び特許権P2（用法・用量）の技術的範囲に属するので，それらの当初期間が満了するまでは（特許権P1は2019年9月末に満了済み，特許権P2は2023年5月末まで），後発医薬品の製造販売承認を得られない。また，特許権P1の承認1に基づく延長期間（2024年5月末まで）及び特許権P2の承認1に基づく延長期間（2027年1月末まで）が満了するまでは，後発医薬品が承認1に係る先発医薬品と同一又は均等と認められる限り，当該後発医薬品は延長された各特許権の権利範囲に属するので，やはり製造販売承認を得られない。なお，後発医薬品の副成分が先発医薬品のそれと異なる場合，後発医薬品が承認1に係る先発医薬品と実質同一（同一又は均等）とされる範囲を外れる可能性はゼロではないが，上述した知財高判平成29年1月20日の判示や，判断者が特許法の専門家ではないという審査の構造からすれば，実質同一の否定（延長された特許権の権利範囲から外れる）を理由として製造販売承認を受けることは通常期待できないであろう。そのため，終期が遅いほうの特許権P2の承認1に基づく延長期間（2027年1月末まで）が満了する2027年2月以降に，後発医薬品の製造販売承認を得られる可能性があることとなる。そして，製造販売承認を得ることができ，その後の薬価収載のタイミングで収載されれば，後発医薬品が実際に上市される。

2027年2月の時点では，特許権P3（副成分）は存続期間中であるが（当初期間は2029年5月末まで，承認1に基づく延長期間は2030年5月末まで），これは後発医薬品に係る製造販売承認を受けるに際しての障害とはならない。しかし，特許権P3の承認1に基づく延長期間が満了する前に後発医薬品が市場参入すれば，特許権P3の侵害に基づく差止め及び損害賠償を求めて提訴されるおそれがある。なお，承認2に基づく延長に係る特許権P3の効力は，疾患βを効能・効果に記載する医薬品にしか及ばないので，疾患aのみを効能・効果とし

第2部　特許

て記載する場合には，承認1に基づく延長期間が満了すれば，特許権P3を気にする必要はなくなる。

　したがって，後発医薬品メーカーとしては，最速で市場参入したいのであれば，副成分を先発医薬品と異なるものとするための開発に注力するであろう。後発医薬品の副成分の組成を先発医薬品のそれと異なるものとしても，後発医薬品として製造販売承認を受けることは可能である。副成分の組成の変更により，後発医薬品が特許権P3の技術的範囲から外れることとなれば，特許権P3の侵害リスクはなくなる。また，たとえそれが難しいとしても，少なくとも，承認1に係る先発医薬品と実質同一（同一又は均等）とされる範囲から後発医薬品が外れれば，当初期間終了後の延長期間中は，侵害リスクはなくなる。上述したように，有効成分に係る特許権P1との関係では，副成分の組成の変更により実質同一（同一又は均等）とされる範囲から外すことは容易ではないが，副成分に係る特許権P3との関係では，副成分の組成の変更により実質同一（同一又は均等）とされる範囲から外すことができる可能性は充分にある。

　それでも，いったん市場参入したのちに差止命令や損害賠償命令を受けるリスクは甚大であるので，後発医薬品メーカーは，そのリスクを取るかどうかの判断を迫られる。そのうち，差止命令を受けて安定供給義務を果たせなくなるリスクの判断に際しては，提訴から執行力ある差止命令が発せられるまでの裁判手続に要する期間と特許権の残存期間との比較も，一つの重要な考慮要素となろう。また，損害賠償命令のリスクの判断に際しては，上述したように，先発医薬品の価格下落による損害の賠償を求められるおそれも考慮しなければならない。

　他方，注射剤Aの後発医薬品であって，疾患α及び疾患βを共に効能・効果に記載する場合はどうか。

　この場合，当該後発医薬品は，特許権P1及び特許権P2のみならず，特許権P4（用途）の技術的範囲にも属することとなるので，特許権P4の存続期間が満了するまでは（当初期間は2024年4月末まで，承認2に基づく延長期間は2029年4月末まで），製造販売承認を得られない。そのため，特許権P4の存続期間が満了する2029年5月以降に，製造販売承認を得られる可能性があることとなる。そのうえ，特許権P3（副成分）の承認2に基づく延長期間は2034年5月末まで続くため，その侵害リスクはより大きく，回避又は無効化の重要

230

第 17 章　特許権と後発医薬品

性はより増すこととなる。

3　無効審判請求

　特許権 P1 乃至 P4 がいずれも有効であることを前提とすれば，上記 **2** の結論となる。しかし，これらの特許権のうちいずれかについて無効審判請求を行い，特許無効審決又は延長登録無効審決を得ることができれば，結論は変わってくる。

　すなわち，特許権 P1，特許権 P2 又は特許権 P4 の無効審決又は延長登録無効審決を得ることができれば，現在の運用においては，それが未確定であったとしても，製造販売承認を受けることができる可能性が高い。一般論で言えば，有効成分に係る特許権 P1 及び用途に係る特許権 P4 の無効化のハードルは比較的高いため，後発医薬品メーカーとしては，無効化のハードルが比較的低いように思われる用法・用量に係る特許権 P2 の無効審決を得ることにより，特許権 P1 の承認 1 に基づく延長期間（2024 年 5 月末まで）が満了した段階で，効能・効果を疾患 α に限定して製造販売承認を受けるというストーリーを描くことが考えられる。ただし，そうやって製造販売承認を受けたとしても，無効審決が審決取消訴訟で覆されて特許権が有効とされれば，差止命令及び損害賠償命令を受けるおそれがあるため，後発医薬品メーカーとしては，慎重にそのリスクを判断しなければならない。

　また，特許権 P3 は，製造販売承認を受ける際の障害となるものではないが，差止命令及び損害賠償命令を受けるおそれという点では大きなリスクであるので，後発医薬品メーカーとしては，副成分の組成の変更により回避するための開発努力と並行して，無効化の努力も試みるのが通常だろう。

参　考　文　献
●中山信弘『特許法〔第 5 版〕』（弘文堂，2023 年）612 頁～ 627 頁
●特許庁編『工業所有権法（産業財産権法）逐条解説〔第 22 版〕』（発明推進協会，2022 年）250 頁～ 275 頁
●石埜正穂ほか「日本のパテントリンケージの運用実態について」パテント 71 巻 10号（2018 年）54 頁

第**18**章

知財訴訟における証拠収集手続

小林秀之

CASE

　日本有数の製紙会社Ａ社は，従来のトイレットペーパーに特殊な薬品とリサイクル用の紙を混ぜ合わせることによって，トイレットペーパーとしてではなく，卓上のティッシュペーパーとしても使える製品の特許を取得し，製造販売を始めた。しかし，製造販売を始めてまもなく，ライバル社のＢ社が類似のトイレットペーパーを製造販売したことを知り，Ｂ社に対して当該製品の製造販売の差止めと損害賠償を請求したいと思ったが，Ｂ社の製造工程は不明であり，Ｂ社の大工場にある製造機械を調べることも企業秘密となっているため，不可能な状態であった。Ａ社の社長と法務部長としては，訴訟手続を開始する前に，Ｂ社の特許侵害についての証拠を収集しようと思い，Ａ社の顧問弁護士であるＣ弁護士に対して，以下のような質問を発した[1]。

・質問1

　そもそも，わが国の法制度では本件のような場合，どのような証拠収集制度が利用可能なのか，今後のこともあるので，今回利用しない証拠収集手続全体についても教えてほしい。

・質問2

　Ｂ社の製造工場は，原料や水の関係で，Ａ社の工場と同じ静岡県Ｆ市に存在して

---

　1 ）　本章は，知財訴訟における証拠収集を事例形式で全体像を分かりやすく説明したものである。詳細は，「知的財産権訴訟における証拠」日本弁理士会中央知的財産研究所研究報告 44 号（別冊パテント 19 号，2018 年）や，小林秀之 = 群馬弁護士会編『証拠収集の現状と民事訴訟の未来』（悠々社，2017 年）など参照。

232

第 18 章　知財訴訟における証拠収集手続

いる。B 社の本社は東京に存在しており，B 社の工場に証拠収集のため立ち入れば，すぐに B 社の本社に連絡され，証拠収集を止めさせるための対抗手段が採られそうである。そのような状況下で，どうすれば B 社が対抗手段を採る前に証拠収集手続を完了させることができるのであろうか[2]。

・質問 3

最近特許法等において，ドイツの査察制度にならって，裁判所の任命した査察官が相手方の会社に立ち入って査察する制度ができたと聞く。これを利用する要件等は，どのようになっており，ドイツではこの査察制度は上手く成功しているのだろうか。

・質問 4

B 社の販売数量や販売金額の情報をどのように入手し，その情報をどのように訴訟に利用できるようになるのだろうか。

I 知財訴訟と民事訴訟
——民事訴訟上の証拠収集手続と知財訴訟における
証拠収集制度との関係

知財訴訟における証拠収集というと，特許法等に特別規定があることもあって，民事訴訟法とは別に規定されている手続だけで考えれば良いと思いがちである。しかし，知財訴訟といっても，民事訴訟の一類型に過ぎず，原則的には民事訴訟手続に則って行われる。民事訴訟手続の上に知財訴訟の証拠収集手続が乗っかっている関係に立つので，まず最初に，民事訴訟法上の証拠収集手続を眺めてみる必要がある。

実は，民事訴訟法上は，数多くの証拠収集手続が存在し，特に近時創設されたものも多いが，必ずしも関係性が整備されておらず，使い勝手も良くないため，実務上も大きな課題となっている。

以下最初に，民事訴訟法上の証拠収集手続を見ていく。その後特許法上の知財訴訟の証拠収集手続を見ていこう。

なお，特許法上は損害額や侵害行為についての推定規定が置かれているが

2）　実際にあった事例を修正して利用してあり，現実の事件にも近い形にした。ドイツの査察制度にならって令和元年特許法改正で導入された査証制度については，今後の運用に注目したい。

233

第 2 部　特許

(特許 102 条など参照)，本章のテーマは「証拠収集」なので省略する。

II 民訴法上の証拠収集制度

1 提訴前の証拠収集手続[3]

　民事訴訟法の規定を眺めると，提訴前の証拠収集手続がまさに適正な手続であるように見える（民訴 147 条の 2 以下参照）。

　しかし，提訴前の証拠収集手続は，以下に述べるように，実務的には全く利用されていないと言って良い。

　提訴前の証拠収集手続は，当事者間の提訴予告通知により請求の要旨や紛争の要点が明らかにされ，訴訟係属状態に準じた状態が形成されるという考え方に立つ。しかし，訴状と同様な記載を求めることは，この手続が訴状作成にも役立つことを考えても無理があるが，濫用防止の観点からは請求の要旨と紛争の要点程度の記載（回答者の利用についてはそれに対する認否および反論の記載）が求められる。また，準訴訟係属状態ということから，訴訟提起 4 カ月前に期間を限定（訴訟提起を強制できないので証拠収集期間を 4 カ月間に限定）することも，要件となった（後述）。

　提訴前の証拠収集を行うにつき相手方の同意を要するとすることは，同意がとれない場合が多くなり利用しにくくなることが予想されるから不要とする一方，応じる訴訟上の義務があるが応じなくても何ら法律上の制裁はないとした（証拠保全も直接の制裁はないが，口頭弁論終結時までに応じなければ真実擬制等の制裁が生じる可能性がある）。なお，証拠収集手続であるから，後の訴訟で証拠とするためには証拠提出手続に従い提出する必要があるし，ドイツの「独立証拠調べ」のように提訴前に証拠調べとしての鑑定を行う制度とは異なる。

2 提訴予告通知制度

　民事訴訟法は，訴えの提起前の証拠収集および情報収集の手続を拡充するた

　3）　詳細については，小林秀之編著『Q&A 平成 16 年 4 月 1 日施行民事訴訟法の要点──計画審理の推進と証拠収集手続の拡充など〔新版〕』（新日本法規出版，2004 年）参照。

め，証拠所持者の権利確保や濫用に伴う弊害のおそれへも配慮しつつ，提訴予告通知制度を導入した（民訴132条の2以下）。

この制度は，訴えの提起をしようとする者（「予告通知者」）が当該訴えの相手方となるべき者（「被予告通知者」）に対して，訴えの提起を予告する書面による通知（「提訴予告通知」と呼ばれる）を，訴え提起前の証拠収集の共通要件としようとするものである。

提訴予告通知により，訴え提起の蓋然性とその準備のための証拠収集の必要性が示されることになり，訴え提起前の証拠収集の濫用が防止できると共に，訴訟係属状態に準じた状態が形成される。問題は，提訴予告通知に訴状と同様な記載を要求することは，訴状作成のために証拠収集を行う必要がある場合も当然多いと考えられるため，若干無理な要求になってくることである。

このため，提訴予告通知に記載すべき内容は，訴えの請求の要旨および紛争の要点（民訴法272条の簡易裁判所の訴え提起において明らかにすべき事項）である。

3 比較法的検討を踏まえて導入された手続

わが国の提訴前の証拠収集手続は，ドイツの「独立証拠調べ」を大きく参考にしている（平成15年改正の基礎となった平成13年6月発表の司法制度改革審議会意見書の「Ⅱ第1の1(2)証拠収集手続の拡充」の項参照）。

しかし，ドイツの「独立証拠調べ」と異なり，証拠調べの前倒しではなく，情報収集制度として構築し，証拠申出を別個に要するとしているのは，アメリカのディスカバリの発想である。ディスカバリで濫用防止が議論となっているところから，「提訴予告通知制度」を置き，提訴前の証拠収集手続の濫用防止策とした。また，「執行官による現況調査」（平成15年改正民訴132条の4第1項4号）は，フランスのコンスタという制度にヒントを得たもので，建物の現況などについて当事者間で事実認識の違いがあるときに，執行官に調査を命じる処分である。

このように，比較法的検討を十分踏まえ，濫用防止のための「提訴予告通知制度」を利用の前提として置き，非制裁型の任意の制度として設計されたが，周知の不十分さと相まって，ほとんど利用されない制度になってしまった。

大阪地裁における実態調査でも，提訴前の証拠収集手続は，文書の送付嘱託

第 2 部　特許

を除き，全く利用されていなかった（北川清「提訴前証拠収集処分について」大
阪地方裁判所における専門委員制度等の運用の実際〔判タ 1190 号，2005 年〕120
頁）。

4　提訴前の証拠収集手続の周知徹底

　提訴前の証拠収集手続は，早期の段階での証拠収集制度として導入された
が，平成 15 年民事訴訟法改正自体が平成 8 年成立の現行民事訴訟法という全
面的改正法の後追い改正で，あまり注目されなかったために，周知度が低い。
制度として定着していかなければ，利用度が低いのも言わば当然である。アメ
リカのディスカバリ改革においてスリム化の目玉となった「早期開示（イニシ
ャル・ディスクロージャー）」も，任意に早期の段階で重要証拠が提出される
が，これもディスカバリ自体がアメリカでは定着し，任意であっても当然提出
するという慣行が成立していることが大きい。

　なお，立法当時から，提訴前の証拠収集手続の周知徹底の重要性は認識され
ており，衆議院の附帯決議 2 では「訴えの提起前における証拠収集の処分等に
ついては，司法制度改革審議会意見書が『訴えの提起前の時期を含め当事者が
早期に証拠を収集するための手段を拡充すべきである』と提言していることを
受けて創設された制度であることの周知徹底を図ること」としている。

　筆者自身，立法解説書の中で「提訴前の証拠収集も，任意の制度ではあるが
関係者が証拠収集に協力したためほとんど利用されなくなっている提訴後の当
事者照会の二の舞になりかねない」と危惧した（小林秀之編著『Q&A　平成 15
年改正民事訴訟法の要点——計画審理の推進と証拠収集手続の拡充など』〔新日本法
規出版，2003 年〕25 頁）。しかし，残念ながら私見の危惧通りの結果に，現在
のところ陥っていると言わざるを得ない。

5　「提訴予告通知」の負担

　相手方に「提訴予告通知」を送り，準訴訟係属状態を作り出すことが求め
られている。「提訴予告通知」の書面には「請求の要旨」および「紛争の要点」
を記載しなければならない（民訴 132 条の 2 第 3 項）。

　単なる内容証明郵便以上の記載が要求されるという意見もあり，他方証拠保
全の申立書に近いという意見もある。いずれにしても，訴状と同様の具体的記

第 18 章　知財訴訟における証拠収集手続

載事項まで要求できないはずである。訴状の作成準備のために提訴前の証拠収集手続を利用することが多いからである。

　また，提訴前の証拠収集手続の利用は，通知者が提訴予告通知をした日から4カ月以内に限られる（民訴132条の2第1項）。

6　制裁がない任意の制度でありながら，提訴予告通知準備の負担を課するアンバランス

　提訴前の証拠収集手続に実効性を持たせないと，利用されないのは当然ではないか。

　これに対して，実務的に利用されている証拠保全も直接の制裁規定はないが，証拠調べの一環なので，口頭弁論終結時まで応じなければ証明妨害を含む制裁があり，真実擬制等が可能である。

7　証拠保全の証拠開示的運用

　文書提出義務と並んで証拠の収集の観点から利用されているもののその可否が問題となり論争がなされたのは，証拠保全の証拠開示的運用である。

　証拠保全は，本来は本案訴訟の証拠調べまでに証拠の利用が困難になる場合にあらかじめ証拠調べを行う手続である（民訴234条参照）。しかし，特に医療過誤訴訟や知的財産権訴訟を中心に，訴訟前の証拠収集制度として利用されることが実務上では多い。

　証拠保全の要件である「あらかじめ証拠調べをしておかなければその証拠を使用することが困難となる事情」（民訴234条）についても，滅失や改ざんのおそれといった抽象的な理由しかあげられていないほうが普通である。規則上では，この「証拠保全の事由」は申立書に記載し，疎明しなければならないとされているが（民訴規153条2項4号・3項），実務的にはそれほど厳格に解されていない。

　このような証拠保全の証拠開示的運用に対しては，証拠保全の本来の趣旨に反するし，所持人に不意打ちと不利益を与えるとの批判もある（井上治典ほか『これからの民事訴訟法』〔日本評論社，1984年〕158頁〔井上〕，大竹たかし「提訴前の証拠保全実施上の諸問題——改ざんのおそれを保全事由とするカルテ等の証拠保全を中心として」判タ361号〔1978年〕74頁）。しかし，訴訟前の証拠の収集

237

第 2 部　特許

により根拠のない無駄な訴訟を省くことができ，争点が明確化し和解が促進される
ことなどから肯定説のほうが大勢を占めている（小林秀之『新証拠法〔第 2
版〕』124 頁〔弘文堂，2003 年〕，高見進「証拠保全の機能」新堂幸司ほか編『講
座　民事訴訟(5)』〔弘文堂，1983 年〕321 頁，新堂幸司「訴訟提起前におけるカルテ
等の閲覧・謄写について」判タ 382 号〔1979 年〕10 頁）。

III 知財訴訟の証拠収集制度

　知財訴訟特有の証拠収集手続の特徴は，ドイツ法等を参考に証拠収集をより
積極的に認めている点である（特に令和元年特許法改正で導入された査証制度な
ど）。そこで，まずドイツ法における証拠収集の手続を紹介し，次にわが国の
知財訴訟における手続の現状を見ていく。

1　ドイツの独立証拠調べと査察手続

（1）　ドイツの独立証拠調べ

　ドイツの独立証拠調べがわが国の提訴前の証拠収集手続で参照されたことは
前述した（II 3 参照）。

　ドイツの独立証拠調べは，訴訟提起後の証拠調べ（鑑定）を前倒しで実施す
る性格を有する。建築および交通事故紛争でよく利用される。また和解促進効
果もあると言われている。

　わが国の提訴前証拠収集手続は，証拠調べの性質はなく証拠収集手続にとど
まり，提訴後に証拠とするためには別個の手続（鑑定申請等）を要する（わが
国の専門家の意見陳述等は，ドイツの独立証拠調べにヒントを得たもの）。

　独立証拠調べは，証拠保全手続を改正し，訴訟の回避に役立つことが可能な
ときには法的利益が認められるとし，証拠保全の要件（証拠の散逸もしくは利
用困難）とは別に，訴訟係属前に鑑定を認めた。

　「訴訟が未だ係属していなくても，当事者の一方が次の各号に掲げる事項の
鑑定につき法的利益を有するときは，鑑定人による書面の鑑定を申し立てるこ
とができる。

1 〜 3 号〔省略〕

　この事項の確定が訴訟の回避に役立つことが可能なときは，法的利益が認め

られる。」

（ドイツ民訴法 485 条 2 項。）

（2） ドイツの査察手続

ドイツの査察手続は，EU 加盟国に一定水準以上の証拠収集・証拠開示制度の整備を義務付けた EU 指令の施行として，ドイツ特許法 140c 条に規定されている。技術専門家が査察執行者として任命され，秘密情報の保持が義務付けられるが，刑事制裁の下で強力に調査を行い，報告書を裁判所に提出する。今のところ，成功していると評価されている（詳細は，三村量一「知的財産侵害訴訟における証拠収集手続上の課題」自由と正義 67 巻 2 号〔2016 年〕24 頁参照）。

2 弁護士会照会の実際の機能と限界

（1） 弁護士会照会の利用

民事訴訟一般の証拠収集制度で民事訴訟法上（知財訴訟でも）のほぼ唯一利用も盛んで実際的にも機能しているのは，弁護士会照会（弁護 23 条の 2）である。弁護士会照会の受付件数は，日本弁護士連合会のウェブサイトによれば，2006（平成 18）年には 7 万 427 件であったのが，2021（令和 3）年には 19 万5866 件にまで増加しており，毎年平均で 1 万件以上増加している。

おそらく利用件数からは，他の情報（証拠）収集制度と比較しても，圧倒的な多さを誇り，簡便性と周知性の高さを物語っていると言って良い。

しかし，弁護士法 23 条の 2 は，「弁護士は受任している事件について，所属弁護士会に対し，公務所又は公私の団体に照会して必要な事項の報告を求めることを申し出ることができる。申出があった場合において，当該弁護士会は，その申出が適当でないと認めるときは，これを拒絶することができる」と規定するだけである。

このため，弁護士会が照会の直接の主体となっているが，弁護士の公的な信用性が問題となると共に，弁護士会での「その申出が適当でないと認めるとき」の審査がどの程度厳格に行われているかも問題となってくる。運用としては，各弁護士会の担当弁護士が審査をすると共に，照会先からの照会理由の問合せに対しても，申出書副本の送付なども含め照会理由について説明するなど理由等を開示している。

第 2 部　特許

（2）　照会先から見た問題点

　金融機関をはじめとする企業法務部に意見を聞いたところ，法令上回答義務
があることになるのか，弁護士会での照会内容の審査がどの程度厳格に行われ
ているのか（弁護士からの照会を，弁護士会による差異はあるがそれほどチェック
していないことも多い），回答することによって第三者の個人情報やプライバ
シーを開示・漏洩したとして義務違反に問われないか等が，回答の際に問題に
なってくるとの意見であった。実際的には，弁護士会照会に対して公法上の義
務として回答していることが多いようであった。

　日本弁護士連合会の公式見解では，法令に規定された制度であるため，原則
として回答・報告義務があり，例外として照会の必要性・相当性が欠けている
場合には回答・報告しなくて良いとする。裁判例も照会先の報告・回答義務は
基本的に認められるとしている（岐阜地判昭和 46・12・20 判時 664 号 75 頁を皮
切りに，大阪高判昭和 51・12・21 判時 839 号 55 頁，広島高岡山支判平成 12・5・25
判時 1726 号 116 頁，大阪高判平成 19・1・30 判時 1962 号 78 頁など）。

　個人情報の開示が原則的に「法令に基づく場合」として許されるとしても，
その限界がどこまでかは，法令上明確でないために争われている。

3 わが国の査証制度（特許 105 条の 2 以下）

　ドイツの査察制度を参考にしてわが国でつい最近導入されたのが，「査証制
度」である。令和元年の特許法改正で設けられた新制度であるため，実務の運
用は固まっていないので，以下に概要を説明する。

　一口で言えば，訴訟係属中に当事者の申立てにより，中立的な専門家に命じ
て証拠の収集を主に相手方当事者から行う制度である。訴訟係属中が要件であ
り，訴え提起後でなければならないので，本 **CASE** のような訴え提起前の利用
はできない。この査証手続は，特許法上の手段であり，商標権や著作権の侵害
に係る訴訟では利用できない。

　査証手続では，中立的な専門家が侵害商品を製造している工場等に立ち入
り，書類等の提示や質問に対する回答を求め，製造機械の作動，計測等を行
い，報告書としてまとめて裁判所に提出する。申立人は，報告書を書証として
提出する。

　査証の申立てには，「蓋然性の要件」と「補充性の要件」を満たす記載をす

240

第 18 章　知財訴訟における証拠収集手続

る必要がある。すなわち，申立人の特許権又は専用実施権を相手方が侵害した
ことを疑うに足りる相当な理由や，他の手段によっては証拠の収集ができない
事由等を記載する必要がある。

　査証人（中立的な専門家）は，裁判所が任命する。相手方および相手方代理
人は，査証人による査証手続に立ち会うことができる。わが国でも，最高裁が
中心となった査証人候補の選定および裁判所での登録は終わっており，主に特
許弁護士や弁理士が選任されている。

　査証を受ける相手方が，正当な理由なく査証に応じないときは，裁判所は立
証されるべき事実に関する申立人の主張を真実と認めることができる（特許
105 条の 2 の 5）。

　わが国の査証制度は，ドイツの査察制度と異なり提訴前にはできないため，
相手方が提訴後に製造機械等を改変するおそれがあるし，提訴すべきか否かを
決定するための資料とすることはできない。立法論的には提訴前の利用を可能
にすることが今後の課題と言えよう（査証手続の現在の運用に関しては，東京地
裁知財部「査証手続の運用に関する Q&A」〔令和 2 年 10 月 1 日〕参照）。

4 文書提出命令（民訴 220 条，特許 105 条）

　文書提出命令や検証物提示命令については，民事訴訟法と特許法が重畳的に
適用される。しかし，提出範囲については微妙な食い違いがある。民事訴訟法
は，平成 8 年改正により提出義務が一般化され（同法 220 条は 1 号から 3 号まで
はあまり利用されず，4 号により一般義務化されている），第三者にも適用される
が，例外が微妙である（同条 4 号イからニまで参照）。これに対して特許法上は，
一般的に「正当な理由」があるときが例外とされ（同法 105 条 1 項ただし書），
第三者に対しては適用しない。両法の例外の差異を詰めることは今後の課題で
あるが，両者はかなりの程度重複するだろう。知財専門家の間では，特許法の
インカメラ手続では専門家に入ってもらうこともでき，最終的には両当事者間
の比較衡量で決まるため特許法によるほうが利用しやすいという意見が強
い[4]。少なくとも，「正当な理由」の範囲と民事訴訟法 220 条 4 号の例外との

4）　高部眞規子「証拠収集をめぐる特許法改正」ジュリ 1525 号（2018 年）44 頁。

241

第 2 部　特許

食い違いを十分に検討する必要があると思われる。

　また，平成 30 年特許法改正により，インカメラ手続で当該書類が侵害行為
の立証や侵害行為による損害の計算のために必要であるかを判断するために，
裁判所が当該書類を見ることもできるようになった[5]。

　なお，実務的には，文書提出命令の可否は訴訟の後半で判断されることが多
いが，提訴前に行なわれることが多い証拠保全の場合は文書提出義務や検証物
提示義務が根拠となる。

　また，本 CASE のような場合は対象機械の設計図や損害についての売上げ，
数量等の文書提出命令が考えられる。

5 計算鑑定人制度 (特許 105 条の 2 の 12)

　知財訴訟による損害額の算定のために推定規定も置かれているが（特許 102
条），裁判所の選定した公認会計士等に鑑定人として相手方を訪れて，侵害品
の販売量数，売上高等の調査を行わせることができる（同 105 条の 2 の 12）。相
手方は，鑑定人に対して必要な事項（電磁記録の閲覧方法等）を説明しなけれ
ばならない。

Ⅳ まとめと今後の展望，一応の回答

1 まとめ

　知財訴訟の証拠収集は複雑に錯綜しており，専門家でも理解しにくいのは事
実である。

　本 CASE の場合，本来は提訴前の証拠収集手続で対応できるはずであるが，
利用条件が厳し過ぎて実務的には利用できない。つい最近導入された「査証手
続」も，ドイツの「査察手続」と異なり，提訴前の利用は不可能なので，対応
できない。

　提訴前の証拠収集として対応可能なのが，証拠保全であるが，本来の使用目

5）　高部・前掲注 4)46 頁。

242

第 18 章　知財訴訟における証拠収集手続

的である本案訴訟での利用が困難であるときのための証拠調べの前倒しというよりは証拠開示的な利用になるし，不意打ち的で，相手方内部での連絡に時間がかかることを狙っている。

　本論文では，「証拠収集」がテーマなので，特許法上の損害額等の推定規定については詳しくは触れていない。しかし，推定規定も組み合わせて証拠収集手続を利用することが，実務上重要である。

2 今後の展望

　本論文の考察から明らかになったように，わが国の知財訴訟における証拠収集は民事訴訟法および特許法により重畳的に多数の制度を用意している。しかし，つい最近導入された査証制度を考慮に入れても，本 **CASE** のような典型的な事例に対しても十分な対処はできていない。以下に述べるが，証拠保全を利用して相手方の内部で連絡が十分に取れないうちに完了させてしまうという本 **CASE** の回答も，弥縫策的であり正面から可能にすべきであるという批判は当然ありうる。

　特許法のテキスト[6]を見ても，査証制度の導入などを紹介しつつも，活用されるかについては，当事者や裁判所による運用の如何であるとしつつ，懐疑的な論調も強い。

　査証制度では，本 **CASE** のような提訴前の利用は認められていないため，ドイツの査察制度が仮処分の利用を前提としていることもあって提訴前の利用が可能とされていることと比較しても，もう一工夫欲しいところであった。他の証拠収集制度も，提訴前の証拠収集手続が典型であるが，運用状況までさかのぼらないと利用の可否の判断が難しい。わが国の証拠収集制度は，立法論的な改善が必要なことは明白だろう。

3 回答

　本 **CASE** の質問に対する回答は，概略的であるが，次のようになるだろう。
・質問 1

---

　6)　高林龍『標準特許法〔第 7 版〕』（有斐閣，2020 年）314 頁～316 頁，小泉直樹『特許法・著作権法〔第 4 版〕』（有斐閣，2024 年）84 頁など。

243

第 2 部　特許

　本文の解説参照。民事訴訟手続と知財訴訟手続の種々の制度の重なり合いに注意してほしい。

・質問 2

　実務的には，民事訴訟法上の証拠保全が使いやすいと思われる。証拠保全決定書謄本の送達は，証拠保全の実施直前に行われる。B 社の製造工場から本社に連絡し，B 社の本社総務部や法務部から顧問弁護士に連絡しても時間がかかることが通常であり，顧問弁護士から B 社の工場の担当者に証拠保全を拒否しても構わないとの連絡があったころには，証拠保全の実施は終了していることが多い。実務的には，この微妙なタイミングを狙うことになる。

・質問 3

　ドイツの査察制度は，仮処分を利用して提訴前に利用でき，現在までのところ成功しているようである。しかし，ドイツの査察手続にならってわが国に導入された査証手続制度は，提訴前の利用は不可能で，提訴後しか利用できない。しかも，「蓋然性」や「補充性」の要件を満たすことが必要である（ドイツでも要件は同じであるが提訴前に利用可能であるため実務上の違いは大きい）。

・質問 4

　特許法 102 条による損害額の推定はあるが，販売数量や販売金額の情報が不明の場合は，これらの情報について相手方や販売会社等に文書提出命令を申し立てることが考えられる。それらが功を奏しない場合は，計算鑑定人選定を裁判所に申し立てることも考えられる。

参 考 文 献

●小泉直樹『特許法・著作権法〔第 4 版〕』（有斐閣，2024 年）83 頁以下
●高林龍『標準 特許法〔第 8 版〕』（有斐閣，2023 年）324 頁以下
●青山紘一「特許法〔第 12 版〕』（法学書院，2010 年）73 頁以下
●日本弁理士会中央知的財産研究所研究報告第 44 号「知的財産権訴訟における証拠」（別冊パテント 19 号）（2018 年）

第3部
不正競争・意匠・商標

第19章
秘密保持契約における知的財産保護を踏まえた管理条項

濱野敏彦

CASE

X社とY社は，X社が保有するデータ（以下「本データ」という）を，Y社の知見に基づいて分析することにより，新規ビジネスにつながる有益なデータを創り出せるのではないかと考えた。そこで，X社とY社は，新規ビジネスの可能性を検討することを目的として，X社からY社に対して本データを提供すること等を内容とする秘密保持契約を締結することとした。

X社は，本データが価値の高いデータであり，X社の社内において一定の管理を行っているため，本データには営業秘密等の知的財産が発生していると考えている。そのため，X社としては，本データをY社に提供することによって，当該知的財産による保護が失われないようにしたい。X社は，秘密保持契約において，本データのY社における管理について，どのような条項を規定することを求めるべきであるか。

I はじめに

第19章のテーマは，秘密保持契約（NDA : Non-Disclosure Agreement）である。

秘密保持契約は，さまざまな場面で用いられるが，本章では，知的財産が発生している可能性があるデータ等を提供する際に，どのような管理条項を設けるべきであるかについて，**CASE** を踏まえて検討する。

第 19 章　秘密保持契約における知的財産保護を踏まえた管理条項

Ⅱ 秘密保持契約の秘密保持対象と，知的財産

1 特許権，実用新案権，意匠権，商標権

　特許権，実用新案権，意匠権及び商標権は，いずれも権利が発生するまでに，又は，権利が発生した後に，権利内容が公開される（特許 64 条・66 条 1 項・3 項，新案 14 条 3 項，意匠 20 条 1 項・3 項，商標 12 条の 2・18 条 1 項・3 項）。

　従って，これらが公開されるまでの期間に限り秘密保持対象となることはあり得るものの，それ以外の場合において秘密保持対象となることは稀である。

2 著作権

　著作権法の保護対象である著作物とは，「思想又は感情を創作的に表現したものであって，文芸，学術，美術又は音楽の範囲に属するものをいう」（著作 2 条 1 項 1 号）。

　著作権は，登録は権利の発生要件ではなく，必ずしも権利内容が公開されるわけではないため，著作物が発表されるまでの間，著作物を秘密保持契約の秘密保持対象とすることが，一応，考えられる。しかし，実務的には，著作物を秘密保持契約の秘密保持対象とすることは少ない。

3 営業秘密

　営業秘密とは，「秘密として管理されている生産方法，販売方法その他の事業活動に有用な技術上又は営業上の情報であって，公然と知られていないもの」をいう（不正競争 2 条 6 項）。

　営業秘密には「秘密として管理されている」という要件があるため，他社に営業秘密を提供する場合には，秘密保持契約が締結される場合，又は，秘密保持契約以外の契約において秘密保持条項が設けられる場合が多い。

4 限定提供データ

　限定提供データとは，「業として特定の者に提供する情報として電磁的方法（電子的方法，磁気的方法その他人の知覚によっては認識することができない方法をいう。次項において同じ。）により相当量蓄積され，及び管理されてい

247

第 3 部　不正競争・意匠・商標

る技術上又は営業上の情報（秘密として管理されているものを除く。）」をいう（不正競争 2 条 7 項）。

　限定提供データには「電磁的方法」により「管理されている」という要件があるため，他社に限定提供データを提供する場合には，営業秘密と同様に，秘密保持契約が締結される場合，又は，秘密保持契約以外の契約において秘密保持条項が設けられる場合が多い。

5　小括

　このように，知的財産のうち，秘密保持契約の秘密保持対象となるのは，主に，営業秘密又は限定提供データである。

　そのため，**CASE** を検討する前提として，営業秘密と限定提供データの管理に関する要件（秘密管理性及び電磁的管理性）を中心に，以下の**III**及び**IV**において検討する。

III 営業秘密

1　はじめに

　一般的に，営業秘密の要件は，有用性，非公知性及び秘密管理性の 3 つであるといわれている[1]。

　そこで，以下，それぞれについて，検討する。

2　有用性

　営業秘密の要件として，「有用な」（不正競争 2 条 6 項）ものであることが求められており，この要件は，一般的に「有用性」と呼ばれている。

　「有用な」とは，財やサービスの生産，販売，研究開発に役立つ等の事業活動にとって有用であることを意味する[2]。

---

[1]　経済産業省「営業秘密管理指針」（2019 年）3 頁。
[2]　経済産業省知的財産政策室編『逐条解説 不正競争防止法〔第 3 版〕』（商事法務，2024 年）48 頁。

248

第19章　秘密保持契約における知的財産保護を踏まえた管理条項

有用性の要件は，基本的に認められることが多く，実際に有用性が実質的な争点として裁判で争われた例は多くはない[3]。

3 非公知性

営業秘密の要件として，「公然と知られていない」（不正競争2条6項）ことが求められており，この要件は，一般的に「非公知性」と呼ばれている。

「公然と知られていない」状態とは，当該情報が一般的に知られた状態になっていない状態，又は容易に知ることができない状態である。具体的には，当該情報が合理的な努力の範囲内で入手可能な刊行物に記載されていない等，保有者の管理下以外では一般的に入手できない状態をいう[4]。

4 秘密管理性

（1）　全般

秘密管理性の要件を求める趣旨は，営業秘密の性質を踏まえて，企業が秘密として管理しようとする対象が明確化されることによって，当該営業秘密に接した者が事後に不測の嫌疑を受けることを防止し，従業員，取引先等の予見可能性，ひいては経済活動の安定性を確保することにある[5]。

秘密管理性の要件を満たすために必要な管理措置の程度との関係では，「情報に接する者が秘密であることを認識し得る程度の管理措置があれば足りる」（「認識可能性」だけで足りる）と考えるのが合理的である。そして，「アクセス制限」等は，「認識可能性」を担保するひとつの手段であると考えられる。また，秘密として管理する措置には，「秘密としての表示」や「秘密保持契約等の契約上の措置」も含めて広く考えることが適当である[6][7]。

（2）　他社に提供された場合の秘密管理性の考え方

秘密管理性の一般的な要件は上記（1）の通りであるが，**CASE** のように，X

---

3 ）　小野昌延編著『新・注解 不正競争防止法（下）〔第3版〕』（青林書院，2012年）850頁〔小野ほか〕。

4 ）　本パラグラフにつき，経済産業省・前掲注1)17頁。

5 ）　経済産業省・前掲注1)4頁～5頁。

6 ）　経済産業省・前掲注1)6頁注6。

7 ）　長井謙「営業秘密管理指針の全部改訂の解説」NBL 1045号（2015年）60頁～61頁。

249

第3部　不正競争・意匠・商標

社からY社に提供された場合には，どのように考えるべきであろうか。

営業秘密管理指針では，「2(4)営業秘密を企業内外で共有する場合の秘密管理性の考え方」の「②複数の法人間で同一の情報を保有しているケース」において，「複数企業で共同研究開発を実施する場合等，複数の他の企業に自社の営業秘密たる情報を開示することが想定されるが，その場合，自社の秘密管理意思を示すためには，開示先である共同研究開発に参加する複数企業等を当事者としたNDAを締結することが有効であると考えられる」として，秘密管理性を充足するという観点から秘密保持契約の締結が有効であると指摘されている[8]。

そして，「例えば，別法人と営業秘密を特定したNDAを締結せずに営業秘密を共有した場合など，別法人に対して自社が秘密管理措置を講じていないことを以て，自社における従業員との関係での秘密管理性には影響しないことが原則である。……ただし，仮に，営業秘密保有企業Eが別法人Fに対して，特段の事情が無いにも関わらず，何らの秘密管理意思の明示なく，営業秘密を取得・共有させているような状況において，E企業の一部の従業員が，『特段事情が無いにも関わらず，何らの秘密管理意思の明示なく自社Eの営業秘密をFに取得・共有させた』という状況を認識している場合においては，E企業の従業員の認識可能性が揺らぎ，結果として，Eにおける秘密管理性が否定されることがありうることに注意が必要である」と記載されている[9]。

営業秘密管理指針の見解は，大要，秘密管理性の有無は，原則として元の営業秘密保有企業における管理において決まるものの，一部の従業員が他社への営業秘密の開示において何らの秘密管理意思の明示がないと認識している場合には，例外として，秘密管理性が否定され得るというものである。

当該見解は，営業秘密を提供先に開示する際に，秘密管理意思の明示をしたか否かが，秘密管理性の成否に影響を与えるとしている点で合理的である。すなわち，営業秘密を提供する際に，秘密保持義務を負わせることにより，秘密管理意思を明示することとなり，秘密管理性が認められ易くなるとしているといえる。

---

8)　経済産業省・前掲注1)14頁〜16頁。
9)　経済産業省・前掲注1)16頁。

第 19 章　秘密保持契約における知的財産保護を踏まえた管理条項

　しかしながら，実務上は，上記の営業秘密管理指針の記載の「原則」と「例外」は逆であるといえる。企業が保有する営業秘密を，他社に提供する場合には，従業員による営業秘密の選定対応，営業秘密の提供対応，契約書対応等が必要になる。また，営業秘密に関わった従業員は，当該営業秘密が他社に対してどのように開示されるかについて，強い関心を持つのが通常である。そのため，従業員は，「原則」として，他社に当該営業秘密をどのように開示をしたか（例えば，秘密保持契約に基づいて秘密保持義務を負わせたか等）を認識している。このように，従業員が，他社への開示の仕方を認識している以上，他社への営業秘密の開示の仕方は，従業員の認識可能性に直接的な影響を与えるため，実務上は，「例外」としてではなく，「原則」として，営業秘密の他社への開示の仕方が秘密管理性の成否に影響を与えるといえる。

　従って，営業秘密を提供する際の秘密保持契約又は秘密保持条項は，秘密管理性の成否に大きな影響を与えることになる。

Ⅳ 限定提供データ

1 限定提供性（「業として特定の者に提供」）

　「業として」とは，データ保有者の反復継続して提供する意思が認められる場合をいう。データ保有者は，法人であるか，個人であるかを問わず，また，営利・非営利を問わない[10]。

　「特定の者」とは，一定の条件の下でデータ提供を受ける者をいい，特定されていれば，実際にデータ提供を受けている人数の多寡は問わないため，特定の 1 社のみに提供する場合にも，「特定の者」に該当する[11]。

2 相当蓄積性（「電磁的方法……により相当量蓄積」）

　「相当量蓄積」とは，データが，電磁的方法により有用性を有する程度に蓄積していることをいい，「相当量」に該当するか否かは，個々のデータの性質

---

10)　経済産業省「限定提供データに関する指針」（最終改訂 2024 年）9 頁～ 10 頁。
11)　経済産業省・前掲注 10) 10 頁。

251

第3部　不正競争・意匠・商標

に応じて判断され，社会通念上，電磁的方法により蓄積されることによって価値を有するものが該当する[12]。

3 「技術上又は営業上の情報」

「技術上又は営業上の情報」には，利活用され，又は利活用が期待される情報が広く該当する。但し，違法な情報や，これと同視し得る公序良俗に反する有害な情報については，不正競争防止法の目的を踏まえると，「技術上又は営業上の情報」に該当しないものと考えられる[13]。

4 「（営業秘密を除く。）」

「営業秘密を除く」とは，「営業秘密」と「限定提供データ」の両方で重複して保護を受けることを避けるため，営業秘密に該当するものは，限定提供データには該当しない旨を定めるものである[14]。

したがって，実務的な観点からは，知的財産として保護を受けたいと考える情報については，営業秘密の要件を充足するようにしつつ，万が一，秘密管理性を充足しないために営業秘密に該当しない場合であっても，限定提供データの要件（電磁的管理性等）を充足することにより限定提供データに該当するようにしておくことが望ましい[15]。

5 電磁的管理性

（1）　全般

「電磁的方法」とは，「電子的方法，磁気的方法その他人の知覚によっては認識することができない方法をいう」（不正競争2条7項括弧書）。

限定提供データの要件として電磁的管理性が求められるのは，データ保有者がデータを提供する際に，「特定の者」に対してのみ提供するものとして管理する意思が外部に対して明確に示されることによって，「特定の者」以外の第

---

12)　経済産業省・前掲注10)10頁。
13)　経済産業省・前掲注10)14頁。
14)　経済産業省・前掲注10)15頁。
15)　経済産業省・前掲注10)15頁。

252

第 19 章　秘密保持契約における知的財産保護を踏まえた管理条項

表　「どこ」で電磁的管理性が必要か

	X 社（提供者）	Y 社（受領者）	提供時の管理措置
A 説	×	×	○
B 説	○	×	○
C 説	○	○	×
D 説	○	△（秘密保持義務が必要）	×
E 説	○	○	○

○：電磁的管理が必要
×：電磁的管理は不要

三者の予見可能性や，経済活動の安定性を確保するためである。電磁的管理性の要件が満たされるためには，特定の者に対してのみ提供するものとして管理するという保有者の意思を第三者が一般的にかつ容易に認識できるかたちで管理されている必要がある。アクセス制限は，通常，ユーザーの認証により行われ，認証の方法としては，①特定の者のみが持つ知識による認証（ID，パスワード等），②特定の者の所有物による認証（IC カード，特定の端末機器，トークン等），③特定の者の身体的特徴による認証（生体情報等）等が挙げられる[16]。

（2）　「どこ」で電磁的管理性が必要か

電磁的管理性の要件自体は上記(1)の通りであるが，電磁的管理性は，「どこ」で必要となるのか。例えば，**CASE** において，電磁的管理性は，① X 社における管理，② Y 社における管理，③その他のうち，どこで必要なのであろうか。

議論の整理の観点から，**表**に A 説〜 E 説を示す。

（3）　限定提供データに関する指針の記載

限定提供データに関する指針には，「電磁的管理性が満たされるためには，データ提供時に施されている管理措置によって，当該データが特定の者に対してのみ提供するものとして管理するという保有者の意思を第三者が認識できる

---

16)　本パラグラフにつき，経済産業省・前掲注 10)11 頁〜 12 頁。

第3部　不正競争・意匠・商標

ようにされている必要がある。電磁的管理性が満たされるか否かは，データ提供時に施されている管理措置によって判断されるため，社内でのデータの取扱いに際して電磁的管理がなされていなかったとしても，同要件が直ちに否定されることはない」[17]と記載されている。当該記載によれば，電磁的管理が，「データ提供時に施されている管理措置」において必要であることになる。また，「社内でのデータの取扱いに際して電磁的管理がなされていなかったとしても，同要件が直ちに否定されることはない」と記載しているため，提供者における電磁的管理は必須というわけではないような記載ぶりであるが，提供者における管理が電磁的管理性の成否に影響を与えるか否かは明らかではない。さらに，受領者における管理措置については言及がないため，不要であるとしているようである。これらの点からすると，限定提供データに関する指針の見解は，A説又はB説のいずれか，又は，その中間的な見解のようにみえる[18][19]。

（4）　提供者における電磁的管理の要否

　限定提供データの立法時の資料には，「どこ」で電磁的管理が必要であるかについて議論された形跡は見あたらない。そのため，条文の規定文言に基づく

---

17)　経済産業省・前掲注10)11頁。

18)　「本要件を満たすためには，『データを提供する際に』電磁的方法により管理がされていれば足りると考えられる。もっとも，この点については，本要件を満たすためには限定提供データ保有者の社内におけるデータの取扱いに際しても電磁的管理がされている必要があるのではないかとの疑義も指摘されていたところである。／そこで，改訂後指針で，『電磁的管理性が満たされるか否かは，データ提供時に施されている管理措置によって判断されるため，社内でのデータの取扱いに際して電磁的管理がなされていなかったとしても，同要件が直ちに否定されることはない』として，本要件を満たすために，社内でのデータの取扱いに際して電磁的管理がされている必要がないことを明確化した」との指摘がなされている（渡邉遼太郎＝橋本優里花「『限定提供データに関する指針』改訂概要の解説」NBL 1222号〔2022年〕43頁～44頁）。しかしながら，限定提供データに関する指針の「同要件が直ちに否定されることはない」との記載から，「社内でのデータの取扱いに際して電磁的管理がされている必要がないことを明確化した」とは到底いえないのではなかろうか。

19)　A説によれば，情報の提供時に電磁的管理を施していれば，当該情報の提供者と受領者が，当該情報について電磁的管理を行わず，いくら杜撰な管理をしていても限定提供データとして保護され続けるのに対して，情報の提供時に電磁的管理を施していなければ，当該情報の提供者と受領者が電磁的管理を施していても一切限定提供データとして保護されないこととなる。この結論が不合理であることは明らかであるため，A説を採り得ないことは論を俟たないのではなかろうか。

254

第 19 章　秘密保持契約における知的財産保護を踏まえた管理条項

解釈を行う必要がある。

　限定提供データは，「電磁的方法」により「管理されている」情報であるが，「どこ」で電磁的管理がなされているかは規定されていない。そして，限定提供データは，少なくとも提供者の元で管理されているのであるから，「電磁的方法」により「管理されている」という規定文言が，少なくとも提供者における管理を想定していると解するのが合理的である。

　また，営業秘密は，「秘密として管理されている」情報であり，限定提供データと同様に，「どこ」で管理されているかは明記されていない。しかし，営業秘密については，情報を創り出した者において，当該情報が「秘密として管理されている」ことが必要であることについては，異論がないようである。そうであれば，営業秘密の後に立法され，「電磁的方法」により「管理されている」として，営業秘密と同じ「管理されている」という文言で規定されている限定提供データについても，限定提供データを創り出した者（提供者）において「電磁的方法」により管理されていることが求められていると考えるのが合理的である[20]。

　以上から，電磁的管理性を充足するためには，提供者における電磁的管理が必要であると解するのが合理的である。

（5）　受領者における電磁的管理の必要性

　限定提供データには，上記 **1** の通り，限定提供性の要件があるため，原則として，限定提供データが発生した時点において，限定提供データは，提供者と受領者の両方が保有していることになる。そして，限定提供データの要件として，「電磁的方法」により「管理されている」ことが電磁的管理性の要件とされている以上，提供者に加えて，受領者についても，電磁的管理が必要であると考えるのが合理的である。

　また，上記**Ⅲ 4(2)**の通り，営業秘密管理指針によれば，営業秘密についても，他社に提供する際に，秘密管理意思の明示をしたか否かが，秘密管理性の成否に影響を与えるとされているのであるから，発生した時点で提供者と受領

---

20)　奥邨弘司「人工知能に特有の知的成果物の営業秘密・限定提供データ該当性」法時 91 巻 8 号（2019 年）28 頁は，電磁的管理性について，「営業秘密における秘密管理性要件と通じるものである」と指摘している。

第3部　不正競争・意匠・商標

者の両方が保有していることが原則となっている限定提供データについては，なおさら，受領者における電磁的管理が必要と解され易くなるはずである。

さらに，同じ情報を提供者と受領者が保有している状況において，受領者が電磁的管理を行わず，いくら杜撰な管理をしていても，当該情報が限定提供データとして保護され続けるという結論は，あまりにも不合理ではないか。

以上から，電磁的管理性を充足するためには，提供者における電磁的管理が必要であると解するのが合理的である。

なお，仮に，受領者による管理において電磁的管理性が必要ないとしても，受領者において，一切，管理が不要というのは不合理であるため，D説のように秘密保持義務は必要であるという考え方もあり得るのではなかろうか。

（6）　提供時の管理措置

上記の通り，限定提供データに関する指針には，「電磁的管理性が満たされるか否かは，データ提供時に施されている管理措置によって判断される」と記載されているが，同指針にその根拠は明示されておらず，また，限定提供データの立法時の資料にも，一切その根拠が見あたらない。

また，情報が「管理[21]」されているという場合には，情報の保有者が，当該情報について，アクセス制限を付する等して保存することを意味するのであって，データ提供時における管理措置を指しているとは言い難い。

さらに，上記の営業秘密管理指針の「2（4）営業秘密を企業内外で共有する場合の秘密管理性の考え方」の「②複数の法人間で同一の情報を保有しているケース」においても，「データ提供時における管理措置」については，一切言及されていない。

従って，電磁的管理性を充足するためには，提供時の管理措置に電磁的管理性が必要であるとはいえないものと解するのが合理的である[22]。

（7）　まとめ

以上から，電磁的管理性の要件については，提供者及び受領者における管理において電磁的管理が必要であるとするC説が妥当であるように思われる。

21）　「管理」とは，「①管轄し処理すること。良い状態を保つように処置すること。とりしきること。②財産の保存・利用・改良を計ること」とされている（新村出編『広辞苑〔第7版〕』〔岩波書店，2018年〕680頁）。

256

第 19 章　秘密保持契約における知的財産保護を踏まえた管理条項

但し，実務的な観点からは，限定提供データに関する指針を踏まえて，E 説に基づいた対応を採ることが望ましい。

Ⅴ CASE について

　結論からいえば，X 社としては，Y 社に対して，本データについて，秘密管理性，及び，電磁的管理性の両方の要件を充足する管理を求めるのが望ましい。理由は以下の通りである。

　まず，本データについて，X 社が営業秘密に該当すると考えていても，実際に，裁判において秘密管理性が認定されるかは明らかではない。そのため，秘密管理性に加えて，電磁的管理性の要件を充足するようにしておけば，万が一，秘密管理性が否定されて，営業秘密として保護されない場合であっても，限定提供データとして保護され得ることになるからである。

　次に，電磁的管理性を充足するためには，ID 及びパスワードによる管理等を行うことになるため，Y 社に対して電磁的管理を求めることは，X 社が Y 社に対して，明確に秘密管理意思を明示していることになり，その結果として，本データについて秘密管理性を肯定する方向に働く要素になるからである。

　さらに，実務的な観点からは，Y 社に対して電磁的管理を行わせることにより，Y 社から本データが漏洩しにくくなるからである。

　なお，電磁的管理性について C 説又は E 説を前提とした場合の管理条項の一例は以下の通りである。

【管理条項例】
　・Y 社は，本データ（複製物を含む。以下同じ。）について厳に秘密を保

---

22)　田村善之「限定提供データの不正利用行為に対する規制の新設について」高林龍ほか編『年報知的産法 2018 年 -2019 年』（日本評論社，2018 年）34 頁では，電磁的管理性について，「保護されるべきデータ専用の端末や専用の回線に関しては，当該端末，回線にアクセスするための認証手続等が電磁的に管理されている限り，電磁的管理性を満たすと理解して差し支えない」と指摘しており，提供時の管理措置ではなく，情報の保有者の中での管理を前提にしていると解される。

第3部　不正競争・意匠・商標

持するものとし，提供者の事前の書面による承諾なしに第三者に対して開示又は漏洩してはならないものとする。
・Y社は，本データを電子データとして管理するものとし，本データを紙媒体へ印刷する等して管理してはならない。
・Y社は，本データの管理において，ID及びパスワードによるアクセス制限，又は，X社及びY社が別途合意したその他の適切な認証方法によるアクセス制限を行うものとする。

参 考 文 献

●森本大介ほか編著『秘密保持契約の実務――作成・交渉から営業秘密／限定提供データの最新論点まで〔第2版〕』（中央経済社，2019年）
●森本大介＝濱野敏彦編著『AI・データ関連契約の実務――AI技術，限定提供データの創設を踏まえて』（中央経済社，2020年）
●濱野敏彦「秘密保持契約等による情報財の保護」NBL 1117号（2018年）61頁

第**20**章

営業秘密の重要論点

―― 「秘密管理性」と「営業秘密の使用」

末吉 亙

CASE

X社の元従業員Aは，退職時に同社の営業秘密である技術情報（設計図を含む）（以下，「本件営業秘密」）を持ち出した。Aは，退職後，X社の競合他社であるY社に就職した。その後，Y社は，X社と競合する新製品を2カ月弱の短期間にて開発して，販売した。

これを前提に，下記の各問について検討せよ。

【問1】

X社において，本件営業秘密につき同社の営業秘密管理規程どおりの管理がなされているかを確認したところ，遵守されていない事例（たとえば，営業秘密情報貸出記録への記入懈怠）があることが判明した。ただし，同管理規程違反事例は，本件営業秘密を営業秘密と認識している開発部所属の10人の部員間だけのものであり，これ以外に違反事例はなかった。このとき，X社において，本件営業秘密に秘密管理性があるとするためには，どのように主張立証すべきか。

【問2】

X社はY社に対し，「Y社がX社の営業秘密を使用した」との主張をしたい。

【問2-1】

「Y社は，本件営業秘密の開示をAから受け，これを使用して，X社と競合する新製品を開発して，販売した」とするためには，どのように主張立証すべきか。

【問2-2】

「Y社に悪意・重過失があった」とするためには，どのように主張立証すべきか。

第 3 部　不正競争・意匠・商標

I 問題の所在

　上記設問には，営業秘密の重要論点である「秘密管理性」および「営業秘密の使用」が含まれている。すなわち，秘密管理性はどのように主張立証するのか（問 1），営業秘密の使用はどのように主張立証するのか（問 2-1），転得者の悪意・重過失はどのように主張立証するのか（問 2-2），との各論点である。

II 秘密管理性について

1 営業秘密管理指針改訂と東京高裁平成 29 年 3 月 21 日判決

（1）　営業秘密管理指針とその改訂

　経済産業省は，平成 15（2003）年 1 月 30 日以降，裁判例等を踏まえて「営業秘密管理指針」（以下「指針」）を作成し，適宜改訂している[1]。同指針では，もともと，秘密管理性要件として，①情報にアクセスできる者を制限するなど，当該情報の秘密保持のために必要な合理的管理方法がとられていることと，②当該情報にアクセスした者につき，それが管理されている秘密情報であると客観的に認識することが可能であることとの 2 要件が必要であるとしてきた（6 頁注 6）。その後，平成 27（2015）年 1 月の指針改訂では，秘密管理性要件につき，営業秘密保有企業の秘密管理意思が秘密管理措置によって従業員等に対して明確に示され，当該秘密管理意思に対する従業員等の認識可能性が確保される必要があると記載するようになった（5 頁）。この点，同改訂指針の注では，従来の 2 要件は秘密管理性の有無を判断する重要なファクターではあるが別個独立した要件ではなく，①のアクセス制限は②の認識可能性を担保する一つの手段であり，情報にアクセスした者が秘密であると認識できる場合に十分なアクセス制限がないことを根拠に秘密管理性が否定されることはないとしている（6 頁注 6）。この解釈は，もともと，秘密管理性を「当該営業秘密について，従業員，外部者から，認識可能な程度に客観的に秘密の管理状態を維持

---

1 ）〈経産省ウェブサイト〉参照。

260

第 20 章　営業秘密の重要論点——「秘密管理性」と「営業秘密の使用」

していること」[2]と捉えていたのと同趣旨であると解されるので，この改訂には正当性があると考えられる。

(2)　東京高裁平成 29 年 3 月 21 日判決とその意義

　東京高裁平成 29 年 3 月 21 日判決（判タ 1443 号 80 頁）〔顧客名簿〈ベネッセ刑事事件控訴審〉〕は，上記指針改訂に対応して認識可能性要件を重視した刑事判決と理解される。同判決は，①秘密管理性を要件とした趣旨は，事業者保有情報に接した者に，当該情報を使用等することの可否を予測可能にして情報の自由利用を阻害しないためである，②よって，当該情報が秘密として管理されているためには，当該情報にアクセスした従業員や外部者に，当該情報が秘密であることが十分に認識できるようにされていることが重要であり，そのため，当該情報にアクセスできる者を制限するなど，保有者が当該情報を合理的な方法で管理していることが必要である，③上記①の趣旨からは，客観的認識可能性こそが重要であり，アクセス制限の点は秘密管理性の有無を判断する上で重要な要素だが独立の要件ではない，④よって，本件顧客情報へのアクセス制限に不備があったとしても，当該情報に接した者が秘密であると認識できれば，全体として秘密管理性の要件は満たされていたというべきである，⑤本件では，本件データベース内に集積される本件顧客情報が甲社の事業活動に活用される営業戦略上重要な情報で機密にしなければならない情報であることは容易に認識することができたので，本件顧客情報へのアクセス制限に様々な不備があったとはいえ，一定のアクセス制限の措置がとられていたことを併せ考慮すると，秘密管理性の要件は満たされていた[3]，として上記改訂前指針に従ったと解される原審判決（東京地立川支判平成 28・3・29 判タ 1433 号 231 頁）とは異なる理由付けをした。この東京高判は，アクセス制限および認識可能性があれば，秘密管理に不十分さがあっても秘密管理性要件を充足するとするものである[4]。

　2）　通商産業省知的財産政策室監修『営業秘密——逐条解説改正不正競争防止法』（有斐閣，1990年）55 頁。

　3）　本判決では，毎年，従業者全員を対象とした情報セキュリティ研修を実施し，個人情報や機密情報の漏えい等をしてはならない旨記載された受講報告書のほか，個人情報および秘密情報の保秘を誓約する内容の同意書の提出を求めていたことも認定評価されている。

261

第3部　不正競争・意匠・商標

2 秘密管理に不十分さがあっても秘密管理性を肯定する民事判例

　さらに，民事判例においても，同趣旨のものがある。たとえば，大阪地裁平成29年10月19日判決（裁判所Web〔平成27年（ワ）第4169号〕）〔高強度アルミナ長繊維技術情報〈高強度アルミナ長繊維事件〉〕5)は，「原告によって秘密として管理されていたことは，原告の従業員のほか第三者にも客観的に認識可能であった」ことを決め手として秘密管理性を是認しており，前掲東京高判の流れに即しているが，特に，同大阪地判の，つぎの判示部分が注目される。

　「確かにYドライブに保存されているフォルダに『丸秘』，『社外秘』との名称が付記されるようになったのは，被告を懲戒解雇した後のことであるし，被告が原告在籍中，電子データにはパスワード設定がされていないし，開発課従業員は業務用端末PCにYドライブから電子データを取り込んで複製保存することが自由にされていたこともうかがえ，原告がいう『運用ルール』が厳格に実施されていたことを認めるに足りる証拠はないから，その限りでは，秘密管理の在り方としては十分なされていなかった」，「しかし，被告が指摘する秘密管理が徹底していないという問題は，Yドライブに保存された電子データを日常業務において使用する原告における最重要製品の研究開発を行う課に属する少人数の従業員という外部に閉ざされた関係者内部の問題にすぎず，これらの者は，その取扱い対象の本件電子データが秘密として管理されていることを当然認識していたのであるから，これらの者による本件電子データの管理についての上記問題は，秘密として管理されていたとする上記認定を左右するものではない」。

　前掲大阪地判平成29年10月19日以前にも，アクセス制限および認識可能性があれば，秘密管理に不十分さがあっても秘密管理性要件を充足するとする判例がある（名古屋地判平成20・3・13判時2030号107頁〔プライスリストおよび設計図等〈産業用ロボットシステム事件〉〕6)，大阪高判平成20・7・18裁判所Web〔平成20年（ネ）第245号〕〔販売先業者名・販売価格・仕入価格〈袋物販売営業情報

---

　4)　最近の刑事判決である名古屋高判令和3・4・13（2021WLJPCA04136005）〔塗料配合情報〕も，同趣旨。

　5)　本判決の評釈として，末吉亙・商標・意匠・不正競争百選〔第2版〕（2020年）204頁参照。

262

第20章　営業秘密の重要論点――「秘密管理性」と「営業秘密の使用」

事件）〕7)等）。

　前掲大阪地判平成 29 年 10 月 19 日以降も，同趣旨の判例がある（大阪地判平成 30・3・5 裁判所 Web〔平成 28 年（ワ）第 648 号〕〔医薬品配置販売顧客情報〕8)，知財高判平成 30・3・26 裁判所 Web〔平成 29 年（ネ）第 10007 号〕〔ケーブルテレビ関連ソースコード〕9)等）。

　以上のように，秘密管理性は，「企業の秘密管理意思が従業員・第三者に対し認識可能であるような秘密管理措置の存在」がその立証命題であり，間接事実の総合評価により判断されるのであって，「秘密管理の不徹底」は秘密管理措置を攻撃する間接事実の一つに過ぎない。

3 CASE【問 1】の検討

　本問は，前掲大阪地判平成 29 年 10 月 19 日，前掲名古屋地判平成 20 年 3 月 13 日等に近い事例である。そこで，X 社は，X 社における秘密管理体制，す

---

　6)　本件では，①設計図は設計室内キャビネットに保管され，設計部門の者が設計室内で行う設計作業のために設計原図を持ち出すことは自由にできたが，設計部門以外の者が設計室外に持ち出す場合には，少なくとも平成 12 年以降は管理台帳への記入が求められていた，②CAD システムで作成した設計データおよび表データは，全てコンピュータのサーバに保管され，そのデータにアクセスできる者を技術部門従業員のみに限定していた，③設計原図のコピーを交付する外注先・仕入先との間で一部「秘密保持に関する念書」を取り交わしていた，④上記設計図および設計データ等には機械製造メーカーにとって一般的に重要であることが明らかなロボットの設計・製造に係る技術情報が含まれていた，として秘密管理性を肯定した。
　7)　本件では，①本件情報（X 商品の販売先業者名，当該業者への販売価格，および仕入価格）それ自体競合会社に知られると X に多大の損害を与える可能性のある情報であり，営業従業員等はその旨認識していた，②X は，営業秘密侵害危機時，同危機被疑対象者に本件誓約書を作成させた頃，本件情報を知りうる立場にある営業関係従業員全員に同様の書面を作成させて秘密保持義務を課す等した，として秘密管理性を肯定した。
　8)　本件では，顧客情報の物理的管理不徹底はあるが，規範的な管理に加え，配置販売業者にとっての顧客情報の重要性に鑑み，従業員らにも秘密管理対象だと認識可能となる措置がとられていた。
　9)　本件では，就業規則の秘密保持義務規定，情報セキュリティ教育，本件情報の秘密指定，社内ファイルサーバ内フォルダにアクセスできる従業員の限定等，本件情報に秘密管理措置が講じられていることは明らかであり，仮に，アクセス権限のない従業員が同権限のある従業員からデータをプリントアウトしてもらうといった運用が業務上の必要に応じて行われることがあったとしても，秘密管理措置は形骸化してはいなかった。

第3部　不正競争・意匠・商標

なわち「企業の秘密管理意思が従業員・第三者に対し認識可能であるような秘密管理措置の存在」を具体的に主張立証し[10]，また，営業秘密管理規程違反の点は，開発部所属の10人の開発部員間でのことであり，これ以外に違反事例はなかったもので，秘密管理措置に緩みはないことを必要に応じて主張立証する。

Ⅲ 営業秘密使用の立証

1 営業秘密取得の立証

　使用の前提としての営業秘密取得は，たとえば，システムへのアクセス履歴，ダウンロード履歴，USBの接続ログ，コピー機の履歴，電子メールのやり取りなどで立証する。実務的には，退職者が営業秘密の一次取得者になる事例（不正競争防止法〔以下「不競法」〕2条1項4号事例と7号事例がある）が多く，この退職前後における情報の流れを分析検討し，証拠収集する必要がある。また，二次取得者である転得者が営業秘密の開示を受けた事実の立証は，一次取得以上に立証困難な場合が多いが，たとえば，退職者採用状況，転得者での製品開発等における関連情報の流れ等を分析検討し，証拠収集する必要がある。

　ただ，営業秘密が紙で持ち去られると，立証できないことが多い。したがって，日常的な電子的情報管理が極めて重要である。その前提として，個人ではなく職務（役割）に対してアクセス権限を割り当て，「アクセス権者だけ」が「利用許可された電子データ等だけ」にアクセスできるように，IDを登録・管理等する必要がある。

　また，民事訴訟では，技術上の秘密を取得した者の当該技術上の秘密を使用する行為等の推定（不競法5条の2），具体的態様の明示義務（不競法6条），書類提出命令（不競法7条），証拠保全（民訴234条）等の制度活用が考えられる。

　10）　ここでのチェックリストとして，「情報漏えい対策一覧」（経済産業省「秘密情報の保護ハンドブック」〔令和4年5月最終改訂〕の「参考資料1」）が便利である（〈経産省ウェブサイト〉参照）。同一覧は，従業員等に向けた対策，退職者等に向けた対策，取引先に向けた対策，および，外部者に向けた対策に分けて整理されている。

第 20 章　営業秘密の重要論点——「秘密管理性」と「営業秘密の使用」

　なお，証拠収集が困難な場合には，刑事手続（刑事告訴）を先行させることも多い。刑事事件の証拠が民事事件で活用された判例としては，東京地裁令和3年6月4日判決（裁判所 Web〔平成 27 年（ワ）第 30656 号〕）〔容器にラベルを貼付する自動包装機械（ラベラー）〕[11]，大阪地裁令和2年10月1日判決（裁判所Web〔平成 28 年（ワ）第 4029 号〕）〔リフォーム事業〕[12]等がある。ただし，虚偽告訴や名誉毀損・信用毀損等の問題もあるため，慎重に対応すべきである。

2 営業秘密使用の立証

（1）　営業秘密使用の認定事例

　ここで取り上げる民事判例は，名古屋高裁金沢支部令和2年5月20日判決（2020WLJPCA05206006）〔建築資材であるクロス下地コーナー材に係る技術情報〕であり，この原審判決は，福井地裁平成 30 年4月 11 日判決（2018WLJPCA04116008）である[13]。

　原審判決では，営業秘密使用の認定において，まず，商品の製造に当たっては，金型およびサイジングが用いられているので[14]，X と Y の金型の設計図およびサイジングの設計図を詳細に比較して，これら設計図において，①X が独自に開発した複数の事項が共通しているので両図面は有意に類似する，②Y が詳しい寸法を明らかにしている金型については，その寸法が 1000 分の1mm の桁まで X の金型と一致している等として両図面の類似性を認めている。その上で，つぎのとおり，営業秘密使用を認定した。

　すなわち，①本件 Y 製品のうち，その製造に用いられた金型およびサイジ

---

11)　本件では，刑事手続のほか，民事手続における証拠保全決定に基づく被告会社内検証手続も実施されている。

12)　本判決の評釈として，山根崇邦・L&T 91 号（2021 年）13 頁参照。

13)　本件は，XY 両社がもともと契約関係にあったので，基本的には不競法2条1項7号の事例であるが，示された営業秘密だけでは製造できない特殊事情があるため，判旨も，7号または8号該当と推認しており，本件は転得者事例とも整理できる。

14)　コーナー材は，押出成形法により製造される。押出成形法とは，塩化ビニル（PVC）や合成樹脂（ABS）といったプラスチック原料（樹脂）を加熱し，溶融させて押し出し，まず，「金型」と呼ばれる金型部材の内部を通過させて基本的な形状を形成させ，続いて，「サイジング」と呼ばれる金型部材の内部を滑らせ通過させながら冷却固化させて最終的に目的とする形状に成形する方法である。

265

第 3 部　不正競争・意匠・商標

ングの設計図が明らかになっている 6 製品については，基本的な形状が類似する本件 X 製品と比較すると，それぞれの製造に使用される金型またはサイジングが，その構造等において有意に類似している，②本件 Y 製品のうち，上記の 6 製品以外のものについて，本件 X 製品の製造に使用される金型またはサイジングとは全く異なるものを用いて製造されていることを窺わせる証拠は見当たらない，③ Y は，本件基本契約の解除前から，本件 X 製品と同一または類似の製品を X を介さずに X の顧客に直接販売しようとしていた，④異形押出成形法は，難度の高い技術であり，コンピュータによるシミュレーションが困難であるため，同成形法による製品メーカーは，独自に金型やサイジングを設計・製作した上で，成形のためのノウハウを見出しているのに，Y は，本件基本契約の終了直後から本件 Y 製品の販売を開始している，⑤ X 保有の金型図面やサイジング図面ないしその電子データは，外部への無断持出しや開示が社内的に禁じられていたにもかかわらず，X の従業員の何者かが Y に対して提供していたとしか考えられない，⑥本件技術情報に精通する X の従業員 2 人が Y に移籍している，⑦ X が本件訴訟において Y らに対し不競法 6 条本文に基づいて本件 Y 製品の製造に係る金型およびサイジングの構造を明らかにするよう求めたのに対し，Y らはその大半の構造を明らかにしなかったと各認定し，これらを総合評価して，Y は，本件基本契約が解除された平成 25 年 5 月 20 日以降，本件 Y 製品を製造・販売するに当たり，X との取引継続中に同契約に基づき開示を受けた本件技術情報を，不正の利益を得る目的で，もしくはその保有者である X に損害を加える目的で使用しているか，または同契約終了前後のいずれかの時期に X の従業員が守秘義務に違反し，もしくは上記いずれかの目的で開示した本件技術情報を，このような不正開示行為が介在したことを知って使用しているものと推認した[15]。

　このように，原審では，XY 両社の図面が有意に類似している点，Y 製品の

　15）　なお，原審判決は，① Y らの指摘する X のサイジング図面の不備，本件 X 製品と本件 Y 製品の寸法や原料の差異，X と Y とがそれぞれ有している製造装置の差異等は，上記認定を覆すに足りない，②本件技術情報のみでは本件 Y 製品を製造することができず，当該製品の規格・寸法に合った原料や，運転条件等の細かな調整等が必要であるとしても，そのことによって，Y による本件技術情報使用の有無に関する認定が直ちに左右されるものではない，とも判断している。

第20章　営業秘密の重要論点──「秘密管理性」と「営業秘密の使用」

販売開始が不自然に早い点，Ｙが具体的態様の明示義務を訴訟で尽くさなかった点等が，営業秘密使用認定の間接事実とされている。

　さらに，Ｙが本件技術情報を使用したかとの点について（ただし，不競法2条1項7号の使用），控訴審判決では，つぎのように補充して判示している（「●●」部分は閲覧禁止部分）。

　すなわち，(a)本件技術情報は，①金型とサイジングの間の冷却方法，②サイジング内部の冷却方法（真空吸引・通水），③押出機や金型の設定温度，④メッシュスクリーンの使用の有無，●●●等によって構成される，(b)Ｙでは，Ｘから貸与を受ける金型・サイジング以外の本件Ｘ製品を製造するための押出機等の装置はＹが使用するものとＸが使用するものは同一ではなく，また，成形指導書には，Ｘが使用する押出機（スクリュー）の仕様（圧縮比・有効長）に関する情報等が不足しているほか，Ｙにおいて，Ｘから開示を受けた成形指導書に記載された設定のとおりの運転条件で本件Ｘ製品を製造することが予定されてはいない，(c)特に，上記③の設定温度については，本件Ｘ製品の原料であるPVCやABS自体は特殊なものではないところ，これらの原料には押出成形をするのに適した一定の温度帯があり，成形指導書に記載された設定温度以外では，貸与された金型等を用いて本件Ｘ製品を製造できないわけではなく，また，本件製品は上記の温度帯から外れた特殊な温度で製造するものでもない，(d)また，コーナー材の製造業者は自ら金型やサイジングを設計することは少なく，入手した金型等を用いて，使用する装置等を使って実際の運転条件を独自に見出していると考えられる，(e)本件基本契約終了後に本件Ｙ製品の製造が開始された時点では，上記①の金型とサイジングの間を空冷することは既知の技術情報であり，上記②のサイジング内部の冷却方法や上記④のメッシュスクリーンの使用自体も一般的文献に記載がある，と各認定した。その上で，つぎのように判示した。

　「以上の点からすると，本件Ｘ製品の製造にあたっては，製品ごとに製造に適した運転条件を試行錯誤を重ねながらいわば手探りで見出していくことが必要であるから，Ｙにおいて，Ｘから金型等の貸与を受けた当初の時点では，成形指導書に記載された技術情報のすべてを有していたと認めるに足りない以上，その記載内容も参考にしながら，本件Ｘ製品を製造するのに適した運転条件を見出していったものと推認される。」「確かに，その試行錯誤の過程にお

267

第3部　不正競争・意匠・商標

いて，Yでは，これまでYの製造装置を用いて培ってきた自らの経験や製造ノウハウを駆使することとなり，この経験や製造ノウハウなくしては本件X製品の製造に適した運転条件は見出すことはおそらくできなかったであろうこと，また，金型が貸与されさえすれば，本件技術情報が提供されなくともYにおいては遅かれ早かれ本件X製品の製造に適した運転条件を見出すことができたであろうことは否定しがたいものの，そうであっても，本件技術情報が各金型固有のものとして提供され，上記のとおりその有用性が認められるものである以上，これを利用することは，自由競争の範囲を逸脱して公正な競争秩序を破壊するものであるといわざるを得ず，7号所定の使用に当たる」。

　つまり，Yの経験や製造ノウハウが活用されているとしても，試行錯誤の時間を省略することは自由競争の範囲を逸脱して公正な競争秩序を破壊するものであり，営業秘密の使用になるのである。

（2）　営業秘密の使用を認定したその他の民事判例

　一般的に，営業秘密の「使用」が争点になると，その立証には難しいものがある。この観点から，設計図の類似性等を認定して，争点であった営業秘密使用を認めたその他の民事判例を概観する（下記では，不競法2条1項5号・7号・8号の類型がある）。

①東京地裁令和4年1月28日判決（裁判所Web〔平成30年(ワ)第33583号〕）〔樹脂製宅配ボックス〕—本件7号使用認定のポイントは，3Dデータと実機図面データの実質的同一性。

②知財高裁平成23年9月27日判決（裁判所Web〔平成22年(ネ)第10039号・第10056号〕）〔PCプラントに関する図面〕—本件8号使用認定のポイントは，図面の類似性と，記載情報の特異性。

③東京地裁平成23年4月26日判決（判タ1360号220頁）〔PCプラントに関する図面〕—本件8号使用認定のポイントは，図面同一性の鑑定意見と，図面入手等の経緯。

④名古屋地裁平成20年3月13日判決（判時2030号107頁）〔産業用ロボットシステムのプライスリスト，設計図面・CADデータ等〕—本件7号・8号使用認定のポイントは，図面中にある不自然な一致を含む類似性。

⑤大阪地裁平成15年2月27日判決（裁判所Web〔平成13年(ワ)第10308号・平成14年(ワ)第2833号〕）〔セラミックコンデンサー積層機等設計図電子データ〕

第 20 章　営業秘密の重要論点──「秘密管理性」と「営業秘密の使用」

——本件 5 号使用認定のポイントは，図面の類似性と，不自然に短い開発期間。

⑥福岡地裁平成 14 年 12 月 24 日判決（判タ 1156 号 225 頁）〔半導体全自動封止機械装置等の生産方法に関する個々の設計または製造技術情報〕——本件は，図面の類似性を認定し，従業員の引抜きに伴う営業秘密の不正取得・不正使用（5 号使用）を認めた。

(3)　CASE【問 2-1】の検討

以上のとおり，両図面の類似性は，特に技術情報に係る営業秘密の「使用」認定において，決め手になることが多く，本設問も同様である。ここで，Y 社側の経験や製造ノウハウが活用されているとしても，試行錯誤の時間を省略すれば，前掲名古屋高裁金沢支部判決のとおり営業秘密使用になる。X 社は，さらに，Y 社が営業秘密開示を受けた経緯，Y 社での新製品開発状況，同製品の販売状況等の間接事実も積み上げて使用立証すべきである[16]。

Ⅳ 転得者の悪意・重過失の立証 （CASE【問 2-2】の検討）

転得者については，悪意・重過失が営業秘密侵害の要件となっている[17]。

この点，知財高裁平成 30 年 1 月 15 日判決（判タ 1452 号 80 頁）〔光配向用偏光光照射装置〕は，不競法 2 条 1 項 8 号所定の「重大な過失」とは，取引上要求される注意義務を尽くせば，容易に不正開示行為等が判明するにもかかわらず，その義務に違反する場合をいう，とする[18]。

判例では，たとえば，事実経緯（前掲名古屋高裁金沢支判令 2・5・20）や，メールのやり取りの内容（前掲大阪地判令 2・10・1）等から，悪意または重過失が認定されている。本設問では，X 社は，Y 社が営業秘密開示を受けた

---

16)　なお，たとえば，営業秘密でも，木型に含まれる靴の設計情報の場合には，木型自体の形状寸法で構成されているので，元々の木型にパテを盛って形状寸法を変更すれば，元の設計情報はその部分において失われるため，同変更によって営業秘密たる設計情報が残存していないと判断される場合がある（知財高判平成 30・1・24 裁判所 Web〔平成 29 年（ネ）第 10031 号〕〔靴の設計情報〕）。

17)　法人の悪意・重過失認定は規範的認定になる点につき，佐藤安紘「営業秘密の転得者の悪意又は重過失」（2022 年）〈弁護士知財ネットウェブサイト〉参照。

第3部　不正競争・意匠・商標

経緯，Y社における新製品開発の状況，同製品の販売状況，製品同士の類似
性等の間接事実を積み上げて立証すべきである。

Ⅴ 営業秘密実務への指針

　最後に，以上を踏まえた営業秘密実務への指針は，つぎのとおりであると解
される。
①営業秘密は，知財戦略上の重要な知的財産であるので，営業秘密管理に努め
　る。
②退職従業員に営業秘密を侵害させない，侵害しても必ず証拠が残るようにす
　る。
③設計図等の営業秘密関連情報にはトラップをしかけ[19]，使用の立証を容易
　にする。
④元従業員の転職先に対する通知等で同転職先を「悪意・重過失」にする[20]。

補論

・脚注4)に追加すべき同趣旨の刑事判例として，東京地裁令和6年2月26日
判決（金判1695号44頁）〔原価等情報データ等〕がある。なお，最近の営業秘密
侵害にかかる刑事事件における無罪判決として，①名古屋地裁令和4年3月
18日判決（裁判所Web〔平成29年(わ)第427号〕）〔磁気センサ（愛知製鋼事件)〕
（秘密管理性は認めつつ，非公知性及び故意の各要件の該当性を認めなかった），及

---

　18)　なお，本判決は，侵害者の本件文書取得時において，①同文書の内容が，それを侵害者が自
社製品に取り入れる等した場合に被侵害者に深刻な不利益を生じさせるようなものであることは，重
大な疑念を抱いて調査確認すべき取引上の注意義務発生を根拠付ける要素となりうる，②同文書が通
常の営業活動の中で取得されたものであることは，上記取引上の注意義務の発生を妨げる事実に該当
する，とも判示している。
　19)　このトラップは，意図的に無意味な情報を仕込む場合もあるが，意図的でないバグやミスも
トラップになりうる。
　20)　たとえば，退職従業員が○○関連の営業秘密を保持している可能性があるので注意されたい
旨通知することが考えられる。

270

第20章　営業秘密の重要論点——「秘密管理性」と「営業秘密の使用」

び②札幌高裁令和5年7月6日判決（労経速2529号7頁）〔得意先情報等〕（十分な秘密管理措置を講じていたとは認められないとした〔なお，同判決の原審は札幌地判令和5・3・17労経速2529号13頁（有罪判決）〕）に留意すべきであるが，本文に述べた秘密管理に関する判例の流れを変えるものではないと解される。

・脚注10)の「秘密情報の保護ハンドブック」は，2024年2月改訂がなされているが（〈経産省ウェブサイト〉参照），本脚注で引用する「参考資料1」に変更はない。

・不正競争防止法の令和5年改正がなされている（〈経産省ウェブサイト〉参照）。同改正における営業秘密に関係する改正点は2点ある。すなわち，同改正点の1点目は，営業秘密・限定提供データの保護の強化であり，①ビッグデータを他者と共有するサービスにおいて，当該データを秘密管理している場合をも含めて限定提供データとして保護し，侵害行為の差止請求等を可能とし（不競法2条7項〔ただし，当該データにつき，限定提供データ及び営業秘密の両方の保護を受けることができない点については，改正はない〕），②また，損害賠償請求訴訟で被侵害者の生産能力等を超える損害分も，使用許諾料相当額として加えて請求することを可能とする（不競法5条等）など，営業秘密等の保護が強化された。また，同改正点の2点目は，国際的な営業秘密侵害事案における手続の明確化であり，国外において日本企業の営業秘密の侵害が発生した場合にも日本の裁判所に民事訴訟を提起でき，日本の不正競争防止法を適用することとされた（不競法19条の2等）。同改正の解説に関しては，黒川直毅ほか「令和5年不正競争防止法改正の概要」（NBL 1250号〔2023年〕21頁）を参照されたい。なお，同改正による本文への影響はない。

参 考 文 献

秘密管理など営業秘密一般に関して
● 「秘密情報の保護ハンドブック」（2024年2月改訂）（〈経産省ウェブサイト〉参照）
● 「逐条解説　不正競争防止法」（2024年4月1日施行版）（〈経産省ウェブサイト〉参照）（なお，上記ウェブサイト版のほか，経済産業省知的財産政策室編『逐条解説　不正競争防止法〔第3版〕』〔商事法務，2024年〕としても書籍提供されている）
●津田麻紀子＝渡邉遼太郎『営業秘密事件裁判例の読み方』（商事法務，2023年）
最近の営業秘密侵害にかかる刑事事件における無罪判決に関して

第 3 部　不正競争・意匠・商標

●山根崇邦「営業秘密侵害における秘密管理性要件および濾過テストの意義——二つの無罪判決を素材として」L&T100 号（2023 年）66 頁（津地裁令和 4 年 3 月 18 日判決〔公刊物未登載〕〔秘密管理性要件該当性を認定しなかった〕及び補論で言及した愛知製鋼事件判決の 2 つの刑事無罪判決を分析している）
●平澤卓人「営業秘密侵害罪について無罪とした愛知製鋼事件判決の検討」（2023 年）（〈弁護士知財ネットウェブサイト〉参照）（補論で言及した愛知製鋼事件判決を分析している）

第**21**章

データのライセンス提供と
知的財産法

岡村久道

CASE

　A社は，多種多様な鉱物を網羅的に集めて分析した特性データ（以下「本件デー
タ」という）を作成し，これを入力したデータベース（以下「本件DB」という）
を，専ら自社の技術開発に用いてきた。その後，A社は本件DBを外部の事業者等
に有料でオンライン提供する使用許諾事業を新たに開始した。その方式として，ラ
イセンス契約（以下「本件契約」という）を締結したライセンシーだけが専用
ID・パスワードを用いてアクセスしてダウンロードしうる仕組みとした上，本件
データについて，使用許諾を本件契約期間中に限定，使用目的を当該ライセンシー
自身の技術開発に限定，第三者への開示禁止を含めた秘密保持，安全管理措置等を
義務とする条項を本件契約に盛り込んだ。ところが，本件DBから本件データの大
部分をダウンロードしていたライセンシーのB社が，これを非ライセンシーのC
社に無断販売してしまった。A社はB社及びC社に対し，どのような法的措置を
講じることができるか。

I データ保護と知的財産法

　技術開発のためには良質かつ大量のデータが有用であるが，それを独自に収
集・整備するためには莫大な投下資本と手間を要することが多い[1]。自社が蓄
積してきたデータを第三者に有償で提供できれば新たな収益源となり，投下資
本回収の途が開かれる。提供を受ける側としても，他社が保有するデータを使
用できれば，自ら莫大な資本を投下することなく短期間で高度な技術開発が可

273

第3部　不正競争・意匠・商標

能となる。

　これは技術開発用データに限らず，多種多様な「情報資産[2]」全般に該当する。データが重要となる分野は多種多様であり，共同研究開発，コンソーシアム，サプライチェーン等のようにデータの共有・相互利用を要する場面も多い。このようなデータの共有・利活用の促進によって，分野の垣根を越えた新事業が創出され，高い付加価値を生み出しうることは社会全体からみても有用である。AI機械学習用データが象徴しているように，現代が「データ駆動型社会[3]」と呼ばれるゆえんである。

　その半面，限定的に提供したデータが，いったん不正流用されると，瞬く間に拡散して投下資本回収の機会を失うおそれがある。それに起因してデータの整備・提供が躊躇されると，社会全体にも大きな損失となる。そのため，安心してデータを提供しうる仕組み作りが，データの提供・流通を促進するために必要となる。

　情報資産たるデータの保護に関し，その制度面における仕組みとして多様な法制度が関係するが[4]，本稿の性格上，これに重要な役割を営む知的財産法を

---

　1)　本稿執筆時点で著者は経済産業省　産業構造審議会　知的財産分科会　不正競争防止小委員会の委員長を務めているが，本稿は同委員会その他の著者が所属・関係する団体の見解ではなく，純然たる著者の個人的見解であることを，最初にお断りしておきたい。

　2)　ISO/IEC 27000シリーズ等で用いられる概念である。企業その他の組織にとって価値ある情報をいい，それに情報システム，記憶媒体等も加えた概念として用いられることもある。本稿では価値ある情報という意味で用いる。

　3)　IT・ICTの飛躍的発展を背景とする。この言葉を用いるものとして，さしあたり経済産業省　産業構造審議会　商務流通情報分科会　情報経済小委員会「中間取りまとめ——CPSによるデータ駆動型社会の到来を見据えた変革」(2015年5月)参照。そこでは，現実世界とサイバー空間との相互連関を意味するCPS (Cyber Physical System)が，IoTによるモノのデジタル化・ネットワーク化によって様々な産業社会に適用され，デジタル化されたデータが，インテリジェンスへと変換されて現実世界に適用されることによって，データが付加価値を獲得して現実世界を動かす社会が想定されている。

　4)　無体物たるデータそれ自体は所有権の対象とならない。ネット送信による外部漏えい行為には，窃盗・横領等の伝統的な刑事的保護も及ばない。外部からのサイバー攻撃であれば不正アクセス禁止法違反等に問いうるが，権限を有する者による権限濫用アクセス行為を，同法違反に問うことは困難である。他方，取り扱うデータが，本件のような鉱物特性データではなく個人情報である場合には，個人情報保護法の遵守及び判例法理により構築されてきたプライバシー保護が求められ，これに違背して取り扱った企業等は責任を追及されるが，本稿の性格上，その説明は除外する。

中心に論じる[5]。以下，前提として契約による保護の限界について触れた上，特許法や著作権法との関係について簡潔に検討を加えた後，本命というべき不正競争防止法との関係について，限定提供データ保護制度を中心に詳論する。

II 契約による保護の意義と限界

B社のC社に対する本件データの無断販売は，本件契約が定める第三者への開示禁止条項等に違反する。そのため，契約違反を理由にA社がB社との同契約を解除すればB社は本件データを使用できなくなるので，B社に対する差止請求と実質的にほぼ同様の機能を営みうる。さらにA社はB社に対し損害賠償を請求することもできる。

このようにデータ提供の際に契約条項を適正に整備しておくことには重要な意義がある。しかし，契約による保護は，原則として契約当事者（A社とB社）以外の第三者（C社）に対して及ばない点で限界がある（一般不法行為責任については後述）。

III 特許法との関係

データとの関係について，特許庁「特許・実用新案審査基準」第III部第1章

5）本稿では論じないが，データの競争法的観点による規制も課題とされてきた。現在ではインターネット巨大プラットフォーマーに情報資産が集積するという寡占的な市場構造となっているからである。このような観点から，我が国でも「特定デジタルプラットフォームの透明性及び公正性の向上に関する法律」が制定されている（2021年2月施行）。EUは「欧州データ戦略」（2020年2月公表）の下で，「欧州データ空間」構築を目的に「データガバナンス法（DGA）」，「データ法（DA）」，「デジタル市場法（DMA）」，「デジタルサービス法（DSA）」を整備してきた。以上はすべて主としてEU域内を対象に直接的効力を有する「規則」である。DGAは公的機関が保有するデータの二次利用，データ共有サービスプロバイダ等について規定する。DMAは巨大プラットフォーマー（ゲートキーパー）規制を目的とするもの，DSAはオンライン上の違法な商品・サービス・コンテンツからの利用者保護を目的とするものである。DAはIoT製品などコネクテッド製品を対象製品として，その利用者に対して，当該製品の製造事業者等が保有する使用データへのアクセス権を認めるとともに，それを第三者と共有する権利を認めている。このようにデータの利活用に関する法体系は日本法と異なるが，その利活用の重要性が認識されている点では変わりがない。

第3部　不正競争・意匠・商標

は，コンピュータに対する直接の指令ではないためプログラムとは呼べない
が，コンピュータの処理を規定するものという点でプログラムに類似する性質
を有するものを「プログラムに準ずるもの」（特許2条4項参照）とする。これ
を受けて，特許庁「特許・実用新案審査ハンドブック」附属書B第1章は，
「構造を有するデータ」及び「データ構造」が「プログラムに準ずるもの」で
あるか否かを判断するとしており，「構造を有するデータ」とは，データ要素
間の相互関係で表される論理的構造を有するデータをいい，「データ構造」と
は，データ要素間の相互関係で表される，データの有する論理的構造をいうと
する。

　これは主にAI関連技術を対象としたものであるが[6]，B社がC社に無断販
売した本件データそれ自体が，単なる事実を羅列した鉱物属性データの集合体
にすぎないのであれば「プログラムに準ずるもの」とはいえず，A社が特許
を取得して保護を受けることは一般に困難である[7]。

Ⅳ 著作権法との関係

　本件DBに用いたプログラムは「プログラムの著作物」（著作10条1項9号）
に該当しうる。しかし，本件はデータの無断販売の事案であり，プログラムの
著作物が侵害されたものではない。

　本件では，本件DB全体について，データベースの著作物（同12条の2第1
項）への該当性と，それに含まれる個々の本件データの著作物性が問題とな
る。データベースの著作物を構成する個々の「情報」が利用された場合には，
当該情報に関する権利のみが働くという関係にある（同条2項）。

　まず，データベースの著作物の「データベース」とは，情報の集合物であっ
て，それらの情報を電子計算機で検索できるように体系的に構成したものをい
う（同2条1項10号の3）。同号の「情報」は著作物でなくとも足りるので，本

　6）　このハンドブックにはAI関連技術に関する多数の審査事例が公表されているので参照され
たい。
　7）　仮に特許を取得していても，本件は単なるデータそれ自体の無断販売であるから，侵害が成
立するか疑わしい。

第21章　データのライセンス提供と知的財産法

件データのような単なる事実の羅列も「情報」に該当しうる。しかし，著作権法12条の2第1項は，情報の選択又は体系的構成による創作性を，データベースの著作物の要件としており，本件DBのように鉱物の特性という特定の分野を対象とするものでも，汎用的・網羅的なデータベースの場合，前記創作性は一般的には認め難い[8]。

次に，本件DBに含まれる個々の「情報」たる本件データは，単なる事実の羅列にすぎない。したがって，同法2条1項1号にいう「思想又は感情」に該当せず，創作性も認められないから著作物に該当せず[9]，A社は著作権侵害を主張することができないことが通常である[10]。

以上のように，もともと創作的表現を保護するための同法は，本件DBや本件データのような，事実の汎用的・網羅的な集合にすぎないデータの保護に適した性格のものではない[11]。

著作物性が認められないときは，原則として一般不法行為も成立しない[12]。

8）　データベースの著作物では，それに含まれる個々の情報ではなく，情報の選択又は体系的構成による創作性が保護されるにすぎない。一般向けにデータのライセンス事業を行う場合には，汎用性を高めるため，ありふれた体系的構成を採用していることが通常である。選択の創作性との関係でも，本件DBのように単に可能な限り網羅的に収集したにすぎないような場合には，創作性を認め難いことが一般的である。特定のライセンシー向けに限定して，指定された体系的構成により，指定された情報を選択して提供する場合も，ライセンサーに創作性を認め難い点では同様である。

9）　単なる事実等が素材でも，それを表現したものに創作性があれば，人の精神活動の成果として著作物に該当しうるが（壁の世紀事件の東京地判平成10・11・27判時1675号119頁等），本件データは，創作的表現と認められるような性格のものではない。

10）　本件のような場合と異なり，著作物に該当するデータが含まれる場合でも，それを専らAI機械学習用データとして利用する場合のように「情報解析……の用に供する場合」（著作30条の4第2号）には，非享受目的の利用として，いずれの方法によるかを問わず著作物を利用しうる（同条柱書本文）。同条によって作成された複製物を譲渡により公衆に提供することもできる（同47条の7本文）。しかし，本件のような無断販売行為は「著作権者の利益を不当に害することとなる場合」（同30条の4柱書但書）に該当し，同条による著作権の制限が働かない可能性がある。著作物たるイラストをAI機械学習用データとして用いた場合に，AI生成物たる類似イラストが侵害となる場合も想定される。それらの場合でも，当該データに含まれる著作物に関する権利がデータ提供者に帰属していなければ，当該提供者は侵害を受けたことを主張しうる地位にない。

11）　著作権法はEUの「データベースの法的保護に関する1996年3月11日の欧州議会及び理事会の指令96/9/EC」のような抽出権等の「特別な権利（SUI GENERIS RIGHT）」を認めるものでもない。

277

第3部　不正競争・意匠・商標

Ⅴ 不正競争防止法上の営業秘密保護制度による保護

　以上のとおり，単なる事実の羅列にすぎないデータそれ自体を，特許法や著作権法によって保護することは性格的に無理があるので，他の方法として，不正競争防止法について検討する必要がある[13]。

　少なくとも本件でＡ社が本件データを専ら自社の技術開発に用いていた段階では，不正競争防止法上の「営業秘密」として保護を受ける可能性がある。営業秘密に該当するためには，非公知性（公然と知られていないこと[14]），有用性（事業活動に有用な技術上又は営業上の情報であること），及び，秘密管理性（秘密として管理されていること）の3要件をすべて満たす必要がある（不正競争2条6項）。

　秘密管理性については，Ａ社がこれを取り扱う従業員に対し守秘義務を課した上で自社の事業に用いるような場合が主として想定されているが，それにとどまらず，Ｂ社にライセンスしたような場合でも，ライセンス契約に適正な

---

　12)　最判平成23・12・8民集65巻9号3275頁（北朝鮮映画事件）は，著作権法6条各号所定の著作物に該当しない著作物の利用行為は，特段の事情がない限り，不法行為を構成するものではない旨を判示する。同判決は，同条以外の関係でも同法の保護対象と認められない場合には，原則として不法行為責任は認められないという趣旨のものと思われる。同法はベルヌ条約等の国際的枠組みと細かな利益衡量によって，できる限り保護範囲の明確化を図る趣旨のものであるから，その保護が及ばないにもかかわらず，広く不法行為責任を認めることは前記趣旨を逸脱し，同責任の抽象性ゆえに法的安定性を損ないかねないからである。データベースに関し，同判決以前の下級審判例には，著作物に該当しない場合でも，東京地中間判平成13・5・25判時1774号132頁（翼システム事件）のように不法行為責任を認めるものが複数見受けられたが，東京地判平成26・3・14裁判所Web（平成21年（ワ）第16019号）（旅行業データベース事件）のように，本判決以降の下級審判例は，これを認めない傾向にある。

　13)　不正競争防止法は，特許法や著作権法のような準物権的な排他的支配権を付与するものではなく，不正な態様の行為からの保護を図ろうとするものである点で，知的財産権法の中でも異色である。

　14)　非公知性とは，当該営業秘密が一般的に知られた状態になっていない状態，又は容易に知ることができない状態であって，保有者の管理下以外では一般的に入手できない状態であることをいうが，複数の情報の総体としての情報は，組合せの容易性，取得に要する時間や資金等のコスト等を考慮し，保有者の管理下以外で一般的に入手できるかどうかによって判断される（経済産業省「営業秘密管理指針」〔最終改訂：平成31年1月23日〕17頁以下）。したがって，個々の鉱物特性データを，他の方法で個別に入手しうる場合でも，なお営業秘密に該当しうる。

278

第21章　データのライセンス提供と知的財産法

秘密保持条項を設けるなどしておけば，なおも秘密管理性が認められうる。

　営業秘密に該当すれば，同法が定める不正競争行為に対する保護を受けることができる（これに該当しなければ一般不法行為も不成立[15]）。

　ライセンシーのB社が本件データを非ライセンシーのC社に無断販売した行為は同法2条1項7号の図利加害目的の「開示」に，転得者C社が悪意又は重過失で「取得」した行為は同項8号に（その後の「使用」も同様），C社が取得時に善意・無重過失であっても取得後に悪意又は重過失となった段階で「使用」が同項9号に，それぞれ該当しうる[16]。そのため，前記契約責任と異なり，A社はB社だけでなく，C社に対しても，前記不正競争行為に該当すれば，民事責任を追及しうる。以上のような行為によって，営業上の利益を侵害された者又は侵害されるおそれがある者（A社）は，侵害者又は侵害するおそれがある者（B社・C社）に対し差止請求（不正競争3条1項），それに伴う廃棄等措置請求（同条2項），及び損害賠償請求（同4条参照）を行うことができるという内容である。但し，取得時に善意・無重過失の転得者である場合，その取引安全を図るため，悪意・重過失に転じる前に取引によって取得した権原の範囲内における「使用」「開示」が不正競争行為から除外される（同19条1項6号）。「権原の範囲内」とは，限定提供データを取得した際の取引で定められた条件（開示の期間，目的，態様に関するもの）の範囲内という意味である。さらに罰則の対象にもなりうる（同21条）。

　しかし，本件でA社が本件データを広く有償ライセンスしているのであれば，他社との共同利用を前提とするので，必ずしも非公知性の要件を満たすとは限らず，営業秘密として保護を受けられないおそれがある点で限界がある。

Ⅵ 不正競争防止法上の限定提供データ保護制度

　限定提供データ保護制度は，不正競争防止法の平成30年改正によって新設

---

15)　知財高判令和元・9・20裁判所Web（平成30年(ネ)第10049号）は，前掲平成23年最高裁判決を引用しつつ，「営業秘密」に該当しない情報の利用行為は，特段の事情がない限り，民法の一般不法行為を構成するものではないとする。

16)　「開示」「取得」「使用」の意味は限定提供データ保護制度の場合と同様であるから後述する。

第3部　不正競争・意匠・商標

された。本制度は，特定の者に対し安心してデータを提供しうるよう保護する
仕組みを作ることによって，データの流通を促進しようとする趣旨の制度であ
る。

　本制度は現段階では施行から十分な期間を経ていないこともあって判例が蓄
積されていないが，同法を所管する経済産業省から「限定提供データに関する
指針」（最終改訂：令和6年2月）（以下「指針」という），「逐条解説不正競争防
止法」（最終改訂：令和6年4月）（以下「逐条解説」という）が公表されている
ので，以下，これらに即して説明する。

　「限定提供データ」とは，業として特定の者に提供する情報として電磁的方
法により相当量蓄積され，及び管理されている技術上又は営業上の情報をい
い，「電磁的方法」とは電子的方法，磁気的方法その他人の知覚によっては認
識することができない方法をいう（不正競争2条7項）。

　自社における秘密管理を中心とする営業秘密と異なり，限定提供データは
「業として特定の者に提供する」ものが対象である。これを「限定提供性」と
いう。一定の条件を満たす相手方を特定して提供されるデータを保護対象とす
る趣旨である（逐条解説51頁）。「業として」とは，ある者の行為が，社会通念
上，事業の遂行・一環として行われているといえる程度のものである場合をい
い，提供は有償・無償を問わない。「特定の者」とは，一定の条件の下でデー
タ提供を受ける者をいい，特定されていれば提供先の多寡を問わない。本件の
ように，料金を払えば誰でも提供を受けられるデータについて，料金を払って
提供を受ける者も，「特定の者」に該当しうる（指針10頁）。

　「電磁的方法……により相当量蓄積され」とは，ビッグデータ等を念頭に，
有用性を有する程度に蓄積している電子データを保護対象とする趣旨であり，
「相当蓄積性」と呼ばれている（逐条解説52頁）。「相当量」は，社会通念上，
電磁的方法により蓄積されることによって価値を有するものであるか否かを基
準に判断され，蓄積によって生み出される付加価値，利活用の可能性，取引価
格，データの創出・収集・解析・管理の際に投じられた労力・時間・費用等が
勘案される（指針10頁〜11頁）。

　「電磁的方法により……管理され」は「電磁的管理性」と呼ばれている（逐
条解説53頁）。データ提供時に施されている管理措置によって，当該データが
特定の者に対してのみ提供するものとして管理するという保有者の意思を第三

280

第 21 章　データのライセンス提供と知的財産法

者が認識できるようにされていることをいい，データ提供時に施されている管理措置によって判断される（指針11頁〜12頁）。データ保有者がデータを提供する際に，特定の者に対して提供するものとして管理する意思が，対外的に明確化されることによって，特定の者以外の第三者の予見可能性や，経済活動の安定性を確保する趣旨である。具体的には，アクセス制限技術を講じることを要し，本件のように正規のライセンシーのみが専用ID・パスワードを用いてアクセスできる方式は，これに該当しうる。これに対し，アクセス用端末設置室への単なる入退室制限のような物理的なアクセス制限にとどまる場合には，この要件を満たさない。

「技術上又は営業上の情報」には，利活用されている情報が広く該当するが，違法な情報や，これと同視しうる公序良俗違反の情報は，同法の目的に照らして含まれない（逐条解説54頁）。

同項にいう「情報」から，営業秘密が除かれる（同項括弧書）[17]。営業秘密保護制度との重複適用を回避する趣旨の規定である[18]。

他方，無償で公衆に利用可能となっている情報と同一の限定提供データは，限定提供データ保護制度の適用除外となる（不正競争19条1項8号ロ）。政府提供の統計データの一部又は全部を，そのまま無加工で，又は，単純かつ機械的に並び替えただけで提供するような場合が，その具体例である。このようなオープンなデータは，誰でも使用が可能なものであるため適用除外とする趣旨の規定である。

---

17)　同法令和5年改正によって，同項括弧書による除外対象が，同年改正前の「秘密として管理されているもの」から「営業秘密」に改められた。同年改正前には「秘密として管理されている」が必ずしも非公知といえない情報は，「秘密として管理されている」ので限定提供データの保護対象とならず，非公知といえないので営業秘密の保護対象とならないという保護の間隙が生じており，この間隙を埋めるために行われた法整備である（産業構造審議会 知的財産分科会 不正競争防止小委員会「デジタル化に伴うビジネスの多様化を踏まえた不正競争防止法の在り方」〔令和5年3月〕11頁）。これによって，同項括弧書は本文記載の趣旨のものとなった。

18)　指針15頁は，同項括弧書は営業秘密制度との重複適用を回避する趣旨のものにすぎないので，実務上は，営業秘密制度と限定提供データ制度との双方による保護の可能性を見据えた管理を行うことは否定されず，事業活動における有用な情報を保有する事業者において，両制度による保護の可能性を見据えた管理を行うことが期待されるとする。

281

第3部　不正競争・意匠・商標

図 限定提供データ保護制度による規制対象行為

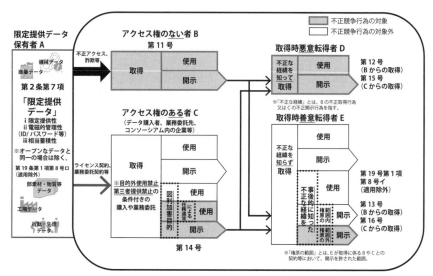

出典：指針19頁

Ⅶ 限定提供データに関する不正競争行為

　限定提供データ保護制度を用いれば，本件でB社及びC社に対し差止め（不正競争3条1項），それに伴う廃棄等措置（同条2項），及び損害賠償（同4条参照）を請求しうる。但し，営業秘密保護制度と異なり，比較的新しい制度であることから，罰則は設けられていない。

　本制度による保護は，営業秘密保護制度と同様に，あくまでも悪質性の高い態様の行為を規制するにとどまるものである。その全体像は図を参照していただきたい。同図中の号番号は，別途条項番号が記載されているものを除き，不正競争防止法2条1項の号番号である。対象情報はすべて限定提供データであり，その全部だけでなく，相当蓄積性を満たす一部を含むので（指針19頁），本件のように本件データの大部分であれば対象情報となりうる。

　「取得」とはデータを自己の管理下に置くこと，「使用」とはデータを用いる

こと，「開示」とはデータを第三者が知ることができる状態に置くことをいい，本件のようなデータの販売も含まれる。

アクセス権のない者による「取得」は，不正の手段による場合（限定提供データ不正取得行為）に限られている（同項11号）。不正の手段とは，法令違反に該当する行為（例：本件データへの不正アクセス）だけでなく，社会通念上，これと同等の違法性を有すると判断される公序良俗違反の手段をいう（逐条解説99頁）。このような場合は「不正取得類型」と呼ばれている（指針23頁）。同号の「使用」「開示」は，限定提供データ不正取得行為により取得した限定提供データを対象とする。

これに対し，正規のライセンシーのように本件データについてアクセス権を有する者である場合には，「取得」それ自体は適法に行われているので対象とならず，「使用」「開示」は，単なる契約違反を超えて著しく信義則に違反する悪質な行為に限定するため，図利加害目的[19]の場合に限られており，さらに「使用」については「その限定提供データの管理に係る任務に違反して行うものに限る」という加重要件を課している（同項14号）。このような場合は「著しい信義則違反類型」と呼ばれている（指針26頁）。本件のような正規のライセンシーたるB社によるC社に対する無断販売行為は，同号の「開示」に該当し，不正競争行為となる。

本制度は，C社のような転得者の行為も一部対象としている。限定提供データの性格上，複製・移転が容易であり，不正流出した場合に一気に拡散してしまうおそれがあるため，被害拡大防止のための救済措置を設ける趣旨である（指針37頁）。

転得者が取得時に不正な経緯について悪意[20]であった場合には，「取得」

---

19)　営業秘密の場合と同様の意味であり，その詳細については，さしあたり岡村久道〔判批〕商標・意匠・不正競争百選〔第2版〕（2020年）216頁参照。

20)　悪意とは，不正取得類型では，限定提供データ不正取得行為が介在したこと知っていること（不正競争2条1項12号），本件のような著しい信義則違反類型では，限定提供データ不正開示行為（同項14号に規定する場合において同号に規定する目的でその限定提供データを開示する行為をいう）であること又はその限定提供データについて限定提供データ不正開示行為が介在したことを知っていることをいうが（同項15号），より厳密には，当該データと転得対象データが同一であること（データの同一性）の認識も必要である（指針39頁）。

283

第3部　不正競争・意匠・商標

「使用」「開示」がすべて不正競争行為となる（同項12号・15号）。営業秘密の場合と異なり悪意に限定されており，重過失は対象とされていないので，転得者には限定提供データについて，不正の経緯の有無を確認する等の注意義務や調査義務は課されていない（指針38頁）。

これに対し，転得者が取得時に善意（この場合も重過失の有無を問わない）であった場合には，取得後に悪意に転じた時点以降における「開示」に限定して不正競争行為とする（同項13号・16号）。「開示」のみを対象としたのは，データ保有者と利用者の保護の均衡を図り，拡散により保有者が甚大な損失を被るおそれがある行為に限定する趣旨である。

さらに，取得時善意の転得者の取引安全を図るため，悪意に転じる前に契約等に基づいて取得した権原の範囲内における「開示」が不正競争行為から除外されている（不正競争19条1項8号イ）。「権原の範囲内」とは，限定提供データを取得した際の取引で定められた条件（開示の期間，目的，態様に関するもの）の範囲内という意味である。

したがって，本件のC社については，その善意・悪意による以上の区分に従い，A社に対する不正競争行為の該否や該当範囲が異なることになる。

Ⅷ 結びに代えて

以上を整理すると，冒頭で述べたとおりデータ駆動型社会では多種多様な大量のデータが極めて重要性を有しており，その共有・利活用を促進する観点から，安心してデータを提供することが可能な仕組みが必要となる。ところが，契約による保護は重要であるが，契約当事者以外には原則として効力が及ばない点で限界があり，特許制度や著作権制度は，その性格上，必ずしもデータ保護に適しているとはいえず，一般不法行為責任によることも困難である。営業秘密保護制度も，業として特定の者にデータを提供する多様な場面を想定するものではない。このような背景から導入されたのが限定提供データ保護制度であり，AIの普及等によって質量ともにデータが占める地位が格段に重要性を増しつつあることを考えると，同制度の利活用，さらなる最適化が求められているものといえよう。

とはいえ，実際の個別事案ごとに，対象となるデータの性格，利用等の形態

第 21 章　データのライセンス提供と知的財産法

は異なるから，知財関係の法律実務担当者としては，データ保護に関する各法制度の特質を日常的に吟味・把握しておき，当該個別事案ごとに，単一の法制度に拘泥することなく，最も適切な法制度（契約内容を含む）を組み合わせて利活用するという柔軟な姿勢が重要であることも当然である。

参 考 文 献

●経済産業省「逐条解説　不正競争防止法」（最終改訂・令和 6 年 4 月）

●経済産業省「限定提供データに関する指針」（最終改訂・令和 6 年 2 月）

●経済産業省「営業秘密管理指針」（最終改訂・平成 31 年 1 月）

●経済産業省「秘密情報の保護ハンドブック」（最終改訂・令和 6 年 2 月）

●特許庁「特許・実用新案審査ハンドブック」（最終改訂・令和 6 年 4 月）

第**22**章

不当表示（景表法・不競法）

──表示根拠の十分性について

植村幸也

CASE

A社法務部員Bは，事業部から，「窓ガラスの室内側に貼ることで，夏には窓ガラスから入る熱を大幅に抑え（遮熱），冬には窓ガラスから逃げる熱を大幅に抑える（断熱）性能を有する画期的な透明（可視光をほぼ遮らない）窓用フィルム（以下「本件フィルム」という）を開発したが，以下の資料を根拠として同資料で結論付けられた性能を広告宣伝しても問題ないか」との相談を受けた。Bはどのような観点からこれらの資料の妥当性を検討すればよいか[1]。

・資料①　本件フィルムを貼ったガラスを発泡スチロール箱（壁厚15cm，外寸1辺90cmの立方体）の一面に固定して大型恒温室（冷蔵庫）内に置き，箱内温度を20℃に保つためのヒーターの消費電力を測定し，その結果から本件フィルムを貼ったガラスの熱貫流率[2]を算出したところ，約3.6kcal/㎡·h·℃であったとする資料。

・資料②　空気出入口を設けた発泡スチロール箱（壁厚10cm，内寸1辺60cmの立方体）の一面の開口部（50cm四方）をガラスで塞ぎ，空気出入口にダクトを各1本つないで空気冷却器で空気を循環させ，キセノンランプをガラスに照射して出入口の温度差が無くなった状態（熱平衡状態）の風量から箱の取得熱量を計測した

　1）　本件のより深い理解のためには伝熱学の知識が有益である。伝熱学全般については，日本機械学会『JSMEテキストシリーズ 伝熱工学』（丸善出版，2005年）がよくまとまっている。

　2）　熱貫流率（U値。単位はW/㎡·Kやkcal/㎡·h·℃）とは，窓ガラス等の両側の空気温度に1℃の差があるときに，1時間当たりに窓ガラス等1㎡を通過する熱量のことをいう。熱貫流率が小さいほど断熱性に優れているとされる。

第22章　不当表示（景表法・不競法）——表示根拠の十分性について

ところ，本件フィルムを貼ると日射取得熱量（単位 kcal/㎡）が 46％削減された
とする資料。
・資料③　大手鉄道会社従業員が作成した，新幹線の窓に本件フィルムを貼ると日
射熱負荷（単位 kcal/h）を 56％削減できたという内容の運輸省鉄道局長賞受賞論
文。
・資料④　夏に建物屋根上に本件フィルムを貼ったガラスを取り付けた発泡スチ
ロール箱内の温度を測定したところ，貼っていない箱に比べて平均 2.1℃，最高
3.2℃低下したとする資料。
・資料⑤　大手不動産会社作成に係る，夏のビル 8 階の 2 室において，本件フィ
ルムを窓ガラスに貼った部屋と貼らない部屋の冷房機の稼働回数を測定したとこ
ろ，貼ったほうの稼働回数が 3 分の 1 程度減少したとする資料。

I　はじめに

　自社の商品の性能が優れていることを謳う広告をするためには，その広告の
根拠が必要であるのは当然である。工業製品の性能の根拠について評価するに
は関係分野の理工学的知識が必要であり，弁護士や法務部の出る幕などないと
思われるかもしれないが，そのようなことはない。その大きな理由は，景表法
に不実証広告規制というかなり特殊な制度があり，理工学的知識だけでは同規
制に耐え得るかどうかを的確に判断できないからである。
　本稿では，翠光トップライン措置命令取消訴訟東京地裁判決（東京地判平成
28・11・10 判タ 1443 号 122 頁。以下「本判決」という）をモチーフにした **CASE**
をもとに，不実証広告規制の下で事業者がどのような根拠資料を準備しておく
べきか検討する。

II　景表法の不実証広告規制について

1　不実証広告規制の概要

　消費者庁長官は，事業者の表示が優良誤認表示に該当するか否かを判断する
ために必要があると認めるときは，表示をした事業者に対して期間（資料提出
要求書の送達をしてから 15 日を経過する日。景表法施行規則 7 条 2 項）を定めてそ

第3部　不正競争・意匠・商標

の表示の裏付けとなる合理的な根拠を示す資料（以下「合理的根拠資料」という）の提出を求めることができ，事業者がかかる資料を期限までに提出しないときは，当該表示は優良誤認表示とみなされる（景表7条2項。不実証広告規制）。

不実証広告規制は，消費者庁や都道府県が措置命令又は課徴金納付命令[3]を出す場合に適用され（消費者庁につき，景表33条1項，同施行令14条・15条，都道府県につき景表33条11項，同施行令23条1項本文参照），適格消費者団体が行う差止訴訟においては適用されない。

2 合理的根拠資料となるための要件

合理的根拠資料と認められるためには，「提出資料が<u>客観的に実証された内容のものであること</u>」（不実証広告ガイドライン〔「不当景品類及び不当表示防止法第7条第2項の運用指針」〕第3の1。下線は引用者による。以下同じ）が必要であり，何らかの試験結果を提出する場合には，当該試験の方法は，商品・役務の効果・性能に関連する「学術界又は産業界において一般的に認められた方法」（例えば，JIS規格に規定された試験方法）又は「関連分野の専門家多数が認める方法」（同第3の2(1)ア）があればそれにより，そのような方法がない場合は，「社会通念上及び経験則上妥当と認められる方法」（同第3の2(1)イ）による必要がある。かかる「方法」の具体例は同ガイドラインには示されておらず，抽象的に「表示の内容，商品・サービスの特性，関連分野の専門家が妥当と判断するか否か等を総合的に勘案して判断する」（同第3の2(1)イ）とされるのみである。本判決の意義は，工業製品についてこの点をより具体化したことにある。

3 合理的根拠資料と認められない理由の開示

事業者が提出した資料が合理的根拠資料と認められない理由は措置命令書において明らかにしないのが，消費者庁の運用である[4]。不実証広告規制に基づ

3）　課徴金納付命令にも不実証広告規制は適用されるが（景表8条3項。ただし優良誤認表示と「みなす」のではなく「推定する」である），記述が煩雑になるので以下では措置命令を念頭に説明する。

288

第22章 不当表示（景表法・不競法）——表示根拠の十分性について

く措置命令書には，通常，資料が提出されなかった，又は，提出されたが合理的な根拠を示すものとは認められなかった，と記載されるだけである。このような運用は事業者側の防御を著しく困難にし，行政手続法14条1項（不利益処分の理由の提示）に反しないかが問題となるが，本判決でもこの程度の理由で足りるとされている（判決書182頁〜185頁。頁数の引用は裁判所ウェブサイトのものによる。以下同じ）。

そこで，不実証広告規制が用いられた措置命令事案においては，取消訴訟に備えて消費者庁の手の内を知るためにも，行政不服審査の申立て（行審2条）や仮の差止めの訴えの提起（行訴37条の5)[5]を検討することになる。

Ⅲ 不競法の品質等誤認惹起行為

商品の品質等を誤認させるような表示をすること等（品質等誤認惹起行為）は，「不正競争」に該当する（不正競争2条1項20号）。規制対象は，景表法の優良誤認表示とほぼ重なる。景表法の優良誤認表示との違いは，不競法では営業上の利益を侵害されるおそれがある者（主に競争者）による差止請求ができること（不正競争3条1項），不競法には刑事罰があること（5年以下の懲役又は500万円以下の罰金又はこれを併科。不正競争21条2項1号）である。

不競法上には景表法のような不実証広告規制はない。したがって，差止訴訟においては被告の行為が品質等誤認惹起行為に該当するかどうかが正面から争点になる。そのため，原告が提出する実験の妥当性も，被告のそれも，いずれも訴訟で主張立証の対象となり得る。例えば，ろうそくに関して被告が行った「燃焼時に発生するすすの量が90%減少。火を消したときに生じるにおいも50%減少」との表示に対して競争者である原告が行った差止請求が認められた事例（大阪地判平成16・6・1裁判所Web〔平成14年(ワ)第8337号〕，控訴審：大阪高判平成17・4・28裁判所Web〔平成16年(ネ)第2208号〕）では，専ら被告

4）　ただし，近時この運用を問題視する行政不服審査会の答申が相次いでいる（行政不服審査会2022年2月17日答申〔令和3年度答申第72号・ウイルスシャットアウト〕，同年3月1日答申〔令和3年度答申第74号・光触媒マスク〕）。

5）　実例として，東京地決令和4・1・12 LEX/DB 25594619〔クレベリン〕。

289

第3部　不正競争・意匠・商標

の実験の妥当性が争われた。これに対して，被告パナソニックがその製造する
ヘアドライヤーについて行った「高浸透ナノイーで髪へのうるおい 1.9 倍」等
の表示がその品質を誤認させるとして競争者である原告ダイソンが当該表示の
差止め及び抹消を求めて棄却された事件（東京地判令和 5・4・27 裁判所 Web
〔令和 4 年（ワ）第 14148 号〕）では，専ら原告ダイソンの実験の妥当性が争点とな
った。

Ⅳ CASE の検討

1 シーグフィルム事件の概要

　翠光トップライン（原告。子会社ジェイトップラインを含む）は，表面に低放
射率[6]の塗料を使用してガラス（高放射率）の室内側表面に貼ることにより，
ガラスの両側表面の放射率に大きな差を生み出すことを最大の特徴とし（判決
書 17 頁），夏季における遮熱効果及び冬季における断熱効果を有すると謳う窓
用フィルム（商品名「シーグフィルム」）を製造販売していた。これに対して消
費者庁は，2015 年 2 月 27 日，不実証広告規制を用いて措置命令を出し，同社
は措置命令取消訴訟を提起した。

　本判決は，様々な理由を挙げて原告が消費者庁に提出した資料はいずれも合
理的根拠資料とは認められないとした。以下では本判決が挙げる理由を整理
し，併せて **CASE** について検討することとする。

2 実験が再現可能であること

　本判決は，合理的根拠資料と認められるためにはその記載自体から実験が再
現可能でなければならないとする。

　例えば，原告が提出した資料 6（新幹線の窓に貼って日射熱負荷を 57％削減し
たという JR 西日本従業員の論文。**CASE** 資料③に相当）について，本判決は，「実

　6）　放射率（ε）とは，物体が空間に放射する熱放射の放射束（E〔W/㎡〕）の，同じ温度の黒
体（最大の熱ふく射を放射する物体）が放射する熱放射の放射束（Eb〔W/㎡〕）に対する比をいう
（$E = \varepsilon Eb$）。

第22章　不当表示（景表法・不競法）──表示根拠の十分性について

験の方法や熱負荷の測定方法の説明が全く述べられていない」ために「実験について，その方法や結論の妥当性を検証することが一切できない」（判決書153頁）とし，また，資料7-2（シーグフィルムを貼ると発泡スチロール箱内温度が平均2.1℃低下したとする資料。**CASE**資料④に相当）についても「試験装置や試験方法の詳細が記載されておらず，測定の環境や条件の詳細も明らかでないことからすれば，その内容の正確性や合理性を具体的に検討することは困難である」（判決書164頁）として，いずれも合理的根拠資料とは認めなかった。

　他方で，資料4（一面をガラスで塞いだ発泡スチロール箱内の空気を循環させ，キセノンランプをガラスに照射して熱平衡状態となったときの風量から箱の取得熱量を計測し，シーグフィルムを貼ると日射取得熱量が46％削減されたとするもの。判決書別紙9。公開版には不添付。**CASE**資料②に相当）についても，本判決は同様のことを述べるが（判決書139頁），資料4については，判決書本文においてすらその内容が1頁以上にわたってある程度詳細に認定されている。例えば，「試験装置等の概要」として「日射取得熱量を測定するための装置には，人工太陽光を発するためのキセノンランプ，ガラスを設置できる開口部（50×50cm）を設けた発泡スチロール製の日射受熱箱（壁の厚さ10cm，内寸60×60×60cm），コンプレッサー式の空気の冷却器，温度センサー及び湿度センサー，熱線式風速計等が用いられている。／また，試験用のガラスは，①3mm FLガラス，②本件商品を貼付した3mm FLガラス，③6mm FLガラスの3種類である」（判決書137頁〜138頁）と認定されている。

　試験装置や試験方法が全く記載されていないものや極めて簡潔にしか記載されていないものが合理的根拠資料と認められないのは当然であるが，ある程度記載されているように思われる資料（資料4）であっても詳細が不明であるとされてしまう。果たして当該資料に記載されている事実だけで実験が再現可能であるのか，十分に検討する必要があろう。

3 現場の実測ではなく実験室での実験でなければならないこと

　本判決は，原告が提出した資料7（シーグフィルムを貼った場合と貼らない場合の温度を比較する多数の資料を含み，内7-2が**CASE**資料④に相当），資料10（同様の多数の資料を含み，内10-2が**CASE**資料⑤に相当）について，「いずれも，比較の対象となる2室の測定条件を同一に設定できる実験室や実験用の建物等に

291

第3部　不正競争・意匠・商標

おいて行われたものではなく，実際に人の生活や活動等の用に供されている現場において実験がされたものである。そして，このような現場においては，壁，天井及び床を通じて隣接する部屋，廊下，屋外等との間との熱貫流（熱の流入又は流出）が生ずるところ……，冷暖房，日射，人の活動等の状況により隣接する部屋等の室温が異なる可能性があり，比較対象とされた部屋に係る熱貫流が同一であることが担保されておらず，熱貫流量の差異が実験結果に影響を及ぼしている可能性を排除することはできない」（判決書166頁）と判示し，合理的根拠資料とは認められないとした。

現場での実測値ではなく実験室での実験値でなければならないとの判示は，一見すると，製品の性能は実際の使用環境にできるだけ近い条件で試験しなければならないという消費者庁が従前から繰り返し強調してきた点と矛盾するように見えるかもしれないが，そうではない。要は，実験室において，できるだけ実際の使用環境に近い環境を再現した上で性能を試験すべきだということである。実際，消費者庁が商品の性能を自ら試験した数少ないケースでは，いずれも実際の使用状況を再現した実験室において試験が行われている[7]。

4 類似実験の射程はいくらでも狭く解されてしまうこと

原告が提出した資料3（シーグフィルムを貼ったガラスを発泡スチロール箱の一面に固定して大型恒温室内に置き，内部空気を循環させて熱貫流率を算出したもの。**CASE** 資料①に相当）について，被告（国）が，原告の実験は発泡スチロール壁を通じた熱伝達を考慮していないので合理的根拠資料とは認められないと主張したのに対して，原告は，査読付き論文においてすら，①厚さ100㎜の発泡スチロールにより断熱された6基の実験箱を屋外に設置し，その開口部に単板透明ガラスや単板ガラス又は複層ガラスに各種フィルムを貼付したものを取り付け，箱内空気温度の高低の比較等をしたもの，②厚さ100㎜の発泡スチロール

7）　冷却ベルトに関する消費者庁2012年9月6日措置命令（担当官による解説として，佐藤政康＝小林厚太「冷却ベルト販売業者3社に対する措置命令について」公正取引752号〔2013年〕75頁），ソーラー充電器に関する消費者庁2013年11月15日措置命令，大人用尿漏れ防止用パンツに関する消費者庁2014年6月27日措置命令（担当官による解説として，鈴木奈緒美＝小林茂「新光通販株式会社に対する措置命令について」公正取引774号〔2015年〕69頁）。

292

第22章　不当表示（景表法・不競法）──表示根拠の十分性について

により断熱された2基の実験箱を屋外に設置し，屋根への散水の有無に応じて箱内空気温度の高低の比較等をしたもの，③厚さ100mmの発泡スチロールにより断熱された2基の実験箱を屋外に設置し，実験箱への散水の有無に応じて箱内空気温度の高低の比較等をしたものがあり，発泡スチロールを通じた熱伝達を考慮していないと反論した。これに対して本判決は，「原告らの引用する査読付き論文に係る実験は，資料3に係る実験とは目的も内容も異なるものであり，……実験箱等からの熱損失の値を直接測定するものではないから，これらの査読付き論文に係る実験において，厚さ50mm又は100mmの発泡スチロール……を通過する熱損失が考慮されていないとしても，そのことをもって，資料3に係る実験において本件ミニモデルの発砲〔ママ〕スチロール部分（5面）からの熱損失を考慮する必要がないとはいえない」（判決書134頁～135頁）と判示した。

　しかしながら，筆者の目には，上記各査読付き論文のように発泡スチロール箱内の温度の比較をするのも，本件のように発泡スチロール箱からの熱損失を比較するのも，本質的には同じことのように見える。本判決は，原告提出の査読付き論文と資料3とは「目的も内容も異なる」[8]と述べながら，ではそのような比較の目的と実証しようとする内容の違いがなぜ，あるいはどのように，発泡スチロールの断熱性を無視できるかどうかの結論に影響するのかについては，何ら説明していない。

　さらに，原告が，提出資料7（7-2は**CASE**資料④に相当）及び資料10（10-2は**CASE**資料⑤に相当）が室内温度を別の日程で測定して比較している点について①断熱及び気密性能が異なる3棟の住宅を対象として3日間の累積冷房負荷等を測定した査読付き論文を挙げ，また，隣接2室や上下2室を比較している点について②日射反射率が既に判明している塗料を用いると室内温度が低下したという実験結果を示すものや③遮蔽係数[9]が既に判明している窓用フィル

8）　この「目的も内容も異なる」というのは本判決が繰り返し用いるフレーズであるが，後述のとおり，より詳しくは「〔隣接2室などを〕比較の対象とすることの有効性は，当該比較の目的やそれにより実証しようとする内容によって異なる」（判決書171頁～172頁）という趣旨のようである。

9）　遮蔽係数（SC値）とは，フィルムを貼付した厚さ3mmの板ガラスに入射した日射のうち，反対側に通過する分（一旦吸収されて再放射される分を含む）の率を，板ガラスだけの場合の率を1として表した係数をいう（判決書11頁）。

293

第3部　不正競争・意匠・商標

ムを建物や鉄道車両の窓ガラスに貼ると空調消費電力が低下したという実験結果を示すものを挙げて，原告の実験方法に問題はないと主張したのに対しても同様に，本判決は，別の日程での測定を比較の対象とすることや隣り合う2室や上下の2室を比較の対象とすることの有効性は，「当該比較の目的やそれにより実証しようとする内容によって異なるというべきであるから，……そのような測定が実施される場合があるからといって，いかなる実験においてもそのような測定が有効であるということはできない」（判決書171頁～172頁）として，原告の主張を退けた。

　つまり，裁判所は，類似実験の「目的と内容」が原告の実験と（ほんのわずかでも）違えば，何ら実質的な理由を説明することなく，類似実験の前提等は原告の実験には当てはまらないと結論付けることができてしまうのである。事業者はこれが訴訟の現実であることに留意する必要があろう。

5　査読付き論文より厳しい基準を満たす必要があること

　査読（peer review）とは，学術誌に投稿された論文をその学術分野の専門家が読んでその妥当性をチェックし，掲載の可否を判断する審査手続のことである[10]。自然科学の分野で査読付きでない論文は学術論文ではなく，単なるエッセーである。ただし，査読の厳格さは学術誌により大きく異なり，査読付きだからといって当然に信頼性が高いわけではない。

　本件訴訟において，原告が提出した資料10-2（シーグフィルムを窓ガラスに貼ると部屋の冷房稼働回数が3分の1減少することを確認した資料。**CASE**資料⑤に相当）において，2つの部屋の同一機種の冷房機の性能の同一性を検証した形跡がないことが問題となった。これに対して原告は，査読付き論文においてすら測定機器に問題がないかという検証の有無について記載がないものが数多く散見されると主張したが，本判決は，「査読付き論文の原稿の審査においては，査読者が事務局を通じて疑問点や不明点を執筆者に質問することが可能であり，執筆者がこれに回答することが予定されているから……査読付き論文に記載されていない事項があるからといって，当該事項が確認されていないもので

---

　10)　査読者の立場から査読のあり方について解説する文献として，水島昇『科学を育む査読の技法―― ＋リアルな例文765』（羊土社，2021年）。

第 22 章　不当表示（景表法・不競法）──表示根拠の十分性について

あるとか，確認することが不要なものであるということはできない」（判決書173 頁）と判示して原告の主張を退けた（ちなみに，これは被告の主張をほぼそのまま受け入れたものである。判決書 76 頁参照）11)。

　つまり，査読付き論文で検証されていない事項（例えば使用機器の性能の同一性）についても，消費者庁に提出する資料では事業者は検証し，かつ，検証の経過と結果を当該資料に記載しなければならない，ということである。これは大変な知力と労力を要するように思われる。事業者としては，およそ当然の前提として良さそうな，査読付き論文では何ら問題視されていない点でも，問題がないかを逐一検討してその結果を資料に記載しなければならないのである。ともかく，消費者庁と裁判所がこのような厳格な立場に立っている以上，事業者はそれに耐える資料を準備するよう心がけるほかない。

6 第三者による評価であることは重視されないこと

　原告は，資料 6（JR 西日本従業員が執筆した運輸省鉄道局長賞受賞論文。**CASE**資料③に相当）と資料 10-2（三菱地所が作成した冷房機稼働回数が 3 分の 1 程度減少したとする資料。**CASE** 資料⑤に相当）を提出したが，いずれも本判決では合理的根拠資料とは認められなかった。さらに，原告が提出した資料には「日本を代表する制御機器及び計測機器の製造業者である山武」が「同社の ESCO事業12)における実測実験」（判決書 64 頁）として行ったものが多数含まれていたが，いずれも合理的根拠資料とは認められなかった。

　事業者間の取引であれば，商品・役務の買主（特に，鉄道会社や不動産会社といった，いわばプロの顧客）が自ら試験をして納得した上で取引することには何

---

　11)　この判示は疑問である。問題は，査読における質問の仕組みの有無ではなく，検討対象事項（例えば，使用機器の性能差）が実際に査読者が質問する類いのものかどうかであろう。また，査読者が執筆者に質問したのに結果的に論文が改訂されないまま学術誌に掲載されたのであれば，当該質問に係る事項を論文に記載しなくても査読は通ったということであるから，やはり論文自体に記載があるのとないのとの差は大きいはずである。

　12)　Energy Service Company 事業の略。「顧客の光熱水費の使用状況の分析，改善，設備の導入といった初期投資から設備運用の指導や装置類の保守管理まで，顧客の光熱水経費削減に必要となる投資の全て，あるいは大部分を負担して顧客の経費削減を実施し，これにより実現した経費削減実績から一部を報酬として受け取る事業」（ウィキペディアより）。

第3部　不正競争・意匠・商標

の問題もないが，一般消費者を相手方とする景表法においては，より高い水準の根拠が事業者側に求められるのである。

7　資料自体に結論を導く過程をすべて書き込む必要があること

本判決は，原告が提出した資料3（シーグフィルムを貼ったガラスを発泡スチロール箱の一面に固定して大型恒温室内に置き，内部空気を循環させて熱貫流率を算出したもの。**CASE** 資料①に相当）について，「資料3にはこれらの熱貫流率の実測値の計算式が示されておらず，どのような根拠や方法によってこのような数値になるのかが不明である」（判決書127頁）と判示し，合理的根拠資料と認めなかった。

仮にある数値の算出方法が事業者にとって自明であったとしても，かかる算出方法自体を資料に記載しなければならないということである。

8　合理的根拠資料でない資料が多数あっても無意味であること

本件において原告は多数の資料を提出した上で，「窓用フィルムは，時々刻々と変化する環境条件に応じて，その性能値がカメレオンのように変動する特殊な製品であるところ，現場の実測において諸条件を統一することは不可能であるため，実務上は性能値についてそれほどの精度は問われておらず，『状態値』として幅をもった表示しかできず，そのような幅をもった表示が性能値の表示として適正であるといえるから，窓用フィルム製品の性能について，多数の現場での実測結果を総合して幅を持たせた表示を行うことは，実際の性能を良く反映するものであり，多数の実測による実証が重要かつ必要というべきである」と主張したが，本判決は，「工業製品については，実験室等において，再現可能な条件の下で，比較対象の要素以外の実験条件を同一に設定した上で実験を行い，その性能値等を確認するのが学術界や産業界の一般的な方法であり，現場における実測は，工業製品の性能値を確認することが目的ではなく，実験室等における実験により得られた性能値が現場においても発揮できるか否かや性能の優劣を確認することを目的として行われるものにとどまると認めるのが相当である」（判決書170頁）と判示して，原告の主張を退けた。

この意味は大変重要である。前述のとおり，不実証広告ガイドラインでは，合理的根拠資料と認められるためには，実験は「学術界又は産業界において一

296

第22章　不当表示（景表法・不競法）──表示根拠の十分性について

般的に認められた方法又は関連分野の専門家多数が認める方法」があればそれにより（第3の2(1)ア），なければ「社会通念上及び経験則上妥当と認められる方法」（第3の2(1)イ）によることとされている。ところが上記引用部分で本判決が判示するのは，同ガイドラインが「産業界において一般的に認められた方法」として例示する JIS 規格試験等のような，それ自体完結した特定の実験「方法」といえるものではなく，「実験室等において，再現可能な条件の下で，比較対象の要素以外の実験条件を同一に設定した上で実験を行い，その性能値等を確認する」という，いわば実証のための原理原則，方法論のようなものである。これは，同ガイドラインにおける「学術界又は産業界において一般的に認められた方法又は関連分野の専門家多数が認める方法」について述べたものではなく，「社会通念上及び経験則上妥当と認められる方法」といえるための要件の1つを（少なくとも工業製品について13)）定立したものといえるだろう。この本判決の考え方に従えば，原告が主張したような，「多数の現場での実測結果を総合」するような方法が認められないのは当然のこととなる。

　そして，本判決がこのような厳格な立場を採るのはやむを得ない面がある。というのは，利潤を追求する企業は，どうしても自己に最も有利な結果の出る実験方法を用いたがるからである。排ガス試験時だけ排ガス量を減らす装置を装着した独フォルクスワーゲンの「ディーゼルゲート事件」（2015 年）のような明らかな不正は論外であるが，気温が高温であるため走行抵抗が有利になるタイに実車を持ち込んで燃費を計測したり14)，満充電してハイブリッド車の燃費を計測したりするなど，"創造的"な実験方法を考案するのに事業者は余念がない。最近では，実験における統計上の有意差が出ることを必ず保証するというサービスまで現れた15)。多数の実験を行い，都合のよい結果が出たものだけを提出されても，そのようなバイアスがあったことを第三者が立証することは，内部告発でもない限りほぼ不可能である。そのため，勢い，個々の実

---

13)　工業製品には直接関わらない，医学や薬学，生物学，栄養学，心理学の分野に関わる実証のあり方については，別の考え方もあり得る。医学や心理学などの分野では，いわゆるメタ分析（ある研究課題に関する複数の研究結果を統合する統計手法を用いた分析）が有効と考えられている。

14)　三菱自動車工業株式会社特別調査委員会「燃費不正問題に関する調査報告書」（2016 年 8 月 1 日）。

第3部　不正競争・意匠・商標

験の客観性を強く要請せざるを得ない。事業者が提出した資料が合理的根拠を示すか否かだけで勝負が決まる不実証広告規制の下では，なおさらである。

参 考 文 献
脚注に掲げたもの。

15)　「オルトメディコの新サービスが物議『有意差保証』に怒りの声『研究，制度の信頼歪める』」（通販新聞 2023 年 3 月 16 日）。何度も実験を繰り返せば必ず有意差は出るが，これは「大吉が出るまでおみくじを引く」ようなものであり，明らかな研究不正である。そこまで露骨な不正でなくとも，有意差というのはサンプルが多ければ多いほど出やすいのであり，効果が大きいことを意味しない。かかる観点から有意差信仰の危うさを鋭く指摘する文献として，豊田秀樹『瀕死の統計学を救え！──有意性検定から「仮説が正しい確率」へ』（朝倉書店，2020 年）参照。

第**23**章

ファッションデザインと
知的財産権

海老澤美幸

CASE

衣服や小物等を製造販売するアパレル企業のA社は，20代の女性に絶大な人気を誇るファッションブランド「X」のほか複数のブランドを運営している。あなたはA社の法務担当者として，各ブランドの担当者から日々さまざまな質問や相談を受けている。

CASE 1

Xの担当者から，ライバル企業であるB社が運営するファッションブランド「Y」の公式オンラインショップにおいて，Xの看板商品であるワンピース（X商品）とよく似たワンピース（Y商品）が販売されていると報告を受けた。X商品は，2023年春夏コレクション商品として同年4月に販売を開始しており，一方，Y商品は，販売ページを見ると「2023年8月販売開始」との記載がある。X商品とY商品を比べると，いずれもノースリーブ型で異なる2色の布地を使用し，ティアード（ひだ飾りを重ねたデザイン）をあしらっている点等は共通しているが，色や細かなデザインは異なっている。なお，X商品について意匠登録はされていない。
① A社はB社に対し，どのような根拠に基づきどのような主張をすることができるだろうか。また，今回のような件に適切に対応するため，今後どのような点に留意すればよいだろうか。
② 当該担当者から「お客様が間違って購入されないよう，Y商品がX商品のコピー品であることをXのインスタグラムアカウントに投稿したい」との相談を受けたが，これに対してどのように回答すべきだろうか。

第 3 部　不正競争・意匠・商標

> ## CASE 2
>
> 　A社では，Xの新作ハンドバッグが有名ブランドの商品に酷似するとして当該ブランドから警告を受けたり，人気スポーツメーカーのロゴをパロディ化したプリントが炎上する等，ファッションデザインに関するトラブルが増加している。また，昨今のサステナブルやメタバース市場の盛り上がりを受け，A社でもアップサイクルブランドの立上げやメタバースプロジェクトを推進する予定である。このような状況を受け，あなたは，各ブランドの担当者を対象とした社内セミナーを開催したいと考えている。どのような内容を盛り込むべきだろうか。

I　はじめに

　ファッションに関わる知的財産法務には，ブランド名の商標登録からファッションショーやカタログ等における著作権・肖像権等の権利処理までさまざまなものが含まれるが，ここでは，昨今話題となることの多いファッションデザインの模倣を中心テーマとして取り上げたい。

II　ファッションデザインをめぐる法システム

　ファッションデザインには，著作権法，意匠法，不正競争防止法，商標法等が複雑に関連していることから，各法律の概要と適用場面を整理・把握することが重要である。そこで，**CASE** を検討する前提として，ファッションデザインをめぐる法システムについて概観する。

1　著作権とファッションデザイン

　ファッションデザインは「文化を映す鏡」といわれることからも，文化の発展を目的とする著作権法により保護されると考えられがちだが，実はそのハードルは高い。

　我が国において，ファッションデザインを含む実用品のデザインにかかる美的創作物は，いわゆる「応用美術」と呼ばれる。応用美術について現行著作権法上に明文の規定は存在しないものの，著作権制度審議会の答申説明書（昭和

第23章　ファッションデザインと知的財産権

41年7月15日）に「応用美術とは，おおむね次のような，実用に供され，あるいは，産業上利用される美的な創作物をいう」として4つの類型が挙げられている[1]。

　応用美術がどのような場合に著作権の保護を受けられるかについては，これまで裁判例の変遷がみられる。紙幅の都合上深くは立ち入らないが，現在は「実用的機能を離れて独立して美的鑑賞の対象となる美的特性・創作性を備えている」場合に美術の著作物として保護されるとの判断基準が趨勢といえる[2]。

　この判断基準を前提とした場合，たとえばキャラクターや写真のプリントなどは，衣服の実用的機能からの制約を受けにくく，独立して美的鑑賞の対象となりやすいものと考えられる[3]。他方，衣服や小物等の形態そのものは，衣服であれば袖や前後の身ごろ等，靴であれば足を入れる空間が必要となるなど，実用的機能からの制約を受けやすく，独立して美的鑑賞の対象となるためには，奇抜さや装飾を凝らすなど美術品と同程度の創作性が必要となるように思われる。このように，特に形態という狭い意味でのファッションデザインが著作権により保護されるハードルは高いのが実情である。

2 意匠権とファッションデザイン

　1で見たように，著作権法は応用美術の保護に謙抑的であるが，この背景には意匠法との棲み分けがあるとされている。

　1）　作花文雄『詳解　著作権法〔第5版〕』（ぎょうせい，2018年）117頁。

　2）　「スティック加湿器事件」（東京地判平成28・1・14判時2307号111頁），「ゴルフクラブシャフト事件」（東京地判平成28・4・21判時2340号104頁〔参考収録〕）ほか。ファッションデザインに関して「ファッションショー事件」（知財高判平成26・8・28判時2238号91頁），「Chamois事件」（大阪地判平成29・1・19裁判所Web〔平成27年（ワ）第9648号・第10930号〕）ほか参照。

　3）　「眠り猫事件」（大阪地判平成31・4・18裁判所Web〔平成28年（ワ）第8552号〕）では，猫が丸まったようなイラスト「眠り猫」について，特に応用美術の判断基準には触れず，当該イラストに著作物性があるとの前提で著作権侵害と判断した。他方，布団の花柄の著作物性が問題となった「布団花柄事件」（大阪高判令和5・4・27裁判所Web〔令和4年（ネ）第745号〕）では，応用美術の判断基準を述べた上，これに加え「実用品としての産業上の利用を離れて，独立に美的鑑賞の対象となる美的特性を備えているといえるためには，当該実用品における創作的表現が，少なくとも実用目的のために制約されていることが明らかなものであってはならない」との基準を示している。

301

第3部　不正競争・意匠・商標

　意匠法は，物品（物品の部分を含む）の形状，模様もしくは色彩もしくはこれらの結合等で，視覚を通じて美感を起こさせるもの，いわゆる工業デザイン（プロダクトデザイン）を保護対象としている（2条1項）。保護を受けるためには物品とセットで登録する必要があり，意匠登録の要件として重要なのが①新規性及び②非創作容易性の2つである。

　ファッションデザインはまさに意匠法の保護対象であるが，我が国のファッション産業においては，一部のラグジュアリーブランドやスポーツブランド等を除き，意匠登録制度が十分に活用されているとはいい難い[4]。

　ファッション産業では，春夏シーズンと秋冬シーズンの年2回（ブランドにより4〜6回のこともある），新作の製品を公表・展開する。すなわち，ファッション製品はおおむね6カ月程度で売り切ることが予定されている。

　意匠登録には出願からおおよそ6カ月〜1年程度かかるため，時間や費用，労力をかけて出願しても，登録前に当該製品の販売そのものが終了してしまうことも多い。

　また，意匠登録には新規性が必要とされることとの関係上，出願は公開前，遅くとも公開後1年以内に行う必要がある（新規性喪失の例外）。もっとも，デザインが完成するのは公開直前であることも多く，SNS等で気軽に公開するケースも増えている。新規性喪失の例外の適用を受ける場合でも，手続面の負担が大きいために意匠登録を断念することも少なくない[5]。

　さらに，意匠登録した場合でも，異なる物品に使用された場合には原則として意匠権の保護が及ばないことなども，ファッションブランドが意匠権を活用しづらい理由となっている。

3 ファッションデザインと不正競争防止法等

　著作権法と意匠法の保護の間隙を埋めるのが不正競争防止法である。

　4）　特許庁「特許行政年次報告書2024年版」によれば，2023年における衣服の出願件数は472件，登録件数は293件，服飾品の出願件数は286件，登録件数は215件とされる（94頁，96頁）。
　5）　新規性喪失の例外適用手続については，2024年1月1日に施行された改正意匠法において要件が緩和された。詳しくは特許庁ウェブサイト「意匠の新規性喪失の例外規定の適用を受けるための手続について（出願前にデザインを公開した場合の手続について）」参照。

302

大まかには，有名かどうかにかかわらず，ファッションデザインは国内販売から3年間に限り2条1項3号により保護され，有名なファッションデザインは同項1号または2号により保護される。有名なデザインであれば商標登録の可能性もある。

（1）　不正競争防止法2条1項3号による保護

2条1項3号は，ファッションデザインの模倣事案における「最後の砦」ともいうべき重要な条項である。

同号は「他人の商品の形態（当該商品の機能を確保するために不可欠な形態を除く。）を模倣した商品を譲渡し，貸し渡し，譲渡若しくは貸渡しのために展示し，輸出し，輸入し，又は電気通信回線を通じて提供する行為」，いわゆる形態のデッドコピー（模倣）を規制している。

商品の開発には非常に多くの労力や資金が投入される。それにもかかわらず他人がことさらにその成果を模倣し，リスクを負うことなく利益を得ることはフェアとはいえないことから，こうした行為を不正行為と位置付けている[6]。

「商品の形態」とは，「需要者が通常の用法に従った使用に際して知覚によって認識することができる商品の外部及び内部の形状並びにその形状に結合した模様，色彩，光沢及び質感」をいう（2条4項）。商品の機能を確保するために不可欠な形態は含まれず，ありふれた形態も保護の対象から外される。

なお，日本国内において最初に販売された日から起算して3年間の保護期間が定められている点に注意を要する（19条1項5号イ）。日本国内において最初に販売された日とは，同号の趣旨から，市場での投下資金，労力の回収活動が外見的に明らかになった時点をいい，原則として商品の有償譲渡を開始した日をいうが，裁判例には，見本市に出す等の宣伝広告活動を開始した時を含み，商品の販売が可能となった状態が外見的に明らかとなった時を含むとするものもある[7]。ファッション産業においては，実際に商品が消費者に販売される相当前に，バイヤーやプレス向けの展示会等を開催するのが一般的である。展示会等が宣伝広告活動を開始した時に含まれるとすると，保護期間が事実上

6）　経済産業省知的財産政策室編「逐条解説不正競争防止法〔令和6年4月1日施行版〕」（2024年）88頁参照。

7）　「スティック加湿器事件」（知財高判平成28・11・30判時2338号96頁）。

第3部　不正競争・意匠・商標

短くなってしまうという悩ましい問題がある。

　2条1項3号において最も重要な点が「模倣」だろう。「模倣する」とは「他人の商品の形態に依拠して，これと実質的に同一の形態の商品を作り出すこと」をいう（2条5項）。すなわち模倣と認められるためには①依拠性と②実質的同一性の2つの要件が必要となる。このうち②実質的同一性について，多くの裁判例で次のような判断基準が示されている[8]。

　「問題とされている商品の形態に他人の商品の形態と相違する部分があるとしても，その相違がわずかな改変に基づくものであって，商品の全体的形態に与える変化が乏しく，商品全体から見て些細な相違にとどまると評価される場合には，当該商品は他人の商品と実質的に同一の形態というべきである。これに対して，当該相違部分についての着想の難易，改変の内容・程度，改変が商品全体の形態に与える効果等を総合的に判断したときに，当該改変によって商品に相応の形態的特徴がもたらされていて，当該商品と他人の商品との相違が商品全体の形態の類否の上で無視できないような場合には，両者を実質的に同一の形態ということはできない。」

　より具体的な基準を検討するため，知財高裁平成31年2月14日判決（裁判所Web〔平成30年(ネ)第10058号〕）を紹介したい。

　本件は，原告（被控訴人）が模倣であるとして訴えを提起した8点の衣服のうち7点が模倣と判断され，1億4000万円超の損害賠償額が認められたことで話題となった事案である。

　たとえば次頁**写真**のドレスについて，裁判所は，まず原告商品の基本的形態（2色のフラウンスによる斜めアシメトリーなティアードシルエットを有する，薄手の生地のミニ丈のタンクドレス）と具体的形態（前面，背面それぞれの特徴）を特定している。その上で，両商品は花柄モチーフの有無を除いて細部に至るまで一致しており，花柄モチーフも目立つものだが，花柄モチーフを除いた原告商品の形態も特徴的であり，被告（控訴人）商品はこの特徴的な部分で原告商品と一致するから，需要者に原告商品と同じ印象を与えるとして，実質的同一性を認めた。

　8）「小型ショルダーバッグ形態模倣事件」（東京地判平成13・12・27裁判所Web〔平成12年(ワ)第20801号〕）ほか参照。

304

第 23 章 ファッションデザインと知的財産権

写真 原告商品（右）と被告商品（左）の対比

出典：裁判所ウェブサイト（原審）より

また本件では，色彩の違いについて，婦人服において，形状が同じで色彩だけが異なるいわゆる「色違い」商品が広く存在していることは公知の事実であり，婦人服の需要者も，当然に，形状が同じで色彩だけが違う婦人服が存在することを認識しており，婦人服の形態の開発において資金・労力を投下する主な対象は色彩以外の点であるとして，色彩の相違が顕著に異なる印象を与えるような場合でない限り，一般には形態の実質的同一性の判断に強い影響を与えないとしている。

本裁判例からもわかるように，裁判所が実質的同一性を判断する場合，（ⅰ）原告商品と被告商品の形態を特定する，（ⅱ）原告商品と被告商品とを対比し，共通点と相違点を認定する，（ⅲ）相違点が商品形態に与える影響を評価する，という流れに沿って行われている[9]。

本裁判例及びその他の裁判例[10]を踏まえ，私見ではあるが，裁判所は実質

---

9) 髙部眞規子『実務詳説 不正競争訴訟』（金融財政事情研究会，2020 年）177 頁〜178 頁。
10) ファッションデザインに関する裁判例として，東京地判平成 14・11・27 判時 1822 号 138 頁，東京地判平成 16・9・29 裁判所 Web（平成 16 年（ワ）第 5830 号），知財高判平成 17・11・10 裁判所 Web（平成 17 年（ネ）第 10088 号），知財高判平成 17・12・5 裁判所 Web（平成 17 年（ネ）第 10083 号），知財高判平成 20・1・17 裁判所 Web（平成 19 年（ネ）第 10063 号・第 10064 号），東京地判平成 23・3・31 判タ 1399 号 335 頁，東京地判平成 23・4・26 裁判所 Web（平成 21 年（ワ）第 26662 号），大阪地判平成 25・5・30 裁判所 Web（平成 24 年（ワ）第 8972 号），前掲大阪地判平成 29・1・19，東京地判平成 30・7・30 裁判所 Web（平成 29 年（ワ）第 30499 号），東京地判平成 30・8・30 裁判所 Web（平成 28 年（ワ）第 35026 号），東京地判平成 30・9・7 裁判所 Web（平成 28 年（ワ）第 9003 号），東京地判令和 3・9・3 裁判所 Web（令和元年（ワ）第 11673 号），東京地判令和 3・10・29 裁判所 Web（令和 3 年（ワ）第 1852 号・第 5848 号）ほかがある。

第3部　不正競争・意匠・商標

的同一性の判断に当たり次の点を重視しているのではないかと考えている[11]。
・形態にとって重要な部分が共通しているか
・相違部分が，商品の需要者に異なる印象を与えるか
・事業者にとって相違部分の改変が容易か，着想が困難でないか

　なお，①依拠性についても触れると，原告商品と被告商品の類似性や，被告が原告商品を知っていた蓋然性，被告商品の制作過程，被告の制作能力等の事情を考慮して判断される[12]。たとえば類似点が特徴的であるといった事情や，原告商品の広告の範囲や頻度，業界での知名度等さまざまな事情を考慮すると考えられる。

(2)　不正競争防止法2条1項1号・2号による保護

　有名なファッションデザインについては，不正競争防止法2条1項1号または2号により保護され得る。

　2条1項1号は，他人の周知の商品等表示と同一・類似の商品等表示を使用して，他人の商品や営業と混同を生じさせる行為（周知商品等表示混同惹起行為）を規制し，同項2号は他人の著名な商品等表示と同一・類似のものを自己の商品等表示として使用する行為（著名商品等表示冒用行為）を規制している。

　商品等表示とは，ブランド名や商号，ロゴ，マークなど商品の出所や営業主体を示す表示をいう。商品の形態は，基本的には商品の出所を示すものではないことから商品等表示には当たらないが，その形態が商品の出所を表示する機能や自他を識別する機能を持つに至った場合は，商品等表示として2条1項1

---

　11)　骨董通り法律事務所編『エンタテインメント法実務』（弘文堂，2021年）の第8章「ファッション」374頁〜376頁〔中川隆太郎〕では，「実質的に同一」に関する裁判例の蓄積を見ていくと，次の4つの傾向を見て取ることができるとされている。
傾向①：相違点が色や柄だけであれば実質的同一性を肯定する傾向
傾向②：需要者に異なる印象を与えると実質的同一性を否定する傾向
傾向③：相違点が同業者にとって容易な変更である場合は実質的同一性を肯定する傾向
傾向④：創作的な要素がそのまま利用されている場合は実質的同一性を肯定する傾向
　また，山本真祐子「デッドコピー規制における実質的同一性判断——衣服デザインに関する事例分析を通じて」知的財産法政策学研究58号（2021年）67頁では，これまでの裁判例に基づき，実質的同一性の判断基準について詳細な検討がなされている。
　12)　小野昌延編著『新・注解 不正競争防止法(上)〔第3版〕』（青林書院，2012年）488頁〜491頁〔泉克幸〕。

号及び2号の保護対象になるものとされる。具体的には①商品の形態が他の同種商品とは異なる顕著な特徴を有し（特別顕著性），②その形態が特定の事業者により長期間にわたり継続的かつ独占的に使用され，または短期間であっても極めて強力な宣伝広告や販売実績等により，それが，商品自体の機能や美観等の観点から選択されたという意味を超えて，自他識別機能または出所表示機能を有するに至り，需要者の間で広く認識されること（周知性）が必要である[13][14]。

特に②の点については，宣伝広告やメディアでの報道の状況，販売期間，販売実績等を具体的かつ詳細に検討することとなり，認知度にかかるアンケート結果を証拠として提出することも少なくない。

このように，ファッションデザインが2条1項1号・2号の保護を受けるのは相当ハードルが高いといえよう。

（3）　商標法による保護

商標とは，ブランド名やロゴ，マークなど，自己の商品やサービスと他人の商品やサービスとを識別する識別標識をいい，商標法による保護を受けるためには指定商品・指定役務とセットで登録することが必要である。

形態や柄等は，本来，商品の出所を表示したり，他社の商品やサービスと識別するものではないものの，その形態や柄等を見るだけで「あのブランドだ」とわかるほど有名である場合には，当該形態や柄等そのものが識別標識の役割を果たしているといえる。このように識別力を有する形態や柄等は，商標登録が可能とされる。

ファッションデザインでは，たとえば「エルメス」のバッグ「バーキン」（登録番号第5438059号）や「バーバリー」のチェック柄（国際登録番号第732879号），「リーバイス」の後ろポケットのステッチ（登録番号第1592525号）等が商標登録されている。

不正競争防止法2条1項1号・2号と同様，ファッションデザインが識別力

---

13)　経済産業省知的財産政策室編・前掲注6)70頁参照。

14)　「プリーツ・プリーズ事件」（東京地判平成11・6・29判時1693号139頁），「リーバイス後ろポケットステッチ事件」（東京高判平成13・12・26判時1788号103頁），「眼鏡タイプのルーペ事件」（知財高判平成24・12・26判時2178号99頁），「BAO BAO ISSEY MIYAKE 事件」（東京地判令和元・6・18裁判所Web〔平成29年（ワ）第31572号〕）ほか。

第3部　不正競争・意匠・商標

を獲得することは容易ではなく，商標登録のハードルは高い。

Ⅲ CASE の検討

1 CASE 1 の質問①について

　X商品は量産品と考えられるので，著作権による保護は期待できず，意匠登録もされていないことから意匠権でも保護されない。X商品はXの看板商品ではあるものの，一般には周知性等を獲得するまでには至っていないと考えられることから，不正競争防止法2条1項3号の適用可能性を検討することとなる。

　そもそもY商品がX商品の保護期間経過後に販売等された場合は，Y商品について同号の責任を問えないことから，まずはこの点を確認する。X商品は2023年4月に販売を開始しているが，2023年春夏コレクション商品であるとのことであり，A社が2022年10月または11月頃にバイヤー向けの展示会等を行い，そこで公開している可能性もある。この場合には，展示会の開催時が「商品の販売が可能となった状態が外見的に明らかとなった時」と判断される可能性もあるので注意が必要である。本件では，展示会の開催時を考慮してもなおY商品はX商品の保護期間内に販売等されているから問題ない。

　Y商品の販売開始時期がX商品よりも後であることも重要なポイントである。もしY商品のほうが先に販売を開始している場合，逆にB社から差止めや損害賠償請求等を受けるリスクがあるため，両商品の販売開始時期の前後はしっかりと確認しておきたい。本件では，Y商品の販売ページに「2023年8月販売開始」と記載されていることから，X商品より後に販売を開始したと考えてよいだろう。

　形態の検討に移る前に，X商品と似たデザインがすでに多く販売されている場合は，ありふれたデザインとして保護の対象とならない可能性があるため，あらかじめ画像検索システム等を活用し，似たデザインがどのくらい販売されているかを調査しておくことが重要である。

　その上で，実質的同一性の有無について，X商品とY商品を対比して共通点と相違点を特定し，相違点の影響を検討する。本件では，ノースリーブ型で異なる2色の布地を使用し，ティアードをあしらっている点が共通しており，

308

色や細かなデザインは相違している。相違点が，共通点に埋没する程度の微細なものであれば，実質的同一性が認められる可能性は高いと考えられる。色が異なる点も，顕著に異なる印象でない限り，実質的同一性の判断に大きな影響は与えないといえる。

また，X商品が広告や雑誌等で紹介されたり，SNSなどで公開されている等の事情や，両商品の類似性の程度が高い場合，両商品の販売時期の前後も踏まえれば，依拠性も認められ得よう。

依拠性，実質的同一性ともに認められる場合，A社はB社に対し，同号を根拠として，Y商品販売の差止め，商品ページや投稿等の削除，損害賠償等を求めることになる。なお，損害賠償請求について，損害額の算定にはいくつか方法があるが（不正競争5条），大まかには(ⅰ)被侵害商品（X商品）の単位数量当たりの利益額に模倣品（Y商品）の販売数量を乗じて算出する方法（同条1項），(ⅱ)模倣品（Y商品）の単位数量当たりの利益額に模倣品の販売数量を乗じて算出する方法（同条2項），(ⅲ)ライセンス料相当額（同条3項）に基づき算出することとなる。

また，今後留意する点として，知財戦略の観点から，新しいデザインについて意匠登録を検討することが考えられる。実際，意匠登録を積極的に活用する若手ブランドも登場している。

意匠登録し，登録期間中に積極的に広告活動等を展開して需要者の認知度を上げ，不正競争防止法2条1項1号（または2号）及び商標法による保護にステップアップすることも視野に入れるなど，戦略的に進めることが重要である。

2 CASE 1 の質問②について

ファッションデザインを模倣されたブランドやデザイナーが，顧客等への注意喚起の目的や，不正を世に問いたいといった目的でSNS等に情報発信するケースが急増している。

もっとも，あるファッションデザインが模倣に当たるか否かの判断は非常に難しく，最終的には裁判所の判断を仰ぐしかない。実際は模倣ではないにもかかわらず，当事者が模倣だとして「Y商品はコピー品だ」とインターネットやSNS等に公開することは，虚偽の事実を流布するものとして損害賠償請求等の対象となり得る（不正競争2条1項21号）。

第 3 部　不正競争・意匠・商標

当該担当者に対しては，その気持ちに寄り添いつつ，そのような投稿にはリスクがあることを説明して理解を得ることが重要といえる。

3　CASE 2 について

A 社において，今後のトラブルを防止し，また新事業を円滑に進めるためには，社内の法的リテラシーを高めることが喫緊の課題といえる。

A 社の社内セミナーでは，各ブランドの担当者に，**1** で述べた内容を正しく理解してもらうとともに，次のような具体的な内容を盛り込むことが考えられる（いずれもファッション関係者から質問の多いトピックである）。

（1）　第三者のデザインや創作物等を参考にする場合は，
　　　　当該第三者の権利を侵害しないよう注意すること

ファッションデザインの制作に当たっては，第三者のデザインやイラスト，写真等の創作物をインスピレーション源として参考にすることも多く，それ自体は特に問題ない。もっとも，第三者のデザイン等をそのまま利用したり特徴的な部分を流用すれば，衣服等のデザインについては意匠権侵害や不正競争防止法違反，創作物については著作権法違反になり得る。

また，ここ数年「文化の盗用」が世界的に問題となっている。文化の盗用とは，マイノリティである民族やコミュニティ等の文化（デザインやスタイル等）をファッションブランド等がビジネスに流用して利益を得ることを指す。民族特有のデザイン等を安易に取り入れるのではなく，その文化の歴史や背景を知り，敬意をもって真摯に向き合うことが重要といえる。

メタバース市場に関しては，たとえば第三者の衣服等を模倣してデジタルファッションを制作しメタバース上で販売等した場合にも，不正競争防止法 2 条 1 項 3 号の規制対象となる点に留意が必要である[15]。

---

15)　2024 年 4 月 1 日より施行された改正不正競争防止法において，新たに「電気通信回線を通じて提供」する行為が加わった。これにより，リアルの商品の形態をリアル空間で模倣して提供する行為に加え，①リアルの商品の形態をデジタル空間上で模倣して提供する行為②デジタルの商品の形態をデジタル空間上で模倣して提供する行為，③デジタルの商品の形態をリアル空間で提供する行為も規制対象となった。

第 23 章　ファッションデザインと知的財産権

(2)　パロディやオマージュ等は,
その呼び方にかかわらず権利侵害となり得ること

「パロディ」「オマージュ」とは, 主に第三者の名称やロゴ, マーク等をコ
ピー・改変することによりユーモアや風刺, 敬意等を表現する手法をいう。フ
ァッションデザインでは古くから取り入れられ, それゆえ「パロディやオマー
ジュ等であれば権利侵害に当たらない／権利者は許してくれる」といった認識
が根強く残っている。第三者の名称やロゴ, マーク等を利用すれば商標権侵害
や不正競争防止法違反に当たるリスクがあることを認識し, 正しい知識を身に
つけることが重要といえよう。

(3)　アップサイクルにおいては,
他社の商標権等を侵害しないよう留意すること

昨今のサステナブル推進の流れから, リメイクやアップサイクルを事業とし
て展開するケースが増えている。もっとも, 元のブランド名がわかる状態でア
ップサイクル等を行い販売した場合, 商標権侵害や不正競争防止法違反のリス
クがあり, イラスト等が残っている場合は著作権侵害の可能性もある点に注意
が必要である。

そのほか具体的なトピックの設定に当たっては, ファッションビジネスにお
ける留意点を整理した経済産業省「ファッションローガイドブック 2023」も
ぜひ参考にされたい。

Ⅳ むすび

以上雑駁ではあるが, ファッションデザインの法的保護を中心に, 実際に相
談の多いケースを取り上げた。本稿が, 初めてファッション関連の相談に直面
する法務担当者や実務家の方々にとって, 少しでも参考になれば幸いである。

参 考 文 献
- ●骨董通り法律事務所編『エンタテインメント法実務』(弘文堂, 2021 年)
- ●角田政芳ほか『ファッションロー〔第 2 版〕』(勁草書房, 2023 年)
- ●田村善之ほか「連載／ファッション・ローと知的財産」有斐閣 Online ロージャーナ
  ル連載 (2022 年～〔連載中〕)

311

第**24**章

商標登録に向けて何を検討すべきか

──結合商標の分離観察の基本と応用

中川隆太郎

CASE

設立5年目の法律出版社の知財法務担当者であるあなたは，やる気に満ちあふれた新人編集者から商標について相談を受けている。

「銀座で働くトップクラスの法律家にターゲットを絞った新しい法律雑誌の創刊企画書を作成中」だと聞き，嫌な予感が胸をよぎる。「タイトルのロゴ案もおしゃれなんですよ」と嬉しそうに示されたロゴ案を目にしたところで，不安が確信に変わる。

ジュリスト
GINZA PREMIUM

聞けば，挑戦的な企画の内容も，法律雑誌らしからぬロゴ案も，「有斐閣さんの『ジュリスト』と差別化を図りたかったんです」という。

「このロゴ案で法律雑誌について商標登録できますか？」と問われたあなたは，（途方に暮れつつも）どのように答えるべきか。なお，言いたいことがいろいろあったとしても，回答は商標法の観点に限るものとする。

I はじめに

商標登録に向けて検討すべき事項は多い。一般に，「新企画について商標を登録したい」と相談された知財法務担当者としては，少なくともその新企画

第 24 章　商標登録に向けて何を検討すべきか——結合商標の分離観察の基本と応用

（ブランドや商品，サービス等）の内容やスケジュール（名称確定や対外的な公表，販売開始のタイミング等）[1]，ネーミングの理由，予定している商品のラインナップや展開国[2]などについてヒアリングをする必要がある。

　そしてもちろん，「そもそも，その商標は登録できるのか」を検討しなければならない。出発点となるのは商標の登録要件について定めた商標法 3 条と 4 条である（以下，条数のみ記す）。

　本稿のテーマが「商標登録」である以上，商標登録に向けて検討すべき事項の全体像[3]を幅広く紹介することが理想的だが，紙幅と筆者の能力の関係もあり難しい。そこで本稿では，1 つの論点の検討を通じて，商標登録に向けた検討の「基本姿勢」のようなものを示すこととしたい。論点としては，実務上も悩ましく，されどしばしば問題となる結合商標の分離観察の可否（4 条 1 項 11 号）を題材として取り上げる[4]。

II 前提：商標の本質と適格性

　商標の本質は，商品やサービスを他のブランドのものと区別する「目印」となることである。商標が商品に付されることで，同種商品と並べても，需要者はそのブランドの商品を見分けることができる（サービスも同様である）。スマートフォンの背面にリンゴのロゴがあれば，どのブランドの商品か一目瞭然であろう。

　1）　商標調査や出願をいつまでに終える必要があるのか（出願が公表後までずれ込むと，冒認出願をされてしまうリスクがある）といった期限の確認に必要となる。なお，小川徹「ファッションローとネーミング・商標実務」発明 119 巻 10 号（2022 年）54 頁も参照。

　2）　指定商品・役務や出願国の選定に必要となる。前者に関連して，中島由賀「指定商品及び指定役務の最適化」知財管理 72 巻 9 号（2022 年）1129 頁参照。なお，本稿では以下，日本のみでの出願を念頭に置く。

　3）　検討事項の全体像につき，髙部眞規子「商標の登録要件」同編著『最新裁判実務大系(10) 知的財産権訴訟 I 』（青林書院，2018 年）407 頁，中村合同特許法律事務所編著『Q&A 商標法律相談の基本』（第一法規，2019 年）参照。

　4）　結合商標の分離観察の可否は侵害訴訟における商標の類否の場面でも問題となるが，商標登録をテーマとする本稿では対象としない。侵害訴訟における判断については，平澤卓人「商標権侵害訴訟における商標の類似性要件の実証的研究」知的財産法政策学研究 57 号（2020 年）1 頁等参照。

第3部　不正競争・意匠・商標

　商標の持つこのような性質を「識別力」という。ある文字や図形などが識別力を持たない，つまり，需要者がそれに接しても「この商品やサービスの出所を示す目印だ」と認識できないということは，商標としての資質が決定的に欠けていることを意味する。識別力を持つことは，商標登録に向けた最初の要件となる。

　そのフィルターとして機能するのが3条である。3条1項は，それを見た需要者が商品等の出所を示すものだと認識しない商標や公益上独占になじまない商標の典型的な5つのパターン（指定商品の品質その他の特徴を示す言葉や，極めて簡単でありふれた図形・数字など）を1号から5号で定式化した上で，6号でバスケット条項を用意している。これにより，識別力を持たない商標の登録が拒絶される。

　もっとも，3号から5号[5]に該当する商標でも，「この商標といえばあのブランド」と需要者に広く認識されるようになった商標のように，使用により識別力を獲得したもの（すなわち，独占使用が事実上容認されてきており，独占への懸念も小さいもの）は，当該各号によっては登録を拒絶されない（2項）。

　とはいえ，識別力さえあれば商標登録が認められるわけではない。4条1項は，1号から19号まで様々な政策的見地から登録を認めるべきではない商標を列記している。中でもよく問題となる拒絶理由の1つが，先に出願された別の登録商標（以下「先願商標」という）と類似する（かつ指定商品・役務も同一又は類似である）ことを理由に登録を拒絶する11号である。

　したがって，現場から商標の相談を受けた知財法務担当者としては，識別力の有無及び4条1項各号の拒絶理由の有無の検討（特に，類似する先願商標の調査[6]）が基本動作となる。

　5）　なお，2項が1項6号を対象としていないのは，使用により識別力を獲得した商標は，その瞬間にそもそも6号に該当しなくなるからである。

　6）　**CASE**では，検討が必要となる先願商標が直ちに判明しているが，実務上は先願商標の調査から始まることの方が格段に多い。詳論は控えるが，指定商品・役務の類似群コードを指定して類似している可能性のある先願商標を抽出し，それらについて商標審査基準や判決・審決などを手掛かりに類否を検討することが一般的である。

314

第 24 章　商標登録に向けて何を検討すべきか——結合商標の分離観察の基本と応用

Ⅲ CASE のための検討事項（基本編）

1 商標審査基準を確認する

　先願商標との類否[7]の検討時によく問題となるのが，複数の文字や図形の組合せで構成される結合商標である。「商標全体と比較すると類似しないが，一部分を抽出・分離して比較すると類似する」という場面は，出願商標が結合商標であるという形でも，先願商標が結合商標であるという形でも，実務上しばしば生じる。いずれの場面でも，分離観察が認められるか否かは結論を大きく左右する分水嶺となる。

　CASE では，相談者は恐れ多くも「ジュリスト GINZA PREMIUM」という法律雑誌の創刊を企画し，ロゴ案の商標登録を目論んでいる。いうまでもなく，これは有斐閣の登録商標[8]である「ジュリスト」を含む（指定商品も同一）。もし今回のロゴ案から上段の「ジュリスト」部分を分離観察することが可能なら，有斐閣の先願商標と類似し，4 条 1 項 11 号により登録が拒絶されることになる。

　このような分離観察の可否[9]について知財法務担当者が確認すべきは，やはり商標審査基準である。するとそこ[10]には，「結合商標は，商標の各構成部分

　7）　最判昭和 43・2・27 民集 22 巻 2 号 399 頁［氷山印］が「商標の類否は，対比される両商標が同一または類似の商品に使用された場合に，商品の出所につき誤認混同を生ずるおそれがあるか否かによって決すべきであるが，それには，そのような商品に使用された商標がその外観，観念，称呼等によって取引者に与える印象，記憶，連想等を総合して全体的に考察すべく，しかもその商品の取引の実情を明らかにしうるかぎり，その具体的な取引状況に基づいて判断するのを相当とする」と判示し，判断基準として実務上も定着している（最判昭和 49・4・25 昭和 47 年(行ツ)第 33 号［保土谷化学工業］が，「取引の実情とは，その指定商品全般についての一般的，恒常的なそれを指す」と補足している）。

　8）　商標登録第 1498053 号。

　9）　結合商標の分離観察の可否について，茶園成樹「結合商標の類否判断における分離観察」L&T 98 号（2023 年）1 頁，小塚荘一郎「〔講演録〕商標審査基準における結合商標の類否判断手法と将来の展望」日本商標協会誌 91 号（2019 年）20 頁，田村善之「〔講演録〕結合商標の類否判断の在り方について」同 32 頁，高部眞規子「〔講演録〕（裁判所からみた）結合商標の類否」同 44 頁，横山久芳「商標の類否判断の基準と手法(2・完)」民商 153 巻 6 号（2018 年）929 頁参照。

　10）　特許庁「商標審査基準〔改訂第 16 版〕」（令和 6 年 4 月 1 日適用）第 3 の十 4. 参照。

第 3 部　不正競争・意匠・商標

の結合の強弱の程度を考慮し，各構成部分がそれを<u>分離して観察</u>することが取引上不自然であると思われるほど強く結合しているものと認められない場合には，その一部だけから称呼，観念が生じ得る」（下線は筆者。以下同じ）との記述があるほか，文字の大小や色彩・書体の相違，観念上のつながりの有無など，文字商標の結合の強弱を判断する際の考慮要素も列記されている。

さらに読み進めると，「指定商品又は指定役務との関係から，普通に使用される文字，慣用される文字又は商品の品質，原材料等を表示する文字……等を表示する<u>識別力を有しない文字を有する結合商標は，原則として，それが付加結合されていない商標と類似する</u>」「指定商品又は指定役務について<u>需要者の間に広く認識された他人の登録商標と他の文字又は図形等と結合した商標は，その外観構成がまとまりよく一体に表されているもの又は観念上の繋がりがあるものを含め，原則として，その他人の登録商標と類似するものとする</u>」といった類否判断の参考となる指針が 4 つ記載されている。さらには，指定役務が「写真の撮影」の場合，「スーパー」は役務の質を表示するものであり「スーパーライオン」と「ライオン」は類似する，といった具体的な判断の例まで示されている。

このように，商標審査基準には有益な記述も多く，参照は必須である（**CASE** を検討する上でも，大きなヒントとなる）。

2 関連する代表的な裁判例を確認する

また，知財法務担当者としては，法律書や商標審査基準に付随する審判決要約集などを手掛かりに，代表的な裁判例も確認しておくことが望ましい。結合商標の分離観察の可否については，次の 3 つの代表的な最高裁判決がある。

まず，最高裁昭和 38 年 12 月 5 日判決［リラ宝塚］（民集 17 巻 12 号 1621 頁）は，「商標はその構成部分全体によって他人の商標と識別すべく考案されているものであるから，<u>みだりに，商標構成部分の一部を抽出し，この部分だけを他人の商標と比較して商標そのものの類否を判定するがごときこと</u>」は許されないと述べ，分離観察を原則として否定する。

もっとも，同判決は続けて「簡易，迅速をたっとぶ取引の実際においては，<u>各構成部分がそれを分離して観察することが取引上不自然であると思われるほど不可分的に結合しているものと認められない商標</u>は，常に必らずしもその構

316

第24章　商標登録に向けて何を検討すべきか——結合商標の分離観察の基本と応用

図1

図2

SEIKO EYE

成部分全体の名称によって称呼，観念されず，しばしば，その一部だけによって簡略に称呼，観念され，一個の商標から二個以上の称呼，観念の生ずることがある」とし，「この場合，一つの称呼，観念が他人の商標の称呼，観念と同一または類似であるとはいえないとしても，他の称呼，観念が他人の商標のそれと類似するときは，両商標はなお類似するものと解するのが相当である」と述べる。分離観察をすることが取引上不自然であるほど不可分的に結合している商標（以下「不可分結合商標」という）ではない商標のうち，その一部だけでも称呼・観念される場合には当該部分の分離観察が認められるという解釈を示したものである。先ほどの商標審査基準の記述も，この判決に由来している。

その上で最高裁は，図1[11]の商標は不可分結合商標ではなく，「宝塚」部分だけでも称呼・観念されるとして分離観察を認めた。いわば最高裁は，図1の商標の付された石鹸につき，需要者が「『宝塚』の石鹸」と識別することも十分に考えられると判断し，「宝塚」部分の分離観察を許容したものである。その結果，最高裁は図1の商標と「宝塚」の文字商標が類似するとの原審の判断を是認した。

次に，最高裁平成5年9月10日判決［SEIKO EYE］（民集47巻7号5009頁）は，図2の商標のうち「EYE」部分だけでは出所の識別標識としての称呼・観念が生じないとして，分離観察を否定した。指定商品である眼鏡に付された場合に，「SEIKO」部分は時計等で著名な株式会社服部セイコーの商品や略称を表示するものとして「取引者，需要者に対して商品の出所の識別標識と

---

[11]　特許庁「審判決要約集」137頁より。

第 3 部　不正競争・意匠・商標

して強く支配的な印象を与える」のに対し，「EYE」部分は，「眼鏡と密接に関連する『目』を意味する一般的，普遍的な文字であって，取引者，需要者に特定的，限定的な印象を与える力を有するものではない」というのがその理由であった。**図 2** の商標の付された眼鏡につき，眼鏡の需要者は「『SEIKO EYE』の眼鏡」や「『SEIKO』の眼鏡」とは識別するが，「『EYE』の眼鏡」と識別することは考えにくいと評価したものともいえる。

　これに対し，最高裁平成 20 年 9 月 8 日判決［つつみのおひなっこや］（集民 228 号 561 頁）は，これらの 2 つの最高裁判決を先例として引用しつつ，「複数の構成部分を組み合わせた結合商標と解されるものについて，商標の構成部分の一部を抽出し，この部分だけを他人の商標と比較して商標そのものの類否を判断することは，①その部分が取引者，需要者に対し商品又は役務の出所識別標識として強く支配的な印象を与えるものと認められる場合や，②それ以外の部分から出所識別標識としての称呼，観念が生じないと認められる場合などを除き，許されないというべき」と判示した（番号は筆者）。

　そして，標準文字からなる「つつみのおひなっこや」という商標につき，「つつみ」部分は出所識別標識として強く支配的な印象を与えるものではなく（上記①），「おひなっこや」部分は「土人形等に密接に関連する一般的，普遍的な文字であるとはいえ，自他商品を識別する機能がないということはできない」（上記②）と指摘し，「このほか，本件商標について，その構成中の『つつみ』の文字部分を取り出して観察することを正当化するような事情を見いだすことはできない」と付言した上で，「つつみ」部分の分離観察は「許されない」と判断した。

3　3 つの最高裁判決を整理する

　このつつみのおひなっこや最判の判示は，①②などを除き結合商標の分離観察を認めない限定的な立場にも読める。そのため，分離観察を比較的緩やかに認めたリラ宝塚最判との関係をどう整理すべきかが議論されている（以下「最判の整合性問題」という）。リラ宝塚最判は覆されたと見る立場[12]，反対に，つ

---

　12)　宍戸充「最高裁判例にみる商標の類否の本質」パテント 70 巻 10 号（2017 年）46 頁，島並良〔判批〕小野昌延先生追悼論文集『続・知的財産法最高裁判例評釈大系』（青林書院，2019 年）135 頁。

第24章　商標登録に向けて何を検討すべきか——結合商標の分離観察の基本と応用

つみのおひなっこや最判は特殊な事情の下での事例判決とし，その射程を広く捉えることに懐疑的な立場[13]など様々な解釈が論じられている。

中でも代表的なものは，「不可分結合商標に関する判断か否かで両判決は矛盾なく区別される」という解釈であろう[14]（以下「区別説」という）。リラ宝塚最判は不可分結合商標ではない商標につき，その一部分だけで出所識別標識としての称呼・観念が生じる場合に当該部分の分離観察を認めたのに対し，つつみのおひなっこや最判は，不可分結合商標である場合でも，①②などの場合はなお分離観察が許されることを示した，という整理である。この区別説によれば，2つの最判で棲み分けがなされており，検討対象が不可分結合商標ではない場合はリラ宝塚最判で，不可分結合商標である場合はつつみのおひなっこや最判で，それぞれ分離観察の可否を検討することになる。

この区別説は，商標審査基準改訂第13版への改訂時の議論[15]でも方向性を基礎付けている。ここまで確認できれば，商標審査基準の記述がどのような判決や議論を経て形成されたのか，理解することができる。その上で，相談内容と事案の類似する裁判例や審決例の調査を行えば，知財法務担当者としてこの論点を考える際の検討事項の基本編としては十分であろう。

Ⅳ CASE のための検討事項（応用編）

1 令和の知財高裁判決の動向をつかむ

次に，結合商標の分離観察の可否の検討をもう一歩深掘りすべく，この論点について判示した令和以降の知財高裁判決の動向を見てみよう（2024年6月30日時点で筆者が裁判所ウェブサイトで確認した範囲で46件）。実は，Ⅲで見てきた最判の整合性問題につき，必ずしも知財高裁判決が一貫して区別説に立ってい

---

13)　飯村敏明「商標の類否に関する判例と拘束力」L&T 52号（2011年）51頁。

14)　田村・前掲注9)，髙部・前掲注9)参照。

15)　産業構造審議会知的財産分科会商標制度小委員会第22回商標審査基準ワーキンググループ配付資料1-1「結合商標における類否判断（4条1項11号）の商標審査基準について（案）」(2016年12月21日)。

319

第3部　不正競争・意匠・商標

るわけではないことが分かる。

（1）区別説に立つ裁判例

前提として，区別説に立つ裁判例も多い。46件のうち7件[16]が，「商標の各構成部分がそれを分離して観察することが取引上不自然であると思われるほど不可分的に結合していると認められる場合……であっても」，つつみのおひなっこや最判の①②などには分離観察が許されると判示している（傍点は筆者）。①②を不可分結合商標であっても分離観察が許される場合と位置付けており，区別説を正面から採用している。

また，①②「のほか」，不可分結合商標ではない場合には分離観察が許されるとする2件[17]の判決も，区別説と親和的である。

（2）例示説に立つ裁判例の登場

しかし，この流れに揺らぎが生じつつある。明示的に区別説に立つ知財高裁判決の出ていないこの3年ほどの間に，10件の知財高裁判決[18]が，「商標の構成部分の一部が取引者，需要者に対し商品又は役務の出所識別標識として強く支配的な印象を与えると認められる場合や，それ以外の部分から出所識別標識としての称呼，観念が生じないと認められる場合等，商標の各構成部分がそれを分離して観察することが取引上不自然であると思われるほど不可分的に結合

16）いずれも鶴岡稔彦裁判長の裁判体による判決である。知財高判令和3・6・16令和2年（行ケ）第10148号［KANGOL］，知財高判令和3・2・22令和2年（行ケ）第10104号［旬JAPAN ShuN］，知財高判令和3・2・22令和2年（行ケ）第10088号［ホームズ君］，知財高判令和2・11・5令和2年（行ケ）第10061号［天満切子 極］，知財高判令和2・9・24令和元年（行ケ）第10171号［甘味おかめ］，知財高判令和2・9・10令和2年（行ケ）第10040号［THANKSAI］，知財高判令和2・3・19令和元年（行ケ）第10152号［ベジバリア 塩・糖・脂］。

17）いずれも森義之裁判長の裁判体による判決である。知財高判令和3・3・11令和2年（行ケ）第10118号［SMS］，知財高判令和3・2・9令和2年（行ケ）第10108号［宅配専門寿司ざんまい］。

18）本多知成裁判長の裁判体によるものとして，知財高判令和6・4・9令和5年（行ケ）第10117号［ベスリ会東京TMSクリニック］，知財高判令和5・12・4令和5年（行ケ）第10067号［5252byO!Oi］，知財高判令和5・11・15令和5年（行ケ）第10060号［POPPO］，知財高判令和5・7・6令和5年（行ケ）第10010号［リフナビ大阪］，知財高判令和5・6・22令和5年（行ケ）第10017号［REIGN TOTAL BODY FUEL］，知財高判令和5・5・18令和4年（行ケ）第10119号［GINZA CLEAR］，知財高判令和5・3・9令和4年（行ケ）第10122号［朔北カレー］，知財高判令和3・9・21令和3年（行ケ）第10029号［HIRUDOMILD］，知財高判令和3・9・21令和3年（行ケ）第10028号［ヒルドマイルド］。清水響裁判長の裁判体によるものとして，知財高判令和6・3・27令和5年（行ケ）第10068号［O!OiMAIN］。

第24章　商標登録に向けて何を検討すべきか——結合商標の分離観察の基本と応用

していると認められない場合」には分離観察が許されるとし，つつみのおひなっこや最判の①②を不可分結合商標とは認められない場合の例示と位置付けているのである。リラ宝塚最判が分離観察も許されると判示した，不可分結合商標ではない商標の一部のみから称呼・観念が生じる場合について具体的に例示したものがつつみのおひなっこや最判の①②であると捉える解釈[19]である（以下「例示説」という）。つつみのおひなっこや最判につき「不可分結合商標であっても」分離観察が認められる場合を示したと解する区別説とは，明らかに立場を異にする。

　このほか，「取引の実際においては，商標の各構成部分がそれを分離して観察することが取引上不自然であると思われるほど不可分的に結合しているものと認められない商標は，必ずしも常に構成部分全体によって称呼，観念されるとは限らず，その構成部分の一部だけによって称呼，観念されることがあることに鑑みると」，つつみのおひなっこや最判の①②などの場合には分離観察も許されるとする例も6件[20]見受けられる。「不可分結合商標ではない商標の一部のみによって称呼・観念される場合を例示したのが①②」という例示説に沿った理解を強く示唆する裁判例といえる。

　また，その派生型として，①②のほか，「③商標の構成部分の一部が取引者，需要者に対し，相当程度強い印象を与えるものであり，独立して商品又は役務の出所識別標識として機能し得るものと認められる場合」（番号は筆者）にも分離観察が許されるとして，第3の類型を追加した一連の3件の知財高裁判決[21]も現れている。文脈上，不可分結合商標ではない商標の一部分のみから

---

19)　横山・前掲注9)940頁。
20)　大鷹一郎裁判長の裁判体によるものとして，知財高判令和5・7・12令和5年(行ケ)第10005号［KAZE］，知財高判令和2・3・11令和元年(行ケ)第10111号［総本家駿河屋］，知財高判令和元・12・26令和元年(行ケ)第10104号［EMPIRE STEAK HOUSE Ⅰ］。菅野雅之裁判長の裁判体によるものとして，知財高判令和5・4・25令和4年(行ケ)第10121号［Julius Tart］，知財高判令和5・4・25令和4年(行ケ)第10120号［JULIUS TART OPTICAL］，知財高判令和3・1・21令和2年(行ケ)第10065号［MONSTER ENERGY］。
21)　いずれも大鷹裁判長の裁判体による判決である。知財高判令和4・7・14令和3年(行ケ)第10110号［ザプレミアムチロリアン］，知財高判令和4・7・14令和3年(行ケ)第10109号［ザリッチチロリアン］，知財高判令和4・7・14令和3年(行ケ)第10108号［チロリアンホルン］。なお，これらの3件の判決では，いずれも③をベースに分離観察が肯定されている。

321

第3部　不正競争・意匠・商標

称呼・観念が生じる場合の3つ目の例示を追加したものと読むのが自然であろう。

　このように，令和の知財高裁判決の間では，例示説も支持を広げ始めている。

（3）　問題に踏み込まない裁判例

　46件の中には，最判の整合性問題に踏み込まない例も少なくない。例えば，規範部分ではリラ宝塚最判のみ引用しつつ，当事者の主張を排斥する形で，①②以外にも，不可分結合商標ではない場合には分離観察が許されると明示する例が2件ある[22]。区別説と親和的ではあるものの，例示説からも説明可能な判断枠組みである。

　さらに近時，最判の整合性問題には直接踏み込まないまま，［ザプレミアムチロリアン］等とは別の，分離観察が許される新たな第3の類型として「③商標の外観等に照らし，商標全体としての構成上の一体性が希薄で，取引者，需要者がこれを分離して理解・把握し，その一部を略称等として認識する結果，当該構成部分が独立した出所識別標識としての機能を果たすと考えられる場合」を定立する知財高裁判決[23]も登場し，注目を集めている。

　このほか，先例としてリラ宝塚最判及びSEIKO EYE最判を引用しつつ，規範自体はつつみのおひなっこや最判の規範と同一とする例が5件[24]，先例の明示的な引用はせずに，つつみのおひなっこや最判の規範を採用する例が1

---

　22)　いずれも森裁判長の裁判体による判決である。知財高判令和3・7・29令和3年（行ケ）第10026号［SANKO］，知財高判令和元・9・12平成31年（行ケ）第10020号［SIGNATURE］。なお，前者は，そのような整理はつつみのおひなっこや最判の考え方と矛盾抵触しないと明言する。

　23)　知財高判令和5・11・30令和5年（行ケ）第10063号［遊 VENTURE］（宮坂昌利裁判長の裁判体による判決）。もっとも，③における「商標全体としての構成上の一体性が希薄」との条件設定は，不可分結合商標ではない場合と見るのが素直であり，その点では例示説と親和性が高いと見るべきであろうか。

　24)　東海林保裁判長の裁判体によるものとして，知財高判令和5・9・20令和5年（行ケ）第10041号［鮨処濱］，知財高判令和4・5・31令和3年（行ケ）第10160号［三橋の森の一升パン］，知財高判令和3・12・15令和2年（行ケ）第10100号［Reprogenetics］，知財高判令和3・10・6令和3年（行ケ）第10032号［ヒルドプレミアム］。森裁判長の裁判体によるものとして，知財高判令和2・5・20令和元年（行ケ）第10151号［CORE ML］。［三橋の森の一升パン］と［CORE ML］は，上記2件の最判に加え，つつみのおひなっこや最判も先例として引用している。

第 24 章　商標登録に向けて何を検討すべきか——結合商標の分離観察の基本と応用

件[25]，リラ宝塚最判のみ引用する例が 4 件[26]，規範を定立せずに分離観察の可否を判断している例が 5 件[27]ある。

（4）　すっきりしない現状の先に

このように，令和以降の知財高裁判決を見ると，最判の整合性問題の理論的な悩ましさが改めて浮き彫りとなる。

とはいえ，知財法務担当者としてそれ以上に大切なことは，理屈はさておき，①②以外にも不可分結合商標ではない商標の一部分のみから称呼・観念が生じる場合には分離観察を許容する点では，近時の大半の知財高裁判決も一致していると確認できたことである[28]。どの程度緩やかに分離観察を認めるかは別として，実質的にもリラ宝塚最判はなお生きている，と表現してよいのではなかろうか。

商品・役務に付された商標の一部から独立した出所識別標識としての称呼や観念が生じる場合があることは，リラ宝塚最判の指摘のとおりである。つつみのおひなっこや最判の①②以外にもそのような実態があるのであれば，分離観察により登録を拒絶することが商品・役務の出所の混同防止という 4 条 1 項 11 号の立法趣旨にも沿うといえる。重要なのは，どのような場合にそのような実態があると判断するかである。

2　事案と結論を整理して相場観をつかむ

深掘りのもう 1 つのアプローチは，事案と結論との相場観の解像度を上げる

---

25)　菅野裁判長の裁判体によるものとして，知財高判令和 4・4・25 令和 3 年 (行ケ) 第 10148 号 [nico]。

26)　いずれも東海林裁判長の裁判体による判決である。知財高判令和 5・10・23 令和 5 年 (行ケ) 第 10036 号 [Rapport Ⅱ]，知財高判令和 5・10・23 令和 5 年 (行ケ) 第 10035 号 [Rapport Ⅰ]，知財高判令和 5・2・22 令和 4 年 (行ケ) 第 10093 号 [ハートデンキサポート]，知財高判令和 4・3・8 令和 3 年 (行ケ) 第 10041 号 [BREZTRI]。

27)　菅野裁判長の裁判体によるものとして，知財高判令和 5・1・31 令和 4 年 (行ケ) 第 10090 号 [HEAVEN]，知財高判令和 5・1・17 令和 4 年 (行ケ) 第 10087 号 [EMPIRE STEAK HOUSE Ⅱ]。大鷹裁判長の裁判体によるものとして，知財高判令和 3・4・14 令和 2 年 (行ケ) 第 10107 号 [ざんまい]，知財高判令和 2・9・16 令和元年 (行ケ) 第 10170 号 [STARBUCKS COFFEE]，知財高判令和 2・7・8 令和 2 年 (行ケ) 第 10022 号 [Maharaja]。

28)　結果として，注 15)の商標審査基準改訂時の議論が実務に反映されているといえる。

第 3 部　不正競争・意匠・商標

ことである。事案から結論を見立てる相場観の解像度が高ければ，それだけ回答の精度も上がる[29]。

　まず，全体の相場観を見てみよう。結合商標の分離観察の可否を論じた平成21年以降の知財高裁判決として筆者が裁判所ウェブサイトで確認した150件[30]のうち，いずれかの当事者[31]が主張した分離観察を認めた割合を見ると，平成21年〜平成25年では約54％（59件中32件）であったのに対し，平成26年〜平成30年では約71％（38件中27件）に急増し，平成31年／令和元年〜令和6年（6月末まで）では約73.6％（53件中39件）となっている。決して商標出願全体での傾向を示すものではないが，つつみのおひなっこや最判の直後の時期と比べ，この10年ほどは分離観察が認められやすくなっていることが窺われる。**1**で見た令和の知財高裁判決の法解釈の動向ともシンクロしている。

　次に，類型的な傾向についてもいくつか見ておこう。まず，図形と文字の組合せによる結合商標については，文字部分の分離観察は認められる可能性が高い[32]。ただし，縁取りも施されロゴとして一体化している場合は分離観察が否定されやすいほか[33]，図形だけの分離観察は否定されることもある[34]。ま

---

　29)　相場観の解像度を上げるにはまとまった数の裁判例や審決例に目を通す必要があるが，「知財法務担当者たる者，たとえ1件の相談であってもそのくらい突き詰めるべき」と主張するものではないことは明記しておきたい。タイムリーに回答することの実務上の重要性は改めて申し上げるまでもない。その点でも，（自戒を込めていえば）日々の研鑽の積み重ねが重要となろう。

　30)　連載時には，結合商標の分離観察について判断した知財高裁判決であれば，商標権侵害訴訟判決であっても対象としていた。しかし，注4)のとおり，本稿のテーマは商標登録であり，今回は審決取消訴訟のみを対象とするよう方針を改めた。なお，紙幅の関係上，これらの裁判例を全てここで記載することは難しいが，別途，筆者のnoteにおける「結合商標の分離観察の可否に関する知財高裁判決整理表（審決取消訴訟編）［平成21年から令和6年6月まで］」と題する投稿にてまとめて掲載したので，適宜ご参照いただきたい（https://note.com/nakagawaryutaro/n/ndeb50a3b35b7）。

　31)　ここでは特許庁を含む。

　32)　前掲［REIGN TOTAL BODY FUEL］，前掲［Reprogenetics］，前掲［SΛNKO］，前掲［KANGOL］ほか多数。

　33)　知財高判平成23・10・24判時2165号135頁［PAG!］，不服2022-9194［人機一体 BUTTO BUSTER］，不服2022-7493［BLACKSTAR］，不服2022-15568［Ablaze］など。

　34)　知財高判平成24・10・30判時2184号131頁［DAIWA］，不服2022-4421［GREE］など。知財高判平成31・3・26平成29年(行ケ)第10203号［SHI-SA第3］も参照。

324

た，ロゴの装飾部分（図形的要素）のみでは識別力が認められにくく，分離観察が否定されやすい[35]。

また，文字と文字との結合商標は，同書同大で一連表記となると（一時期よりも認められやすくなったとはいえ）分離観察を否定されやすい[36]。分離観察を認めた例では，指定商品・役務との関係で他の部分の識別力がない（少なくとも弱い）等の事情がポイントとなっている[37]。

これらはあくまで傾向にすぎず，絶対的な基準ではないが，相場観の解像度を上げる上では役に立つ。ぜひ皆さんにも，商標審査基準や法律書を手掛かりにしつつ，一定の傾向を見つけ出していただきたい。

V CASE への回答

CASE のロゴ案は，「ジュリスト」とカタカナで横書きした上段と「GINZA PREMIUM」と欧文字で横書きした下段とで構成されているところ，上段と下段とでは文字のサイズが大きく異なる上に，文字の種類や字体も異なり，視覚上分離して看取され得る。

次に，下段の「GINZA」の部分は，指定商品である法律雑誌の内容等に関連するものと認識され得るため，必ずしも識別力は高くない。また，「PREMIUM」の部分は，「一段上等・高級であること」を意味する一般的な言葉であり，指定商品との関係でも識別力が弱い。他方，上段の「ジュリスト」は下段と比べて際立って大きく目立つ態様であることに加え，指定商品である法律雑誌の需要者，取引者の間で広く知られており，出所識別標識として

---

35) 前掲［STARBUCKS COFFEE］，知財高判平成31・2・19平成30年（行ケ）第10129号［diptyque］。

36) 前掲［三橋の森の一升パン］，知財高判平成31・2・6平成30年（行ケ）第10154号［コナミスポーツクラブマスターズ］，知財高判平成30・4・24平成29年（行ケ）第10220号［四神宝相華紋報恩座］，知財高判平成29・7・27平成28年（行ケ）第10275号［ISD個性心理学協会］など。なお，この点に関する審決の相場は，知財高裁判決よりも分離観察に厳しいように思われる。

37) 前掲［リフナビ大阪］，前掲［朔北カレー］，前掲［ハートデンキサポート］，知財高判平成31・3・12平成30年（行ケ）第10121号［キリンコーン］，知財高判平成30・4・11平成29年（行ケ）第10208号［マイナンバー実務検定］など。

第3部　不正競争・意匠・商標

強く支配的な印象を与える。

　そのため，「ジュリストギンザプレミアム」との称呼が無理なく一連に称呼し得ることを考慮しても，分離観察をすることが取引上不自然であるほど不可分的に結合しているとはいえず，「ジュリスト」の部分のみで出所識別標識としての称呼，観念が生じるものとして，当該部分を分離観察することも許される可能性が高い。

　よって，**CASE** の相談を受けた知財法務担当者としては，ロゴ案は先願商標である有斐閣の「ジュリスト」と類似する（指定商品も同一）として4条1項11号により登録は拒絶される可能性が高いと回答すべきである。

参 考 文 献

注9)に掲げた文献のほか，結合商標の分離観察に関する近時の参考文献として，以下のものがある。

- ●天野研司「一行商標の分離観察」別冊 L&T10 号（2024 年）74 頁
- ●特許庁審判部「審判実務者研究会報告書 2023」（令和 6 年 3 月）198 頁以下（特に 206 頁以下）
- ●宮脇正晴〔判批［遊 VENTURE]〕法セミ 832 号（2024 年）118 頁
- ●泉克幸〔判批［遊 VENTURE]〕速判解（法セ増刊）35 号（2024 年）243 頁

第**25**章

税関での水際措置

宮川美津子

CASE

A社は，優れたデザインのかばん類や衣料品を製造し販売している日本の企業である。

（1）　A社は，A社に無断でA社の登録商標を付して製造された商品（「偽造品」）が海外から大量に輸入され日本市場で流通していることを発見した。A社は海外からの偽造品の流入を止めるために税関でどのような手続を行えばよいか。

（2）　A社は，日本のB社が海外で製造し輸入販売しているトートバッグ（「B社製品」）のデザインが，A社が意匠登録をしているトートバッグのデザインと類似しており，A社の意匠権を侵害すると考え，B社に対し，意匠権侵害を理由として輸入販売の差止め等を求める警告書を送付したが，B社はB社製品のデザインはA社の登録意匠に類似しておらず意匠権を侵害していない，むしろA社の意匠権には無効理由があると反論し，A社の要求に応じない。A社が意匠権侵害を理由にB社製品の輸入を阻止するために税関で手続を執る際に，（1）の偽造品の場合とは異なる点があるか。

（3）　A社は，海外の事業者が運営する日本の消費者向けオンラインショップでA社の偽造品が販売されていることを発見した。税関での手続を検討していたところ，日本の消費者がオンラインショップで購入した偽造品が海外事業者から直接個人宛てに郵送される場合，個人が使用する目的で輸入するのであれば商標権侵害にならず，輸入が認められてしまうという情報を得た。これは正しい情報か。

第3部　不正競争・意匠・商標

Ⅰ 知的財産権を侵害する物品の税関での措置／水際取締りについて

　近年，国内で発見される海賊版・偽造品の多くは海外から日本に流入していることが報告されており[1]，知的財産権を侵害する物品の流通を阻止するためには，税関による水際取締りの重要性が高く，また最も効果的であると言える。知的財産権の権利者において，侵害物品に対する法的措置としては，侵害者に対する民事訴訟や侵害者の処罰を求める刑事手続も考えられるが，知的財産権の登録状況，侵害立証の難易度，事件の規模等によっては，時間的及び経済的なコストに見合わない結果となる可能性もあり，また，刑事事件として取り上げられない場合もある。税関での手続は手数料を要せず，また，後述する通り，比較的短時間で結果が出ることが期待できるため，海外から流入する侵害品対策として最初に考慮すべき有益な手段の一つである。

Ⅱ 税関による知的財産侵害物品の水際取締制度

　関税法は，麻薬，覚醒剤，児童ポルノ等と並んで，所定の知的財産権を侵害する物品を輸出及び輸入してはならない貨物と規定し，税関の水際取締りの対象としている（関税69条の2第1項3号・4号・69条の11第1項9号・9号の2・10号）。本稿では，税関の知的財産侵害物品の輸入取締りに焦点をあてて解説することとする。

　関税法69条の11第1項9号，9号の2及び10号に「輸入してはならない貨物」として規定されている知的財産侵害物品は以下の通りである。

九　特許権，実用新案権，意匠権，商標権，著作権，著作隣接権，回路配置利用権又は育成者権を侵害する物品<u>（意匠権又は商標権のみを侵害する物品にあっては，次号に掲げる貨物に該当するものを除く。）</u>〔下線部は令和4年3月関税法改正により追加された。〕

　1）　政府模倣品・海賊版対策総合窓口「模倣品・海賊版対策の相談業務に関する年次報告」（2023年6月）（特許庁ウェブサイト）。

328

第 25 章　税関での水際措置

九の二　意匠権又は商標権を侵害する物品（外国から日本国内にある者（意匠権を侵害する物品にあっては当該物品を業として輸入する者を除くものとし，商標権を侵害する物品にあっては業としてその物品を生産し，証明し，又は譲渡する者を除く。）に宛てて発送した貨物のうち，持込み行為（意匠法第 2 条第 2 項第 1 号（定義等）又は商標法（昭和 34 年法律第 127 号）第 2 条第 7 項（定義等）に規定する外国にある者が外国から日本国内に他人をして持ち込ませる行為をいう。）に係るものに限る。）〔9 号の 2 は令和 4 年 3 月関税法改正により追加された。〕

十　不正競争防止法第 2 条第 1 項第 1 号から第 3 号まで，第 10 号，第 17 号又は第 18 号（定義）に掲げる行為（これらの号に掲げる不正競争の区分に応じて同法第 19 条第 1 項第 1 号から第 5 号まで，第 7 号又は第 9 号（適用除外等）に定める行為を除く。）を組成する物品

　上記 9 号及び 10 号に該当する貨物を輸入した者及び輸入しようとした者は，10 年以下の懲役若しくは 1000 万円以下の罰金に処され，又はこれを併科される（関税 109 条 2 項・3 項）。また，法人の代表者あるいは法人若しくは人の代理人，従業員等が法人あるいは人の業務又は財産について当該貨物を輸入し，若しくは輸入しようとしたときは，その行為者を罰するほか，当該法人あるいは人に対しても 1000 万円以下の罰金刑が科される（関税 117 条 1 項）。さらに，これらの犯罪に係る貨物は没収される（関税 118 条 1 項）。

Ⅲ 水際取締りの実際

　知的財産侵害物品の水際取締りを実施している税関は，財務省の地方支分部局であり，函館，東京，横浜，名古屋，大阪，神戸，門司及び長崎の 8 税関並びに沖縄地区税関が設置されている。また，主要な空港，港湾等には支署があり，業務分担のために出張所も設置されている[2]。財務省が公表している令和 4 年の税関における知的財産侵害物品の差止状況によれば[3]，全体で輸入差止

2）　税関ウェブサイト「税関の機構」。

329

第3部　不正競争・意匠・商標

件数は2万6942件，3年連続で2万5000件を超え，輸入差止点数は88万2647点，前年と比べて7.7％増加したとのことである。仕出国では，中国がトップ（差止件数では全体の75.9％），次いでベトナム（同7.9％），台湾（同5.3％），韓国（同2.4％）で，中国を仕出国とする侵害物品の比率が圧倒的に高い。参考までに，権利別の輸入差止件数の比率は，偽ブランド品などの商標権侵害物品が94.6％に上り，次いで偽キャラクターグッズなどの著作権侵害物品が3.1％，意匠権は1.3％，特許権は1.0％であった。

1　認定手続

税関が知的財産権を侵害する貨物で輸入されようとするものを発見した場合には，それを没収して廃棄し，又は当該貨物を輸入しようとする者にその積戻しを命ずることができる（関税69条の11第2項）4)。ただし，税関は，廃棄等の処分をする前に，それが関税法69条の11第1項9号から10号に掲げる知的財産侵害物品であるか否かを認定するための手続（「認定手続」）を執る必要がある（関税69条の12第1項）。認定手続の詳細は後述する。なお，認定手続の流れについては，税関ウェブサイトの説明を参照されたい5)。

2　輸入差止申立制度

税関の水際取締りは職権によって行われる行政行為であって，権利者の申立てや情報提供がなくとも，税関の判断で認定手続を開始できる。しかし，日本に輸入される大量の貨物の通関手続の中で税関が知的財産侵害物品の取締りを効率的に行うために，権利者から税関に対し侵害物品に関する証拠等を提出し，侵害物品の輸入を差し止め，認定手続を執ることを求める輸入差止申立制度が設けられている（関税69条の13）。この申立てができるのは知的財産権のうち，特許権，実用新案権，意匠権，商標権，著作権，著作隣接権及び育成者

---

3)　財務省ウェブサイト「知的財産侵害物品（コピー商品等）の取締り」内の「令和4年の税関における知的財産侵害物品の差止状況」（令和5年3月3日）。

4)　疑義貨物あるいは侵害認定されたた貨物を外国へ返送（積戻し）するには，経済産業大臣の輸出承認が必要となるが，商標権，著作権及び著作隣接権侵害と認定された貨物については輸出承認されず，積戻しはできない。

5)　税関ウェブサイト「知的財産侵害物品の取締り」内の「認定手続の流れ」。

330

第 25 章　税関での水際措置

権の権利者並びに不正競争防止法 2 条 1 項 1 号から 3 号まで，10 号，17 号又
は 18 号に掲げる行為に対する差止請求権者である。なお，回路配置利用権に
ついては輸入差止情報提供[6]が可能である（関税 69 条の 12，関税法基本通達
〔以下「基本通達」〕69 の 13-12）。

　輸入差止申立ては，①申立人の権利の内容（申立てを行える者は，権利者，専
用実施権者又は専用使用権者である），②自己の権利を侵害すると認める貨物の
品名，③当該貨物が自己の権利を侵害すると認める理由，④申立ての有効期間
として希望する期間（最長で申立て受理の日から 4 年。ただし申立ての根拠となっ
ている権利の有効期間が先に満了する場合は当該満了日まで。更新可能），その他所
定の事項を記載した申立書 1 部を，侵害の事実を疎明するために必要な証拠と
ともにいずれかの税関の業務部知的財産調査官に提出することにより行う（関
税法施行令〔以下「施行令」〕62 条の 17，基本通達 69 の 13-1 ～ 69 の 13-11）[7]。申
立て前に申立書の内容や添付資料につき税関の事前相談を受けることが一般的
に行われている。

　輸入差止申立制度は，権利者が税関に対し，輸入されようとする貨物が侵害
品であると認定するために有用な情報や識別ポイント等を提供することによ
り，効率的に取締りを行ってもらうことを目的としているため，申立てを行う
際には税関職員に侵害品と真正品との相違点をわかりやすく説明する資料（識
別ポイント説明資料）を用意することが重要である。税関は，提出された書面
の形式審査を行い記載事項や添付資料に不備がないことを確認し輸入差止申立
てを受け付けた場合，その内容を税関ウェブサイトにおいて公表するととも
に[8]，申立て対象物品の予想される輸入者その他国内において当該輸入差止申
立てに利害関係を有すると認められるものが判明している場合は，申立人の意
見を聴いたうえで，当該利害関係者に連絡し意見を求めることになっている。
また，利害関係者が希望する場合は，所定の期限内に輸入差止申立てを受け付

---

　6)　税関ウェブサイト「カスタムスアンサー（税関手続 FAQ）」2004「回路配置利用権を侵害す
る物品の輸入差止情報提供制度」。
　7)　差止申立てに必要な書類や一般的手順，各税関の輸入差止申立担当窓口は税関ウェブサイト
「権利者の方へ」内の「差止申立制度等」参照。
　8)　税関ウェブサイト「差止申立受付・受理状況」。

第 3 部　不正競争・意匠・商標

けた税関（「申立先税関」）に意見書を提出することができる。この利害関係者
の意見書は写し等により申立人に開示される（基本通達 69 の 13-6）。

　申立先税関の税関長は，申立てに係る侵害事実が疎明されていると認めれば
当該申立てを受理し，申立てに係る侵害事実を疎明する証拠がないと認めると
きは，当該申立てを不受理とすることができる（関税 69 条の 13 第 2 項）。申立
先税関は，受理・不受理の決定を申立人に通知する。輸入差止申立てが受理さ
れた場合，税関ウェブサイト「差止申立受付・受理状況」において公表され
る[9]。令和 5 年 9 月 3 日現在，受理済み輸入差止申立ては，商標権に基づく申
立て 470 件，意匠権は 125 件，著作権等は 92 件，特許権は 33 件，著作権等
（還流 CD 等関係）は 4 件，不正競争防止法は 3 件（2 条 1 項 1 号関係 1 件・同項
17 号関係 2 件），育成者権は 1 件（シャインマスカット），実用新案権は 0 件とな
っている。

　なお，輸入差止申立ての審査の際に利害関係者から意見書が提出された場
合，あるいは，侵害の有無について申立人及び利害関係者の間で争い（訴訟
等）があり，又は争いが生じる可能性が高いと判断される場合，又は侵害の事
実が疎明されているか否かの判断が困難である場合，専門委員意見照会を実施
するものとされている（関税 69 条の 14，基本通達 69 の 14-1，関税法個別通達
「知的財産侵害物品の取締りに関する専門委員制度の運用等について」〔平成 19 年 6
月 15 日財関第 802 号〕〔以下「専門委員個別通達」〕第 1 章）。

　専門委員制度は，税関が，知的財産権に関し学識経験を有する者（学者，弁
護士，弁理士）を専門委員として委嘱し，意見を聴く制度であり，税関が権利
侵害について技術的，専門的判断を適正に行うために平成 18 年度関税法改正
により導入された制度である。輸入差止申立てにおける専門委員意見照会の対
象となる事項としては，特許発明又は登録実用新案の技術的範囲のほか，登録
意匠及びこれに類似する意匠の範囲，侵害成立阻却事由（並行輸入，権利消尽，
先使用，権利無効，試験研究，権利の濫用等）があげられる（専門委員個別通達第
1 章 1(2)）。専門委員は，専門委員候補として登録されている者から，通常，
事案ごとに 3 名選出される[10]。税関は明らかな事実誤認等の特段の事情がな

---

9)　前掲注 8)参照。
10)　税関ウェブサイト「専門委員制度の概要」。

第25章　税関での水際措置

い限り専門委員の多数意見を尊重して判断するものとされている（専門委員個別通達第1章12(1)）。

申立先税関は，専門委員意見照会を実施する場合を除き，申立て受付日の翌日から起算して1カ月以内に輸入差止申立ての審査を終了するよう努めるものとされている（基本通達69の13-1）。また，専門委員に意見照会した場合の輸入差止申立ての受理・不受理の決定は，当該輸入差止申立ての公表の日から5カ月以内に行うよう努めるものとされている（専門委員個別通達第1章2）。

3 認定手続の流れ

（1）　通常の認定手続

外国から日本に届いた貨物や国際郵便物の税関検査において，侵害が疑われる貨物（「侵害疑義物品」）が発見された場合，認定手続に入る（関税69条の12，施行令62条の16，基本通達69の12-1-1 ～ 69の12-6）。

税関は，輸入者及び権利者に対して認定手続を開始する旨を通知するとともに，輸入者には権利者の，権利者には輸入者・仕出人の氏名又は名称及び住所を通知する。また，税関に提出された書類や貨物の表示から，当該貨物の生産者が明らかな場合は，当該生産者の氏名又は名称及び住所を権利者に通知する。

輸入者及び権利者は，認定手続開始通知書の日付の日の翌日から起算して10日（行政機関の休日は除く）以内に，認定手続が執られた貨物が知的財産侵害物品に該当するか否かについて，税関に証拠を提出し，意見を述べることができる（関税69条の12第1項，施行令62条の16第1項）。輸入者が知的財産侵害物品に該当しないことを主張する場合には，それを証する書類その他政令で定める書類の提出が求められる（関税69条の12第4項，施行令62条の16第2項）。認定手続が執られた貨物が輸入差止申立てに係る貨物の場合には，権利者及び輸入者は，それぞれ申請により当該貨物を点検する機会を与えられる（関税69条の13第4項）。しかし，物品の外観のみから侵害の有無を判断できない場合もあり，権利者において，証拠・意見を提出するために見本の分解，性能試験，分析等，貨物の経済的価値を減ずる行為を含む検査を行う必要がある場合，当該貨物が輸入差止申立てに係る貨物であれば，認定手続が執られている間，見本検査の承認申請をすることができる。承認要件を満たし，かつ，

333

第 3 部　不正競争・意匠・商標

見本検査に係る供託を行った場合，見本検査を行うことができる（関税 69 条の16，施行令 62 条の 24 ～ 62 条の 26，基本通達 69 の 16-1 ～ 69 の 16-5）。

　輸入者及び権利者から提出された証拠・意見を認定の基礎とする場合は，当該提出された証拠・意見を相手方に開示して弁明の機会が与えられる。税関は，1 カ月以内を目途に，知的財産侵害物品に該当するか否かの認定を行い，認定結果を理由とともに輸入者及び権利者に通知する。なお，税関は，認定手続においても，所定の貨物（関税 69 条の 11 第 1 項 9 号又は 9 号の 2 所定の貨物。育成者権を侵害する貨物を除く）に該当するか否かの認定に必要と認めるときは，専門委員の意見を求めることができる（関税 69 条の 19，専門委員個別通達第 2 章）。ただし，技術的範囲については専門委員の意見を求めることはできず，この点は特許庁長官に対し意見を求めることになる（関税 69 条の 17 第 9項）。なお，税関長は，不正競争防止法については経済産業大臣に，育成者権を侵害する貨物に該当するか否かについては農林水産大臣に意見を求めることができる（関税 69 条の 18）。

　非該当認定の場合は，直ちに輸入が許可され，該当認定の場合は，輸入者は，不服申立てができる期間中（3 カ月[11]）は，貨物の滅却，廃棄，任意放棄，権利者の輸入同意書の提出，切除等の自発的処理を行うことができる（国際郵便物は滅却，廃棄はできない）（基本通達 69 の 12-2）。不服申立てができる期間を経過しても輸入者による自発的処理がなされない場合は，税関が貨物を没収して廃棄する。

（2）　簡素化手続とその対象範囲の拡大について
──令和 5 年政令・通達改正

　簡素化手続とは，輸入差止申立てに係る貨物の認定手続が執られた場合で，輸入者が期限までに知的財産侵害物品に該当する貨物であることを争う旨の申出書（施行令 62 条の 16 第 5 項 5 号）を提出しない場合に，税関長が，権利者からの証拠・意見の提出を求めることなく侵害の該否を認定する手続である（同条 1 項但書・4 項 7 号・7 項）。前述の通り，通常の認定手続においては，輸入者及び権利者双方に意見・証拠の提出を認めているが，輸入者から意見・証拠の

　11）　税関ウェブサイト「カスタムスアンサー（税関手続 FAQ）」9401「税関の処分に不服があるときの不服申立手続」。

334

第25章 税関での水際措置

図 認定手続の流れ

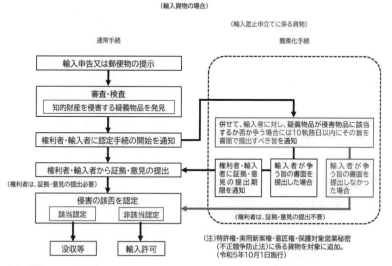

出典：税関ウェブサイト〈https://www.customs.go.jp/mizugiwa/chiteki/pages/c_001.htm〉

提出がない場合がほとんどであったこと等を踏まえて，権利者及び税関の事務負担軽減等のため，平成19年6月に，特許権，実用新案権，意匠権及び保護対象営業秘密（不正競争防止法）に係る貨物を除く輸入差止めに係る疑義貨物の認定手続において簡素化手続が導入された。簡素化手続においては，輸入差止申立てに係る疑義貨物について，輸入者が認定手続開始通知書を受領した日から10執務日以内に侵害の該否を争う旨の申出を行わない場合には，税関長は権利者に証拠・意見書を提出させることなく，輸入差止申立書及びその添付資料により，侵害の該否を認定することができることとなった。他方，輸入者が争う意思がある旨を申し出た場合には，輸入者及び権利者に対して証拠・意見の提出期限を通知する。それ以降の流れについては，通常の認定手続と同様である。

導入検討時，特許権，実用新案権及び意匠権が輸入差止申立制度の対象になってから3年程度経過したばかりで，輸入差止申立件数や輸入差止件数が少な

335

第 3 部　不正競争・意匠・商標

かったことから，特許権，実用新案権，意匠権及び保護対象営業秘密（不正競争防止法）は簡素化手続の対象とはされなかった。しかし，最近の輸入貨物の増加や特許権，意匠権等に基づく輸入差止申立てや差止件数の実績等を踏まえ，税関及び権利者の事務負担軽減等の観点から，令和 5 年度税制改正に伴い，施行令 62 条の 16 第 4 項 7 号の改正[12]により，認定手続における簡素化手続の対象が特許権，実用新案権，意匠権，保護対象営業秘密に拡大し，すべての輸入差止申立てに係る疑義貨物を簡素化手続の対象とすることになった（令和 5 年 10 月 1 日施行）[13]。この改正により，権利者の労力と経済的負担が軽減され，また税関の事務負担が軽減されること等により的確な知的財産侵害物品の取締りが行われることが期待されている。

Ⅳ 偽造品・模倣品の個人輸入への対応
──令和 3 年商標法・意匠法改正及び
令和 4 年関税法改正

　近年では，輸入差止め 1 件あたりの点数が小口化しており，これは，インターネット通販サイトで購入した個人に，海外から郵便で偽造品が送られてくることが原因であると言われている。例えば，令和 4 年度の輸送形態別輸入差止実績を見ると，差止件数は郵便物が 88.2%，一般貨物が 11.8% で郵便物が大半を占めており，点数では郵便物が 60.5%，一般貨物が 39.5% となっている[14]。

　ところが，日本では，個人が商標権侵害物品を個人的に使用する目的で輸入する行為は商標権侵害とならず，また，特許権や意匠権等の侵害が成立するためには「業として」輸入することが要件であって，個人的に使用する目的で特許権・意匠権等侵害物品を輸入する行為は特許権や意匠権等の侵害とはなら

---

　12)　関税定率法等の一部を改正する法律の施行に伴う関係政令の整備等に関する政令（令和 5 年政令第 158 号）（税関ウェブサイト「法律等改正（政令）」）。

　13)　北條敬貴「令和 5 年度税制改正（関税）について」ファイナンス 687 号（2023 年）25 頁（財務省ウェブサイト）。関税・外国為替等審議会 関税分科会（令和 4 年 10 月 31 日）配付資料 3-1 及び3-2（財務省ウェブサイト）。

　14)　前掲注 3)財務省ウェブサイト。

ず，税関の取締り対象にならなかった。

　すなわち，商標法上，商標権者は，指定商品・役務について登録商標を使用する独占的な権利を有しており（商標25条），他人が無断で登録商標を指定商品・役務に使用すると商標権侵害が成立する。この「使用」行為の一つとして「輸入」があげられている（商標2条3項2号）。また，商標法には，指定商品・役務と類似の商品や役務について登録商標と類似の商標を使用する行為を侵害とみなす旨の規定がある（商標37条1号）。しかし，商標法では，「商標」を，標章のうち，「業として」商品を生産し，証明し又は譲渡する者がその商品・役務について使用するものをいうと定義されているため（商標2条1項），事業者でない者が使用する標章は「商標」に該当せず，非事業者の輸入行為に商標権侵害は成立しないと考えられている[15]。また，商標法以外の産業財産権法においても，権利者の独占権は「業として」の実施に限定されており，個人使用目的の輸入の場合は権利侵害が成立しない。例えば，特許法においては，特許権者は，「業として」特許発明の実施をする権利を専有する（特許68条）とされており，実用新案法や意匠法においても，「業として」という要素が置かれている（新案16条・28条，意匠23条・38条）。

　したがって，認定手続において，個人の輸入者が，個人使用目的で輸入する旨主張すると，明らかに模倣品であっても，事業性が認められない場合は輸入が許可されていた。このような個人輸入による模倣品の流入増加に対応するため議論が進められ，令和3年2月，産業構造審議会知的財産分科会商標制度小委員会において，個人輸入を侵害行為とするのではなく，海外の事業者が国内の者に侵害品を直送する場合について，日本国内に到達する時点以降をとらえて，新たに商標権侵害行為と位置付ける方向で検討すること，また，他の知的財産権における規制範囲の拡大については，当面は商標法及び意匠法について上記の検討を進めることが提言された[16]。これを受けて，令和3年商標法及び意匠法改正により[17]，商標法では2条7項が新設され，商標法における「輸入」する行為に，「外国にある者が外国から日本国内に他人をして持ち込ま

---

　15)　小野昌延＝三山峻司編『新・注解 商標法（上）』（青林書院，2016年）98頁。
　16)　産業構造審議会知的財産分科会商標制度小委員会「ウィズコロナ／ポストコロナ時代における商標制度の在り方について」（令和3年2月）5頁（特許庁ウェブサイト）。

第 3 部　不正競争・意匠・商標

せる行為」が含まれると明示され，さらに，意匠法 2 条 2 項 1 号において，意匠法上の「輸入」には「外国にある者が外国から日本国内に他人をして持ち込ませる行為」が含まれる旨を追加した[18]。これらの改正により，日本国内に所在する個人が自己使用目的で商標権又は意匠権侵害物品を購入し，海外の事業者から直接郵送を受け輸入する場合でも，海外事業者が配送業者等の第三者の行為を利用して海外から日本に侵害品を持ち込む行為が，海外事業者の事業性のある輸入行為として登録商標の使用や登録意匠の実施に該当し，商標権・意匠権侵害となることが明確になった[19]。

　これを受けて令和 4 年に関税法が改正され，商標法・意匠法改正の施行期日と同日の令和 4 年 10 月 1 日から，海外事業者から国内の事業性のない者に宛てて郵送等で持ち込まれた商標権又は意匠権侵害物品を関税法 69 条の 11 の「輸入してはならない貨物」として規定するとともに認定手続の対象とし，事業性のない輸入者を罰則（関税 109 条 2 項）の対象外とし，さらに，認定手続において輸入者が疑義貨物を侵害物品に該当しないと主張する場合は，当該輸入者に対しその主張を証する書類その他政令で定める書類の提出を求めることができることになった（関税 69 条の 12 第 4 項，施行令 62 条の 16 第 2 項）[20]。財務省の令和 5 年 3 月 3 日リリース[21]によれば，改正商標法・意匠法・関税法が施行された令和 4 年 10 月から 12 月の間において，模倣品（商標権又は意匠権を侵害するもの）の輸入差止件数は 8102 件で前年同期比 20.1％増，認定手続において輸入者が，侵害物品該当性を争う旨の申出をした件数は 477 件で，前年同期比 58.6％減となっており，制度改正の効果が現れているものとみられる。

---

　17)　特許法等の一部を改正する法律（令和 3 年 5 月 21 日法律第 42 号）（令和 4 年 10 月 1 日施行）。

　18)　特許庁ウェブサイト「令和 3 年法律改正（令和 3 年法律第 42 号）解説書」。

　19)　令和 3 年商標法・意匠法改正の立法過程は，飯田圭「知的財産侵害品の個人輸入と税関の水際取締り」パテント 892 号（2022 年）82 頁に詳しい。

　20)　関税定率法等の一部を改正する法律（令和 4 年法律第 5 号）（令和 4 年 10 月 1 日施行）。

　21)　財務省「個人使用目的で輸入される模倣品の税関における取締り（改正関税法等施行後の状況）」。

第 25 章　税関での水際措置

V CASE について

（1）　A 社は自己の商標権に基づき税関に輸入差止申立てを行い，偽造品の
輸入を差し止め，認定手続を行って偽造品の没収，廃棄を行うよう求めること
ができる。

（2）　意匠権に基づく輸入差止申立手続は，商標権に基づく輸入差止申立て
の場合と同様であるが，B 社が意匠権侵害を争っていることから，税関が A
社の申立ての審理をする中で B 社から非侵害及び意匠権無効の意見書が提出
される可能性がある。B 社からかかる意見書が提出された場合，あるいは税関
が意匠権侵害の事実が疎明されているか否か判断できない場合は，専門委員意
見照会により有識者に意見を求め，その意見を踏まえて輸入差止申立てを受理
するか否かを正式に決定することになる。B 社の反論次第では，税関において
申立てが受理されない可能性があり，その場合，A 社としては裁判所の判断
を仰ぐため B 社に対し意匠権侵害を理由に B 社製品の輸入販売差止めを求め
て訴訟を提起することも検討する必要がある。

（3）　正しい情報ではない。令和 3 年の商標法・意匠法改正，令和 4 年の関
税法改正により，令和 4 年 10 月 1 日から，海外事業者から個人宛てに送られ
てくる商標権・意匠権侵害物品の輸入はたとえ個人使用目的であっても税関の
差止め，没収・廃棄の対象になる。

339

第４部
特別編

第**26**章

知財経営

鮫島正洋

　知財経営とは，「知財を競争力の源泉として企業価値を高める経営手法のこと」をいうとされている。

　しかし，ひとくちに「知財を競争力の源泉」にするといっても，様々な種類が存在する知財を一律に包括して論じることは難しい。ここでは，技術をベースにした事業を念頭に置き，知財を主として技術／発明／特許権といったものを前提に論じてみることとする。

　後ほど説明する「必須特許」のような広くて強い特許が取得できるケースはともかく，すでに技術自体がコモディティ化していて十分に広い特許が取得できないような場合も想定される。そのような場合には知財経営は成立しないのかというと必ずしもそうではない。本稿では，広くて強い特許が取得できるいわば理想的なケースについて最初に論じ，その後，そうではないケースについても論じていく。

I 新規事業における知財経営

1 総論——必須特許を取得することの重要性

　新規事業とは世の中において知られていない技術，ビジネスモデルにかかる事業のことをいう。世の中に知られていないのであるから，当然，先行的な特許も多くは存在せず，ゆえに，当該分野に知財投資をして特許出願をすれば広くて強い特許（後に詳述する「必須特許」）を取得することが可能である。ある

第26章　知財経営

図1　必須特許ポートフォリオ論

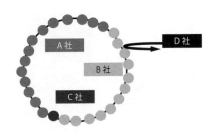

　新規な事業領域において必須特許を取得したとする。当該分野において市場を独占することができるだろうか。特許は発明に対する独占権であるから「YES」と回答する方もいらっしゃるかもしれないが，現実はそうはならない。なぜならば，現代的な製品（例：スマホ，デジタルカメラなど）においては数千件から数万件の特許権が実装されているからである。これら数千件以上の特許を1つの企業が全て取得すれば事業独占は成立するかもしれない。しかし，現実はそうはならない。**図1**のように，1つの製品について数社（A社，B社，C社）が特許権を持ち合っている状態になり，それぞれ自社の特許権も他社の特許権も互いに実施し合いながら事業を行うことになるからである。

　「ある製品を生産するために実施せざるを得ない特許」というのが必須特許の正確な定義であり，「回避不能な特許」と言い換えてもよい。ある製品にかかる必須特許が複数社によって取得されている場合，当該製品を生産するためには，A社は自社の必須特許も実施し，同時に，B社，C社の特許も実施するという構図になる。B社もC社も同様であるから，お互いに特許侵害を主張する実益もなくなる。ほぼ全ての現代的な製品がこのような態様で実施されているといっても過言ではない。そして，必須特許を保有していないD社はA社ないしC社の特許に阻まれて市場参入できない。言葉を換えていうと，必須特許を保有（A社ないしC社）＝市場参入可能，必須特許を保有していない（D社）＝市場参入できないということになる。この状態を一言で表現すると「必須特許なくして市場参入なし」ということになり，特許の世界で広く唱えられているセオリ（必須特許ポートフォリオ論）となっている。

第4部　特別編

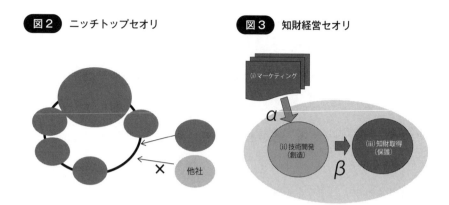

図2　ニッチトップセオリ

図3　知財経営セオリ

2 ニッチトップビジネスを構築するための方法論

　とすると，いくら素晴らしい研究開発をし，素晴らしい知見を創造したとしても，必須特許を取得しなければ市場参入は叶わない。つまり，売上げも利益も上げられないことになる。ここが知財経営の原点である。逆に，このセオリを踏まえると，ある新規事業において必須特許を全て取得することができれば，必須特許を保有していない他社は市場参入できない，のであるから市場独占が実現できる（図2）。これがニッチトップを目指すときの基本的なセオリ（ニッチトップセオリ）である。

　必須特許を全て取得することは現実には容易ではない。ある新規な事業領域に真っ先に目をつけて研究開発投資をすれば一定の期間，他社に先んじることが可能であるから，その一定の期間だけ必須特許を全て取得したという状態を作り出すことは可能である。しかし，当該事業領域の市場が拡大すれば，他社の市場参入のモティベーションが上がる。他社も当該領域に研究開発投資を行うようになる。その中で他社に先んじて必須特許を取り続けるためには技術力のみでは足りず，真っ先にマーケットが求める技術課題に着目し，開発投資を行うマーケティング力と機動的な判断力，そして，開発成果について確実に必須特許を取得する特許力が必要である（図3：知財経営セオリ）。他社によるマーケティングがより優れていたら，必須特許を先に取得されてしまうというリスクもある。ただ，このような経営手法を維持する努力を怠ってはならな

344

第26章　知財経営

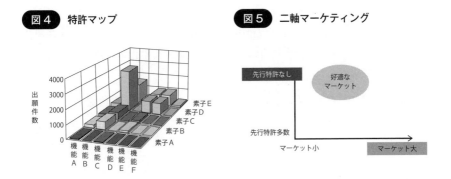

い。全てのビジネスはマーケティングから。知財経営も例外ではない。

　知財経営が「知財を競争力の源泉として企業価値を高める経営手法のこと」であるとしたら，新規事業において，ニッチトップを目指す局面こそが，知財経営が最も端的に功を奏する場面であるといえる。

3　知財経営を実現する観点からのマーケティングのあり方

　ここで注意しなければならないのは，マーケティングを先行させたとしても，マーケティングが間違っている場合，十分な規模のビジネスにはならないし，必須特許も取得できないということである。この観点からすると，マーケティングについては，以下の2つの要素を考慮する必要がある。
① 選択するマーケットに成長スピード及び想定どおりの規模があること。
② 先行特許が数多く存在しない（＝必須特許を取得する余地がある）こと。

　前者（①）は通常のマーケティング理論にかかるものであり，成長スピードが遅いとキャッシュフローを実現できる時期が遅くなり，投資を受けることに難をきたしたり，事業としてのサステナビリティを欠くことになりかねない。後者（②）は知財経営独自の視点である。

　図4（特許マップ）を参照すると，先行特許が数多く存在する「素子D」をマーケットとして選択し，開発投資をして発明を得たとしても，数多くの先行特許に阻まれて広い特許を取得できるとは限らない。つまり，「素子D」の領域に開発投資をしても必須特許を取得できないことから，市場参入が困難になることを意味する。そうだとすると，上記②（先行特許が数多く存在しないこ

345

第4部　特別編

と）がマーケット選択の際のメルクマールとなりうる。このように，マーケティングにおいて，その成長性／規模のみならず，先行特許の数を考慮する手法を「二軸マーケティング」と呼び，知財経営においては極めて重要な概念となる（前頁**図5**）。

4 ニッチトップからの展開──オープン＆クローズ戦略

　ニッチトップを実現することはスタートアップや中小企業にとって1つの経営目標である。スタートアップであれば，ニッチトップとなり，10億円程度の売上げが構築できれば上場への道が見えてくる。中小企業であれば，ニッチトップであることを論証できれば，金融機関からの借入れも比較的容易になる。ともに，経営レベルが安定することは間違いない。ただ，いつまでもニッチトップでいいのか，さらなる発展を目指すべきではないのか，という論点はつきまとう。

　そこで，マーケット規模を拡大しなければならない。自力でやる場合に必要な相応の投資を賄いきれるのか，それが難しいのであれば，他社とともにマーケット規模を拡大したほうがいいのではないか，という視点が生じる。後者の方法論が，必須特許をライセンスにより開放すること，つまり「オープン化」である。

　必須特許を開放することによって，他社が当該市場に参入すべく投資を始め，マーケット規模の拡大が実現する。しかし，これによって自社のシェアが極端に下がり，多くの参入者のすきまに埋もれてしまったら本末転倒である。例えば，以下のケースの場合，売上げは10億円で変わらないが，シェアが下がった分だけ，利益額は下がっており，マーケットでの顕在性も喪失してしまっている。

ニッチトップ時代：マーケット規模10億円（シェア100％・利益率
　　　　30％）
　　↓
オープン化後：マーケット規模100億円（シェア10％・利益率10％）

第26章　知財経営

図6　オープン&クローズ戦略

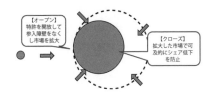

これでは経営戦略としては失敗といわざるを得ないので，シェアを下げない方法論を施策する必要がある。これが「クローズ戦略」と呼ばれる部分であり，「オープン化」と表裏一体であるとして俗に「オープン&クローズ戦略」と呼ばれる（**図6**）。

「オープン化」は，取得した必須特許について何らかの条件でライセンスをするという行為であるから「戦略」と呼べるような高度性がない場合もある。しかし，「クローズ戦略」は，マーケットに投じられた投資を自社に呼び込む行為であるから，高度の戦略性が要求される。オープン&クローズ戦略の著名な例としては以下がある[1]。

・インテル社：マイクロプロセッサ技術のブラックボックス化＋チップの接続部分の特許ポートフォリオ化
・欧州の通信会社：通信端末のオープン化⇔無線基地局はブラックボックス化

5　イノベーションを興すために

ここまでの過程は新規事業を興し，ニッチトップを実現し，そこから100億円程度のマーケットを作るものであるから，イノベーションを興すことに他ならない。「イノベーション」について，本稿では以下のように定義する。

新規な技術・ビジネスモデルを社会実装し，今までになかった世界観を有

1）　小川紘一『オープン&クローズ戦略——日本企業再興の条件〔増補改訂版〕』（翔泳社，2015年）。

347

第 4 部　特別編

> する，相当規模のマーケットを創出すること

　いうまでもなくイノベーションを興すための起点としては，「新規な技術・ビジネスモデル」（イノベーションネタ）が存在する必要がある。しかし，多くの日本の大企業においては，イノベーションネタを創出する能力がなくなってしまっているのではないだろうか。

　筆者なりに原因を考察すると，イノベーションネタを作り出すプロセスはいわば「0→1」を実現するようなものであるが，大企業においてこの数十年行われてきたことは既存事業の拡張，つまり「10→100」にすることであった。この両者における判断の枠組みは決定的に異なる。「10→100」にする場合，損失を受ける可能性を極力少なくして，確実に100に近づけていくこと，つまり「リスクヘッジ的な発想」が重要となる。他方，「0→1」の場合は，たいがいは失敗するとの前提のもと，早いサイクルで挑戦し続けなければならない。回収可能性・時期や失敗確率などを考えているひまがあったら，「やってみる」方が正しいのである。そこには「リスクヘッジ的な発想」は有害でしかない。今後の大企業においては，案件の性質によって，判断枠組みを柔軟に変更することが求められる。

　とはいっても自社で「0→1」を作り出すことは容易ではないと考える企業も多いであろう。この場合は，他社が生み出そうとしている「1」を活用すればいいのである。これを「オープンイノベーション」と称する。幸い，日本には大学・スタートアップに良質な「1」が多く存在する。日本で最もオープンイノベーションが進んでいるといわれるKDDI[2]は，「当社内ではイノベーションネタは生まれない」という前提のもと，スタートアップ支援に取り組んでいる，と述べている。

　自社でイノベーションネタの創出に取り組む際に気をつけなければならない点がある。それは「社会課題の解決」から始めるということである。「パーパス経営」などともいわれているが，現在の企業に求められている社会的な意義

　2）　同社は有望スタートアップが選ぶ「イノベーティブ大企業ランキング」で6年連続1位を受賞している（https://news.kddi.com/kddi/corporate/newsrelease/2023/07/11/6833.html）。

348

第26章　知財経営

は「いいものを安く作る」ではなく，「社会課題をどのように捉え，それを解決できる企業なのかどうか」であり，それが企業価値やブランドの相当の部分を占める。技術やサービス，ビジネスモデルは，それに対する下位概念なのである。にもかかわらず，多くの企業はイノベーションと称して技術課題の探索から始めてしまう。これでは投資家への説明が困難になり，企業価値の増大にもつながらない。「自社の技術やサービスをもって，どういう社会課題を解決し，どういう社会を実現したいのか」。これを端的に掲げられる企業がイノベーターたりうる企業である。

Ⅱ コモディティ化事業における知財経営

　日本国の特許出願件数は20年前の42万件から減少し続け，2020年には30万件を割り込んでいる。理由については諸説あるが，日本の技術開発力の低下によるとする論調を支持せざるを得ない。筆者はこれに加えて，特に大企業において，既存技術については先行技術の数が増大し，ゆえに，必須特許の取得が難しくなったために，特許取得にかかるコストとリターンの関係が変質し（コスト＞リターン），特許投資に対するインセンティブが減少したためだと分析している。言葉を換えていうと，大企業において，必須特許が取得可能な開発テーマ（イノベーションネタ）にチャレンジしてこなかった20年間の歴史の縮図であるともいえよう。

　それはそうとして，必須特許が取得できない製品事業（コモディティ化事業）における知財経営のあり方について論じる必要がある。必須特許が取得できないということは，Ⅰにおいて述べた「必須特許ポートフォリオ論」も「ニッチトップセオリ」も，コモディティ化事業においては妥当しないという結論になる。

　ただ，それでも当該マーケットにおいてシェアを確保しなければならないのはビジネスとして必須であるという前提に立つと，この論点について，どのように考えるべきなのだろうか。マーケットシェアを獲得するときに，必須特許を保有することは重要な要素ではあるが，唯一の要素ではない。要は，ユーザが自社製品を選択してくれるモティベーション（付加価値）が製品に具現化されていればいいのである。そうだとすると，コモディティ化事業においては，

349

第 4 部　特別編

付加価値のあり方を検討し，これを実装するとともに，それを必要な範囲で特許化すればよい，ということになる。

　付加価値のあり方として，①さらなる高性能化，②高性能以外の付加価値，という 2 通りがあるとすると，テレビ技術における「4K，8K」の例にも見るように，前者に一定の限界が存在することは歴史的に証明されている。後者にまつわる付加価値としては，ブランディングやデザインが代表的なものであるが，それ以外にも，例えば，

・サービス化（当該技術や製品にかかり IoT を用いたビジネスモデルなど）

・アフターサービス

・修理容易性（Apple 社は iPhone14 から大幅に修理しやすい構造に転換した[3]）

などがある。ブランディングやデザインは商標権，意匠権の対象となり，サービス化はビジネスモデル特許の対象となることは明らかだし，「修理をする権利」（資源の持続可能性）を意識した修理容易性にかかる構造も特許の対象たりうる部分もあろう。

Ⅲ　コーポレートガバナンスコードの改定と知財経営

　2021 年に上場企業が遵守すべきガバナンス指針としてのコーポレートガバナンスコードが改定され，その補充原則[4]に知財戦略の開示が推奨されるようになった[5]。そこでは，「知的財産への投資等についても，自社の経営戦略・経営課題との整合性を意識しつつ分かりやすく具体的に情報を開示・提供すべき」と述べられている。

　ここでは開示の宛先が「投資家」となっており，開示の態様についても「自社の経営戦略・経営課題との整合性を意識しつつ」とされているから，「年間の出願件数の推移」や「ライセンス収入の報告」にとどまっていてはならな

---

3)　https://xtech.nikkei.com/atcl/nxt/column/18/02203/091600002/

4)　補充原則への追記であるから，形式的にはプライム市場・スタンダード市場への上場企業に限定されている。しかし，その趣旨はグロース市場に上場している企業や未上場企業にも及ぶべきというのが通説である。

5)　2023 年に Ver.2.0 に改定されている（https://www.kantei.go.jp/jp/singi/titeki2/tyousakai/tousi_kentokai/governance_guideline_v2.html）。

第 26 章　知財経営

い。

> 当社は，○○という事業課題を意識し，その解決に必要な技術に対する開
> 発投資に加え，これを保護するための知財投資（3 億円）を行っていま
> す。これによって，5 年後に市場規模 20 億円・シェア 80％を目指しま
> す。

というようなものでなければならないが，その理論的な裏付けとしてⅠで述べ
たような「ニッチトップセオリ」が用いられるべきことはいうまでもない。

　コーポレートガバナンスコードにコンプライするような知財開示を行うため
に，筆者が考えるポイントは以下のとおりである[6]。
・コスト／リターンという定量的な関係で論じるようにする。
・そのためにはⅠで述べた知財経営にかかわる諸セオリを活用してリターンを
定量化する必要がある。

Ⅳ 知財経営に関して今後注目すべきポイント

1 データ社会，生成 AI の登場

　10 年ほど前から IT に関する周辺技術である IoT や AI の性能が向上し，
データの集積が企業の命運を分けるようになった。それによって新たなビジネ
スモデルが開発され，ビジネスモデル特許の出願件数が大幅に増大するなどの
変化が生じた。これに加えて従来に比べて格段に性能が高く，人間の行動に整
合した生成 AI が普及し，抜本的な社会変革が生じようとしている。

　知財経営の世界でも，従前のように研究開発成果について大量の特許を獲得
し，同業他社に対する優位性を主張したり，権利行使をして現金化したりする

---

6)　鮫島正洋 = 阿久津匡美「コーポレートガバナンス・コードに基づく知財戦略の戦略的開示」
資料版商事法務 449 号（2021 年）17 頁。

351

第4部 特別編

時代ではなくなってきているが，このような知財活用の変化にAIやそれによって生成されたデータをどのように位置づけていくのか，経営的に見てそれがどのような位置に据えられるべきなのか，筆者は大いなる関心を持っているが結論に至っていない。

2 国際情勢──経済安全保障

　経済産業省は，「これからの政策は全て経済安全保障を第一に考えていくべきである」というスタンスのようである。国際的な緊張感の高まりとともに，自由に研究開発をし，自由に特許を出願する＝技術を公開する，という時代は去りつつある。このような制約の中で，どのように企業価値を高めていくべきなのか，そのときに何に留意すれば経済安全保障との両立が可能となるのか，知財経営として新たに発生する論点である。例えば，特許の非公開制度が施行される中[7]，これに該当する研究開発に資金を投じることは，従前と同様に是とされるべきなのか，特許の出願判断に影響を与えかねない中で，事業設計や開発戦略にも影響が生じる事柄なのではないかと考えている。経済安全保障という枠組みの中で，知財マネジメントの実務がどのように変遷すべきか，筆者は大いなる関心を持っているが結論には至っていない。

参 考 文 献
●鮫島正洋編集代表『技術法務のススメ──事業戦略から考える知財・契約プラクティス〔第2版〕』（日本加除出版，2022年）
●鮫島正洋編集代表『オープンイノベーション時代の技術法務──スタートアップの知財戦略とベストプラクティス』（日本加除出版，2024年）

　7）　特許庁「特許出願非公開制度について」（令和6年2月2日）（https://www.jpo.go.jp/system/patent/shutugan/hikokai/index.html）。

第**27**章

知財デューデリジェンス

柴野相雄・山田 拓

I デューデリジェンスと知的財産

　いわゆるデューデリジェンス（Due Diligence[1]，以下「DD」という）は，DD を行う場面，時期，目的，主体，調査対象，さらには，実際に DD を実施する担い手によって，その内容が異なり，多義的である。そこで，本稿が対象とする DD については，主として，M&A（の中でも最も典型的と思われる株式譲渡[2]）を行う場面において，買手が買収に関する最終判断を行うために，売手や M&A の対象となる会社（以下「対象会社」という）の協力を得て，対象会社に関する情報の収集や問題点を発見するために行われる調査・手続を念頭に置いて解説を行うこととする（以下，当該 M&A 取引自体を「本件取引」という）[3]。

　1） Bryan A Garner Editor in Chief「Black's Law Dictionary」11ᵗʰ Edition（THOMSON REUTERS, 2019）では，Due Diligence について，"The diligence reasonably expected from, and ordinarily exercised by, a person who seeks to satisfy a legal requirement or to discharge an obligation.", "A prospective buyer's or broker's investigation and analysis of a target company, a piece of property, or a newly issued security." 等と定義されている。
　2） 事業譲渡等，M&A の実行によって当然に知的財産権が移転しないスキームにおいて当該権利の移転を希望する場合，移転手続に関する知見・考察も重要となるが，紙幅の都合上割愛する。
　3） DD は，M&A の場面に限られず，証券化や上場審査等の M&A 以外の場面でも行われることがある。また，DD の主体の点では，買手による DD に限られず，M&A の交渉に入る前に対象会社の実態や問題点の見直し，入札書類の作成等の目的で行われる売手からの DD もある（いわゆる seller's DD）。

第4部　特別編

　DD を知的財産[4]について実施するという場合，知的財産に関する，法務，財務，税務，技術，ビジネス等の多角的な観点からの調査が考えられ，その担い手も，弁護士，弁理士，公認会計士，税理士，コンサルタント等多岐にわたるが，筆者のような弁護士・弁理士といった知的財産分野の法律実務家が携わる知的財産 DD（以下「知財 DD」という）では，法律上のリスク評価の点に調査の重点が置かれ，いわゆる法務 DD と内容が重複し，明確な境界が見出し難い点もある[5]。

　そこで以下，まずは II において法務 DD の一般的な流れと調査・検討事項を説明した後，III において知財 DD における調査・検討事項を，IV において法務・知財 DD 実施後の報告書作成の際の留意点を，最後に，対象会社のビジネスを類型的に挙げ，それに応じた固有のリスクを V において解説する。

II 法務 DD の一般的な流れと調査・検討事項

　一般的な M&A のプロセスは，①買手による M&A の対象会社の選定，②買手と対象会社等による秘密保持契約（NDA：Non Disclosure Agreement）の締結，③対象会社による初期的資料の開示，④買手による初期的検討，⑤ DD の実施，⑥買手と売手による最終契約の締結，⑦本件取引の実行，⑧統合作業（PMI：Post Merger Integration）という流れをたどる[6]。

　4）　本稿では，「知的財産」及び「知的財産権」の定義は，知的財産基本法2条1項及び2項の定義による。2021年6月のコーポレートガバナンス・コードの改訂を受け，2022年1月に内閣府より「知財・無形資産の投資・活用戦略の開示及びガバナンスに関するガイドライン Ver1.0」が策定・公表された（最新は2023年3月の Ver2.0)。知的財産を自社の「推し」財産としてアピールしていくためにも，知的財産 DD の重要性は，今後も増していくものと思われる。

　5）　その意味で，知財 DD という概念も多義的と言えよう。特許庁の「知的財産デュー・デリジェンス標準手順書及び解説」（平成30年3月）では，DD とは「出資者や提携を検討する事業者等（……）の側において，対象会社のリスク評価及び価値評価のための調査と検証を行うこと」とされ（1頁），知財 DD は「対象会社の知的財産活動についての調査と検証を行う」こととされている（3頁）。弁護士・弁理士のような法律実務家が実施する DD において，知的財産の価値を積極的に金額として評価することは困難であるが，法的リスクを調査し，その顕在化を予防，価値の減殺を防止するという観点から DD を実施するのが一般と思われる。

　6）　特許庁・前掲注5)5頁参照。

第 27 章　知財デューデリジェンス

このような流れの中で，対象会社の法的リスクの発見・評価を目的として，対象会社の事業を分析し，当該事業における人・物・金銭の流れを把握し，当該商流において誰がどのような権利・義務を有し，将来どのような権利・義務が発生しうるかについての調査・検討が，いわゆる法務 DD ということになる[7]。

法務 DD は，一般的には，①関係者間でのキックオフミーティング，②対象会社へ開示を要求する資料リストの提出，③対象会社からの資料開示，④開示資料を見た上で，書面による質問・回答（QA）が何度か行われ，⑤ QA のやり取りでは分からなかったことについて，対象会社へのインタビュー・ヒアリングを行い[8]，⑥その後，報告書を作成し，⑦報告書の提出・報告会（中間報告もある）という流れを経るが[9]，M&A の秘密性に起因する開示情報の量・質の制約，また，時間的，経済的，人的な点からの制約もある作業であるから，対象会社のどのような点にスコープを当てて DD を実施するか，初期段階から公開情報等を確認し検討しておくことが，DD をスムーズに実施する上で重要となる。

Ⅲ 知財 DD における調査・検討事項

1 知財 DD の特徴

知財 DD の場合も，基本的にはこのような調査・検討を行う点では変わりはないが[10]，①知的財産権を侵害すると，当該権利者から差止請求や損害賠

7）　法務 DD の意義について，宮下央ほか編著『業種別 法務デュー・ディリジェンス 実務ハンドブック』（中央経済社，2018 年）2 頁～ 8 頁が参考となる。

8）　インタビュー・ヒアリングの際は，客観的資料（契約書等）から分かることと分からないことの峻別を意識することが重要である。例えば，対象会社が製造・販売する商品に関する過去のトラブル事例，係争事例，その再発防止対応等，客観的資料がないことも少なくない。このような場合，インタビュー・ヒアリングによる調査が有効である。

9）　特許庁・前掲注 5)7 頁参照。

10）　知財 DD の目的について，TMI 総合法律事務所＝デロイトトーマツファイナンシャルアドバイザリー合同会社編『M&A を成功に導く知的財産デューデリジェンスの実務〔第 3 版〕』（中央経済社，2016 年）6 頁～ 7 頁も参考となる。

355

第4部　特別編

償請求をされるリスクがあるため，対象会社が第三者の知的財産権を侵害していないかという点のほか，②本件取引実行後も，買手側が想定している事業の継続が可能かという観点から，買手側が想定している知的財産権を対象会社が有しており（対象会社以外の第三者が有していないか），本件取引実行後も当該権利の行使が可能かという2点の調査が，知財 DD においては基本となるものの，問題となる知的財産権の種類やその発生根拠により，調査・検討すべき内容に差異が生じる。

　知的財産権の種類は，その発生根拠である登録系か非登録系かで大別できるが，前者の代表が特許権，後者の代表が著作権である。特許法は，技術の開発・実施を伴うビジネスでは不可欠な法律であり，著作権法は，いわゆるエンタテインメント・メディア等のコンテンツ関連のビジネスに不可欠な法律であるが，前者の技術系のビジネスは，技術の種類の多様性に応じて，見るべきリスクに違いがみられる。技術系のビジネスの中でも，特に，研究開発型の売手側に対する知財 DD においては，対象会社のビジネスに関し技術面も考慮した法的リスクの洗い出しも必須となるため，技術に対する理解が必須となる 11)。他方，後者のコンテンツ関連ビジネスは，著作権法 16 条（映画の著作物の著作者）に登場するステークホルダーの数からも想像できるように，様々な役割の者がビジネスに関与することから，実務上も，契約書の種類は，技術系のビジネスよりも多いように思われる。

　このように，問題となる知的財産やビジネス分野により特色が異なることから，知財 DD を的確かつスムーズに行うには，知的財産に関する法律を知ることはもとより，日頃から，各業界における業界慣習，よくある契約書の種類・内容の傾向を把握しておくことが肝要と言えよう。

2 知的財産権の有無等の確認方法

　登録により発生する権利（特許権等の，いわゆる産業財産権）であれば，対象会社による登録の有無及びそれによって発生する権利の状況を確認し，登録前の権利でも，出願されていればその状況について検討する 12)。これらの検討

---

　11)　もっとも，技術系ビジネスの会社でも，事業先行型の対象会社に対しては，技術面からの知財 DD が求められるケースは少ない。

第27章　知財デューデリジェンス

を行うデータベース（以下「DB」という）として，特許庁の登録原簿や，J-PlatPat（特許情報プラットフォーム）[13]等の各種 DB が考えられるが，これらの DB では，①権利者の名義，②共有者の有無[14]，③質権等の担保権や実施権，使用権の有無，④有効期間，⑤審査請求，無効審判，異議申立，情報提供等の手続の係属等を調査する。なお，各種 DB には実際の状況を反映するまでにタイムラグがあるため，注意が必要である。

　登録により発生しない権利（著作権，不正競争防止法上の権利）についても，その発生の有無，可能性等について検討するが，全ての権利について登録原簿のようなものは存在しないので，契約書やインタビュー・ヒアリングを頼りに，権利の発生・帰属を確認することとなる。なお，登録系の権利でも，通常実施権（特許78条1項）や通常使用権（商標31条1項）は登録義務がないため，その有無を調査するには，契約書を確認する必要がある。

　契約書の確認の目的は，知的財産権の有無・帰属・現状の調査に限られず，本件取引の実行や本件取引のスキームの変更の判断にあたって重要となる，①権利が共有か否か（共有である場合には，共有者間の取決めの内容），② COC（Change of control）条項[15]等，本件取引の実行が知的財産権の継続的利用に何らかの制限を与える条項の有無も調査するのが一般である。これらの調査は法務 DD 的側面もあるので，本稿ではその詳細は割愛するが，いずれも契約書確認の際は欠かせないポイントである。

---

　12)　重要な技術や将来における新規事業に係る研究開発に関連して，出願されていない場合でも，今後の出願の可能性や今後の発展性を確認することもある。

　13)　独立行政法人工業所有権情報・研修館が提供する産業財産権情報検索システムである。

　14)　権利の共有について，特許法では 73 条，著作権法では 65 条に定めがあり，特許法の条文は，その他の知財法に準用されている（新案 26 条，商標 35 条，意匠 36 条）。その内容からも明らかなとおり，権利が分属することによる実務上のデメリットが大きい故に，権利が共有するか否かの調査が重要となる。

　15)　「支配株主の変動」，「合併，事業譲渡等の組織再編」等の支配権が移転する際に，事前通知を要したり，解除原因となる旨が契約書に定められている場合があり，このような条項を，COC 条項という。本件取引の実行が当該事由に該当するかの検討が必要となる。

357

第4部　特別編

Ⅳ 法務・知財 DD 実施後の報告書作成の際の留意点

　法務・知財 DD を実施した後，報告書を作成することとなるが，報告書には，DD の目的，日程，調査方法，調査の範囲（対象会社の規模やブランドによって異なる），調査した契約書リスト，インタビュー・ヒアリングの内容・結果 16)，調査により明らかになった知的財産権の有無・内容 17)，明らかになったリスクの内容とその対応策について記載する。

　法務・知財 DD を実施して，(1)リスクが看過できない程度の場合，本件取引の中止や本件取引のスキーム変更が考えられ，また，(2)リスクの程度が，そこまでのものでないと評価する場合，①本件取引実行前の前提条件の変更・追加，②本件取引の契約書において，対象会社やその役員に表明保証をさせ，補償義務を負わせたり，誓約させたり，③本件取引価格を低減するといった対応も考えられる。(3)リスクの内容次第では，本件取引の契約書の条項を修正するだけでは足りない問題も考えられ，その場合には，本件取引実行後に，対象会社が用いている契約書の修正を行う等 18)，の対応も考えられる。

Ⅴ 知財 DD に固有の論点
──ビジネス類型ごとの解説

　知財 DD の際に留意すべきポイントは，対象会社が行うビジネスにおいて

---

　16)　インタビュー・ヒアリングをした際に，契約書等の客観的資料の内容と異なる事実を述べている場合には，将来の火種となるおそれがある。限られた DD 実施期間の中で，発言者の認識と契約書等の内容の齟齬の解消が困難な場合もあるが，その事実を報告書で指摘するのも有用である。また，技術系ビジネスに対する知財 DD では，特許出願に係る内容や契約書だけでは把握できない発明の経緯や権利化過程における判断事項等について直接発明者に確認する場合，複数回のヒアリングを行うことも珍しくない。

　17)　例えば，調査の結果，対象会社が，商標権を保有していることが分かった場合，当該商標，出願番号・出願日，登録番号・登録日，権利者，区分をリスト化し，報告書に添付したり，また，通常実施権や通常使用権等の契約書を見て判明する権利については，そのライセンスイン・アウトの状況が分かるような契約書一覧リストを添付したりする。

　18)　例えば，後述する，クリエイターからの権利譲渡の有無が明らかでない場合の対応策としては，当該クリエイターとの権利の譲渡契約の締結や確認書の作成等が考えられる。

第27章 知財デューデリジェンス

問題となる権利によって異なることから，以下，便宜上，一定のビジネスごとに解説を行う。

1 対象会社が，創薬等のヘルスケアビジネスをしている場合

　本件取引実行後も，買手側が想定している事業の実施が可能かという観点で，上記Ⅲ1①及び②を検討することとなるが[19]，ヘルスケアビジネスの場合，主に特許権やノウハウが問題となる。対象会社自らが当該事業の知的財産権を有している場合もあれば，国内外の事業者からライセンスを受けて，ビジネスを展開する場合もあるが，中でも，創薬ビジネスは，事業による利益創出までには，例えば，臨床試験のための開発費用等の多額の開発投資を要するため，将来において投資を回収することが可能なように事業の独占を確保しうる法的状態が知的財産権により確保されているかの確認が最重要事項となる。

（1）　特許を受ける権利の承継

　特許権による保護を受けるためには，特許出願を行うことが必要である。そして，特許出願を行うためには，出願人は，特許を受ける権利を有している必要がある。対象会社が，自社開発型企業である場合には，一般的には，職務発明規程により発明完成と同時に特許を受ける権利は対象会社に帰属することとなるため，まずは，職務発明規程を確認し，また，職務発明規程の運用状況をインタビュー等を通じて把握することになる。特許法が求める要件が未達であったり，職務発明規程で定めた事項が満たされておらず，単に職務発明規程が制定されているだけという状態は，特に，ベンチャービジネスにおいて散見される事柄である。また，そもそも，特許出願に係る発明が，対象会社における職務発明として単独でなされた発明であるのか，共同研究相手との共同発明であるのかの確認も必要である。仮に，特許を受ける権利を有さないで特許出願を行うと，また，共同発明であるにもかかわらず，共有者の同意を得ずに単独で特許出願を行うと，前者は冒認出願として，後者は共同出願要件違反として，無効理由となるため（特許123条1項2号及び6号），発明完成から特許出

---

19)　技術系ビジネスにおいては，特許をはじめとした知的財産の社内管理体制の確認も重要である。中でも，特許実務だけではなく技術に関する専門的な知識も必要とされるため，どのような人員により管理されているのか確認することも多い。

359

第4部　特別編

願までの間における特許を受ける権利の承継を確認することは極めて重要である。通常，特許リストや DB の情報を参照して，特許出願の願書における発明者の氏名や住所の確認から対象会社の社員であるのか把握すると共に，職務発明規程に基づいた承継書や発明提案書等を確認することにより，また，特許出願の内容に関連した共同研究契約の存在等を確認することにより権利の承継の確認を行う。特許を受ける権利や特許権は，第三者から対象会社への譲渡等により承継されていることもあるため，このような場合には，譲渡契約書等から権利の承継を把握することになる。第三者からの承継においては，第三者からの譲渡が適正に行われているのか，また，事業を直接保護するような重要な特許等である場合には，特に，第三者による特許出願や，特許権取得の過程において，リスクとなるような事項がないかについても確認する[20]。

(2)　共同研究契約及び共同出願契約

　ヘルスケアビジネスにおいては，中でも，創薬ベンチャーでは，自社のみで研究開発を行うことはなく，アカデミアや CRO（医薬品開発業務受託機関）等の受託企業との共同研究や製造委託がなされていることが多い。この種のベンチャーにおいては，創業期には，どうしても，共同研究契約等が，弁護士等の専門家による十分なレビューを受けずに締結されていることも多い。知財 DD 特有の検討ということではないものの，共同研究の目的や，共同研究の範囲等が，対象会社からの説明に沿っていないことも数多くみられるため，契約書の内容を検討することが重要である。

(3)　特許発明の技術的範囲

　ヘルスケアビジネスにおいては，特許出願が数多くの国に対して行われていることも多い。特許出願の全てが特許として保護されている状況であれば，各国特許の請求項の記載を確認することで，必要な知財が確保されているか確認

　20）　中でも，対象会社の事業が，大学教授等による基本特許に基づいている場合がある。この場合，大学教授等を単独の出願人として特許権が取得されていることも多い。2004 年の国立大学の法人化以降，大学における職務発明規程の制定等により大学教授等の為した発明も職務発明として大学に帰属することとなっていることが多いことや，その一方，大学における職務発明規程では通常，特許を受ける権利を承継するか否かの決定がなされる，すなわち，大学が承継していないことも十分にあるということを考慮に入れながら，大学教授等における特許出願が，本来的には大学が権利を有するものであったのかといった点について確認することとなる。

360

第 27 章　知財デューデリジェンス

可能である。一方，特許出願を行ってから特許が成立するまでには，場合によっては，7，8 年必要とされることもあるため，特許が成立しておらず審査中の特許出願については，対象会社の説明に沿った権利確保が可能であるのかの確認も必要となる。各国での審査実務を把握した上で，買手側にとって必要な知的財産を確保しうるのかについては，極めて専門的な知見を要する[21]。実際に，インタビュー等を行ってみると，各国特許や各国特許出願における権利化戦略に関する対象会社からの説明が矛盾を有していることも多く，場合によっては，本件取引の中止の要因の一つとなったりする。なお，医薬品については，特許権によるだけではなく，日本においては，後発医薬品の参入は先発医薬品の安全性評価のための再審査期間が満了している必要があり，再審査期間によっても事実上の独占を図ることができるため，知的財産法だけでなく，医薬品，医療機器等の品質，有効性及び安全性の確保等に関する法律（薬機法）をはじめとした関連法規や関連通達についての理解も求められる。

　また，ヘルスケアビジネスにおいては，他者の特許権や特許出願に対しての実施許諾を受けることにより，事業を行う上で必要な権利を確保していることも多い。許諾されている実施権が非独占である場合には，他者の参入を防ぐ手立てが別途とられているのかといった観点からの知財 DD も求められる。また，ライセンサーの保有する特許についても適式に権利が付与されているのか，特許無効となるリスクはないのかといった観点からの確認も必要である。

（4）　ノウハウ

　ヘルスケアビジネスの中でも，再生医療に関する事業においては，医薬品の製造工程がノウハウとして管理されていることも多い。しかしながら，当該ノウハウもインタビュー等を通じてその実体を把握してみると，不正競争防止法上の営業秘密（2 条 6 項）として保護されるほどにまで，管理されていないという場合もそれなりに多い。不正競争防止法上の営業秘密としての要件は，有用性，非公知性及び秘密管理性の 3 つであるが，経験上，秘密管理性の要件を

---

21)　例えば，治療方法の発明について特許可能なのか，という特許適格性の問題だけではなく，先行技術に対するいわゆる新規性や進歩性といった要件や，特許出願の明細書において記載すべき事項に関する記載要件における判断基準の違いから，各国で共通した権利が取得できない場合があることを念頭に置いて検討する必要があると考えられる。

361

第4部　特別編

満たさないのではないかと思われる事案が多いことも事実である。また，対象会社がノウハウとしている技術についての把握も重要であるものの[22]，対象会社が，自前の製造設備を持たないベンチャーである場合には，製造委託がなされていたり，その準備が進められていることが多く，この場合，製造委託先との間での各種契約における秘密保持条項や，その有効期間の確認は必須となる。また，製造委託先が変更になっていることも多く，複数の委託先にノウハウとされる情報が提供されていたり，競業と言えるような企業に対して製造委託がなされていたり等，製造ノウハウに対する対象会社内外での管理状況の確認は必須である。

2 対象会社が，映像等のコンテンツビジネスをしている場合

本件取引実行後も，買手側が想定しているコンテンツの利用が可能かという観点で，上記Ⅲ1①及び②を検討することとなる。コンテンツビジネスの場合，主に著作権が問題となるが[23]，①著作権の発生の有無と権利の帰属先[24]，②著作権の保護期間が満了していないかについて，提出された契約書等を確認しつつ，検討していくことになる。

（1）職務著作の成否

著作権法には，職務著作制度（15条）があるが，例えば，対象会社に所属するクリエイターがコンテンツを制作した場合，当該コンテンツの著作権が対象会社に帰属しているかが問題になる。クリエイターと一言で言っても，雇用契約を締結している者もいれば，業務委託契約を締結している者もおり，この者が「法人等の業務に従事する者」に該当するか否かが争点となる[25]。この点について，業務従事者性に関する判例[26]の基準は存在するが，DDにおいてそのような実態を調査し事実認定まで行う時間的余裕がないことが多い。そのた

---

22)　ノウハウについてのリストを求めても提供されない場合の方が多いように思われる。

23)　事案によっては，俳優・声優等の実演家の著作隣接権や著作者人格権にも配慮する必要がある。また，音楽著作権の処理の問題や，著作権以外の権利では，俳優の肖像権・パブリシティ権の処理も問題になる場合もあろうが，紙幅の都合上，割愛する。

24)　原権利者から現在の権利者までの権利が適法に移転していることやその証拠となる記録をchain of title（COT）ということがあるが，知財DDにおいては，海外で製作されたコンテンツの権利関係が問題となる場合に，COTに関する文書の有無，内容を調査することがある。

362

め，このような論点があることを想起し，万が一権利が会社に帰属していないことを想定しての対応が求められることとなる[27]。

（2） 特掲

　この種の事例においては，外部のクリエイターとの契約を含め，対象会社と異なる法人格を有する第三者たる事業者へのコンテンツ制作等の業務委託契約が多く締結されるのが一般である。この場合，著作権法 61 条 2 項の「特掲」の処理が重要となる。すなわち，同条項により，同法 27 条（翻案権等）及び 28 条（二次的著作物の利用に関する原著作者の権利）については，これらが譲渡の目的として特掲されていないときは，譲渡した者に留保されたものと推定されることから，対象会社が第三者との間でコンテンツ等の著作物が発生しうる業務委託契約を締結している場合，当該契約書において，当該著作物の 27 条及び 28 条に規定する権利も譲渡の対象として「特掲」されているかを確認し，特掲されていない場合には，例えば，当該第三者との間で協議をしてそのような権利の譲渡を受けたり，また，当該契約が対象会社のひな型である場合には，本件取引実行後に「特掲」を明記したひな形になるよう速やかに変更させる等の対応が必要となろう[28]。

（3） 著作者人格権の不行使特約

　職務著作が成立するクリエイターであれば，著作者人格権も対象会社に原始的に帰属するため，著作者人格権の処理を気にする必要がないが，対象会社と異なる第三者にコンテンツ制作業務を委託する場合，著作者人格権の処理も問

25）　職務著作の要件である「法人等の業務に従事する者」にも関連するが，例えば，業務委託と思っていたクリエイター等が，実は労働基準法 9 条の「労働者」に該当するという問題が顕在化する業界（芸能関係等）の DD では労働者性の検討も重要となる。労働者に該当すれば，①解約の申し入れの日から 2 週間の経過によって契約が終了することになり（民 627 条 1 項），また，②労働時間の規制や損害賠償の予定の禁止等もあり，想定外の負担となる。

26）　最判平成 15・4・11 判時 1822 号 133 頁［RGB アドベンチャー事件］。

27）　前掲注 18）で挙げた対応のほかに，寝た子を起こさないように，然るべき対応をとるに相応しいタイミングまで静観するというのも 1 つの対応である。具体的な対応方法については，労働者の承継がされる M&A か等の要素にもよるところであり，専門的，経験的な判断が求められる。

28）　そのクリエイターが重要な人物であり，かつ，業務委託契約の場合には，契約期間，更新事由の確認など，本件取引実行後も対象会社において活動を継続できる関係にあるかの確認も重要である。

第4部 特別編

題となる。著作者人格権は譲渡ができないことから（著作59条），著作者人格権の不行使特約は実務上「常用」されている[29]。DDにおいては，契約書上，著作者人格権の不行使特約の存否を確認し，そのような特約がなければ，対象会社による自由な改変（例えば，続編の作成）に制限がかかるほか（同20条1項），後日，氏名表示権（同19条1項）が行使される可能性があることを認識し，その旨を報告書で指摘し，具体的な対応を促すこととなる。

3 対象会社が，マーチャンダイジング（商品化），グッズ・ブランド系のビジネスをしている場合

対象会社自らがブランドの知的財産権を有している場合もあれば，国外の事業者からライセンスを受けて，ビジネスを展開する場合もあるが，本件取引実行後も，買手側が想定しているブランドの利用が可能かという観点で，上記Ⅲ1①及び②を検討することとなる。

対象会社のビジネスが，商品販売，サービス提供であるかを問わず，対象会社が有するブランドの価値に着目して本件取引の実行を検討する場合には，対象会社以外の第三者が使用する商標（商標2条1項）・商品等表示（不正競争2条1項1号）に関する権利を侵害するか否かの調査が，特に重要となる[30]。

（1） 商標法上のリスク調査

対象会社が使用する商標と他人が先に登録した商標（先行商標）との同一性・類似性を検討するにあたっては，DDの時間的，費用的制約の観点から，基本的には，先行商標の調査範囲を絞ることとなるが，図柄（ロゴ）の類否の判断は悩ましいことも多いため，通常は，文字商標の侵害調査を優先的に行い，調査していく中で，問題になりそうな商標を調査対象に加えていくのが，進め方としては合理的であろう。

先行商標として調査すべき対象には，登録中の商標だけでなく，出願中の未登録の商標も含まれる点に留意する必要がある。対象会社が使用する商標が，これらの先行商標と同一又は類似ということになると，先行商標に係る商標権

---

29) 小泉直樹『知的財産法〔第2版〕』（弘文堂，2022年）288頁。
30) 実際の法務・知財DDにおいては，ドメイン名（不正競争2条10項）についても調査をするのが通常であるが，そこにおいて法的リスクが判明するケースは多くはない。

侵害又は出願中の未登録の先行商標が登録された場合に商標権侵害となるため，その侵害の可能性を判断し，報告書に記載する。

（2）　不正競争防止法上のリスク調査

不正競争防止法上，「商品等表示」を保護するものとして，2条1項1号及び2号がある。商品等表示の類否の判断は，基本的には当該事案における個別・具体的な取引実情が考慮されること，また，指定商品・指定役務の同一・類似は問題とならず，共通しうるマーケットにおける使用であれば足りることから，商標法の観点から非類似であっても，不正競争防止法の観点から侵害と判断されるリスクもある。そのため，特にブランドが重要な商品・サービスの事業を行っている対象会社を買収するにあたっては，不正競争防止法の観点からの調査も欠かせない[31]。

（3）　侵害の判断とその対応

商標権侵害や不正競争防止法違反の可能性がある場合，基本的には対象会社が使用する商標・商品等表示の変更を検討することとなろう[32]。他方，先行商標と非類似であり権利侵害の可能性が低いと判断した場合で，対象会社が商標登録を行っていない場合には，将来のトラブル回避のために，対象会社において，商標登録出願を行うという対応も考えられる[33]。

参 考 文 献

本稿のテーマに関連する参考文献は多岐にわたりますが，本文の脚注に挙げた文献以外に，以下をご紹介いたします。

ベンチャー企業の知的財産の評価・支援に関する投資家向けの資料として，

●特許庁「ベンチャー投資家のための知的財産に対する評価・支援の手引き――よくあ

---

31)　店舗外観の「商品等表示」性が問題になった事例もあることからすれば（東京地決平成28・12・19裁判所 Web〔平成27年（ヨ）第22042号〕［コメダ珈琲事件］），案件ごとに調査を要する「商品等表示」が何かを吟味する必要がある。

32)　商標権者と交渉して許諾を得る，過去分の損害賠償債務について免責を得るという方法もあるが，任意の交渉となるためどのような主張・請求がされるか予測が難しい。

33)　先行商標について，商標権者等により，継続して3年以上日本国内において，対象会社がビジネスを行っている商品・サービスに関して使用されていない可能性のある先行商標については，不使用取消審判を請求するという対応が考えられる（商標50条1項）。

365

第4部　特別編

る知財の落とし穴とその対策」(2019年)
スタートアップの知財戦略について,
　●鮫島正洋編集代表『オープンイノベーション時代の技術法務──スタートアップの知財戦略とベストプラクティス』(日本加除出版,2024年)

第**28**章

知財法務総括

奥邨弘司

I はじめに

　この章では，本書の総括を行いたい。改めて，本書冒頭の「読者のみなさんへ」を見てみよう。次のように述べられている：

　「近年，『知財経営』の重要性が説かれていることも相まって，企業の知財法務に関する意識はますます高まっている。毎年のように行われる知財法の改正，また，技術の知識等は，知財法務担当者にとって欠かせないが，実際に知財ビジネスを行う上で起こる法律問題に対し，その知識をどう活かし，行動すればよいか戸惑われることはないだろうか。

　本連載では，企業の知財法務担当者が日常業務でよく直面するような具体的事例を素材として，法的に何が問題か，また，どのように解決すべきかを検討・解説することで，知財法務のポイントをつかめるようにしている。また，テーマによっては，上記『知財経営』の観点からはどのような対応がベストか，企業の知財戦略に役立つ視点も適宜組み込む予定である。」

　引用部分には，本書が，「知財法を知る」ではなくて，「知財法務を知る」である理由が端的に示されている。すなわち，本書は，企業において，事業を推進する上で直面する知的財産関連の法的課題・リスクに如何に対応すべきかにフォーカスを当てて，各回のテーマにつき検討・解説するものとされている。ここで，企業経営上直面する法的課題やリスクに対応するための企業内の機能が，企業内法務であることに照らせば，上記はまさに，知的財産に係る企業内

367

第4部　特別編

法務，つまり，知財法務を意味している。そこで，まず，企業内法務（の機能論）の視点から，各章を分析し，その後，知的財産分野特有の事情を加味した検討を行いたい。

Ⅱ 企業内法務の機能論の視点から

1 3つの機能

　企業内法務の機能を如何に分類するかについては諸説ある。例えば，数年前に話題になった書籍『企業法務革命——ジェネラル・カウンセルの挑戦』[1]でベン・W・ハイネマン Jr. 氏が説いたのは，ガーディアンとパートナーに2分する考え方であった。それぞれの意味するところを筆者なりに端的にまとめると，ガーディアンは文字通り企業を様々なリスクやトラブルから盾となって守護する機能を指し，パートナーは，経営陣をはじめとする企業の構成員が事業活動を進める際に，伴走者として支援する機能を指す。

　ただ，日本では従来，ガーディアンの機能を，既に発生した法的トラブルや顕在化した法的リスクに事後的に対処する臨床機能と，法的トラブルやリスクが，将来発生したり顕在化したりすることを回避・低減するための事前の取組である予防機能に分けて捉えるのが一般的であったので[2]，本章でもその分類に倣うこととする。

　また，従来我が国では，パートナー機能について，戦略法務や経営法務など様々な呼び方をしてきたと思うが，いずれも抽象的で多義的に過ぎるきらいがあるので，ここでは経営戦略や事業戦略，そしてそれらの具体化としての事業を支援するという実態に着目して，戦略支援機能と呼ぶことにしたい[3]。

　まとめると，本章では，企業内法務の機能を，臨床・予防・戦略支援の3つに分類する。当然，企業内法務の一分野としての知財法務も，この3つの機能

　1）　ベン・W・ハイネマン Jr.（企業法務革命翻訳プロジェクト訳）『企業法務革命——ジェネラル・カウンセルの挑戦』（商事法務，2018年）。

　2）　用語的には，医学の分野の，臨床医学・予防医学の語にヒントを得たものと思われる。

　3）　奥邨弘司ほか「〔鼎談〕企業内法務の展望と戦略」ジュリ1535号（2019年）50頁など参照。

第28章　知財法務総括

を有していることになる。以下，知財法務の各機能を概観しつつ，あわせて，本書を簡単に振り返りたい。

2　臨床機能

（1）　侵害を疑われる立場から

　知財法務において臨床機能が発揮される典型は，自社が知的財産権[4]の被疑侵害者[5]となる場面である。実際に訴えられたり，その前段階として警告書が届いたりした場面はもちろん，権利者[6]からのアプローチはないが，自社で一定程度，侵害の可能性があることに気付いた場面も含まれよう。本書第8章（現代アート・NFTアートと著作権）は，アート分野での著作権侵害を例に，**CASE 1**では後者の場面において，**CASE 2**では前者の場面において，何をどう検討し，如何に対応すべきかを解説している。

　自社が被疑侵害者となった場面で，知財法務に求められるのは，まず，非侵害であることを明らかにする取組である。この取組には，知的財産権の対象となる行為を行っていないこと，仮に行っていたとしても権利制限規定やライセンスの範囲内の行為である旨を示すこと，それらに加えて，そもそも相手方の知的財産権が無効であると示すことも含まれる。

　そのような取組にもかかわらず，（裁判所や仲裁人などの判断によって，または当事者間の交渉によって）侵害であるとされた場合に知財法務に求められるのは，如何に，自社の経営への影響を小さくするかである。損害賠償金額の減額を目指すことは当然であるが，今ひとつ注意すべきは，知的財産権が排他権であることから生じる効果としての差止めの存在である。（侵害するとされた）製品やサービスの製造・販売の差止めが事業や経営にもたらす影響を考えれば，差止めを回避する，もしくは差止めの対象が限定的なものとなるような取組が重要となる。

　4）　例えば，営業秘密の場合，知的財産権と呼ぶか迷うところであるが，一々使い分けたり併記したりするのは煩雑になるので，知的財産基本法2条2項も参照し，本稿では単に，「知的財産権」と呼ぶこととする。

　5）　同じく，営業秘密の場合，侵害という言葉を使うべきか議論がありうるだろうが，煩雑になることを避けるため，「侵害」で統一する。

　6）　注4）・注5）と同様の理由から，「権利者」で統一する。

369

第4部　特別編

（2）　権利者の立場から

　知財法務において臨床機能が発揮されるのは，自社が（被疑）侵害者の場面だけではない。権利者の場面，つまり，自社の知的財産権が侵害されている場面，また，そのおそれが具体化している場面で，それを守るための取組も，臨床機能の一部である。このとき，知財法務としては，侵害行為を排除して知的財産権の排他性を回復し，被った損害の賠償を受けるための取組が重要となる。第4章（音楽の著作物）は，その典型であり，音楽著作物の場合を例に，その無断利用に対して，権利者が自身の知的財産を守る取組を如何に行うべきかを示すものである。

　第2章（著作権登録制度）も，同様に自身の権利を守る場面であるが，第4章との違いは，自社が知的財産を生みだしていないために原始的な権利者ではなく，他者が生みだした知的財産に係る権利を承継したり，それに基づく権利の設定を受けたりした場合に，その権利を守るために何をすべきか（取り上げられているのは，出版権[7]の登録）を論じている点である。第3章（著作権法における利用権の当然対抗）も登録の意義について解説するものであるが，登録の対象は，準物権的な権利ではなくて，債権的な権利（特許権であれば通常実施権，著作権であれば利用権[8]）である。ライセンサーである著作権者が他社に権利を譲渡した場合を例に，利用権を如何に守るかに焦点を当てて検討している。

　ところで，自社の知的財産を守るための取組を行うに際して，実務上直面する1つの難問は，相手方の行為に関して，如何に証拠を集めるかという点にある。第18章（知財訴訟における証拠収集手続）では，この問題について，民事訴訟法上の証拠収集手続と特許法上の証拠収集手続を如何に活用すべきかが解説されている。

　なお，自社の権利を主張するには，自社にその資格があることも示さなければならないが，この点，登録が前提である産業財産権の場合は格別，例えば，営業秘密の場合は，秘密として管理していたことを立証しなければならないと

　7）　著作財産権の一種（著作79条〜88条）。

　8）　利用権（著作63条3項）および利用権の当然対抗制度（同63条の2）は，2020年の著作権法改正で導入された，比較的新しい制度である。

370

いう課題がある。第20章（営業秘密の重要論点）では，この点を踏まえ，秘密管理性の主張立証方法についての解説がなされている。同様の課題は，2019年に創設された限定提供データ保護制度[9]にも存在し，第21章（データのライセンス提供と知的財産法）では，保護対象を画する，限定提供性や相当蓄積性，電磁的管理性などのまだ耳慣れない人も多いだろう各要件と，同制度で規律される行為についての説明がなされている。

　自社の知的財産を守るための取組が難しい業界として，ファッション業界をあげることができるだろう。比較的模倣が容易であるにもかかわらず，商品サイクルが短いために，本来なら制度的に最もマッチする意匠権による保護が——取得に時間がかかってしまうという理由から——必ずしも機能しないからである。第23章（ファッションデザインと知的財産権）の **CASE 1** は，この問題について正面から取り組むものである。

　同じく，知的財産を守る取組が難しいのが，オンラインがかかわる場合である。第9章（プロバイダ責任制限法）では，著作物の海賊版がオンライン流通している場面で，権利者はどのような対策がとれるのかを，プロバイダ責任制限法上の論点もあわせて検討している。

　ところで，自社の知的財産権を侵害する製品が国内で製造されているとは限らない。むしろ，国外で製造された物が輸入されるケースが後を絶たない。この場合重要なのは，水際で国内流入を阻止することである。第25章（税関での水際措置）は，この種の被害に最も苦しんでいるであろう分野の1つである，かばん類や衣料品の場合を例に，税関での模倣品取締制度に関する実務を解説するものである。

3 予防機能

（1）　侵害することの予防

　企業内法務における予防機能の基本は，事業部門からの法律相談に対応し，法的トラブルやリスクを予め回避・低減することである。この点は，知財法務でも異ならない。例えば，製品やサービスの開発部署からの，他者の知的財産

9）　実際には，不正競争防止法によって保護される。

第 4 部　特別編

権を侵害する可能性の有無についての問合せに対応することや，侵害回避策を
検討し提案する取組は，これに当たる。

　第 1 章（権利制限）はそれらの取組の典型であり，新規サービスの開発部署
から，現在開発中のサービスに関して，著作権侵害リスクの有無につき照会が
あり，それに対して検討結果を伝えると共に，リスクの低減策を提案する状況
を念頭に，知財法務としての見方や考え方を解説している。第 12 章（AI と知
的財産権）は今最も関心を集めている AI を例に，第 1 章同様に，著作権侵害
リスクについての事業部門からの照会に対応する状況を解説するものである
が，企画や事業の初期段階であるため，照会内容がより一般的なものとなって
いる点は，第 1 章との違いと言える。第 5 章（映画の著作物）も，侵害リスク
を回避・低減するために知財法務が機能するという点で共通しており，出版社
の担当者が，映画を書籍化する企画を推進する場面を例に，権利クリアのため
に検討すべき事項（特に複雑な，存続期間の問題や権利の帰属先など）について
詳しく解説している。

　第 24 章（商標登録に向けて何を検討すべきか）は，産業財産権の出願・審
査・登録の場面を取り上げるものである。具体的には，他社登録商標を一部に
含む結合商標の登録の可否についての法律相談への対応として，審査基準や関
連する裁判例を踏まえた検討の道程が詳しく述べられている。中でも，複数の
最高裁判決が存在するものの，その相互関係が一見不明確で，学説の評価も
種々存在する状況を踏まえて，如何に検討を進めるかについて解説されている
点は，知的財産分野では時折見られる状況でもあるため，商標権以外の場合も
参考になるだろう。

　第 22 章（不当表示（景表法・不競法））も法律相談への対応の一例である。広
告宣伝の内容についての事業部からの問合せに対して，不当表示規制に違反し
ないための対応策を如何に検討すべきかが詳しく述べられている[10]。

　ところで，より効果的な予防を行うためには，問合せを待っての対応だけで
は不十分である。さらに進んで，知的財産権の侵害や，知的財産にまつわる各

---

10)　広告宣伝における不当表示の規制は，景品表示法と不正競争防止法の定めによるところ，知
財法務としては，前者は主管外の企業も少なくないであろうし，後者についても，この規制について
は担当外という場合もあろう。

372

種のトラブルを，（できれば予兆のうちに）早期に発見したり，回避したりする
ための社内制度やシステムを作り，事業現場に実装することなども必要であ
り，これも重要な予防機能である。第16章（職務発明をめぐる諸問題）は，そ
のような取組の一例を示すものであり，職務発明に関する規程の整備を通じ
て，関連する各種のトラブル（法的なものだけでなく実務的なものも含む）を予
め防止する取組を論じるものである。知財分野でしばしば見られる，（法改正
や裁判例の登場による）頻繁なルール変更にどう対応すべきかという点でも参
考になる。

　知的財産関連情報を社内に周知徹底する教育・啓発活動も，知的財産関連ト
ラブルを予防するための，いわば「基礎免疫」を鍛える重要な取組である。知
的財産の分野では，法改正の頻度が高く，注目すべき裁判例も次々と生まれる
ことに照らせば，なおさらと言える。この点，第23章（ファッションデザイン
と知的財産権）の **CASE 2** は，アパレル企業における知的財産に関する啓発活
動を題材とするものである。

(2)　侵害されることの予防

　ここまで主に，他者の知的財産権を侵害することを予防する取組について取
り上げてきたが，もちろん，逆の取組もありうる。すなわち，自社の知的財産
権が侵害されることを予防する取組である。この点，少なくとも，市場やライ
センス先などにおいて，自社の知的財産権が侵害される兆候がないかをモニタ
リングする仕組みを作り，運用していくことは必要であろう。また，具体的な
取組は，知的財産の種類や取引の状況毎に異なってくるが，例えば，侵害が困
難となるような技術的な措置を施したり（例：著作物の場合はコピープロテクシ
ョン，製品の場合は分解や分析がされづらい設計や製造，情報の場合はID/PWでの
管理やログの記録），契約が可能な場合には，知的財産の管理や利用に関する規
定を設けることなど[11]，様々な取組が考えられる。

(3)　広義の活動

　広義の予防機能としては，政策提言活動やアミカスブリーフの提出[12]など
をあげることもできる。知的財産分野は，技術の進歩と共に，急速に変化する

---

11)　例えば，本書のうち契約に関する章は，権利者の視点から見た場合，自社の知的財産権が侵
害されることを予防する取組として参考になる。関連してⅡ5参照。

第4部　特別編

分野であり，関連するビジネスの実態も常に変化している。そのため，立法過程や司法過程に対して，適切な情報提供を行わなければ，実態を反映しない法改正や判決が登場するリスクがあり，それが現実となった場合はトラブルの種になりかねない。

4　戦略支援機能

（1）　経営戦略や事業戦略の支援

　先に見たように，知財法務を含む企業内法務の戦略支援機能とは，経営戦略や事業戦略，またそれらを具体化した事業に対して，法的な支援を行うことを指す。

　知財法務が経営戦略を支援する典型的な場面の1つとして，M&Aなどに関連して[13]，知財デューデリジェンスを行う場合が考えられる。第27章（知財デューデリジェンス）では，知財デューデリジェンスの概要，法務デューデリジェンスとの違い，知財デューデリジェンス特有の留意点などについての解説がなされている。なお，デューデリジェンスは，その専門性の高さ，中立性の要請，膨大な業務量などから，外部専門家に依頼することも多く，その辺の事情は，知的財産の場合も変わらない。その場合，企業内部の人間が担い手である知財法務は，知財デューデリジェンスの実行部隊としてではなくて，支援部隊として活躍することになる。

　M&Aの対象としてではなく，投資や協業の相手方としてスタートアップ企業と取引を行う場面も少なくないだろう。中でも，先端技術開発型や新規サービス開発型のスタートアップの場合，その最大の財産は知的財産であることも少なくない。そのため，そのような取引を進める上で，知財法務による支援は重要となる。第15章（スタートアップ）では，そのような場面を念頭に，スタートアップ側の知財法務としての留意点，およびスタートアップとの交渉に

---

　12)　特許法105条の2の11および65条6項ならびに実用新案法30条に規定された第三者意見募集制度（いわゆる日本版アミカスブリーフ制度）を指す。
　13)　なお，第14章（共同研究開発契約）では，M&Aに伴うライセンス上の権利（取り上げられているのは，特許権に関する通常実施権）の移転とライセンス契約の（チェンジオブコントロール条項の）関係について分析している。

おいて留意すべき事項などについての検討がなされている。

　第 26 章（知財経営）で取り上げた知財経営は，経営戦略の 1 つとして，知的財産を競争力の源泉と位置づけて企業価値の向上を目指すものである。よって，知財経営の推進を支援することは，戦略支援機能の発揮に他ならない。もっとも，知財経営の場合，他の経営戦略を支援するのと違うのは，知財法務自体が，戦略の立案，実行の主体の 1 つであるという点だろう。

　事業戦略支援の例として，第 17 章（特許権と後発医薬品）をあげたい。開発に巨額の費用が必要となるにもかかわらず成功の可能性が低い医薬品業界では，製品化されたものを如何に独占するかが，経営上の鍵となり，先発医薬品は複数の特許権で幾重にも保護される。そのため，ジェネリック（後発医薬品）を製造販売する企業が，いつどのような後発医薬品を上市するかの事業戦略を立案し実行するには，特許法14)の正確な理解が欠かせず，知財法務の支援は極めて重要となる。

（2）　知財関連契約の支援

　ここまで，経営戦略および事業戦略を支援する場面を見てきたが，ここからは，知財法務が具体的な事業を支援する場面を見ていきたい。この点，具体的な事業支援は，知的財産に関連する契約への関与という形が一般的であり，かつまた日常的であろう。

　契約は，ビジネスを反映するものなので，ビジネスの種類毎に様々な契約が存在する。そのため知的財産関連契約も，ビジネスの種類毎に異なってくる。にもかかわらず，全てと言っても良い企業が締結している契約，しかも，実務上最も頻繁に締結される契約がある。それは，秘密保持契約である。秘密保持契約に基づいて開示される情報には様々なものがあるが，中でも取扱いが難しいものの 1 つにデータがある。第 19 章（秘密保持契約における知的財産保護を踏まえた管理条項）は，データの提供を行う場合に，その管理態様について，秘密保持契約にどのような条項を設けるべきかを具体的に検討するものである。

　秘密保持契約ほどではないにしても，ソフトウェアに関する契約を締結する機会は，業種を問わず少なくないだろう。その中でも典型は，ソフトウェアの

---

　14)　薬機法（医薬品，医療機器等の品質，有効性及び安全性の確保等に関する法律）の関連制度の理解も必要となる。

第4部　特別編

開発委託契約とライセンス契約であると言える。第10章（ソフトウェア開発委託契約と著作権）では，ソフトウェアの開発を外部に委託する場合に，しばしば問題となりがちな，著作権の帰属について，どのような選択肢があるのかが具体的に検討されている。第11章（ソフトウェアライセンス契約と著作権）では，ソフトウェアライセンス契約を締結する場合に，ライセンシーとして注意すべき事項が，著作権関連を中心に解説されている。いずれも，典型的な契約についての重要ポイントの解説であり，参考になるだろう。

　メーカーなどにおける知的財産関連の重要契約としては，特許権に関するものをあげることができよう。第13章（特許ライセンス契約）では，国内の企業同士で特許ライセンス契約を締結する上で検討すべき項目が概説されると共に，特許権の存続期間満了後やその無効が確定した後のライセンス料の支払義務の帰趨という問題にも踏み込んだ分析がなされている。第14章（共同研究開発契約）は共同研究開発契約について取り上げている。大学発のベンチャー企業と共同研究開発契約を締結する場合に，特許権関連で注意すべき最先端の実務上の課題（大学の職務発明規程との関係，FTO〔Freedom to Operate〕調査の重要性，成果の帰属の定め方，M&Aへの対応など）についての詳しい検討が行われている。

　知的財産関連契約が重要な業界の1つとして，コンテンツ業界がある。そのうちの出版分野に関して，第7章（出版）では，ライトノベルの電子出版とその後のコミック本の電子出版というしばしば見られる場面を例に，同分野に特有の知的財産権である出版権そのものの解説と，その設定契約のポイントなどについての解説がなされている。第6章（スポーツ）では，スポーツの放映権に関する契約についての検討が行われている。他の知的財産関連契約と比べた場合に，この契約の特徴は，対象である放映権が，実は法律上内容が確定したものではなく，契約によってその内実が定められるという点であろう。そのため，放映権契約のドラフトや交渉は，知財法務担当者の腕の見せ所とも言える。

5　小括

　このようにして改めて本書を振り返ると，知財法務は，臨床・予防・戦略支援の各機能を発揮することを通じて，企業経営や事業推進に重要な役割を果た

第28章　知財法務総括

していることが分かる。

　一方で，全体をみると濃淡があった。例えば，臨床機能のうち自社の権利を守るための取組や，戦略支援機能のうち知的財産関連契約を支援する取組について取り上げた章数に比べ，臨床機能のうち自社が被疑侵害者とされた場合の取組について取り上げた章数は少ない[15][16]。

　これは，知財法務が置かれている現状を反映したものと考えられる。つまり，現時点で，知財法務により強く求められているのは，自社の権利を守ること，そして，知的財産関連契約を支援することなのであろう。その意味では，それらの分野の能力をさらに向上させることが，経営や事業からの期待に応えるためにも重要となる（もちろん，今後もそれで良いのかについては，常に問い直されるべきことを前提として）。

　なお，ここまでは分析と説明の便宜のために，知財法務の（そして企業内法務の）3つの機能を，それぞれ独立した存在であるかのように扱ってきた。しかしながら，実際はそれぞれが相互に関連している。

　一例をあげると，臨床機能と予防機能は，法的なトラブルやリスクに，事後に対応するのかそれとも事前に対応するのかで，全くの正反対の存在のように見える。しかし，例えば，他者の知的財産権を侵害して生じたトラブルに対応する中で蓄積した知見や経験は，将来生じるであろう同様・類似の侵害を予防するために役立つ（もちろん逆も成り立つ[17]）。つまり，一見，正反対の極に存在するよう思える臨床機能と予防機能は，実は表裏の関係にあるのだ[18]。

　また，戦略支援機能は，そもそもの位置づけとして，臨床機能と予防機能を一部内包している。例えば，契約には，将来のトラブルを予防するための規定

---

　15)　予め各章のテーマは決定されていたが，そのテーマに関して，知財法務がどのような場面でどのような機能を果たすことを念頭に **CASE** を設定し論考をまとめるかは，各執筆者に任されていた。

　16)　なお，産業財産権の出願・審査・登録の場面を取り上げた章数も少なかったが，これは予め決定されていたテーマとの関係が大きいと考えている。ただ，「知財法務」という括りが影響した余地もある。すなわち，産業財産権にとって，出願関係の業務の重要性は言うまでもないところであるが，「法務」という言葉が，メーカーなどによく見られる法務部門と知的財産権部門の2枚看板型の組織体制（この場合，出願業務は知的財産権部門が主管する）における法務部門を，各執筆者に想起させてしまった可能性も考えられる。

第4部　特別編

が多々盛り込まれるし，一方で，契約に関してトラブルが発生した場合はそれらの規定がトラブル対応に有益となる。

　以上を踏まえると，知財法務の実践に際しては，各機能の相互関係を意識し，意図的に相互に連関させることで，効率や効果を高めることができ，より経営や事業に貢献することが可能になると言えよう。

Ⅲ 知的財産分野に特有の視点から

1 多様性

　これまで，知的財産と一括りにして扱ってきたが，実際には，多様なものが含まれる。例えば，知的財産基本法は，発明，考案，植物の新品種，意匠，著作物，商標，商号，商品・役務表示，営業秘密などを知的財産と呼んでいる（同法2条1項）。

　当然，それらを保護する法律も多様なものとなる。例えば，創作物を保護するもの（特許法や著作権法など）と標識を保護するもの（商標法や不正競争防止法[19]など）。権利を付与するもの（産業財産権法や著作権法など）と行為を規制するもの（不正競争防止法）。保護が長期間にわたるもの（不正競争防止法[20]，商標法，著作権法など）と比較的短期間のもの（商標法を除く産業財産権法や不正競争防止法[21]）。権利の取得に出願・審査・登録を必要とするもの（産業財産権法など）と必要としないもの（著作権法や不正競争防止法など）などである。

　17）　予防機能のところで，自社の知的財産権が侵害される兆候をモニタリングする仕組み作りを取り上げたが，その仕組みを通じて，侵害が疑われる行為や状況を認めた場合には，警告書を出して当該行為を中止させたり，それでも状況が改善しない場合に法的手段に訴えたりすることになるが，言うまでもなくこれらは臨床機能であり，予防機能と臨床機能は連続して存在している。

　18）　別のイメージとしては，世界地図を思い浮かべてもらいたい。日本を真ん中に描く世界地図では，ヨーロッパ大陸とアフリカ大陸は左端に，北米大陸と南米大陸は右端に描かれ，一見すると，両者は互いに最も遠くに位置しているように見える。しかしながら，地球は丸く，実際には，ヨーロッパ大陸・アフリカ大陸と北米大陸・南米大陸は隣同士なのである。臨床機能と予防機能の関係も，これに似ている。

　19）　著名表示や周知表示に関して。

　20）　営業秘密や著名表示などに関して。

第 28 章　知財法務総括

　重要なのは，こういった違いが，知財法務の各機能を発揮する上でのアプローチに差を生むという点である。例えば，予防機能のところで，自社の知的財産権が侵害されることを予防する取組について触れたが，もし対象の知的財産権が産業財産権などのように権利取得に出願・審査・登録を必要とするものであった場合，権利取得時の工夫（例：より基本的で広範な権利を取得する，侵害・抵触回避が難しいようなクレームを工夫する，基本と応用などに分けて権利化する[22]）によって，強固な保護が可能となる。また，そういったアプローチの差を上手く活用して，性質や特徴の異なる複数の知的財産権を組み合わせて自社の知的財産を保護することで[23]，保護をより強力なものにすることもできる[24]。

2　変化の速さ

　知的財産分野の特徴の 1 つとして，変化の速さがあげられよう。これは，発明や営業秘密が，技術やサービスといった進歩や変遷の早いものと関係が深く，著作物や意匠，商標などが流行と関係が深いことなどから，自然と生まれる状況である。そのため，それらの保護をめぐって，従来にはなかった新しい問題が，次々に登場することが避けられない。結果，そういった問題をめぐる新しい裁判例が積み重なり，また，短期間での法改正が繰り返されることになる。例えばこの 10 年間で見ても，特許法は 6 回改正され[25]，著作権法は 5 回改正され[26]，不正競争防止法は 3 回改正されている[27]。

　しかも，最近の変化は，複数の知的財産法に影響するものが少なくない。例

---

21)　形態模倣に関して。

22)　関連して，第 17 章（特許権と後発医薬品）参照。

23)　重畳保護が許される場合であることが前提となる。

24)　このようにして保護された知的財産は，仮に権利が侵害されたとしても，それを発見し排除することが比較的容易であり，臨床機能を発揮する上でもプラスとなる。裏返せば，このようにして保護された他社の知的財産について権利を侵害してしまった場合にそれに対処するのは，難しくなる。

25)　2014 年，2015 年，2018 年，2019 年，2021 年，2023 年の計 6 回。

26)　2014 年，2018 年，2020 年，2021 年，2023 年の計 5 回。なお，2018 年に，複数の改正法によって改正されているが，便宜のため，あわせて 1 回と数えている。

27)　2015 年，2018 年，2023 年の計 3 回。

379

第 4 部　特別編

えば，メタバースは，著作権法，意匠法，商標法，不正競争防止法などに影響しうるし，AI は特許法，著作権法，意匠法，商標法などに影響しうる。

　よく「社会の変化に法制度が追いついていない」などと批判的に言われることがあるが——とは言え，法律が，社会の変化を追い越してしまって良いわけがないので，むしろ当たり前の状況であるようにも思われるが，その点は一旦横に置いて——知的財産分野は，他の分野と比べて，ほぼ最速で法律が変化に対応している分野であることは間違いない。それだけに，知財法務は，自社を取り巻く社会や経済，技術の変化，裁判例や法律の変化を，常にウォッチして，幅広く最新の知識を吸収し，更なる変化にも柔軟かつスピーディーに対応できるようにならなければならない。越えるべきハードルは高いが，一方でチャレンジングな業種である。そしてその分，新しい技術や流行に感度の高い若い世代に，活躍のチャンスが開かれている業種でもある。

　一方で，目先の変化に惑わされてはいけないのも事実である。社会や技術の変化を受けて，特許権が無審査で付与されるようになったとか，著作権は，出願・審査・登録を経なければ発生しなくなったとかいうような，コペルニクス的転換でもない限り，これまで積み重ねられてきた基本的な法概念・理論は有効なのである。そして，それらの基本的法概念・理論は，これまでも長年，変化に耐え続けてきたという実績を有していることに注目すべきだろう。一見新しく見える問題も，ほとんどの部分は基本的法概念・理論の積み重ねで解決でき，残されたわずかの部分——ジグソーパズルで喩えるなら，最後の数ピースの部分——について，変化に対応する応用力が試される，そういう構造なのである。

Ⅳ おわりに

　筆者は，第 1 章（権利制限）の執筆も担当している。本書の元となったジュリスト連載に関して第 1 章の依頼を受けたのは，ちょうど，COVID-19 のデルタ株が猛威を振るいはじめた頃であった。

　それから 3 年余，ウイルスは消え去ったわけではないが，当時のような社会生活上の様々な制約はなくなり，経済活動も旧に復した。しかし，コロナ禍で日本社会と経済が停滞している間に，政府の債務は膨れ上がり，円安による資

源高・物価高が進み，少子高齢化に伴う深刻な人手不足が顕在化して日常生活に影を落としはじめている。GDP が世界第 4 位に転落したというニュース[28]を聞くまでもなく，日本の国力の低下は，誰しもが感じているところであろう。

　これから巻き返しに向けて，様々な取組が行われるであろうが，厳しさを増す国際情勢も踏まえると，資源小国である日本にとって，唯一の資源とも言える知的財産の活用は，いかなる場合も必須である。そして，そのとき重要なのは，企業の現場，事業の現場からの日々の積み上げであろう。あるヒット映画[29]の主人公の「我が国の最大の力は，この現場にある」という台詞に当時多くの人が共感を覚えたことに象徴されるように，現場からの積み上げこそが日本の強みであり，日本のスタイルなのである。そして，知的財産活用の現場を支える「最大の力」は知財法務に他ならない，と確信して本章を結びたい。

---

28) 「名目 GDP，ドイツに抜かれ 4 位転落 23 年 4 兆 2106 億ドル」日本経済新聞 2024 年 2 月 15 日朝刊。

29) 『シン・ゴジラ』(2016 年) (総監督：庵野秀明・製作：東宝)。

事項索引

あ 行

アサインバック …………………… 170
アミカスブリーフ ………………… 373
依拠 ………………………… 152, 155
依拠性 ……………………………… 306
意匠権とファッションデザイン …… 301
意匠法 ……………………………… 301
著しい信義則違反類型 …………… 283
一般社団法人音楽著作権協会 ……… 43
イニシャルフィー ………………… 173
イノベーション …………………… 347
医薬品，医療機器等の品質，有効性及び
　安全性の確保等に関する法律 …… 222, 223
訴えの利益 ………………………… 227
映画製作者 …………………………… 60
映画の著作物 ………………………… 55
営業秘密 …………………… 247, 278
営業秘密管理規定 ………… 259, 264
営業秘密管理指針 ………… 250, 260
映像著作物 …………………………… 59
延長登録 …………………………… 224
　——出願 ………………………… 224
応用美術 …………………………… 300
オープンイノベーション ………… 201
オープンクローズ戦略 ……… 197, 347

か 行

ガーディアン ……………………… 368
海外放映権 …………………………… 78
開示請求 …………………………… 119
海賊版 …………………… 87, 109, 328

——閲覧サイト …………………… 110
カラオケ法理 ………………………… 50
簡素化手続 ………………………… 334
期間延長登録 ……………………… 221
企業内法務 ………………………… 368
技術上又は営業上の情報 ………… 281
偽造品 …………………… 328, 336
キャッシュ ………………………… 109
キャッシング ……………………… 109
旧著作権法 …………………………… 56
享受 ………………………………… 157
共同開発 …………………………… 207
共同研究開発契約 ………………… 180
共同研究開発に関する独占禁止法上の指針
　………………………………… 188
虚偽の事実の流布 ………………… 309
金魚電話ボックス事件 ……………… 98
グラントバック …………………… 170
クリアランス ……………………… 185
経済安全保障 ……………………… 352
計算鑑定人制度 …………………… 242
継続出版義務 ………………………… 90
景表法 ……………………………… 286
軽微利用 …………………………… 8, 9
　——の準備 ……………………… 12
契約 ………………………………… 275
　——の承継 ……………………… 33
結合商標 …………………………… 315
原始使用者帰属 …………………… 218
現代アートの著作物性 ……………… 98
限定提供性 ………………… 251, 280

事項索引

限定提供データ······247, 279
——不正開示行為······283
——不正取得行為······283
原盤権······44
権利制限······113
権利制限規定······48
権利不行使合意······170
公衆提供等著作物······12
後発医薬品······221, 225
合理的根拠資料······288
コーポレートガバナンスコード······350
国際裁判管轄······162
個人輸入······336
コモディティ化······349
コンテンツデリバリーネットワーク······109
コンテンツビジネス······362

さ 行

再審査期間······225
作為義務······113
査察手続······238
査証制度······240
査読······294
サブライセンス······182
ジェネリック医薬品······221
ジオ・ブロッキング······76
識別力······314
資金調達······196
市場参入······344
施設管理権説······72
下請製造······173
実演······44
実演家······44
支分権該当行為······4
写真の著作物······57

修正増減の請求······92
集中管理制度······86
柔軟性のある権利制限規定······5
主権者説······72
出向······212
出版権······85
——設定······88
証拠開示的運用······237
証拠収集手続······232
証拠保全······237
肖像権説······72
商標······307, 312
商標法······307
商品の形態······303
情報解析······6, 7, 157
情報検索······6
情報資産······274
職務著作······362
職務発明······207
職務発明規程······181
侵害主体論······113
信頼性確認団体······118
スカウティング・ライツ······70, 77
スタートアップとの事業連携及びスタートアップへの出資に関する指針······202
成果物の権利帰属······203
成果物の利用関係······204
税関······327
政策提言活動······373
製造委託······173
製造販売承認······222
——申請······225, 227, 228
潜在的販路の阻害······10
先発医薬品······225
戦略支援機能······368, 374

383

創作意図 ……………………………… 151
創作的寄与 …………………………… 151
相当蓄積性 ……………………… 251, 280
ソフトウェア ………………………… 139
　──開発委託契約 ………………… 125
　──使用許諾契約 ………………… 141
　──ライセンス契約書 …………… 137
　──利用許諾契約 ………………… 141
ソフトロー …………………………… 118
存続期間延長登録 …………………… 224

た　行

対抗要件としての登録 ………………… 16
第三者 …………………………………… 31
退職従業員 …………………………… 270
多様性 ………………………………… 378
チェンジオブコントロール条項 ……… 191
知財経営 ……………………………… 342
知財 DD ……………………………… 354
知的財産侵害物品 …………………… 328
著作権者の利益を不当に害することとな
　る場合 ……………………………… 158
著作権等管理団体 ……………………… 45
著作権登録制度 ………………………… 16
著作権とファッションデザイン ……… 300
著作権法
　──30 条の 4 ………………………… 12
　──47 条の 5 ………………………… 5
　──47 条の 5 第 1 項ただし書 ……… 9
　──47 条の 5 第 2 項ただし書 …… 12
　──の平成 30 年改正 ………………… 5
著作権法オーバーライド …………… 161
著作者人格権の不行使特約 ………… 363
著作隣接権 ……………………………… 43
通常実施権 …………………………… 168

定額払方式 …………………………… 173
訂正審決 ……………………………… 175
訂正請求 ……………………………… 175
提訴前の証拠収集手続 ……………… 234
　──の周知徹底 …………………… 236
提訴予告通知制度 …………………… 234
データ ………………………………… 273
データ駆動型社会 …………………… 274
データベースの著作物 ……………… 276
出来高払方式 ………………………… 173
デジタルアート ……………………… 101
手続 3 要素 …………………………… 217
デューデリジェンス ………………… 353
電磁的管理性 …………………… 252, 280
電磁的方法 …………………………… 280
転職先 ………………………………… 270
転得者の悪意・重過失 ………… 260, 269
当然対抗 ………………………… 29, 132, 170
登録対抗 ………………………………… 29
独占禁止法 …………………………… 180
独占的出版許諾 ………………………… 88
独占的通常実施権 …………………… 169
独占的利用許諾 ………………………… 40
特定電気通信 ………………………… 115
特定電気通信役務提供者 …………… 115
独立証拠調べ …………………… 235, 238
特許 …………………………………… 168
特許権 ………………………………… 168
特許査定 ……………………………… 168
特許法 ………………………………… 275
　──35 条 3 項 ……………………… 181
　──73 条 3 項 ……………………… 187
　──94 条 1 項 ……………………… 190
特許ライセンス契約 ………………… 167
特許を受ける権利 …………………… 207

384

事項索引

特掲 ··································· 363
トラップ ··························· 270

な 行

2号出版権 ·························· 86
ニッチトップ ······················ 346
認定手続 ··························· 333
ノウハウライセンス ················ 171

は 行

パートナー ························· 368
派遣労働者 ························· 210
発信者情報 ························· 110
発信者例外 ························· 116
パテント・リンケージ ·············· 226
非公知性 ··························· 249
非侵害保証 ························· 145
非代替性トークン ··············· 71, 101
必須特許 ··························· 342
秘密管理性 ························· 249
秘密管理措置 ··············· 260, 263, 264
秘密情報の保護ハンドブック ······· 264, 271
秘密保持契約 ······················ 246
品質等誤認惹起行為 ················ 289
ファッションデザインと
　不正競争防止法 ················· 302
ファンタジー・スポーツ ············ 77
不作為不法行為 ···················· 113
不実施補償 ························· 187
不実証広告ガイドライン ············ 288
不実証広告規制 ················· 287, 288
付随的 ····························· 8
不正競争 ··························· 289
不正競争防止法 ···················· 278
　──2条1項1号・2号 ··········· 306

──2条1項3号 ·················· 303
──2条1項21号 ················· 309
不正取得類型 ······················ 283
不争義務 ··························· 171
不当表示 ··························· 286
プラットフォーム ·················· 102
　──規約 ······················· 102
フリーランス ······················ 212
プログラム ························· 125
　──の著作物 ··················· 139
ブロックチェーン ·················· 101
プロバイダ責任制限法 ·············· 109
文書提出命令 ······················ 241
ベッティング・ライツ ··········· 70, 77
ヘルスケアビジネス ················ 359
弁護士会照会 ······················ 239
ベンチャービジネス ················ 359
放映権 ····························· 70
　──の法的根拠 ················· 72
防衛特許 ··························· 216
法務DD ···························· 354
保護期間 ··························· 57

ま 行

マーケティング ···················· 345
マーチャンダイジング，グッズ・ブラン
　ド系ビジネス ··················· 364
みなし複製 ························· 13
虫食い申請 ························· 226
メタバース（仮想空間） ············ 83
モデル契約 ························· 202
模倣 ······························· 304
模倣品 ····························· 336

385

や　行

薬価収載 …………………………… 228
薬機法 ………………………… 222, 223
有用性 ……………………………… 248
優良誤認表示 ……………………… 288
輸入 ………………………………… 337
輸入差止情報提供 ………………… 331
輸入差止申立制度 ………………… 330
予防機能 …………………… 368, 371
予防法務 …………………………… 4

ら　行

ライセンス ………………… 29, 273
ライセンス契約 …………………… 76
ライセンス権 ……………………… 182
ライセンス料の不返還特約 ……… 174
ランニングロイヤルティ ………… 174
リバースエンジニアリング ……… 130, 142
リバースプロキシ ………………… 112
利用許諾 …………………………… 139
利用権 ……………………………… 30
　　──の当然対抗 ……………… 104
利用市場との衝突 ………………… 10
利用主体 …………………………… 49

臨床機能 …………………… 368, 369
類似性 ……………………………… 155
レコード製作者 …………………… 44

A-Z

AI 関連技術 ……………………… 276
CDN ………………………………… 109
EXIT ……………………………… 196
FTO 調査 ………………………… 184
if used 方式 ……………………… 172
IPO ………………………………… 195
JASRAC …………………………… 43, 45
M&A ………………… 190, 195, 353
NFT（Non-Fungible token）
　………………………… 70, 71, 80, 101
NFT アート取引 ………………… 101
OSS ………………………… 133, 135
over all 方式 …………………… 172
SaaS（Software as a Service）………… 142
skinny label ……………………… 226
University Patent and Invention Policy
　……………………………………… 182
VC（Venture Capital）………… 195

判例索引

昭　和

大判昭和 3・7・2 新聞 2898 号 14 頁 ··· 18

大判昭和 13・12・22 民集 17 巻 2700 頁 ································· 173

最判昭和 25・12・19 民集 4 巻 12 号 660 頁 ··························· 18

最判昭和 38・12・5 民集 17 巻 12 号 1621 頁 ······················ 316

最判昭和 39・2・13 判タ 160 号 71 頁 ···································· 18

最判昭和 39・8・28 民集 18 巻 7 号 1354 頁 ·························· 35

最判昭和 43・2・27 民集 22 巻 2 号 399 頁 ·························· 315

岐阜地判昭和 46・12・20 判時 664 号 75 頁 ························ 240

最判昭和 48・4・20 民集 27 巻 3 号 580 頁 ·························· 169

最判昭和 49・4・25 裁判所 Web（昭和 47 年（行ツ）第 33 号）····· 315

大阪高判昭和 51・12・21 判時 839 号 55 頁 ························ 240

最判昭和 52・6・20 民集 31 巻 4 号 449 頁 ·························· 170

最判昭和 58・3・22 判時 1134 号 75 頁 ································· 26

最判昭和 59・1・20 民集 38 巻 1 号 1 頁 ······························ 171

東京地判昭和 59・9・28 無体裁集 16 巻 3 号 676 頁 ·············· 56

最判昭和 63・3・15 民集 42 巻 3 号 199 頁 ···························· 50

平　成

東京高判平成 3・12・24 判時 1417 号 108 頁 ····················· 153

大阪地判平成 5・3・23 判時 1464 号 139 頁 ·························· 61

東京高判平成 5・9・9 判時 1477 号 27 頁 ····························· 59

最判平成 5・9・10 民集 47 巻 7 号 5009 頁 ·························· 317

東京地判平成 6・3・30 行集 45 巻 3 号 931 頁 ················ 72, 74

東京高判平成 9・7・31 高民集 50 巻 2 号 260 頁 ················· 170

東京高判平成 9・9・25 行集 48 巻 9 号 661 頁 ················ 72, 74

最判平成 9・10・28 集民 185 号 421 頁 ································ 173

最判平成 10・2・24 民集 52 巻 1 号 113 頁 ·························· 216

東京地判平成 10・11・27 判時 1675 号 119 頁 ····················· 277

東京地判平成 11・5・27 判時 1679 号 3 頁 ··························· 57

東京地判平成 11・6・29 判時 1693 号 139 頁 ······················ 307

387

大阪地判平成 11・10・7 判時 1699 号 48 頁 ……………………………………………56
東京地判平成 12・5・16 判時 1751 号 128 頁 ………………………………………129
広島高岡山支判平成 12・5・25 判時 1726 号 116 頁 ………………………………240
東京地判平成 12・6・30 裁判所 Web（平成 11 年（ワ）第 3101 号）………………18
東京高判平成 12・9・19 判時 1745 号 128 頁 …………………………………………99
大阪地判平成 12・12・26 裁判所 Web（平成 10 年（ワ）第 10259 号）……………129
東京高判平成 13・3・27 判時 1747 号 60 頁 ……………………………………………56
大阪高判平成 13・3・29 判時 1749 号 3 頁 ……………………………………………56
東京地判平成 13・5・16 判時 1749 号 19 頁 …………………………………………127
東京地中間判平成 13・5・25 判時 1774 号 132 頁 …………………………………278
最判平成 13・6・28 民集 55 巻 4 号 837 頁 …………………………………………100
東京高判平成 13・12・26 判時 1788 号 103 頁 ………………………………………307
東京地判平成 13・12・27 裁判所 Web（平成 12 年（ワ）第 20801 号）……………304
東京地判平成 14・3・25 判時 1789 号 141 頁 …………………………………………63
東京高判平成 14・11・27 判時 1822 号 138 頁 ………………………………………305
福岡地判平成 14・12・24 判タ 1156 号 225 頁 ………………………………………269
東京高判平成 14・12・25 判時 1816 号 52 頁 ………………………………………122
東京地判平成 15・1・29 判時 1810 号 29 頁 …………………………………………117
名古屋地判平成 15・2・7 判時 1840 号 126 頁 ………………………………………47
最判平成 15・2・27 税資 253 号順号 9294 ……………………………………………72
大阪地判平成 15・2・27 裁判所 Web
　（平成 13 年（ワ）第 10308 号・平成 14 年（ワ）第 2833 号）……………………268
東京地判平成 15・3・31 判時 1817 号 84 頁 …………………………………………121
最判平成 15・4・11 集民 209 号 469 頁 ………………………………………………210
最判平成 15・4・11 判時 1822 号 133 頁 ……………………………………………363
最判平成 15・4・22 民集 57 巻 4 号 477 頁 …………………………………………208
東京高判平成 15・8・7 裁判所 Web（平成 14 年（ネ）第 5907 号）………………73
東京高判平成 15・9・25 裁判所 Web（平成 15 年（ネ）第 1107 号）………………61
東京地判平成 16・1・30 判時 1852 号 36 頁 …………………………………………208
名古屋高判平成 16・3・4 判時 1870 号 123 頁 ………………………………………47
大阪地判平成 16・6・1 裁判所 Web（平成 14 年（ワ）第 8337 号）………………289
東京地判平成 16・6・18 判時 1881 号 101 頁 …………………………………………47
東京地判平成 16・9・29 裁判所 Web（平成 16 年（ワ）第 5830 号）……………305
東京高判平成 17・3・3 判時 1893 号 126 頁 …………………………………………114
大阪高判平成 17・4・28 裁判所 Web（平成 16 年（ネ）第 2208 号）……………289

知財高判平成 17・11・10 裁判所 Web（平成 17 年（ネ）第 10088 号）‥‥‥‥‥‥‥‥305

知財高判平成 17・12・5 裁判所 Web（平成 17 年（ネ）第 10083 号）‥‥‥‥‥‥‥‥‥305

東京地判平成 18・9・8 判時 1988 号 106 頁‥‥‥‥‥‥‥‥‥‥‥‥‥‥‥‥‥‥‥‥154

知財高判平成 18・9・13 判時 1956 号 148 頁‥‥‥‥‥‥‥‥‥‥‥‥‥‥‥‥‥‥‥61

大阪高判平成 19・1・30 判時 1962 号 78 頁‥‥‥‥‥‥‥‥‥‥‥‥‥‥‥‥‥‥‥240

最判平成 19・12・18 民集 61 巻 9 号 3460 頁‥‥‥‥‥‥‥‥‥‥‥‥‥‥‥‥‥‥‥67

知財高判平成 20・1・17 裁判所 Web（平成 19 年（ネ）第 10063 号・第 10064 号）‥‥‥‥305

名古屋地判平成 20・3・13 判時 2030 号 107 頁‥‥‥‥‥‥‥‥‥‥‥262, 263, 268

知財高判平成 20・3・27 裁判所 Web（平成 19 年（ネ）第 10095 号）‥‥‥‥‥‥‥‥‥18

大阪高判平成 20・7・18 裁判所 Web（平成 20 年（ネ）第 245 号）‥‥‥‥‥‥‥‥‥‥262

知財高判平成 20・7・30 判タ 1301 号 280 頁‥‥‥‥‥‥‥‥‥‥‥‥‥‥‥‥65, 67

最判平成 20・9・8 集民 228 号 561 頁‥‥‥‥‥‥‥‥‥‥‥‥‥‥‥‥‥‥‥‥‥318

大阪高判平成 20・9・17 判時 2031 号 132 頁‥‥‥‥‥‥‥‥‥‥‥‥‥‥‥‥‥‥51

知財高判平成 21・1・28 判時 2044 号 130 頁‥‥‥‥‥‥‥‥‥‥‥‥‥‥‥‥‥174

最判平成 21・10・8 集民 232 号 25 頁‥‥‥‥‥‥‥‥‥‥‥‥‥‥‥‥‥‥‥64, 67

東京地判平成 21・11・13 判時 2076 号 93 頁‥‥‥‥‥‥‥‥‥‥‥‥‥‥‥‥‥117

最判平成 22・4・8 民集 64 巻 3 号 676 頁‥‥‥‥‥‥‥‥‥‥‥‥‥‥‥‥‥‥‥120

最判平成 22・4・13 民集 64 巻 3 号 758 頁‥‥‥‥‥‥‥‥‥‥‥‥‥‥‥‥‥‥120

知財高判平成 22・6・17 裁判所 Web（平成 21 年（ネ）第 10050 号）‥‥‥‥‥‥‥‥‥62

知財高判平成 22・9・8 判時 2115 号 102 頁‥‥‥‥‥‥‥‥‥‥‥‥‥‥‥‥‥117

最判平成 23・1・20 民集 65 巻 1 号 399 頁‥‥‥‥‥‥‥‥‥‥‥‥‥‥‥‥‥‥50

東京地判平成 23・1・28 判時 2133 号 114 頁‥‥‥‥‥‥‥‥‥‥‥‥‥‥‥‥‥127

東京地判平成 23・3・31 判タ 1399 号 335 頁‥‥‥‥‥‥‥‥‥‥‥‥‥‥‥‥‥305

東京地判平成 23・4・26 判タ 1360 号 220 頁‥‥‥‥‥‥‥‥‥‥‥‥‥‥‥‥‥268

東京地判平成 23・4・26 裁判所 Web（平成 21 年（ワ）第 26662 号）‥‥‥‥‥‥‥‥‥305

最判平成 23・4・28 民集 65 巻 3 号 1654 頁‥‥‥‥‥‥‥‥‥‥‥‥‥‥‥‥‥224

知財高判平成 23・9・27 裁判所 Web（平成 22 年（ネ）第 10039 号・第 10056 号）‥‥‥268

知財高判平成 23・10・24 判時 2165 号 135 頁‥‥‥‥‥‥‥‥‥‥‥‥‥‥‥‥324

最判平成 23・12・8 民集 65 巻 9 号 3275 頁‥‥‥‥‥‥‥‥‥‥‥‥‥‥‥‥‥278

東京地判平成 23・12・14 判時 2142 号 111 頁‥‥‥‥‥‥‥‥‥‥‥‥‥‥‥‥‥61

最判平成 24・1・17 集民 239 号 601 頁‥‥‥‥‥‥‥‥‥‥‥‥‥‥‥‥‥‥‥‥65

知財高判平成 24・2・14 判時 2161 号 86 頁‥‥‥‥‥‥‥‥‥‥‥‥‥‥‥‥‥114

知財高判平成 24・2・22 判時 2149 号 119 頁‥‥‥‥‥‥‥‥‥‥‥‥‥‥‥‥‥99

知財高判平成 24・10・25 裁判所 Web（平成 24 年（ネ）第 10008 号）‥‥‥‥‥‥‥‥61

知財高判平成 24・10・30 判時 2184 号 131 頁‥‥‥‥‥‥‥‥‥‥‥‥‥‥‥‥324

知財高判平成 24・12・26 判時 2178 号 99 頁 ·······························307
知財高判平成 25・1・31 判時 2180 号 104 頁 ·······················216
東京地判平成 25・5・17 判タ 1395 号 319 頁 ·······················72
大阪地判平成 25・5・30 裁判所 Web（平成 24 年（ワ）第 8972 号）·······305
知財高判平成 26・3・12 判時 2229 号 85 頁 ·······················126
東京地判平成 26・3・14 裁判所 Web（平成 21 年（ワ）第 16019 号）·······278
知財高判平成 26・8・28 判時 2238 号 91 頁 ·······················301
知財高判平成 27・6・18 裁判所 Web（平成 27 年（ネ）第 10039 号）·······127
知財高判平成 27・7・30 裁判所 Web（平成 26 年（ネ）第 10126 号）·······218
大阪地判平成 27・9・24 判時 2348 号 62 頁 ·······················35
最判平成 27・11・17 民集 69 巻 7 号 1912 頁 ·······················224
東京地判平成 28・1・14 判時 2307 号 111 頁 ·······················301
東京地立川支判平成 28・3・29 判タ 1433 号 231 頁 ···············261
東京地判平成 28・4・21 判時 2340 号 104 頁〔参考収録〕·············301
東京地判平成 28・11・10 判タ 1443 号 122 頁 ·······················287
知財高判平成 28・11・30 判時 2338 号 96 頁 ·······················303
東京地決平成 28・12・19 裁判所 Web（平成 27 年（ヨ）第 22042 号）·······365
東京地判平成 28・12・26 裁判所 Web（平成 27 年（ワ）第 6627 号）·······216
大阪地判平成 29・1・19 裁判所 Web（平成 27 年（ワ）第 9648 号・第 10930 号）·······301, 305
知財高判平成 29・1・20 判時 2361 号 73 頁 ·······················225, 229
東京高判平成 29・3・21 判タ 1443 号 80 頁 ·······················260, 261
東京地判平成 29・4・27 裁判所 Web（平成 27 年（ワ）第 556 号・第 20109 号）·······173
知財高判平成 29・5・17 裁判所 Web
　（平成 28 年（ネ）第 10116 号・平成 29 年（ネ）第 10017 号）·······175
知財高判平成 29・7・27 裁判所 Web（平成 28 年（行ケ）第 10275 号）·······325
東京地判平成 29・7・27 判時 2359 号 84 頁 ·······················228
大阪地判平成 29・10・19 裁判所 Web（平成 27 年（ワ）第 4169 号）·······262, 263
知財高判平成 30・1・15 判タ 1452 号 80 頁 ·······················269
知財高判平成 30・1・24 裁判所 Web（平成 29 年（ネ）第 10031 号）·······269
大阪地判平成 30・3・5 裁判所 Web（平成 28 年（ワ）第 648 号）·······263
知財高判平成 30・3・26 裁判所 Web（平成 29 年（ネ）第 10007 号）·······263
知財高判平成 30・4・11 平成 29 年（行ケ）第 10208 号 ·······325
福井地判平成 30・4・11（2018WLJPCA04116008）·······265
知財高判平成 30・4・24 裁判所 Web（平成 29 年（行ケ）第 10220 号）·······325
東京地判平成 30・7・30 裁判所 Web（平成 29 年（ワ）第 30499 号）·······305

判例索引

東京地判平成 30・8・30 裁判所 Web（平成 28 年（ワ）第 35026 号）・・・・・・・・・・・・・・・・・・・・・305
東京地判平成 30・9・7 裁判所 Web（平成 28 年（ワ）第 9003 号）・・・・・・・・・・・・・・・・・・・・・・・305
知財高判平成 31・2・6 裁判所 Web（平成 30 年（行ケ）第 10154 号）・・・・・・・・・・・・・・・・・325
知財高判平成 31・2・14 裁判所 Web（平成 30 年（ネ）第 10058 号）・・・・・・・・・・・・・・・・・・304
知財高判平成 31・2・19 裁判所 Web（平成 30 年（行ケ）第 10129 号）・・・・・・・・・・・・・・・325
知財高判平成 31・3・12 裁判所 Web（平成 30 年（行ケ）第 10121 号）・・・・・・・・・・・・・・・325
知財高判平成 31・3・26 裁判所 Web（平成 29 年（行ケ）第 10203 号）・・・・・・・・・・・・・・・324
大阪地判平成 31・4・18 裁判所 Web（平成 28 年（ワ）第 8552 号）・・・・・・・・・・・・・・・・・・・301

令 和

大阪地判令和元・5・21 裁判所 Web（平成 28 年（ワ）第 11067 号）・・・・・・・・・・・・・・・・・・126
東京地判令和元・6・18 裁判所 Web（平成 29 年（ワ）第 31572 号）・・・・・・・・・・・・・・・・・・307
奈良地判令和元・7・11 判時 2522 号 132 頁・・・・・・・・・・・・・・・・・・・・・・・・・・・・・・・・・・・・・・・99
知財高判令和元・9・12 裁判所 Web（平成 31 年（行ケ）第 10020 号）・・・・・・・・・・・・・・・322
知財高判令和元・9・20 裁判所 Web（平成 30 年（ネ）第 10049 号）・・・・・・・・・・・・・・・・・279
大阪地判令和元・10・3 判時 2470 号 62 頁・・・・・・・・・・・・・・・・・・・・・・・・・・・・・・・・・・・・・・175
知財高判令和元・12・26 裁判所 Web（令和元年（行ケ）第 10104 号）・・・・・・・・・・・・・・・321
東京地判令和 2・1・22 裁判所 Web（平成 30 年（ワ）第 11982 号）・・・・・・・・・・・・・・110, 121
東京地判令和 2・2・28 裁判所 Web（平成 29 年（ワ）第 20502 号・第 25300 号）・・・・・・・・・・47
東京地判令和 2・3・4 裁判所 Web（平成 29 年（ワ）第 19073 号）・・・・・・・・・・・・・・・・・・126
知財高判令和 2・3・11 裁判所 Web（令和元年（行ケ）第 10111 号）・・・・・・・・・・・・・・・321
知財高判令和 2・3・19 裁判所 Web（令和元年（行ケ）第 10152 号）・・・・・・・・・・・・・・・320
名古屋高金沢支判令和 2・5・20（2020WLJPCA05206006）・・・・・・・・・・・・・・・・・265, 269
知財高判令和 2・5・20 裁判所 Web（令和元年（行ケ）第 10151 号）・・・・・・・・・・・・・・・322
知財高判令和 2・7・8 裁判所 Web（令和 2 年（行ケ）第 10022 号）・・・・・・・・・・・・・・・323
最判令和 2・7・21 民集 74 巻 4 号 1407 頁・・・・・・・・・・・・・・・・・・・・・・・・・・・・・・・・・・・・・・10
知財高判令和 2・9・10 裁判所 Web（令和 2 年（行ケ）第 10040 号）・・・・・・・・・・・・・・・320
知財高判令和 2・9・16 裁判所 Web（令和元年（行ケ）第 10170 号）・・・・・・・・・・・323, 325
知財高判令和 2・9・24 裁判所 Web（令和元年（行ケ）第 10171 号）・・・・・・・・・・・・・・・320
大阪地判令和 2・10・1 裁判所 Web（平成 28 年（ワ）第 4029 号）・・・・・・・・・・・・・265, 269
知財高判令和 2・11・5 裁判所 Web（令和 2 年（行ケ）第 10061 号）・・・・・・・・・・・・・・・320
大阪高判令和 3・1・14 裁判所 Web（令和元年（ネ）第 1735 号）・・・・・・・・・・・・・・・・・・・98
知財高判令和 3・1・21 裁判所 Web（令和 2 年（行ケ）第 10065 号）・・・・・・・・・・・・・・・321
大阪地判令和 3・1・21 裁判所 Web（平成 30 年（ワ）第 5948 号）・・・・・・・・・・・・・・・・・126
知財高判令和 3・2・9 裁判所 Web（令和 2 年（行ケ）第 10108 号）・・・・・・・・・・・・・・・320

知財高判令和 3・2・22 裁判所 Web（令和 2 年（行ケ）第 10088 号）・・・・・・・・・・・・・・・・・・・・・・・320
知財高判令和 3・2・22 裁判所 Web（令和 2 年（行ケ）第 10104 号）・・・・・・・・・・・・・・・・・・・・・・・320
大阪地判令和 3・3・11 判時 2546 号 57 頁・・36, 37
大阪地判令和 3・3・11 裁判所 Web（平成 30 年（ワ）第 6015 号）・・・・・・・・・・・・・・・・・・・・・・・173
知財高判令和 3・3・11 裁判所 Web（令和 2 年（行ケ）第 10118 号）・・・・・・・・・・・・・・・・・・・・・・・320
知財高判令和 3・3・18 判タ 1497 号 133 頁・・・47
名古屋高判令和 3・4・13（2021WLJPCA04136005）・・・・・・・・・・・・・・・・・・・・・・・・・・・・・・・・262
知財高判令和 3・4・14 裁判所 Web（令和 2 年（行ケ）第 10107 号）・・・・・・・・・・・・・・・・・・・・・・・323
福岡地判令和 3・6・2 裁判所 Web
　（令和元年（わ）第 1181 号・第 1283 号・第 1498 号・令和 2 年（わ）第 41 号）・・・・・・・・・・110
東京地判令和 3・6・4 裁判所 Web（平成 27 年（ワ）第 30656 号）・・・・・・・・・・・・・・・・・・・・・・・265
知財高判令和 3・6・16 裁判所 Web（令和 2 年（行ケ）第 10148 号）・・・・・・・・・・・・・・・・・320, 324
知財高判令和 3・7・29 裁判所 Web（令和 3 年（行ケ）第 10026 号）・・・・・・・・・・・・・・・・・322, 324
東京地判令和 3・9・3 裁判所 Web（令和元年（ワ）第 11673 号）・・・・・・・・・・・・・・・・・・・・・・・305
知財高判令和 3・9・21 裁判所 Web（令和 3 年（行ケ）第 10028 号）・・・・・・・・・・・・・・・・・・・・・・・320
知財高判令和 3・9・21 裁判所 Web（令和 3 年（行ケ）第 10029 号）・・・・・・・・・・・・・・・・・・・・・・・320
知財高判令和 3・10・6 裁判所 Web（令和 3 年（行ケ）第 10032 号）・・・・・・・・・・・・・・・・・・・・・・・322
東京地判令和 3・10・29 裁判所 Web（令和 3 年（ワ）第 1852 号・第 5848 号）・・・・・・・・・・・・305
知財高判令和 3・12・15 裁判所 Web（令和 2 年（行ケ）第 10100 号）・・・・・・・・・・・・・・・・・322, 324
東京地決令和 4・1・12 LEX/DB 25594619・・・・・・・・・・・・・・・・・・・・・・・・・・・・・・・・・・・・・・・289
東京地判令和 4・1・28 裁判所 Web（平成 30 年（ワ）第 33583 号）・・・・・・・・・・・・・・・・・・・・・・・268
知財高判令和 4・2・21 裁判所 Web（令和 2 年（ネ）第 10005 号）・・・・・・・・・・・・110, 120, 121
知財高判令和 4・3・8 裁判所 Web（令和 3 年（行ケ）第 10041 号）・・・・・・・・・・・・・・・・・・・・・・・323
名古屋地判令和 4・3・18 裁判所 Web（平成 29 年（わ）第 427 号）・・・・・・・・・・・・・・・・・・・・・・・270
知財高判令和 4・4・25 裁判所 Web（令和 3 年（行ケ）第 10148 号）・・・・・・・・・・・・・・・・・・・・・・・323
東京地判令和 4・5・27 裁判所 Web（令和元年（ワ）第 26366 号）・・・・・・・・・・・・・・・・・・・・・・・210
知財高判令和 4・5・31 裁判所 Web（令和 3 年（行ケ）第 10160 号）・・・・・・・・・・・・・・・・・322, 325
知財高判令和 4・7・14 裁判所 Web（令和 3 年（行ケ）第 10108 号）・・・・・・・・・・・・・・・・・・・・・・・321
知財高判令和 4・7・14 裁判所 Web（令和 3 年（行ケ）第 10109 号）・・・・・・・・・・・・・・・・・・・・・・・321
知財高判令和 4・7・14 裁判所 Web（令和 3 年（行ケ）第 10110 号）・・・・・・・・・・・・・・・・・・・・・・・321
東京地判令和 4・8・30 裁判所 Web（平成 30 年（ワ）第 17968 号）・・・・・・・・・・・・・・・・・・・・・・・126
東京地判令和 4・8・30 LEX/DB 25572360・・・・・・・・・・・・・・・・・・・・・・・・・・・・・・・・・・・・・・・227
最判令和 4・10・24 民集 76 巻 6 号 1348 頁・・47
知財高判令和 5・1・17 裁判所 Web（令和 4 年（行ケ）第 10087 号）・・・・・・・・・・・・・・・・・・・・・・・323
知財高判令和 5・1・31 裁判所 Web（令和 4 年（行ケ）第 10090 号）・・・・・・・・・・・・・・・・・・・・・・・323

知財高判令和 5・2・22 裁判所 Web（令和 4 年（行ケ）第 10093 号）‥‥‥‥‥‥‥‥323, 325
知財高判令和 5・3・9 裁判所 Web（令和 4 年（行ケ）第 10122 号）‥‥‥‥‥‥‥‥‥320, 325
札幌地判令和 5・3・17 労経速 2529 号 13 頁‥‥‥‥‥‥‥‥‥‥‥‥‥‥‥‥‥‥‥‥‥‥271
知財高判令和 5・4・25 裁判所 Web（令和 4 年（行ケ）第 10120 号）‥‥‥‥‥‥‥‥‥‥321
知財高判令和 5・4・25 裁判所 Web（令和 4 年（行ケ）第 10121 号）‥‥‥‥‥‥‥‥‥‥321
東京地判令和 5・4・26 裁判所 Web（令和 3 年（ワ）第 9047 号）‥‥‥‥‥‥‥‥‥‥‥‥31
大阪高判令和 5・4・27 裁判所 Web（令和 4 年（ネ）第 745 号）‥‥‥‥‥‥‥‥‥‥‥‥301
東京地判令和 5・4・27 裁判所 Web（令和 4 年（ワ）第 14148 号）‥‥‥‥‥‥‥‥‥‥‥290
知財高判令和 5・5・10 LEX/DB 25572851‥‥‥‥‥‥‥‥‥‥‥‥‥‥‥‥‥‥‥‥‥‥‥227
知財高判令和 5・5・18 裁判所 Web（令和 4 年（行ケ）第 10119 号）‥‥‥‥‥‥‥‥‥‥320
知財高判令和 5・6・22 裁判所 Web（令和 5 年（行ケ）第 10017 号）‥‥‥‥‥‥‥‥320, 324
知財高判令和 5・6・22 裁判所 Web（令和 5 年（ネ）第 10030 号）‥‥‥‥‥‥‥‥‥‥‥218
札幌高判令和 5・7・6 労経速 2529 号 7 頁‥‥‥‥‥‥‥‥‥‥‥‥‥‥‥‥‥‥‥‥‥‥‥271
知財高判令和 5・7・6 裁判所 Web（令和 5 年（行ケ）第 10010 号）‥‥‥‥‥‥‥‥320, 325
知財高判令和 5・7・12 裁判所 Web（令和 5 年（行ケ）第 10005 号）‥‥‥‥‥‥‥‥‥‥321
知財高判令和 5・9・20 裁判所 Web（令和 5 年（行ケ）第 10041 号）‥‥‥‥‥‥‥‥‥‥322
知財高判令和 5・10・23 裁判所 Web（令和 5 年（行ケ）第 10035 号）‥‥‥‥‥‥‥‥‥‥323
知財高判令和 5・10・23 裁判所 Web（令和 5 年（行ケ）第 10036 号）‥‥‥‥‥‥‥‥‥‥323
知財高判令和 5・11・15 裁判所 Web（令和 5 年（行ケ）第 10060 号）‥‥‥‥‥‥‥‥‥‥320
知財高判令和 5・11・30 裁判所 Web（令和 5 年（行ケ）第 10063 号）‥‥‥‥‥‥‥‥‥‥322
知財高判令和 5・12・4 裁判所 Web（令和 5 年（行ケ）第 10067 号）‥‥‥‥‥‥‥‥‥‥320
大阪地判令和 6・1・29 裁判所 Web（令和元年（ワ）第 10940 号）‥‥‥‥‥‥‥‥126, 127
知財高判令和 6・2・7 裁判所 Web（令和 5 年（ネ）第 10065 号）‥‥‥‥‥‥‥‥‥‥‥‥31
東京地判令和 6・2・26 金判 1695 号 44 頁‥‥‥‥‥‥‥‥‥‥‥‥‥‥‥‥‥‥‥‥‥‥‥270
知財高判令和 6・3・27 裁判所 Web（令和 5 年（行ケ）第 10068 号）‥‥‥‥‥‥‥‥‥‥320
知財高判令和 6・4・9 裁判所 Web（令和 5 年（行ケ）第 10117 号）‥‥‥‥‥‥‥‥‥‥320
東京地判令和 6・5・16 判時 2601 号 90 頁‥‥‥‥‥‥‥‥‥‥‥‥‥‥‥‥‥‥‥‥‥‥‥153

知財法務を知る——重要テーマとその実践

2024 年 12 月 25 日 初版第 1 刷発行

編　者	小泉直樹	
発行者	江草貞治	
発行所	株式会社有斐閣	
	〒101-0051 東京都千代田区神田神保町 2-17	
	https://www.yuhikaku.co.jp/	
装　丁	宮川和夫事務所	
印　刷	株式会社暁印刷	
製　本	大口製本印刷株式会社	
装丁印刷	株式会社亨有堂印刷所	

落丁・乱丁本はお取替えいたします。定価はカバーに表示してあります。
©2024, KOIZUMI Naoki
Printed in Japan　ISBN 978-4-641-24384-2

本書のコピー，スキャン，デジタル化等の無断複製は著作権法上での例外を除き禁じられています。本書を代行業者等の第三者に依頼してスキャンやデジタル化することは，たとえ個人や家庭内の利用でも著作権法違反です。

JCOPY 本書の無断複写（コピー）は，著作権法上での例外を除き，禁じられています。複写される場合は，そのつど事前に，（一社）出版者著作権管理機構（電話03-5244-5088，ＦＡＸ03-5244-5089，e-mail:info@jcopy.or.jp）の許諾を得てください。